改訂

Q&A
広告宣伝・景品表示
に関する
法律と実務

景品表示法及び消費者関係法を踏まえた
広告表現と販促活動・
キャンペーンに関する実務解説

波光巖・横田直和・小畑徳彦・高橋省三 著

日本加除出版株式会社

改訂版はしがき

　本書は，不当表示の禁止や適正表示の義務付けに関連する諸法規について，広告主となる事業者のほか，広告媒体・広告代理店・広告制作者など広告に携わる事業者や広告に関する相談を受ける弁護士などの方々に分かりやすく解説することを主眼とするものです。

　令和2年にその初版を刊行いたしましたところ，幸いにして，多くの読者に受け入れていただくことができました。まことに感謝に堪えません。

　その後，景品表示法については，引き続き活発な違反事件処理が行われるとともに，令和5年にステルスマーケティングを不当表示とする新たな告示が発出されるなど，表示ルールについても大きな進展がみられました。また，立法面においては，令和4年の特定商取引法の改正により，通信販売の申込画面における表示事項の義務付け等がなされ，また，令和5年の景品表示法の改正により，確約手続の導入，課徴金制度の改正等が行われ，後者は令和6年10月に施行されております。さらに，司法においても注目すべき重要な判断が行われております。

　本書は，初版のコンセプトを維持しつつ，法改正等の進展を踏まえ，最新の内容とするべく改訂を行ったものです。引き続き，企業の正しい広告・表示活動に少しでもお役に立てることを願うものであります。

　最後となりますが，当初より本書の出版を構想・企画され，今改訂においても編集の労をとられた日本加除出版株式会社の佐伯寧紀氏に心からお礼申し上げます。

　令和6年10月

波　光　　　巖
横　田　直　和
小　畑　徳　彦
高　橋　省　三

初 版 は し が き

　企業は，その取扱う商品又は役務について一般消費者を対象として，広く広告・表示を行い，一般消費者に購買の対象とされることを求めています。一方，一般消費者は，これらの広告・表示における情報が正しいものと信用して商品又は役務を購買の対象とします。

　しかし，これらの広告・表示について，企業が強く訴求するために誇大なものになったり，商品等の内容について実際のものを正しく表示したものでない場合には，一般消費者の自主的・合理的な選択を誤らせることになります。

　近年増大しつつあるテレビショッピングやインターネット販売等において，一般消費者の商品等の選択のよりどころとなるのは唯一これらの広告ですから，これらの広告が正しくなされていない場合は，一般消費者は損害を受けることになります。

　企業の行う広告・表示について不当表示があった場合は，消費者庁は措置命令及び課徴金納付命令を発します。また，一般消費者の正しい商品選択のために必要な広告の義務付けをしている特定商取引法等に基づいて正しく広告がなされていない場合には，関係機関から業務停止等の処分を受けることがあります。

　企業が一旦これらの措置を受けた場合には，強い社会的批判を受けることになり，一般消費者の信頼が失われ，その信頼回復までには長期間を要します。そこで，企業としては，そのような処分を受けることがないよう十分に注意することが肝要です。

　本書は，一般消費者を対象として行われることが多い広告・表示に関連する景品表示法，特定商取引法，食品表示法等における不当表示の禁止や適正表示の義務付けの内容について，これらに関わる事業者を対象として，Q&A方式により，やさしく解説したものです。

　これらの法律は広告主の行為を規制するものであり，本書は，主としてこれら広告主に対する規制を解説したものですが，それに止まらず，広告媒体

者，広告代理店，広告制作者等が不当な表示について民事的責任を負うことがあることにも注目し，これら広告媒体者等が損害賠償請求の対象とされた事件も紹介することとしました。

また，消費者保護関係法ではありませんが，不正競争防止法上禁止される不当な商品等表示や誤認惹起表示等についても解説しました。

筆者らは，本書が，企業において景品表示法その他の消費者関係法等に違反することなく，正しく広告・表示が行われるために少しでも役立つものであることを願うものであります。

なお，本書の執筆は第1章，第8章を波光，第2章第1節，第2節，第6節を高橋，第2章第3節から第5節を横田，第3章から第7章を小畑が担当しました。

最後に，本書の企画を立案され，その内容や記載方法にまで指針を頂いた日本加除出版株式会社の佐伯寧紀氏に心からお礼申し上げます。

令和2年10月

波　光　　　巖
横　田　直　和
小　畑　徳　彦
高　橋　省　三

凡　例

凡　例

1　本書中，法令名等の表記については，不当景品類及び不当表示防止法
　は「法」又は「景品表示法」，私的独占の禁止及び公正取引の確保に関
　する法律は「独占禁止法」と略記し，それ以外は原則として省略を避け
　たが，括弧内においては以下の略号を用いた。
　　　また，本文中及び括弧内において公正取引委員会は「公取委」と略記
　している（個人情報保護委員会も括弧内においては「個委」と略記している。）。

【法令等】

景表	不当景品類及び不当表示防止法	個人情報	個人情報の保護に関する法律
景表令	不当景品類及び不当表示防止法施行令	独禁	私的独占の禁止及び公正取引の確保に関する法律
景表規	不当景品類及び不当表示防止法施行規則		
民	民法	消費契約	消費者契約法
割賦	割賦販売法	商標	商標法
行審	行政不服審査法	食品表示	食品表示法
刑	刑法	著作	著作権法
健増	健康増進法	不正競争	不正競争防止法

特定商取引	特定商取引に関する法律
JAS法	日本農林規格等に関する法律
消費者裁判	消費者の財産的被害等の集団的な回復のための民事の裁判手続の特例に関する法律
薬機	医薬品，医療機器等の品質，有効性及び安全性の確保等に関する法律（薬機法）
薬機令	医薬品，医療機器等の品質，有効性及び安全性の確保等に関する法律施行令（薬機法施行令）
薬機規	医薬品，医療機器等の品質，有効性及び安全性の確保等に関する法律施行規則（薬機法施行規則）
一般指定	「不公正な取引方法」（昭57・6・18公取委告示15号，最終改正：平21・10・28公取委告示18号）

v

凡　例

ステマ告示	「一般消費者が事業者の表示であることを判別することが困難である表示」（令5・3・28内閣府告示第19号）
ステマ運用基準	「「一般消費者が事業者の表示であることを判別することが困難である表示」の運用基準」（令5・3・28消費者庁長官決定）
総付景品告示	「一般消費者に対する景品類の提供に関する事項の制限」（昭52・3・1公取委告示第5号，最終改正：平28・4・1内閣府告示第123号）
総付景品運用基準	「『一般消費者に対する景品類の提供に関する事項の制限』の運用基準について」（（昭52・4・1事務局長通達第6号，最終改正：平8・2・16事務局長通達第1号）
インターネット留意事項	「インターネット消費者取引に係る広告表示に関する景品表示法上の問題点及び留意事項」（平23・10・28消費者庁，最終改定：令4・6・29）
医療用医薬品業等景品告示	「医療用医薬品業，医療機器業及び衛生検査所業における景品類の提供に関する事項の制限」（平9・8・11公取委告示第54号，最終改正：平28・4・1内閣府告示第124号）
医療用医薬品告示	「医療用医薬品の販売情報提供活動に関するガイドラインについて」（平30・9・25薬生発0925第1号厚生労働省医薬・生活衛生局長通知）別添「医療用医薬品の販売情報提供活動に関するガイドライン」
おとり広告告示	「おとり広告に関する表示」（昭57・6・10公取委告示第13号，全部変更：平5・4・28公取委告示第17号）
おとり広告運用基準	「『おとり広告に関する表示』等の運用基準」（平5・4・28事務局長通達第6号，最終変更：平28・4・1消費者庁長官決定）
定義告示運用基準	「景品類等の指定の告示の運用基準について」（昭52・4・1事務局長通達第7号，最終改正：令6・4・18消費者庁長官決定）
健康食品ガイドライン	「健康食品に関する景品表示法及び健康増進法上の留意事項について」（平25・12・24消費者庁，全部改定：平28・6・30，最終改定：令4・12・5）
特別用途内閣府令	健康増進法に規定する特別用途表示の許可等に関する内閣府令（平成21年内閣府令第57号，最終改正：令和6年内閣府令第51号（令6・4・1施行））
懸賞景品告示	「懸賞による景品類の提供に関する事項の制限」（昭52・3・1公取委告示第3号，最終改正：平8・2・16公取委告示第1号）

懸賞景品運用基準	「『懸賞による景品類の提供に関する事項の制限』の運用基準について」（昭52・4・1事務局長通達第4号，最終改正：平24・6・28消費者庁長官通達第1号）
個人情報ガイドライン	個人情報保護委員会「個人情報の保護に関する法律についてのガイドライン（通則編）」（平成28年11月，最終改正：令和5年12月（令6・4・1施行））
管理措置指針	「事業者が講ずべき景品類の提供及び表示の管理上の措置についての指針」（平26・11・14内閣府告示第276号，最終改正：令6・4・18内閣府告示第92号）
融資費用告示	「消費者信用の融資費用に関する不当な表示」（昭55・4・12公取委告示第13号）
原産国告示	「商品の原産国に関する不当な表示」（昭48・10・16公取委告示第34号）
原産国告示運用基準	「『商品の原産国に関する不当な表示』の運用基準」（昭48・10・16事務局長通達第12号）
執行方針	「将来の販売価格を比較対照価格とする二重価格表示に対する執行方針」（令2・12・25消費者庁）
食品基準	食品表示基準（平成27年内閣府令第10号，最終改正：令和6年内閣府令第71号（令6・9・1施行））
許可基準	「特別用途食品の表示許可等について」の全部改正について（令元・9・9消食表第296号消費者庁次長通知）別添1「特別用途食品の表示許可基準」（最終改正：令6・4・1消食表第220号）
比較広告ガイドライン	「比較広告に関する景品表示法上の考え方」（昭62・4・21公取委事務局，最終改正：平28・4・1消費者庁）
不動産おとり広告告示	「不動産のおとり広告に関する表示」（昭55・4・12公取委告示第14号）
不実証広告ガイドライン	「不当景品類及び不当表示防止法第7条第2項の運用指針―不実証広告規制に関する指針―」（平15・10・28　公取委，最終改正：平28・4・1消費者庁）
定義告示	「不当景品類及び不当表示防止法第2条の規定により景品類及び表示を指定する件」（昭37・6・30公取委告示第3号，最終改正：平21・8・28公取委告示第13号）
課徴金ガイドライン	「不当景品類及び不当表示防止法第8条（課徴金納付命令の基本的要件）に関する考え方」（平28・1・29消費者庁，最終改正：令6・4・18消費者庁長官決定）
価格表示ガイドライン	「不当な価格表示についての景品表示法上の考え方」（平12・6・30公取委，最終改正：平28・4・1消費者庁）

凡　例

無果汁告示	「無果汁の清涼飲料水等についての表示」（昭48・3・20公取委告示第4号）
食品表示ガイドライン	「メニュー・料理等の食品表示に係る景品表示法上の考え方について」（平26・3・28消費者庁，最終改定：平28・4・1）
有機農産物JAS規格	「有機農産物の日本農林規格」（平17・10・27農林水産省告示第1605号，最終改正：令6・7・1（全面施行：令7・1・1））
有機畜産物JAS規格	「有機畜産物の日本農林規格」（平17・10・27農林水産省告示第1608号，最終改正：令6・7・1（全面施行：令7・1・1））
有機藻類JAS規格	「有機藻類の日本農林規格」（令3・12・7農林水産省告示第2074号）
有機加工食品JAS規格	「有機加工食品の日本農林規格」（令4・9・1財務省・農林水産省告示第18号，最終改正：令6・7・1）
有料老人ホーム告示	「有料老人ホームに関する不当な表示」（平16・4・2公取委告示第3号，最終変更：平18・11・1公取委告示第35号）

【裁判例等】

・最三小判平29・1・24民集71巻1号1頁
　→最高裁判所第三小法廷判決平成29年1月24日最高裁判所民事判例集71巻1号1頁
・平20・3・13公取委排除命令・排除命令集26巻348頁
　→平成20年3月13日公正取引委員会排除命令・公正取引委員会排除命令集26巻348頁

凡　例

2　出典の表記につき，以下の略号を用いた。

民集	最高裁判所民事判例集	高検速報	高等裁判所刑事裁判速報
裁判集民	最高裁判所裁判集民事	判タ	判例タイムズ
刑集	最高裁判所刑事判例集	判時	判例時報
下民	下級裁判所民事裁判例集	金判	金融・商事判例
刑月	刑事裁判月報		
公取	公正取引	公取委ウェ	公正取引委員会ウェブサ
審決集	公正取引委員会審決集	ブサイト	イト
排除命令集	公正取引委員会排除命令集	判秘	判例秘書データベース
東高刑時報	東京高等裁判所判決時報	ウエスト	ウエストロー・ジャパン
	（刑事）	ロー	

『広辞苑』　　新村出『広辞苑』（岩波書店，第七版，2018年）

『景品』　　高居良平『景品表示法〔第7版〕』（商事法務，2024年）

『大元・景品』　　大元慎二『景品表示法〔第5版〕』（商事法務，2017年）

『逐条解説』　　南雅晴ほか『逐条解説　令和5年改正景品表示法』（商事法務，2023年）

『黒田・逐条解説』　黒田岳士ほか『逐条解説　平成26年11月改正景品表示法』（商事法務，2015年）

『健康広告』　赤羽根秀宜＝井上惠子『Q&A　健康・医薬品・医療の広告表示に関する法律と実務』（日本加除出版，2020年）

ガイド　　消費者庁「景品表示法とステルスマーケティング～事例で分かるステルスマーケティング告示ガイドブック～」（令和5年6月）

3　消費者庁ウェブサイト（https://www.caa.go.jp）の最終閲覧日は2024年5月31日としている。

目　次

第1章　広告表示規制総論

■第1節　広告表示の規制についての考え方と法律 ————————— 1

Q1　広告表示について法律により規制されている理由は何か。　1

Q2　広告と表示で規制において違いがあるか。　4

■第2節　広告媒体者・広告代理店等の責任 ——————————— 6

Q3　広告媒体者・広告代理店等が広告表示で責任を問われることがあるのはどのような場合か。　6

Q4　広告媒体者・広告代理店等は，どのような法違反で問題とされることが多いか。　28

コラム1　「フリー素材」に関する問題 ······························· 45

コラム2　広告表示に関わる広告媒体者等の留意点（まとめ）··········· 46

■第3節　広告表示における表記上の留意点 ——————————— 48

Q5　強調表示・断定表示で注意すべきことは何か。　48

コラム3　消費税の表示について　52

Q6　打消し表示に関して注意すべきことは何か。　54

Q7　不表示が問題となることはあるか。　60

■第4節　広告表示の独占禁止法による規制 ——————————— 64

Q8　独占禁止法で広告表示について規制される場合は，どのような場合か。　64

コラム4　不当表示の自主規制　68

第2章　景品表示法による表示・景品規制

■第1節　景品表示法による表示規制 ——————————————— 71

Q9　景品表示法ではどのような表示が禁止されているか。　71

図表1　不当表示の類型　71

コラム5　景品表示法ができるまで　75

xi

目　次

　　コラム6 ニセ牛缶事件　*77*

Q10　景品表示法5条3号に基づき指定された不当表示の類型にはどのようなものがあるか。　*79*

　　図表2 指定告示　*81*

第2節　不当表示の規制 ——————————————— *85*

Q11　景品表示法で規制される「表示」とはどのようなものか。　*85*

　　図表3 景品表示法2条4項と5条の比較　*86*

Q12　表示の定義についての内閣総理大臣の指定とはどのようなものか。　*91*

　　コラム7 「表示」の定義規定　*93*

Q13　事業者間取引における表示は景品表示法では規制されるか。　*94*

Q14　消費者向けの商品に付した表示ではなくとも，事業者に対する表示が景品表示法の不当表示に当たることがあると聞くが，どういう場合か。　*96*

Q15　不当表示の「表示主体」とはどういう問題か。　*100*

Q16　5条柱書の「自己の供給する商品又は役務の取引について」はどのように解されているのか。デパートやスーパーマーケットは，そのテナントが販売する商品についても，自己の供給する商品として表示について責任を負うのか。原材料に不当表示の原因があった場合，原材料供給業者は当該商品を供給したといえるか。　*104*

Q17　5条柱書の「表示をしてはならない」については，どのように解されているか。どういう行為が「表示をした」ことに当たるか。大規模小売業者は，テナントの行う表示についても「表示をした」ことになるのか。　*109*

Q18　A社が製造を外部に委託している製品について委託先が性能データを捏造していたため，このデータに基づくA社の性能表示が事実に反する結果となってしまった。この場合にも，A社は景品表示法違反に問われるか。　*118*

Q19　優良誤認表示の「著しく優良であると示す表示」の要件，有利誤認表示の「著しく有利であると一般消費者に誤認される表示」の要件は，どのように判断されるか。　*121*

Q20　景品表示法の優良誤認表示，有利誤認表示の規定には，「不当に顧客を誘引し，一般消費者による自主的かつ合理的な選択を阻害するおそれがあると認められるもの」という要件があるが，虚偽の表示であっても，消費者の選択に影響を与えるものでなければ，優良誤認表示等に当たらないということか。　*125*

	目　次

図表4　景品表示法5条各号の構造　*126*

Q21　消費者庁の景品表示法違反事件の執行状況はどのようなものか。　*128*

図表5　措置命令―行為類型別内訳　*129*

図表6　措置命令―商品・役務別　*130*

図表7　消費者庁措置命令一覧（平成30（2018）年度～令和5（2023）年度）　*130*

Q22　消費者庁によれば，成形肉をステーキと呼んではいけないとか，フレッシュジュースはその場で絞ったものでなければならないとか，ある用語が不当表示に当たるかどうかについての判断基準があるようである。違反を防ぐためにはどうしたらよいか。　*144*

図表8　料理等において不当表示に当たるかどうかの判断基準（一覧）　*145*

Q23　スマートな体形の人の写真や体験談が多数掲載されている健康食品のチラシを見て，これだけで痩せる効果があると思って購入したが，後でよく見るとチラシには「これだけで痩せる」とは書かれていなかった。このようなチラシは「これだけで痩せる」効果を標ぼうする表示とはいえないか。　*150*

Q24　効能・効果をうたう表示については，合理的な根拠を示す資料を提出しない場合には優良誤認表示とみなされるとのことであるが，どのような資料を提出する必要があるか。　*153*

Q25　販売業者が，商品の供給元の製造業者から商品の効果・性能について説明を受け，これに基づいて効果・性能を訴求する内容の広告を行う場合にも，消費者庁から，合理的根拠を示す資料の提出を求められることがあるか。その場合に備えて，自ら実証試験や調査を行っておく必要があるか。　*158*

Q26　不実証広告規制が適用された事案において，実際にどのような資料が提出され，規制当局はどのように判断しているか。　*159*

Q27　不実証広告規制の適用により行われた措置命令について取消訴訟が提起された場合，事業者が提出された資料が合理的根拠資料に当たるか否かについて，裁判所はどのように判断しているか。　*163*

Q28　価格の表示について，景品表示法上どのような点について注意が必要か。　*168*

Q29　通常価格と比較して安いことを訴求する場合に，その価格は「最近相当期間価格」でなければならないと聞くが，それはどのようなものか。　*173*

Q30　新製品の販売促進のため，発売直後は「新発売！通常価格○○円のところ，1か月間限定お試し価格XX円」と広告して，予定していた通常価格よりも安い価格で販売していたところ，予想以上に好評だったので，この価格を維持したいと思っている。景品表示法上の問題があるか。　*176*

xiii

目　次

　コラム8　将来の販売価格についての誤認とは　*180*

Q31　ライバル企業の商品と比較して自社の商品が優れていることを宣
　　　伝広告することは禁止されているか。このような広告を行う場合
　　　に注意すべき点はどのようなことか。　*183*

Q32　自社のサービスの顧客満足度が業界ナンバーワンであることを広
　　　告することについて，景品表示法上どのような問題があるか。　*186*

　図表9　No.1表示に関する消費者庁の運用状況　*187*

Q33　商品の原産国表示について注意すべき点は何か。　*192*

　図表10　原産国の表示（国産，外国産）　*193*

Q34　商品の原材料の原産国について事実と異なる表示をすることは，
　　　景品表示法ではどのように取り扱われるか。　*196*

　図表11　原材料の原産国の表示が問題となった例　*196*

Q35　原産国がよく分からないので原産国を表示しないこととした場合
　　　に景品表示法の問題になるか。原産国を示しても消費者にアピー
　　　ルするとは思われないので原産国を表示しないことにした場合は
　　　どうか。　*197*

Q36　産地として有名な○○県産と表示して他県で生産されたものを販
　　　売することは景品表示法で規制されるか。原材料の産地を偽った
　　　場合はどうか。　*198*

　図表12　（日本国内の）「○○で生産された」との表示が事実と異なってい
　　　　　る場合に適用され得る規定　*198*

　図表13　国内産地の表示に係る不当表示事件（全て景表5条1号該当）　*200*

Q37　おとり広告とはどのような広告を指すか。商品を売らないことが
　　　どうして不当表示になるのか。　*201*

Q38　おとり広告についての違反事件にはどのようなものがあるか。　*205*

　図表14　近年のおとり広告事件（消費者庁）　*206*

　コラム9　不動産のおとり広告　*207*

Q39　自社の製品の利用者に依頼してインターネット上の口コミで評判
　　　を広めてもらうことは景品表示法の規制対象になるか。　*208*

　コラム10　インターネット取引における景品表示法の問題（アフィリエイ
　　　　　トプログラム・ドロップシッピング）　*210*

Q40　自社の広告であることが分からないようにして，自社の製品を高
　　　く評価する商品レビューを第三者に書いてもらうことは，景品表
　　　示法上どのような問題があるか。　*212*

　図表15　ステマ告示違反事件一覧（令6・8・15現在）　*217*

xiv

目　次

■第3節　景品表示法による景品規制 ——————————— 219

第1　概　説 ———————————————————— 219

Q41　景品表示法では景品類の提供はどのような形で制限されている
か。その全体像について，概要を説明してほしい。　*219*

図表16　一般懸賞の景品類の制限　*221*

図表17　懸賞によらないで提供する景品類の制限　*221*

Q42　消費者としては景品類（おまけ）をもらえると得になるのに，景
品表示法で景品類の提供を規制しているのはなぜか。　*222*

コラム11　景品表示法制定前における景品類の提供企画　*223*

Q43　企業の販売促進活動として，景品類の提供企画はどのような利点
があるか。　*225*

第2　景品類の定義 ————————————————— 227

Q44　景品表示法の規制対象となる「景品類」の定義はどうなっている
か。　*227*

Q45　景品類の定義にある「取引付随性」は，どのような場合に認めら
れるか。店舗に来店したり，ウェブサイトを閲覧した消費者に景
品類を提供する場合も「取引付随性」があるとされるか。　*229*

Q46　販売した商品と同一の商品を付加して提供する場合は，実質的な
値引きとして，付加した商品は景品類ではないとされているが，
販売した商品と付加した商品は全く同種の商品でなければならな
いか。　*231*

第3　景品類提供の制限 ———————————————— 233

Q47　事業者が顧客に提供する物品等が「景品類」に該当する場合，景
品表示法上どのような規制を受けることになるか。　*233*

Q48　景品類の提供に係る「取引の価額」は，どのようにして算定され
るのか。来店者に景品を提供する場合など，実際に商品・役務を
購入しなかった者に景品類を提供する場合はどうか。　*235*

Q49　メーカーが一般消費者を対象に景品提供企画を実施する場合，各
小売店によって販売価格が異なることがあるが，景品類の提供に
係る「取引の価額」はどのように算定すればよいか。　*236*

Q50　景品類の価額はどのように算定すればよいのか。景品用の物品を
安価で仕入れることができた場合，その仕入価格で算定してよい
か。　*237*

第4　懸賞景品の制限 ————————————————— 239

xv

目　次

Q51 懸賞景品告示が適用される「懸賞」とは，どのようなものか。カード合わせ（二つ以上の文字等の特定の組み合わせを提示させるもの）が懸賞として認められていないのはなぜか。　*239*

Q52 通常の懸賞景品提供企画の場合に提供できる景品類の総額は取引予定総額の2パーセント以内でなければならないとされているが，実際の売上げが伸びず提供した景品類の総額がこの2パーセントを超えた場合はどうなるか。また，懸賞景品提供企画に併せて総付景品提供企画を同時に実施していた場合は，総付景品提供企画による景品類の総額を考慮する必要があるか。　*242*

Q53 新聞やテレビで「1本5,000円の健康食品を抽選により無料で提供」といったような広告がなされているが，問題ないか。　*243*

第5　共同懸賞の制限……………………………………………………… *245*

Q54 商店街などで多くの事業者が共同して行う共同懸賞景品提供企画では，通常の懸賞景品提供企画の場合より高額の景品類を提供できることになっているのはなぜか。また，この共同懸賞として認められるためには，どの程度多くの事業者が参加する必要があるか。　*245*

第6　総付景品の制限……………………………………………………… *247*

Q55 一般消費者に懸賞によらず景品類を提供する総付景品企画では，提供できる景品類は総付景品告示で定められた金額の範囲内で「正常な商慣習に照らして適当と認められるもの」でなければならないが，この「正常な商慣習」はどのように判断するか。　*247*

Q56 次回以降の取引で使用できる「割引券」を提供することは実質的に値引きであって景品類ではないとされているのに，総付景品告示で「割引券」の提供が景品規制の対象外となっているのはなぜか。　*249*

Q57 購入者にポイントを付与することは，割引券を発行することに当たるのか。ポイントだけで商品を購入できる場合はどうか。　*251*

Q58 単体で販売している二つの商品をセットで販売する場合は，いずれかが景品類に当たるとされることになるか。　*252*

第7　事業者向け景品の規制その他……………………………………… *253*

Q59 景品表示法に基づき制定されていた事業者向けの景品提供制限告示は平成8年に廃止されたが，現在は，事業者向けの景品提供は規制されていないということでよいか。　*253*

Q60 実際に景品表示法違反とされた景品提供企画には，どのようなものがあるか。景品提供企画で措置命令の対象となったものはほと

目　次

んどないようだが，これは問題となる事例が少ないということ
か。　*254*

■ **第4節　公正競争規約制度** ──────────────────── *259*

Q61 公正競争規約は業界全体の自主的な取決めであって，カルテル的
なものと考えるが，これが景品表示法で認められているのはなぜ
か。　*259*

Q62 公正競争規約の内容はどのようなものか。また，公正競争規約を
設定すると，どのような効果が期待できるか。　*260*

　コラム12 不動産業界と公正競争規約　*261*

Q63 現在認められている公正競争規約には，どのようなものがある
か。　*263*

　図表18 商品に付された公正マークの例　*264*

　コラム13 ジュース裁判と公正競争規約　*265*

Q64 公正競争規約に参加していない事業者（アウトサイダー）が公正
競争規約に反する景品提供企画や広告表示を行った場合，公正競
争規約に参加している事業者（インサイダー）が不利になると考
えられるが，このようなアウトサイダーの行為を規制することは
できないか。　*266*

Q65 銀行業界では公正競争規約に基づき預金額を「取引の金額」とし
て景品表示法の範囲内の景品類の提供をしているが，信用金庫の
中には懸賞金付き定期預金などとして高額な金銭を提供している
ところがある。このような懸賞金付き定期預金は景品表示法上問
題ないか。　*267*

■ **第5節　措置命令** ─────────────────────── *270*

Q66 景品表示法違反行為が行われた場合，措置命令が行われるか行政
指導にとどまるかは何によって決まるか。　*270*

Q67 措置命令がなされる場合は，どのような手続によるか。消費者庁
が措置命令を行う際に公正取引委員会が調査を行うことがあるが，
消費者庁と公正取引委員会の関係はどうなっているか。　*271*

　図表19 景品表示法違反被疑事件の事件処理手続　*272*

Q68 措置命令は消費者庁のほか都道府県によっても行われているが，
消費者庁と都道府県の分担はどうなっているか。　*273*

Q69 措置命令では，どのような事項が事業者に命じられることになる
か。措置命令の内容に不服がある場合，事業者はどのような対応
が行えるか。また，措置命令に従わなければどうなるか。　*277*

xvii

目　次

Q70 消費者庁の調査を受ける前に自社の広告が不当表示であることが分かった場合，自主的に広告表示を是正すれば措置命令を受けないと考えてよいか。　*280*

コラム14 平成20年代前半の食材偽装事件と自主的是正措置を講じた事業者に対する措置命令　*283*

▌第6節　確約手続 ──────────── *285*

Q71 景品表示法の改正で確約手続が導入されたが，確約手続とはどのようなものか。また，なぜ確約手続が導入されることになったのか。　*285*

Q72 景品表示法違反の疑いで調査を受けた場合，違反となる可能性が高いようであれば，確約手続で対応することでよいか。消費者庁からではなく，公正取引委員会や都道府県から調査を受けた場合でも，確約手続で対応できるか。　*287*

▌第7節　課徴金納付命令 ──────────── *290*

Q73 景品表示法の課徴金制度とはどのようなものか。どのような手続で行われるか。　*290*

図表20 課徴金対象期間　*292*

Q74 事業者が，自己の表示が不当表示に該当することを知らなかった場合に，課徴金納付命令が行われないことがあると聞くが，どういう内容か。　*296*

Q75 不当表示に気づいた事業者が自主的に報告すれば課徴金額が半減されるとのことであるが，どのような内容か。　*299*

Q76 課徴金制度では，違反した事業者が消費者に返金すればその分が課徴金の額から減額されるとのことであるが，その手続はどのようなものか。　*302*

▌第8節　刑事罰の適用 ──────────── *306*

Q77 景品表示法の改正で不当表示を行った者に罰金を科す罰則規定（直罰規定）が設けられたが，これまでの措置命令の違反者に対する罰則規定に加えて，直罰規定が新たに設けられたのはなぜか。また，法人企業が不当表示を行った場合に，実際に罰金刑を科せられることになるのは誰か。　*306*

Q78 他の広告表示規制法の中には以前から直罰規定が設けられているものがあるが，景品表示法違反として措置命令が行われた事案で他の広告表示規制法の刑事罰（直罰）が科されたものはあるか。　*307*

Q79 景品表示法には措置命令違反に対する罰則規定があるが，これま

xviii

で措置命令に違反したとして罰則が科された事例はあるか。また，措置命令に従わなければ，必ず刑事罰が科されるのか。　*310*

▍第9節　その他 ──────────────────── *313*

Q80　景品表示法では，企業のコンプライアンス体制を整備することが義務付けられているとのことであるが，どのような内容か。　*313*

Q81　「事業者が講ずべき景品類の提供及び表示の管理上の措置についての指針」にはどのようなことが示されているか。　*317*

Q82　企業が，不当表示を行っていることに自ら気づいた場合，どのような対応をすることが適切か。　*324*

図表21　「事業者が講ずべき景品類の提供及び表示の管理上の措置についての指針」の事項・具体例　*325*

Q83　景品表示法の規制に関する政令やガイドライン等の詳細，運用状況はどのようにして知ることができるか。　*327*

第3章　消費者契約法

Q84　不当な表示によって誤認して契約を締結した場合，消費者が契約を取り消すことができるのは，どのような場合か。　*331*

コラム15　三菱自動車燃費偽装事件　*338*

Q85　消費者契約法に違反した事業者に対し，消費者団体は差止請求や損害賠償請求ができるか。　*340*

コラム16　共通義務確認訴訟の可否　*346*

Q86　広告も消費者契約法の規制対象となる勧誘に該当するか。　*347*

コラム17　クロレラチラシ事件　*348*

第4章　特定商取引法

Q87　特定商取引法では広告・表示についてどのような規制が行われているか。　*351*

図表22　特定商取引法による行為　*352*

Q88　訪問販売において，どのような表示が規制されているか。　*353*

Q89　通信販売において，どのような表示が規制されているか。　*360*

Q90　電話勧誘販売において，どのような表示が規制されているか。　*366*

Q91　連鎖販売取引とはどのような取引か。また，連鎖販売取引において，どのような表示が規制されているか。　*372*

xix

目 次

Q92 特定継続的役務提供契約とはどのような契約か。また，特定継続
的役務提供契約において，どのような表示が規制されているか。 *379*

　図表23 特定継続的役務提供契約の分類 *380*

Q93 業務提供誘引販売取引とはどのような取引か。また，業務提供誘
引販売取引において，どのような表示が規制されているか。 *385*

Q94 訪問購入とはどのような取引か。また，訪問購入において，どの
ような表示が規制されているか。 *392*

　コラム18 特定商取引法と景品表示法 *398*

第5章　割賦販売法

Q95 クレジット販売において，どのような表示が規制されているか。 *401*

Q96 事実と異なることを告げられて誤認して購入しクレジット契約を締
結した場合，消費者はクレジット契約の支払を拒否できるか。 *405*

第6章　食品表示法

Q97 食品表示法は，食品の表示についてどのようなことを定めている
か。 *407*

Q98 消費者に販売する生鮮食品にはどのような事項を表示しなければ
ならないか。 *409*

　コラム19 遺伝子改変食品の表示 *414*

Q99 消費者に販売する加工食品にはどのような事項を表示しなければ
ならないか。 *415*

　コラム20 加工食品の原料原産地の表示方法 *423*

Q100 特別用途食品とは何か。特別用途食品にはどのような事項を表
示しなければならないか。 *425*

　図表24 許可基準Ⅰの表示 *429*

　図表25 許可基準Ⅱの表示 *429*

　図表26 許可基準Ⅲの表示 *429*

Q101 特定保健用食品とは何か。特定保健用食品にはどのような事項
を表示しなければならないか。 *430*

　図表27 特定保健用食品の表示 *434*

　図表28 条件付特定保健用食品の表示 *434*

Q102 栄養機能食品とは何か。栄養機能食品にはどのような事項を表
示しなければならないか。 *436*

目　次

Q103　機能性表示食品とは何か。機能性表示食品にはどのような事項を表示しなければならないか。　*438*

コラム21　食品表示法と景品表示法　*447*

第7章　その他の法律

Q104　健康増進法ではどのような表示が規制されているか。　*449*

Q105　健康食品の販売業者がアフィリエイトによって広告を行っている場合，アフィリエイターが虚偽誇大表示等を行ったときは，アフィリエイターと広告主のどちらに対して措置がとられるか。　*453*

コラム22　健康増進法と景品表示法　*455*

Q106　医薬品医療機器等法ではどのような表示が規制されているか。　*456*

Q107　有機食品とは何か。有機食品にはどのような事項を表示しなければならないか。　*462*

図表29　有機JASマーク　*463*

第8章　不正競争防止法による広告表示の規制

Q108　混同惹起行為とはどのような行為をいうか。　*469*

Q109　著名表示冒用行為とはどのような行為をいうか。　*474*

Q110　誤認惹起行為とはどのような行為をいうか。　*479*

Q111　信用毀損行為とはどのような行為をいうか。　*483*

事項索引……………………………………………………………*489*

条文索引……………………………………………………………*493*

判例等索引…………………………………………………………*498*

ガイドライン等索引………………………………………………*501*

著者略歴　*503*

第1章　広告表示規制総論

第1節　広告表示の規制についての考え方と法律

Q1

広告表示について法律により規制されている理由は何か。

事業者は，一般消費者を対象として自己が提供する商品・役務について多数の広告表示を行うが，商品等に関する情報は事業者が圧倒的に多く保有しているため，国は法律に基づき，事業者に対し，商品等の広告表示を行う場合には，一般消費者が適正な商品選択ができるようにするため一定の事項について適正な広告表示を行うことを義務付けるとともに，事業者が自由に行う広告表示についてもその内容に虚偽・誇大なものがある場合にはこれを取り締まる必要があるからである。

解　説

　事業者が商品・役務（以下，単に「商品」という。）を一般消費者に販売する場合には，テレビ，新聞，雑誌，インターネット，チラシ等による広告やカタログ，商品における表示その他によって，商品自体の存在，その性能・機能や効用・効果等を知らせなければならない。事業者等によるそのための活動はマーケティング活動と呼ばれる。

　一般消費者は，そのようにして行われる広告表示を見て，自己が必要とする商品を選択する。したがって，一般消費者にとって，広告表示は，商品選択に必要なものである。

第1節　広告表示の規制についての考え方と法律

　一般消費者が広告表示において求めるものは，商品の種類によって異なる。家電製品のような耐久消費財である場合は，その商品の性能や機能，使用方法・条件，価格，修理に関する事項，保証に関する事項等であり，食品であるような場合は，原材料，添加物，原産地，量目，価格，消費期限，保存に関する事項等である。

　商品に関する情報については，事業者と一般消費者との間では，非対称性が格段に大きい。したがって，事業者は，広告表示については，一般消費者の適正な商品選択に資するために必要な事項について正しく行われるものでなければならない。このために，法律は，①一般消費者が適正に商品選択ができるための必要な事項について広告表示をすることを義務付ける必要があり，また，②広告表示の内容に虚偽や誇大なものがある場合は，これを取り締まらなければならない。

　前記①のために，法律は，一定事項の表示の義務付けを行っている。消費者基本法15条は，「国は，消費者が商品の購入若しくは使用又は役務の利用に際しその選択等を誤ることがないようにするため，商品及び役務について，品質等に関する広告その他の表示に関する制度を整備し，虚偽又は誇大な広告その他の表示を規制する等必要な施策を講ずるものとする。」と規定し，広告表示規制における基本的考え方を示している。そして，特定商取引に関する法律（以下「特定商取引法」という。），割賦販売法，食品表示法，日本農林規格等に関する法律（以下「JAS法」という。），家庭用品品質表示法，医薬品，医療機器等の品質，有効性及び安全性の確保等に関する法律（以下「薬機法」という。），酒税法，宅地建物取引業法等の各法律においては，一定事項の表示の義務付けをしている。

　前記②については，不当景品類及び不当表示防止法（以下「景品表示法」という。）は，商品の取引に関連して，不当な景品類及び不当表示による顧客誘引を防止するため，一般消費者による自主的かつ合理的な選択を阻害するおそれのある過大景品及び不当表示を禁止することを規定している。前記①に関連するものとして述べた各法律においても不当な顧客誘引規制を行っている。

2

①及び②の表示の義務付け及び不当顧客誘引規制は行政的規制であり，それに関する法律の多くは消費者庁の所管とされている。このような行政的規制は消費者保護あるいは公益的見地からの規制であるため，これに違反した者の故意・過失を問わないのが原則である。

②の行政的規制の具体的方法としては，例えば，景品表示法においては，不当表示等是正のための措置命令を行い，及び不当表示に対して課徴金納付命令を行う。特定商取引法等の法律においては，指示，業務停止等を命ずる。

また，不当表示等に対する民事的規制としては，各法律に基づき当該行為の差止命令を行うことができる場合があり，また，民事上の不法行為（民709条）として損害賠償請求を行うことができる。これは，民事上の手続として，事業者が当該事業者に対して，あるいは一般消費者が当該事業者に対して損害賠償請求を行うものである。損害賠償請求権の消滅時効は，一般的には，債権者が権利を行使することができることを知った時から5年間，権利を行使することができる時から10年間であり（民166条1項），不法行為のときは，損害及び加害者を知った時から3年間，不法行為の時から20年間である（民724条）。

さらに，法律によっては，不当広告表示に対し罰金刑に関する規定がある場合がある。

一方，業界によっては，自主規制が行われている。法令に基づくものとしては，景品表示法36条に基づく協定又は規約（公正な競争を確保するための協定又は規約。「公正競争規約」）がある。公正競争規約は，内閣総理大臣及び公正取引委員会の認定を受けて，景品類又は表示に関する事項について，協定等を設定し，事業者の団体である公正取引協議会が運用するものである。同協議会は，加入する事業者に違反行為があった場合は，警告，違約金を課す等の措置をとることができることにしている。公正競争規約において定められている表示基準等は，当該業界における正常な商慣行として，景品表示法の解釈基準として参酌されている。

また，事業者の任意的自主規制団体として，いくつかのものがある。（公社）日本広告審査機構（JARO）は，広告主や広告媒体による団体であるが，

第1節　広告表示の規制についての考え方と法律

会員事業者に対する広告に関する苦情や誇大広告などの指摘があった場合には，審査を行い，問題があるケースについては改善を求めている。広告媒体関連の自主規制団体として，（一社）日本新聞協会，（一社）日本民間放送連盟，（一社）日本雑誌広告協会，（一社）日本広告業協会等がある。

Q2

広告と表示で規制において違いがあるか。

「広告」と「表示」とは一般的用法では異なっているが，特に法律に定義規定が設けられている場合のほかは，双方を含むものと解釈しなければならない。

解　説

一般的に，「広告」とは，広告主が自ら又は広告媒体（放送事業者，新聞社，出版社等）を通じて企業や商品等を宣伝するものを指し，「表示」とは，商品に貼られたラベル等商品に密着した表現を指すが，広義では，広告を含めた表現を指す。

景品表示法2条4項は，同法の規制対象となる表示を，「顧客を誘引するための手段として，事業者が自己の供給する商品又は役務の内容又は取引条件その他これらの取引に関する事項について行う広告その他の表示であって，内閣総理大臣が指定するものをいう。」と定義しているので，「広告」は「表示」に含まれる。景品表示法以外でも，消費者基本法等も，景品表示法と同様の表現をしている。

また，例えば，割賦販売法やJAS法等では，「表示」の文言しか用いられていないが，これらの法律で表示規制されるものについては広告する場合にも適用されるものと解さなければならない。

4

一方，「広告」規制についてのみ規定している法律としては，特定商取引法等がある。同法では，例えば，通信販売業者が商品を通信販売する際に広告する場合には，法定の事項を記載しなければならないことや，誇大広告をしてはならないこと等が規定されている。通信販売業者は，商品の販売の際には書面の交付義務等の規定があり，狭義の表示規制はこうした規制に基づくことになるから，特に広告する場合についての規定で足りるということではないかと思われる。

　以上のように，各法律において広告表示について規制する場合においては，それぞれの法目的に沿った規定が設けられるから，「表示」に関して規定されている場合で，その定義規定がない場合には，その「表示」の解釈については，「広告」をも含むものと考えなければならない。なお，法律に用いる文言について，特に注意を要する場合には定義規定が設けられるが，一般的用法で解釈するものについては，特に定義規定が設けられない場合がある。

第2節 広告媒体者・広告代理店等の責任

Q3
広告媒体者・広告代理店等が広告表示で責任を問われることがあるのはどのような場合か。

 広告媒体者，広告代理店，広告制作者等には「広告内容の真実性の調査確認義務」があり，これを怠るときは，民法上の不法行為責任が問われる場合がある。

解説

1 事業者の責任

　景品表示法における不当表示でその行政的責任を問われるのは，当該商品等を供給する事業者である。景品表示法においては，5条で「事業者は，自己の供給する商品又は役務の取引について，次の各号のいずれかに該当する表示をしてはならない。」ことを定め，7条で「……第5条の規定に違反する行為があるときは，当該事業者に対し」措置命令を行うことを規定する。つまり，不当表示で措置命令を受ける者は，商品等を供給する広告表示を行う広告主である。広告媒体者，広告代理店，広告制作者等は商品等を供給する者ではないので，措置命令の対象とはならない。その他の法律においても，広告表示について責任を問われるのは，広告主である。

　また，特定商取引の規制対象である訪問販売・通信販売・連鎖販売取引等で違法な広告を行ったため行政処分の対象となる場合や，割賦販売法の規制対象となる違法な表示を行ったため行政処分の対象となる場合も，同様に当該広告表示をした広告主である。

　さらに，健康増進法に違反して，食品の虚偽誇大表示をした場合も，食品の製造業者・販売業者は，行政処分の対象とされることがある。

2 広告媒体者等の責任

　しかし，広告表示に係わる者として，広告媒体者（新聞・テレビ・放送・出版社等），広告表示の仲介・取次を行う広告代理店，広告の企画・制作を行う広告制作者，インターネットのプロバイダ，更には広告に出演するタレントが存在しているし，これらが不当な広告表示に係わった場合には民事的な責任を問われることがある。この場合，広告媒体者等には「広告内容の真実性の調査確認義務」があり，これを怠るときは，民法上の不法行為に該当する場合がある。

　インターネットのプロバイダは，通常，発信者からの情報内容を知ることができないことや，情報内容における権利侵害や違法の主張（例えば，名誉毀損・プライバシーの侵害，著作権法・商標法違反などの主張）があっても，その侵害・違法性についての判断が困難な場合があり得る。このため，プロバイダの責任については，「特定電気通信役務提供者の損害賠償責任の制限及び発信者情報の開示に関する法律」（プロバイダ責任制限法）^(注)により，損害賠償責任を負う場合について，限定的に定められている。

　最高裁判決（最三小判平元・9・19裁判集民157号601頁，裁判所ウェブサイト，ジュリ950号76頁）は，広告媒体者及び広告代理店に広告内容についての真実性の調査確認義務があることを判示している。この事件は，個人である原告2名が日本経済新聞（昭和44年6月21日），朝日新聞（同年8月）の広告を見て，建設会社が建設を予定し又は建築中の横浜市内のマンションの各1室の購入を申し込み，それぞれ内金を支払ったが，マンションが建設されないまま建設会社が倒産したケースで，原告らが広告媒体者である新聞社及び広告の仲介・取次をした広告代理店に対し，不法行為に基づく損害賠償を請求した事件（日本コーポ事件）である。

　この事件の判決は，次のように述べている。

「被上告人らにおいて，右掲載等をした当時，広告主である訴外会社が広告商品である前記建物を竣工する意思・能力を欠く等，広告内容の真実性について社会通念上疑念を抱くべき特別の事情があって読者らに不測の損害を及ぼすおそれがあることを予見し，又は予見しえたのに，真実性の調査確認を

せずにその掲載等をしたものとは認められないから，被上告人らはこれについて不法行為上の責任を負わないものというべきである。」

しかし，「新聞広告は，新聞紙上への掲載行為によってはじめて実現されるものであり，右広告に対する読者らの信頼は，高い情報収集能力を有する当該新聞社の報道記事に対する信頼と全く無関係に存在するものではなく，広告媒体業務にも携わる新聞社並びに同社に広告の仲介・取次をする広告社としては，新聞広告のもつ影響力の大きさに照らし，広告内容の真実性に疑念を抱くべき特別の事情があって読者らに不測の損害を及ぼすおそれがあることを予見し，又は予見しえた場合には，真実性の調査確認をして虚偽広告を読者らに提供してはならない義務があり，その限りにおいて新聞広告に対する読者らの信頼を保護する必要があると解すべきところ，前記事実関係によれば，本件掲載等をした当時，被上告人らにおいて前記真実性の調査確認義務があるのにこれを怠って右掲載等をしたものとはいえない。」と述べた。

上記の最高裁判決は，広告内容の真実性に社会通念上疑念を抱くべき特別の事情があって読者らに不測の損害を及ぼすおそれがあることを予見し，又は予見しえたのに，真実性の調査確認をせずに掲載等をしたものと認められる場合は不法行為としての責任を負うことを述べたものであると解することができる。

このような，「広告内容の真実性の調査確認義務」は，広告媒体者，広告代理店，広告制作者，広告に出演するタレントに共通して認められる責任である。

(注)「プロバイダ責任制限法」
　　(ア) プロバイダが他人の権利を侵害した場合に損害賠償責任を負う場合（3条1項）
　　　　プロバイダが，他人の権利を侵害した情報を不特定多数の者に対して送信した場合において，送信防止措置を講じることが技術的に可能であるにも拘わらずこれを講じなかった場合で，次のいずれかに該当する場合でなければ，損害賠償責任を負うことはない。
　　　ア，情報の流通によって他人の権利が侵害されていることを知っていたとき。
　　　イ，情報の流通によって他人の権利が侵害されていることを知ることができたと認めるに足る相当な理由があるとき。

(イ) プロバイダが発信者との関係で損害賠償責任を負う場合（3条2項）

プロバイダが送信防止措置を講じた場合において，当該措置により，送信された情報の発信者に生じた損害については，当該措置が当該情報の不特定多数の者に対する送信を防止するために必要な限度において行われた場合であって，次のいずれかに該当するときは，損害賠償責任を負わない。

ア．他人の権利が不当に侵害されていると信じるに足る相当な理由があったときは，結果として情報の流通によって他人の権利が不当に侵害されていなかったときであっても，債務不履行の責任を負わない。

イ．他人から権利侵害情報等を示して送信防止措置を講じるよう申出があった場合に，発信者に対し，当該送信防止措置を講ずることに同意するかどうかを照会した場合において，当該発信者が照会を受けた日から7日を経過しても当該送信防止措置を講ずることに同意しない旨の申出がなかったとき。

(ウ) 発信者情報の開示請求（5条）

情報の流通によって自己の権利を侵害されたとする者は，次のいずれかに該当するときに限り，プロバイダに対し，当該権利侵害に係わる発信者情報（氏名・住所等）の開示を請求することができる。

ア．侵害情報の流通によって請求者の権利が侵害されたことが明らかであるとき。

イ．請求者が損害賠償請求権の行使等のために必要であるとき。

開示の請求に応じないことによるプロバイダの開示請求した者に対する損害については，プロバイダに故意又は重大な過失がある場合でなければ，損害賠償責任を負わない。

3　広告媒体者の責任

新聞・テレビ・放送・出版社等の広告媒体者は，広告代理店や広告主から依頼を受けて広告をすることがしばしばある。

この場合において，広告媒体者については，前述のとおり前記日本コーポ事件最高裁判決でいう「広告内容の真実性の調査確認義務」がある。

なお，広告表示に関わる広告媒体者等の留意点（まとめ）については，後述のコラム2（46頁）において述べる。

── 参考事例 ────────────────────────────

1　ジー・オーCM事件（被告：日本テレビ。東京地判平17・3・17ウエスト

第2節 広告媒体者・広告代理店等の責任

ロー（事件番号：平14(ワ)27156号））

　テレビ会社（日本テレビ）が放送した商品のテレビCMに関して，その広告
主の属する企業グループに金員を詐取されて損害を被ったとする原告らが，被
告らは当該企業グループの業務内容，信用性を調査・確認して，当該CMの放
送を差し控えるべき注意義務があったなどとして被告らに損害賠償の支払を求
めた事案につき，被告らにおいて，テレビCMを放送するに当たり，その広告
主である企業を含む企業グループの営業ないし商法に疑念を抱くべき特別の事
情があって視聴者に不測の損害が生じるおそれがあることを予見し，又は予見
し得たということはできなかったとして，原告らの請求が棄却された事例

(注) テレビ朝日を被告とした同様の事件もあるので，同事件の判決は，参考として後述する。

事　実

(1)　原告ら12名は，いずれも個人である。

(2)　被告らは，日本テレビ放送網㈱及び同社代表取締役である。

　　本件事案は，日本テレビが放送した下記ジー・ユニバーサルの商品のテレビ
CMに関して，その広告主が属する企業グループに金員を詐取されて損害を
被ったとする原告らが，当該金員を出捐したのは，当該CMを視聴してテレビ
CMをするような企業は不法なことはしないであろうと当該企業グループを信
用したからであるとした上，被告らには当該企業グループの業務内容，信用性
を調査・確認して，当該CMの放送を差し控えるべき注意義務があったなどと
主張して，被告らに対し，不法行為に基づいて，当該損害額の一部の支払を求
めた事案である。

(3)　ジー・オーグループについて

　　㋐　ジー・オーグループ

　　ジー・コスモス・ジャパン㈱（平成13年5月変更前の商号「ジー・コスモス
㈱」（ジー・コスモス）は，昭和52年4月に設立された会社で，広告代理業務，
録音・録音物の製造・販売及び金融業等を目的としている。

　　ジャパンジー・ユニバーサル㈱（平成14年1月変更前の商号「ジー・ユニ
バーサル㈱」（ジー・ユニバーサル））は，平成8年8月に設立された会社で，
茶及びバナバ茶（健康茶）の輸入・販売を目的としている。

ジャパンジー・オーグループインターナショナル㈱（平成13年6月変更前の商号「ジー・オーグループコーポレーション㈱」（ジー・インターナショナル））は，平成10年7月に設立された会社で，経営者・管理者・一般社員に対する教育，企業経営に関する助言・指導・研究等を目的としている。

ジー・インターナショナルは，ジー・コスモス及びジー・ユニバーサルの発行済株式の100を保有していた。

Aは，ジー・インターナショナル発行済株式の100を保有して，同社及びその関連会社（ジー・コスモスやジー・ユニバーサルを含む。ジー・オーグループ）の業務を実質的に統括掌理していた者である。Aは，平成7年12月27日，当時代表取締役を務めていたグレース・クラブ・ジャパン㈱を通じて行った化粧品の通信販売に関して，代金を受け取りながら商品を発送しなかったなどとして警視庁の家宅捜索を受け，その後平成8年5月10日，訪問販売等に関する法律違反によって罰金30万円の略式命令を受けた。

㈡　ジー・オーグループの事業等について

①　ジー・コスモスは，同社に出捐した場合には，自宅に居ながら高額で安定した収入が得られるなどといって会員の募集の新聞折込広告等を配布し，これに応募してきた者を会員に登録した上で，出捐額を上回る金額の配当を行うに足る売上げや利益を上げる見込みのある事業を行っているものでもなく，また約束した配当を行う意思も能力もないにもかかわらず，ジー・コスモスに通信広告費として金員を出捐すれば，当該商品の通信販売事業の売上げの30パーセントに相当する金額を各自の出捐額の割合を乗じて配当を行うなどと約束することによって会員から金員の出捐を受ける等の事業を行っていた。

②　日刊新聞（毎日新聞）は，平成13年12月31日，ジー・オーグループがA主導の下で，出資法に違反して集金をしているのではないかという趣旨の報道をした。

③　警視庁は，平成14年3月6日，出資法違反で，ジー・コスモス等の家宅捜索を行った。

④　ジー・コスモス，ジー・ユニバーサル，ジー・インターナショナル及びその関連会社2社並びにAは，平成14年4月5日，破産宣告を受けた。

⑤　ジー・オーグループ各社の役員を務めていたAら5名は，平成14年9月

10日，詐欺の容疑で逮捕され，起訴された。

　㈮　本件テレビCMについて

　被告は，平成10年10月から平成12年９月前の間，バナバ茶のテレビCMを放送した。

　なお，本件と同様のテレビCMを放送したのは，被告以外ではテレビ朝日であり，フジテレビ及びTBSは，同様のテレビCMの放送の申込みを受けたが，これを採用しなかった。

判　決

1　本件における被告の注意義務について

「(1)　本件テレビコマーシャルは，広告主をジー・ユニバーサルとする商品（健康茶）のテレビコマーシャルである。

　しかして，原告らは，原告らがジー・ユニバーサルの属する企業グループであるジー・オーグループのいわゆる詐欺的商法に応じて金員を出捐することにより損害を被ったのは，本件テレビコマーシャルを視聴することによって，テレビコマーシャルをするような企業はおかしなこと（違法なこと）はしないであろうとジー・ユニバーサルを含むジー・オーグループを信用したためである旨主張する。

　上記主張の事実関係を前提にして，原告らに生じた上記のような損害（本件テレビコマーシャルの広告主のグループ企業の詐欺的商法によって生じた損害）につき被告に不法行為に基づく賠償責任があるというためには，被告において，原告ら（視聴者）に対する関係で，上記のような損害の発生を未然に防止するために本件テレビコマーシャルの放送をしてはならい注意義務があったといえなければならない。

(2)　ところで，本件のような商品のテレビコマーシャルは，被告のように放送局の免許を受けた放送事業者が，公共性の高いテレビ放送において放送するものであるため，当該商品の知名度を高めて消費者の購買意欲を喚起する効果があるばかりでなく，当該広告主の企業イメージを高める効果もあり，その結果，視聴者が，当該広告主ないしその親会社等これと密接な関連を有する企業（以下「当該広告主等」という。）を信用して，これらと直接に一定の法律関係を持つに至ることがあり得る。そして，そのような法律関係が持たれる場合，そ

の一方当事者である当該広告主等が，例えば，その営業を行うに当たり詐欺的手法を常套手段としているようなときは，他方当事者である当該視聴者に不測の損害が生ずることがあり得る。

　他方，前記前提事実……のとおり，テレビコマーシャルは広告主（多くの場合は広告代理店が介在する。）がテレビ放送事業者に放送料金を支払ってそのコマーシャル枠の提供を受けて放送されるものであって，テレビ放送事業者は，テレビコマーシャルを放送するに当たって，当該広告主の信用性を保証しているわけではないし，視聴者においても，当該広告主等と一定の法律関係を持つとしても，当該テレビコマーシャルが放送されていることだけからではなく，そのことを一資料としつつ他の諸事情をも総合考慮して，最終的には自己の判断と責任の下に当該法律関係を持つものである（その意味で，テレビコマーシャルの放送とその視聴者が当該広告主等と一定の法律関係を持つこととの間に必然的な関係があるということはできない。）。したがってまた，視聴者が上記のようにして当該広告主等と一定の法律関係を持つことにより損害を被ったとしても，本来それに対して責任を負うべきは当該広告主等である。

(3)　そこで，当裁判所は，上記(1)の点を前提とした上，上記(2)の点を総合考慮して，本件における被告の注意義務について次のように解する。

　すなわち，被告は，本件テレビコマーシャルを放送するに当たり，その広告主であるジー・ユニバーサルを含むジー・オーグループの営業ないし商法に疑念を抱くべき特別に事情があって視聴者に不測の損害が生じるおそれがあることを予見し，又は予見し得た場合には，ジー・オーグループの業務内容ないし信用性の調査・確認をして，上記おそれが解消されない限り，本件テレビコマーシャルの放送をしてはならない注意義務を負っていたというべきである。

　そして，上記特別の事情には，現に被告が認識していた事情のほか，テレビ放送事業者が容易に認識し得る事情が含まれると解すべきである。なお，上記(2)の後段の点に照らすと，テレビ放送事業者が容易に認識し得る事情とは，例えば一般のマスコミで大きく報道された事情等をいうのであって，積極的に調査・確認して初めて認識し得る事情は含まれないというべきである。

　この点について，原告らは，被告には，上記のような特別の事情や予見又は予見可能性があるかどうかにかかわらず，上記のような調査・確認をすべき一

般的な注意義務があった旨主張するが，上記(2)の点に照らし，その主張を採用することはできない。なお，原告らは，上記の一般的な注意義務の根拠として，日本民間放送連盟放送基準や新聞広告審査協会の広告審査基準の存在を挙げるが，これらは，いわゆる自主基準であって，直ちに視聴者に対する関係での注意義務の根拠とはなるものではない。」以上のように述べた。

　そこで判決は，以下の通り，被告において，本件テレビCMを放送するに当たり，ジー・オーグループの営業ないし商法に疑念を抱くべき特別に事情があって，視聴者に不測の損害が生じるおそれがあることを予見し，又は予見し得たか否かについて検討した。

2　本件における営業ないし商法に疑念を抱くべき特別の事情の存在の有無

　(ア)　本件テレビCMを放送するに至った経緯

　(略)

　(イ)　読売連合広告社のテレビ通販番組の放送中止

　読売連合広告社は，平成8年頃，ジー・ユニバーサルが広告主である別件の通販番組の放送に当初は協賛会社として参加する予定であったが，ジー・コスモスの商法について消費者からクレームがあることを知ったため，参加を中止した。なお，他の20ないし25局はこれに参加した。

　しかし，これは，本件テレビCMと関係のない別件のCMであり，また，日本テレビと読売連合広告社との間には，資本関係や人事交流はなく，また，日本テレビは，本件テレビCMの放送当時，読売連合広告社の上記情報を得ていなかった。

　(ウ)　被告と東京都消費生活総合センターとの情報交換

　東京都消費生活総合センターは，同センターに寄せられた個別企業の苦情内容等について，被告と同センターとの情報交換は行われていなかった。

　(エ)　不測の損害に係る予見及び予見可能性の有無

　①　本件テレビCMは，もっぱらバナバ茶の販売促進を目的としたものであった。

　②　ジー・コスモスが，平成8年12月，東京都の消費者センターから調査・指導を受け，さらに，平成9年5月ないし6月ころ，北海道の消費者センターから指導を受けた点について，「ジー・コスモスが消費者センターから調査・

指導を受けた事実だけでなく，ジー・コスモスとジー・ユニバーサルがジー・オーグループに属する事実やジー・コスモスが消費者センターから調査・指導を受けた事実を認識し，又は容易に認識し得たと認めるに足りない。

かえって，……東京都消費生活総合センターは，同センターに寄せられた個別企業の苦情件数及び内容等についてテレビ放送事業者に開示しておらず，被告も同センターとの間で情報交換を行っていないのであるから，ジー・コスモスが消費者センターから調査・指導を受けた事実を被告が容易に認識できたということはできない。」

③　Aが，平成8年5月10日，訪問販売等に関する法律違反で罰金刑に処せられ，これが週刊誌やテレビで報道された。

「しかし，Aに前科がある事実及びAに関する報道がされた事実があるとしても，かかる事実のみではジー・ユニバーサルを含むジー・オーグループの営業ないし商法に疑念を抱くべき特別に事情があるとはいえず，少なくとも，かかる事実に加えて，被告においてAがジー・ユニバーサルを含むジー・オーグループを統括掌理していた事実を認識し，又は容易に認識し得たといえなければならない。」

「ジー・オーグループの営業ないし商法に疑問を投げかけるマスコミ報道が初めてされたのは，本件テレビコマーシャルの終了後1年以上が経過した平成13年12月31日の毎日新聞の報道であるから，被告において，本件テレビコマーシャルの放送当時，Aがジー・ユニバーサルを含むジー・オーグループを統括掌理していた事実を容易に認識し得たということはできない。」

④　北海道のタブロイド紙は，平成9年7月，悪徳業者のリーダーであるAが北海道に上陸したと報じた。

この点について，原告らは，「Aの商法について「A」というキーワードで検索すれば容易に確認することができた」旨を主張した。

第2節　広告媒体者・広告代理店等の責任

◎　（参考）テレビ朝日事件（東京地判平16・7・26ウエストロー（事件番号：
　　平14㈭27155号））

【判　決（主要な部分のみ）】

⑴　テレビ放送事業者の視聴者に対する法的義務について

　㋐　「一般に，テレビコマーシャルは，広告主が，視聴者に対して，商品広
告についての購買意欲を起こさせたり，広告主の知名度を向上させたりするこ
とを目的として（筆者注：証拠の表示は略す。以下同じ。），テレビ放送事業者
に放送料金を支払うことにより……，その放送枠の提供を受けるものである
……が，テレビ放送事業者は，テレビコマーシャルの広告主に信用性があると
いうことを視聴者に保証しているわけではないし，また，情報化の進んだ現代
社会においては，ある商品についてテレビコマーシャルが放送されていても，
視聴者がその商品を購入するかどうかの判断をする場合は，仮に購入資金に余
裕があり，購入意欲があっても，テレビを含む様々な情報媒体から得られる他
の同種商品の商品情報や当該広告主を含む製造業者の情報等を勘案して判断す
るのが通常であるから，視聴者に対する関係で，テレビ放送事業者に，広告商
品や広告主の業務内容を調査すべき一般的な法的義務があると解することはで
きない。」

　㋑　「……日本民間放送連盟放送基準は，民間の放送事業者の業界団体であ
る社団法人日本民間放送連盟（以下「民放連」という。）が，放送倫理水準の
向上による放送事業を通じた公共の福祉の増進や，一般放送事業者共通の問題
の処理，一般放送事業者相互の親睦と融和を目的として規定したものであって，
民放連内部における放送倫理確立のための自主基準に過ぎないし，また，新聞
広告審査協会の広告審査基準は，新聞社や雑誌社，テレビ放送事業者，広告会
社らが，主として新聞広告の信用度の維持，向上を図り，もって社会経済の健
全な発展に寄与することを目的として設立した新聞広告審査協会における広告
審査のための基準として規定されたものであって，やはり新聞広告審査協会内
部における事業遂行のための自主基準に過ぎないというべきであるから，これ
らの基準によって，視聴者に対する関係で，テレビ放送事業者に，広告商品や
広告主の業務内容を調査すべき一般的な法的義務が生じるとは解されない。」

（ウ）「しかし，ある商品についてテレビコマーシャルが放送されたときには，視聴者がその広告商品や広告主に対して一定の信頼を抱き，そのことによって視聴者に損害が発生する可能性があることは否定できないから，テレビ放送事業者は，当該テレビコマーシャル自体や広告商品自体から視聴者に不測の損害を及ぼす可能性があることが窺われる場合や，テレビコマーシャルの放送に至る過程，あるいは放送中に，広告商品，広告主又はその業務内容に疑念を抱かせるような特別の事情が存在し，視聴者に不測の損害を及ぼす可能性があることが窺われる場合には，視聴者に対する関係で，広告商品，広告主又はその業務内容について調査すべき注意義務を負い，その結果，視聴者に不測の損害を及ぼすことが予見された場合には，当該テレビコマーシャルの放送を拒絶し，あるいは中止すべき注意義務を負う（この注意義務に反すれば，不法行為が成立する可能性がある。）ものと解すべきである。」

（エ）「したがって，視聴者に対する関係で，テレビ放送事業者に，広告主の業務内容を調査すべき一般的な法的義務があることを前提とする原告らの主張は理由がないが，本件コマーシャルについて，その放送に至る過程，あるいは放送中に，本件コマーシャルの広告主であるジー・ユニバーサルの業務内容に疑念を抱かせるような特別の事情が存在し，視聴者に不測の損害を及ぼす可能性があることが窺われる場合には，被告ジー・ユニバーサルの業務内容を（仮にジー・ユニバーサルの業務内容に疑念を抱かせるような特別の事情がジー・オーグループ各社にまで及んでいるのであれば，ジー・オーグループ各社の業務内容も）調査し，その結果，視聴者に不測の損害を及ぼすことが予見された場合には，本件コマーシャルの放送を拒絶し，あるいは中止すべき義務があったものというべきである。」

(2) 被告らの注意義務違反の有無について

そこで，裁判では，本件コマーシャルについて，その放送に至る過程，あるいは放送中に，本件コマーシャルの広告主であるジー・ユニバーサルの業務内容に疑念を抱かせるような特別の事情が存在したと認められるか否かを検討した。

「……以上の事実によれば，原告らは，新聞折込広告などに触れたことによってジー・コスモスに対して興味を抱き，資料の送付を請求するなどしてお

第2節　広告媒体者・広告代理店等の責任

り，そのために同社の従業員に出捐を勧められ，出捐するに至ったのであって，本件コマーシャルが原告らに出捐を決心させたとはいえず（本件コマーシャルの放送以前から出捐したり，本件コマーシャルの放送終了後も出捐したりしている。），仮に，原告らが，本件コマーシャルを視聴したことによって，ジー・コスモスに対する信頼感を強めたとしても，そのことと原告らの特定の出捐との結びつきを認めることは困難である。

　したがって，本件コマーシャルと原告らの主張する損害との間の相当因果関係も認めることはできない。」

コメント

　「日本テレビ」で，放送事業者が広告主について，その営業ないし商法に疑念を抱くべき特別の事情があって視聴者に不測の損害が生じるおそれがあることを予見し，又は予見し得た場合には，その企業の業務内容ないし信用性の調査・確認をして，そのおそれが解消されない限り，「テレビコマーシャルの放送をしてはならない注意義務を負」うが，その「特別の事情」がないとして棄却されている。同様の訴訟である「テレビ朝日事件」でも同様の理由で棄却されている。これらの論旨は，いずれも，前記「日本コーポ事件」最高裁判決の考え方に基づいている。

　しかし，日本テレビ事件において，「特別の事情」とは，①現にテレビ放送事業者が認識していた事情のほか，②容易に認識し得る事情が含まれると解するとし，「容易に認識し得る事情とは，例えば一般のマスコミで大きく報道された事情等をいうのであって，積極的に調査・確認して初めて認識し得る事情は含まれない」とする点は，視聴者にとってはかなり厳し過ぎるものといえる。

　日本テレビ事件で，本件テレビCMが放送されたのは，平成10年10月から平成12年9月までの間である。それ以前の事情として，次のようなことがある。

① 　Aは，平成8年5月10日訪問販売等に関する法律違反ではあるが，罰金刑に処せられている。これが週刊誌やテレビで報道されたという（前記判決2③）。

　　この点について，判決は，前記の通り，「しかし，Aに前科がある事実及

18

びAに関する報道がされた事実があるとしても，かかる事実のみではジー・ユニバーサルを含むジー・オーグループの営業ないし商法に疑念を抱くべき特別に事情があるとはいえず，少なくとも，かかる事実に加えて，被告においてAがジー・ユニバーサルを含むジー・オーグループを統括掌理していた事実を認識し，又は容易に認識し得たといえなければならない。」と述べている。

② ジー・コスモスは，平成8年12月，東京都の消費者センターから調査・指導を受け，さらに，平成9年5月ないし6月ころ，北海道の消費者センターから指導を受けている（前記判決2㈔②）。これらがマスコミで報道されなかったのだろうか。

③ Aが，平成9年7月，北海道へ進出したとき，「悪徳業者のリーダーであるAが北海道に上陸した」と北海道のタブロイド紙（新聞判型の一つ）で報じられている（前記判決2㈔④）。

具体的に以上のような事情があったとしても，テレビ放送事業者は，テレビCMを採用する際に，「積極的に調査・確認」をしないで済むといえるのであろうか。

2 **新聞社による会社の匿名組合契約者募集に関する新聞広告の内容についての真実性の調査確認義務について詳細に述べて，棄却された事例**（東京高判平22・12・1判時2113号103頁）

事　実

朝日新聞社，日本経済新聞社及び読売新聞社（東京本社・関西本社）は，平成15年から平成17年にかけて，平成電電設備株式会社（設備社）及び平成電電システム株式会社（システム社）の各匿名組合の契約者の募集についての新聞広告を掲載した。

各新聞の多数の読者が設備社及びシステム社との間で匿名組合契約を締結し，出資した。しかし，その後，上記両社は破産手続開始決定がされたので，出資者は配当金の支払を受けることができないこととなった。

このため，原告437名は，出資金について損害を受けたとして，上記各新聞社らの本件各広告の掲載行為が不法行為に当たるとして，出資金の返還を求めて東京地裁に提訴した。東京地裁は，平成22・2・17判決（ウエストロー（事

件番号：平19(ワ)13910号・平19(ワ)31637号））で訴えを棄却した。

控訴人113名は，東京高裁へ，上記各新聞社に対する原審の破棄を求めて控訴した。

判　決

東京高裁は，新聞広告を掲載するに当たっての新聞社の調査確認義務について次のように述べ，控訴を棄却した。

「新聞広告が，新聞報道記事に対する信頼を背景に社会的な信頼を得ているとしても，新聞広告も，広告主が新聞の紙面を利用することについて対価を支払って自らの責任で読者に情報を提供する行為としての側面を有することは他の広告媒体による広告と同様であり，また，新聞広告において投資等の契約の誘因がされた場合においては，読者は，新聞広告の内容以外の様々な情報を入手したり，他の広告と対比したりする過程を経て契約の締結の可否を判断することになるのであるから，新聞社が，読者にために広告の内容の真実性や合理性を調査する一般的な法的義務を負っていると解することはできない。」

「しかし，他方で，新聞広告に対する読者らの信頼は，高い情報収集能力を有する当該新聞社の報道記事に対する信頼と全く無関係に存在するものではないから，広告媒体業務に携わる新聞社が，新聞広告の持つ影響力の大きさに照らし，広告内容の真実性に疑念を抱くべき特別の事情があって読者らに不測の損害を及ぼすおそれがあることを予見し，又は予見し得た場合には，新聞広告に対する読者らの信頼を保護するために，広告内容の真実性を調査確認することにより，虚偽の広告が掲載されることを回避すべき義務を負っていると解すべきである（最高裁判所昭和59年(オ)第1129号平成元年9月19日第三小法廷判決・裁判集民事第157号601頁参照）。」

「このように，新聞社には，広告内容の真実性に疑念を抱くべき特別の事情があって読者らに不測の損害を及ぼすおそれがあることを予見し，又は予見し得た場合においては，広告内容の真実性を調査する法的義務があることから，新聞社は，広告主から広告掲載の申し込みがあった場合に，少なくとも，広告内容の真実性に疑念を抱くべき特別の事情があるか否かについて確認する義務があることになり，各新聞社が，広告掲載について一定の広告掲載基準を設けるほか，新聞広告審査協会及び関西広告審査協会による調査などを参考に広告

掲載の審査を行い……，広告内容の変更を求め，あるいは広告の掲載を拒否するなどしているのは，各紙の品位や社会的信用を維持するとともに，新聞社に課せられた上記の義務を履行するために行っていると理解することができる。」

③ **ぴあ事件**

タウン誌「ぴあ」に広告した電話番号の誤りにより間違い電話が頻繁にかかり，身体的・精神的に損害を受けたとして，広告を企画・制作した会社及び広告欄を提供した雑誌社に対してなされた損害賠償請求がそれぞれ一部容認された事例（大阪高判平6・9・30判時1516号87頁）

事　実

原告（控訴人）は，個人である。

被告（被控訴人）は，「ぴあ」㈱及び広告代理店㈱サプライである。

本件広告は，関西版「ぴあ」の平成4年3月12日号（本誌本号）の357頁に掲載された。関西版「ぴあ」は，関西地区のコンサート・演劇・映画等の公演予定や前売り券情報を，日付順・劇場別・人気順などに整理して多角的に紹介している。

本誌本号には，商品の広告・サービスの広告などが掲載されているが，その中で電話番号に記載ミスがあった。ただし，これらの記載は，広告として掲載されているか記事として掲載されているか，全体的に判然としていない。

本件広告の中の電話番号には，若者志向の飲食店A（営業が午後6時から午前5時まで年中無休）の電話番号が，原告個人のものと間違って掲載されていた。

判　決

「一般に，大量発行部数の雑誌出版社としては，その広告を掲載する雑誌を発行する際において，記事及び広告における影響力に応じ，その掲載態様及び内容に対応する調査をすべき注意義務を負担しているものというべきであるが（筆者注：ここで「日本コーポ事件」最高裁判決を引用），本件広告掲載頁の前記のような態様及びその内容に照らしてみると，本件広告の電話番号の正確性については，出版社の被控訴人ぴあ㈱としても，本文記事に準ずるものとして，自ら電話番号を確認し，又は広告掲載業者に対して厳重に注意を促すなどの細心の注意義務を払う義務があったというべきである。仮に電話番号の正確性を

第2節　広告媒体者・広告代理店等の責任

確認する義務がないというならば，明らかに広告頁と判明するような体裁の広告でなければ掲載を認めないとの対応をとらなければならないというべきである。」

「しかるに，出版社である被控訴人ぴあ㈱が，本件広告を本誌本号に掲載するに当たり，Ａ（略称）の電話番号を確認したことはもとより，広告業者の被控訴人㈱サプライに対して電話番号確認の注意を厳重に促すなどの注意義務を履行したことの主張立証はない。

被控訴人ぴあ㈱は，右注意義務を怠ったのみならず，……本件広告の掲載頁の体裁を他の一般記事と区別がつかない態様とさせたままに漫然と広告掲載を承諾したものというべきである。この点で，被控訴人ぴあ㈱の過失責任は免れず，同被控訴人は，これによって被った控訴人の損害を賠償すべき義務がある。」

そして，被控訴人両社に対する損害賠償請求をそれぞれ一部容認した。

コメント

本判決は，大量発行部数の雑誌の出版社としては，その広告を掲載する雑誌を発行する際において，記事及び広告における影響力に照らし，その掲載態様及び内容に対応する調査をすべき注意義務を負担しているものというべきとするものであり，上記最高裁判決の考えと軌を踏襲するものである。

4　広告代理店等の責任

雑誌に掲載された広告で雑誌社及び広告代理店が不法行為上の責任が問われた事例や，タレントが商品を推奨した広告においてそのタレントが不法行為上の責任が問われた事例もあり，これらを以下に記載する。

なお，タレントなどの個人が当該個人の意見として当該商品を推奨する表示がされることがあるが，当該表示が事業者による広告として行われるものであって，一般消費者が事業者の表示であることを判別することが困難なもの（ステマ広告）については，令和5年10月1日から景品表示法により規制されることとなった。これについては，第2章（Q39，Q40）において述べる。

Q 3

―― 参考事例 ――――――――――――――――――――――――――――

1 **雑誌社・広告代理店の責任―パチンコの打ち子募集及び攻略法に関する雑誌広告により詐欺被害に遭った個人に対して，雑誌発行社及び広告代理店が過失による不法行為責任を負うとされた事例**（大阪地判平22・5・12判時2084号37頁，裁判所ウェブサイト，消費者法ニュース85号180頁，LLI/DB判秘）

事 実

　原告は，雑誌発行社Aの平成19年5月号の本件雑誌の次の2件の広告を見て，パチンコの打ち子^(注)となった。

(注) パチンコの打ち子とは，サクラとしてホールが繁盛していることを見せかける等のために，パチンコ台メーカーやパチンコ店から雇われる者

　㋐ 広告主Dの広告には，「全国ホール派遣メンバー大募集」，「ギャンブルではありません。仕事として稼いでください」，「日額10万円以上，月額100万円以上」等の広告があった。

　㋑ 広告主Fの広告には，Fが特定の機種についての攻略法を持つということや，F会員の体験談，その内容として「やはり本物の攻略法は凄かった！」等の広告があった。

　原告は，Dから「出玉換金額の半分を原告の，半分をDの取り分とする」，「Dのもうけが保証金の2倍になった時点で保証金を返金する」といわれ，平成19年4月，保証金38万8000円を支払いDの打ち子になった。そして，Dから受け取った攻略法の通りにパチンコをしてみたが効果はなく，Dに詐欺に遭ったと考えた。

　また，原告は，平成19年4月，特別保証金180万円を支払って，Fの特別会員として打ち子になった。

　原告代理人弁護士は，平成19年5月，Fに対して180万円の返還を求める通知書を送付したが，Fは受領せず，その後転居先不明となった。また，同代理人弁護士は，平成19年6月，Dに対して38万8000円の返還を求める通知書を送付した。

　原告は，被告雑誌発行社Aと同雑誌の広告の取次ぎをした被告広告代理店Bを相手方として，過失の不法行為による損害賠償請求訴訟を提起した。

第2節　広告媒体者・広告代理店等の責任

判　決

　広告媒体者及び広告代理店の責任について，一般論として，「雑誌広告は，雑誌上への掲載行為によって初めて実現されるものであり，その広告に対する読者らの信頼は，当該雑誌やその発行者に対する信頼と全く無関係に存在するものではなく，広告媒体業務にも携わる雑誌社及びその広告の仲介・取次をする広告代理店としては，雑誌広告の持つ影響力の大きさに照らし，広告内容の真実性に疑念を抱くべき特別の事情があって，読者らに不測の損害を及ぼすことを予見し，又は予見し得た場合には，真実性の調査確認をして虚偽広告を読者らに提供してはならない義務があり，その限りにおいては雑誌広告に対する読者らの信頼を保護する必要があると解され，その義務に違反した場合は不法行為が成立すると解される。」と述べた。

　そして，被告Aにつき，本件雑誌は著名なものであった訳ではないが，ある程度の信頼や影響力があったといえ，「一切の費用がかからず，パチンコをする資金まで提供された上に，近所でパチンコをするだけで最低でも日額5万円の支払を受けられる仕事があるとはおよそ考えにくい……」などの事情があり，「広告内容の真実性に疑念を抱くべき特別の事情があったといえる。」とした。

　被告Bにつき，広告主がきちんと事業を行っているかや，儲けられる情報を持っているかをそれなりに確認する必要があり，その確認の方法はそれ程困難とはいえないから，調査義務に違反したといわざるを得ない等のことから，「広告内容の真実性に疑念を抱くべき特別の事情があったといえる。」とした。

　ただし，損害賠償責任については，原告も過失があったと認め，5割の過失相殺をして，被告らに対し連帯して損害賠償することを命じた。

[2]　**広告制作会社の責任**──広告制作会社が写真家と雑誌に掲載する写真の撮影に関する契約をしたが，住宅メーカーの広告宣伝用にも写真を使用したことに対して，広告制作会社の責任が認められた事例（大阪地判平17・1・17裁判所ウェブサイト，判時1913号154頁，ウエストロー，LLI/DB判秘）

事　実

　原告は，写真家である。

　被告株式会社日本エスピー・センター（被告エスピー・センター）は，商品・営業についての各種宣伝広告の企画制作・販売促進に関する業務を行う広

告制作会社である。

　また，被告積水化学株式会社は，建築材料等の製造，加工及び売買等を行う会社であり，被告セキスイハイム大阪株式会社（右被告２社を併せて「被告積水ら」という。）は，建築工事・土木工事の設計・請負・工事監理等を行う会社である。

　被告エスピー・センターは，平成９年３月，原告との間で，広告誌「ツーユー評判記」に掲載する写真の撮影に関する請負契約（本件契約）を締結した。

　被告エスピー・センターは，本件契約に基づき原告が撮影した本件写真を広告誌「ツーユー評判記」に使用した。また，被告積水らは，「セキスイツーユーホーム」の広告宣伝のために，関西２府４県で発行された読売新聞に広告を掲載し，その際，本件写真を使用した。被告積水らは，本件写真を新聞広告に掲載することや，その際に，原告の氏名を表示しない態様で用いることについては，原告から直接明示的な許諾を受けたことはない。

　原告は，「セキスイツーユーホーム」の広告について，その撮影した写真を原告の許諾なく，かつ，撮影者である原告の氏名を表示しない態様で新聞広告に使用した行為は，原告の著作者人格権（氏名表示権）及び著作権（複製権）を侵害したものであり，これは被告らの共同不法行為であると主張して，被告らに対して，損害賠償請求等をした。

判　決

　本件写真の著作権者は原告であり，原告は権利不行使を約束していないし，本件写真の著作権を被告らに譲渡するとの黙示の合意もしていないと認定した。

　そして，「著作権者が，その著作物を，ある特定の媒体に使用する前提で使用を許諾した場合に，これと同様の目的であり，また類似の媒体であるからといって，別個の媒体に使用することまで許諾したものと直ちにいうことができないのは当然である」，「『セキスイツーユーホーム』の宣伝広告のために使用することを許諾していたと認めるに足りる事情はない。」とし，被告エスピー・センターの責任を認めた。

　しかし，被告積水らの責任については，被告積水らは建材の製造販売や建築工事の設計施工等を目的とする会社であり，広告宣伝の広告主となることはあっても，自ら広告を制作することを業とする会社でないから，「被告エス

第2節　広告媒体者・広告代理店等の責任

ピー・センターのような広告制作会社から，その顧客として，広告用写真の
フィルムを借り受け，これを使用するに当たっては，その写真について別に著
作権者が存在し，使用についてその許諾が得られていないことを知っているか，
又は知り得べき特別の事情がある場合はともかく，その写真の使用に当たって
別途著作権者の許諾が必要であれば，貸出し元の広告制作会社からその旨指摘
されるであろうことを信頼することが許され，逐一，広告制作会社に対し，そ
の写真の使用のために別途第三者の許諾が必要か否かを調査確認するまでの注
意義務を負うものではないと解すべきである。」として，責任を認定しなかった。

　また，著作者人格権の侵害の点については，「一般に，広告に写真を用いる
際には，撮影者の氏名は表示しないのが通例であり，原告も従来，この通例に
従ってきたが，これによって特段損害が生じたとか，不快感を覚えたといった
ことはなかったことが認められる。」と述べ，著作権法19条3項[(注)]に照らして
著作者人格権を侵害したものとは認められないとした。

(注)　著作権法19条3項「著作者名の表示は，著作物の利用の目的及び態様に照らし著作者が
　　創作者であることを主張する利益を害するおそれがないと認められるときは，公正な慣行
　　に反しない限り，省略することができる。」

3　**広告に出演した芸能人の責任―芸能人が広告に出演する場合にはその広告
の内容の真偽性について調査する義務があるとされた事例**（大阪地判昭62・
3・30判タ638号85頁，判時1240号35頁，LLI/DB判秘）

事　実

　原告らは主として個人であり，被告会社のセールスマンの訪問を受けて北海
道の山林・原野（本件土地）を購入した者である。

　被告らは，本件土地を原告らへ販売した会社，同会社の幹部・セールスマン，
本件土地の広告宣伝活動に出演等した著名な芸能人である。

　原告らは，本件土地につき，被告セールスマンから，「北海道開発地図」や
著名な芸能人である被告Tが現地を案内し購入を推奨するなどしている様子の
ビデオや被告Tが推奨する内容のパンフレットを示され，「北海道新幹線が近
く開通するから土地は値上がりする。5年たつと2倍以上で買い取る」等の勧
誘を受け，本件土地を購入しその代金を支払った。

　しかし，本件土地はいずれも山林・原野であり，現地までの交通機関はなく，

付近に集落もない土地であって，北海道新幹線の計画は全く未定であり，仮に新幹線が開通しても地理的状況からみて値上がりするようなものではなかった。

被告Tは，宣伝用ビデオを作成するために現地を1度見ていたが，現地に行ったのは撮影のために過ぎなかった。

判 決

本件土地は，利殖対象の物件としての価値はなかったものと認定し，また，被告会社の買戻しの意思もなかったものと認定した。被告セールスマンは主として新聞広告で募集され，被告会社から1週間から10日間の訓練を受けた者で，被告らは原告らに対し欺罔行為をしていたものであり，それらの行為は不法行為に該当すると認定された。

被告Tに過失があったことについては，次のように述べた。まず一般論として，「芸能人が，広告に出演する場合に，いかなる注意義務を負うか，換言すれば，その広告主の事業内容・商品についていかなる調査義務を負うかは，個別具体的に，当該芸能人の知名度，芸能人としての経歴，広告主の事業の種類，広告内容・程度などを総合して決められるべき問題である」。

「被告T…の広告についての注意義務につき考察するに，被告Tは前記のとおり芸能人として長い（略）経歴を持ち，現在においてもなお人気のある俳優あるいは歌手として活躍中の者である。そして本件では，広告主たる被告会社の事業内容・信用性はもとより，その扱う商品（北海道の山林，原野）の価値についても原告ら一般人はその判断資料を殆ど持ち合わせていないのであるから，被告Tらいわゆる有名人による第三者的な立場からの推薦が大きな判断資料となる可能性が高いといわなければならない」，「被告Tは，自己の持つ影響力を認識するのはもちろんのこと，広告主の事業に不正があった場合に生じる損害が多額に上る可能性をも認識し，自分が，一人のタレントとして被告会社の単なる情報伝達手段としての役割を演じるにとどまらず，T個人の立場から，被告会社あるいはその取り扱う商品の推薦を行う場合には，その推薦内容を裏付けるに足りる調査を行うべき義務があるものというべきである」，「しかるに被告Tは，……自らあるいはT企画（編注：Tが所属する会社）に指示して被告会社の事業内容を調査することを全くしなかったのであるから，同人には，前記注意義務に違反した過失があると言わざるをえない。」。

第2節　広告媒体者・広告代理店等の責任

Q4

　広告媒体者・広告代理店等は，どのような法違反で問題とされること
が多いか。

　　　　　広告媒体者・広告代理店等は，著作権法や商標法違反のほか，肖
　　　　　像権侵害や個人情報の流出等で責任を問われることがある（Q3も参
照）。

1　著作権

　広告媒体者及び広告代理店等が気を付けなければならないこととして，当
該広告表示に著作権法上の問題がないかという点がある。

　著作権法では，著作物とは，「思想又は感情を創作的に表現したものであ
つて，文芸，学術，美術又は音楽の範囲に属するもの」（著作2条1項1号）
と規定している。同法10条1項は，次の通り著作物について例示している。
これはあくまで例示であるから他のものも該当することがある点に注意する
必要がある。

---

①　小説，脚本，論文，講演その他の言語の著作物
②　音楽の著作物
③　舞踊又は無言劇の著作物
④　絵画，版画，彫刻その他の美術の著作物
⑤　建築の著作物
⑥　地図又は学術的な性質を有する図面，図表，模型その他の図形の著作物
⑦　映画の著作物
⑧　写真の著作物
⑨　プログラムの著作物

　広告表示に使用する文書や絵，写真等に著作権が成立しているか，成立し
ている場合にはその著作権者の使用許諾を得ているかについて，広告媒体者

等は広告主又は広告制作者に確認する必要がある。

著作権は，それを書いたり描いたりした者，写真の場合はカメラマン又は
その属する会社に帰属する場合がある。著作者は著作権とともに著作者人格
権(注)を有する。

> **(注)** 著作権は著作者の財産的利益を保護する権利で財産権に属するが，著作者人
> 格権は著作者が自己の著作物について有する人格的利益を保護する権利であり，
> 著作者の一身に専属する権利であって，他に譲渡を許さないものである（著作
> 59条）。
>
> 　著作者人格権としては，次のものがある。
> ・公表権（18条）……著作者は，その著作物でまだ公表されていないものを一
> 　般に提供・提示する権利を有する。他人が無断で公表することは公表権の侵
> 　害となる（二次著作物についても同じ。以下同様）。
> ・氏名表示権（19条）……著作者は，その著作物の一般への提供・提示に際し，
> 　実名・変名を著作権者として表示し，又は表示しない権利を有する。
> ・同一性保持権（20条）……著作者は，その著作物及びその題号の同一性を保
> 　持する権利を有し，その意に反してこれらの変更，切除その他の改変を受け
> 　ない権利を有する。著作物の内容や題号を原著作者の意に反するものに改変
> 　（例えば，勝手に編曲したり替え歌を作る等）されない権利であり，これらを
> 　改変して使用する場合には，原著作者の同意が必要である。

　著作者人格権は，著作者の一身専属権でありこれを他人に譲渡することは
できないので，著作者が著作者人格権を行使しないこととするためには，著
作者が著作者人格権を行使しないことを同意することが必要である。した
がって，著作者人格権の侵害が問題になる場合には，著作者がそれについて
同意しているかの確認をすることが必要である。

─ 参考事例 ─────────────────────────────

1 　**広告代理店の責任**──原告が広告代理店である被告に広告宣伝用のイラスト
　等の製作を依頼したところ，被告はイラスト等を製作したが，これが著作権法
　に違反していたため，原告が著作者から責任を追及された。このため原告が被
　告に対し広告代理店としての責任を追及し，これが認められた事例（東京地判
　平20・4・18裁判所ウェブサイト，LLI/DB判秘）

第2節　広告媒体者・広告代理店等の責任

事　実

　原告は，カーエレクトロニクス用品の製造販売業等を行う会社であり，平成５年に車外からリモートコントロールによりエンジンを作動させるエンジンスターター「スターボ」を発売した。

　被告は，広告代理店である。

　原告は，被告に対し，「スターボ」の広告宣伝のために，リーフレット等の製作を依頼した。被告は，これを受けて，そのデザインの製作を「ゼル社」に依頼した。ゼル社は，そのイラストの作成をCに行わせた。Cは受託品を完成してゼル社へ納入し，ゼル社はデザインを被告に納入し，被告はリーフレット等の製作をした。

　ところが原告は，Cから，本件イラストはCが著作権を有するものであるとして，①本件イラストの使用差止め，②使用図柄の廃棄，③損害賠償の支払の請求訴訟が提起（C前訴訟）された。

　原告は，C前訴訟において，Cと和解し，①本件イラストの使用を中止し，著作権侵害の損害金として800万円，②著作者人格権侵害による慰謝料として400万円を支払うこととした。そして，原告は，本件改変イラスト・使用図柄パッケージの廃棄を行うとともに，1,200万円をCに支払った。

　原告は，広告宣伝用のリーフレット等の製作を被告に依頼したことに関してCから著作権法違反として前記のような責任を問われたことから，被告に対して，広告代理店としての責任を追及するため，本件訴訟を提起した。

判　決

　被告は，自ら広告原稿やパッケージ原稿の作成に関与した時期に引き続き，広告掲載の取次ぎにのみ関与するようになった時期においても，パッケージでの使用も知りながら，広告やパッケージでの使用に問題があることを告げずに，広告掲載の取次ぎを継続していたとの事実関係の下では，「被告が広告掲載の取次ぎをしたデザインのものが広告，リーフレット及びパッケージに使用することができるように，翻案の許諾を得，かつ，著作者人格権が行使されないように権利処理を行うこと」の黙示の合意があったものと認めざるを得ないとの認定をした。

　そして，被告は，「翻案の許諾を得，かつ，著作者人格権が行使されないよ

うに権利処理を行う義務があり，このような権利処理が行われていなかったことを認識し又は認識し得たときは，契約による信義則上，原告にその使用をしないよう連絡するなどの方法により，原告に発生する被害の拡大を防止する義務を負っていた」が，それを果たさなかったとされた。ただし，原告にも注意を払うべき点で過失があったことを認め，過失相殺して，被告は原告に約3,000万円を支払うよう命じた。

2 **広告代理店の責任**── 漫画家である原告が，インターネットの漫画閲覧サイトに原告の漫画が無断で掲載されていることに対し，同サイトへの広告を掲載している広告代理店である被告らに対し，被告らの行為はサイトの運営会社の違法行為の幇助に当たるとして，共同不法行為に基づく損害賠償を請求し，これが認められた事例（東京地判令3・12・21判時2522号136頁）

(事 実)

　漫画家である原告が，インターネットの漫画閲覧サイトに原告の漫画が無断で掲載されていることは，原告の公衆送信権を侵害しているとして，広告代理店である被告及びその親会社に対し，被告らがサイトの運営会社のサイトに広告を掲載していることは，サイト運営会社の違法行為を幇助しているものとして，被告らに対し共同不法行為に基づく損害賠償請求を行った。

(判 決)

　「原告漫画を含め，本件ウェブサイトに掲載されている漫画の多くは，著作権者の許諾を得ずに無断で掲載されていたものであり，本件ウェブサイトの運営者が，原告漫画の無断掲載行為によって，原告の原告漫画に係る著作権（公衆送信権）を侵害したものであることが認められる。」とした上で，広告代理店である被告らの行為が原告の権利侵害の幇助に当たるとし，その理由として次のように述べた。

　「本件ウェブサイトの運営実態からすると，本件ウェブサイトに広告を出稿しその運営者側に広告料を支払っていた行為は，その構造上，本件ウェブサイトを運営するための上記経費となるほとんど唯一の資金源を提供することによって，原告漫画を含め，本件ウェブサイトに掲載されている漫画の多くを，著作権者の許諾を得ずに無断で掲載するという本件ウェブサイトの運営者の行為，すなわち，原告漫画の公衆送信権の侵害行為を補助しあるいは容易ならし

める行為（幇助行為）といえるものである。」

そして，「被告らは，客観的にも，主観的にも，共同して本件ウェブサイトへの広告出稿や運営者側への広告料支払を遂行していたといえ，共同して原告漫画の公衆送信権の侵害行為を容易ならしめる不法行為（幇助行為）を行っていたものといわざるを得ない。」とし，原告の原告漫画の売上減少等の損害として，被告らは，原告に対し，連帯して1,100万円を支払うよう命じた。

（注） 本件は，広告代理店が，著作権違反となる著作物の使用等の代理行為を行ったケースではなく，他人の著作権違反行為を容易ならしめる不法行為（幇助行為）を行った事件であることに特質がある。

3 **広告宣伝業者の責任**──受託していた写真のポジを契約終了後に委託者に無断で第三者に貸し出した行為が著作権法違反とされた事例（大阪地判平17・12・8裁判所ウェブサイト，LLI/DB判秘）

■事　実■

原告は，本件写真の著作権を有する者である。

被告JALブランドは，広告宣伝業者であり，第三者から写真を受託し，これを貸し出す等の業務を行う者である。

被告アイ・ピー・エスは，各種映像写真に関するコンサルタント等を行っており，被告JALブランドの代理店として同被告が受託した写真の貸出業務をも行っている。

被告ドトールは，コーヒーの焙煎加工及び販売等を行っている。

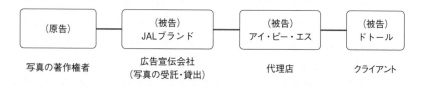

原告と被告JALブランドとは，平成5年6月，原告の写真を第三者に使用させるための受委託契約（本件契約）を締結し，被告JALブランドは原告から本件写真を受託した。

しかし，この契約は，平成12年半ばころ合意解除された。このため，被告JALブランドは，原告に本件写真を返還した。被告JALブランドと被告アイ・

ピー・エスとの代理店契約もそのころ解除された。しかし，被告JALブランド及び同アイ・ピー・エスは，その後も本件写真のポジを保有していた。

(ア) 被告JALブランドは，本件契約の終了後の平成15年末頃，原告の許諾なく本件写真を第三者にパンフレット用として使用させた。

(イ) 被告アイ・ピー・エスは，本件契約の終了後の平成16年初旬頃，被告ドトールがパンフレットの製作を依頼した会社に，原告の許諾なく本件写真を使用させた。

原告は，被告らに対し，原告の著作権（複製権）を侵害したとして損害賠償を請求し，また，被告ドトールに対し，パンフレットの頒布の差止め・廃棄を請求した。

判 決

被告JALブランドと被告アイ・ピー・エスについては，いずれも，本件契約の終了後に原告の許諾なく本件写真を第三者に使用させたものであるから，同被告らにいずれも過失があると認定された。

ただし，被告ドトールに対しては，単に広告主としてパンフレットの製作を依頼したに過ぎない者であるから，次のように述べて責任はないとした。

「被告ドトールは，……宣伝広告の広告主となることはあっても，自ら広告を制作することを業とする会社ではない。このような会社が，少なくとも，顧客として，パンフレット製作会社にパンフレットの製作を依頼して，完成したパンフレットの納入を受けてこれを頒布するに当たっては，そのパンフレットに使用された写真について，別に著作権者が存在し，使用についてその許諾が得られていないことを知っているか，又は知り得べき特別の事情がある場合はともかく，その写真の使用に当たって別途著作権者の許諾が必要であれば，パンフレット製作会社からその旨指摘されるであろうことを信頼することが許され，逐一，その写真の使用のために別途第三者の許諾が必要か否かをパンフレット製作会社に対して確認し，あるいは，自らこれを調査するまでの注意義務を負うものではないと解すべきである。」

そして，前記(ア)の行為について，被告JALブランドは，原告に対し，3万円の損害賠償金を，前記(イ)の行為について，被告JALブランド及び同アイ・ピー・エスは，原告に対し，連帯して，3万円の損害賠償金を支払うよう命じ

た。

また，被告ドトールに対して，パンフレットの頒布の差止め・廃棄を命じた。

4 **広告制作者等の責任——広告物の制作に当たり著作物の変形・変更等をする場合は著作権者の承諾を要するが，その改変の内容・方法・範囲等について正確に著作者に伝えて承諾を得てその同一性保持権を侵害しないようにする義務があるとされた事例（東京地判平10・10・26判時1672号129頁）**

事　実

原告は，動植物等のイラストレーターである。

被告アートバンクは，イラストレーターから作品の登録を受けて，そのポジフィルムを預かり，管理・貸出を業とする会社であり，被告キーフォートスは，被告アートバンクの代理店であり，被告アド・エヌは，宣伝広告の代理店であり，被告キジマは，オートバイ部品・用品の製造販売会社である。

原告と被告との取引関係は，下図の通りである。

（原告） イラストレーター	→	（被告） アートバンク	←	（被告） キーフォートス	←	（被告） アド・エヌ	←	（被告） キジマ
イラストレーター		イラストレーター からポジフィル ムを預り・貸出		アートバンクの 代理店		広告宣伝会社		クライアント

キジマは，自己が販売する製品のカタログの制作をアド・エヌに依頼し，アド・エヌはアートバンクのカタログの中から本件著作物を選び，その貸出を受けるためアートバンクの代理店であるキーフォートスに打診した。

キーフォートスは，本件著作物について，一部合成使用したいことを付記して本件打診書をアートバンクに送付した。

しかし，原告は，被告らによる本件利用について，原告に無断で本件著作物に著しい変形・色変換等の改変を加えたもので，原告の同一性保持権を侵害するものであるとして，損害賠償請求訴訟を提起した。

判　決

「被告アド・エヌは，被告キジマから依頼を受けて同社の商品カタログを作成したが，その際の本件利用の具体的内容は，本件著作物中の翼竜をカットした他に，ティラノサウルスについて，全体の色調を黄，赤系統の色調に変更し，

首から背にかけて連続した突起物を加えるなどして輪郭を変え，元々細密に描かれていた肌の細かい模様や目・鼻孔・口腔・舌・歯・足・爪等の形をぼかして，はっきりと判別できないようにした上，別個の模様を浮き上がらせるようにしたものである。

このような本件利用の態様に照らすならば，本件利用は，本件著作物について原告の有する同一性保持権を侵害する。」とし，その上で次にように述べた。

「原告は，本件打診書に対して本件承諾書を送付したことによって，本件著作物中の飛んでいる翼竜を削除して本件著作物を利用すること，及びティラノサウルスの背景を変更することまで，承諾したものと認められるが，その範囲を超える変更について，承諾したものと認めることはできない。」

被告アートバンクの過失について，「改変利用の希望があり，これを著作権者に取り次ぐ場合には，改変の内容，方法，範囲等について，誤解の生じないような態様で，正確に著作者に伝えて承諾の可否について打診し，著作者が了解を与えた場合はその内容を誤解に生じないような形で正確に顧客に伝えるなど，顧客による著作人格権の侵害が発生することのないよう細心の注意を払うべき義務がある。」

また，被告キーフォートス及び被告アド・エヌについても，被告アートバンクと同様な過失があるとした。

しかし，被告キジマについては，「被告キジマがカタログの制作を依頼した被告アド・エヌは，従前からパンフレットやカタログ等の制作を業とした行っている者であり，被告キジマは，このような者にカタログの制作を依頼した顧客であり，同被告には，原告が主張する注意義務はない。」とした。

そして，被告アートバンク，被告キーフォートス及び被告アド・エヌに対し，連帯して一定の損害賠償金の支払を命じた。

2 商標権

「商標」については，商標法2条1項に規定されており，文字・図形・記号・立体・それらの組合せの結合商標があり，平成27年からは，上記以外に，色彩・音・動き・ホログラム商標（文字や図形等がホログラフィーその他の方法により見る角度によって変化する商標，色彩のみからなる商標，音商標，位置商標）が追

第2節　広告媒体者・広告代理店等の責任

加された。また，承諾が必要となる「他人の氏名」の商標登録を行う場合，令和6年4月から，「人格権侵害が生じる蓋然性が高い，商標の使用をする商品の又は役務の分野の需要者の間に広く知られている氏名」と，登録要件が緩和された（同姓同名の他人が存在すれば出願を拒絶せざるを得ないことが多いことから，創業者やデザイナー等の氏名をブランド名に用いることの多いファッション業界を中心に，商標法4条1項8号の要件緩和の要望が強かったため）。

　商標には，商品・役務についての出所表示機能（自他識別機能），品質保証機能及び宣伝広告機能がある。商標は，特許庁への出願によって登録され，登録された出願者はその商標の商標権者となる。登録商標と同一又は類似する商標を商標権者の許諾を得ないで他人が使用することは商標法違反となる。

　商標の登録は先願主義であるから，1日でも早く登録申請した者がいると申請が遅れた者は登録を受けられないことになる。ただし，他に登録商標の商標権者がいても，それと同一又は類似する標章を自社の商品又は役務を表示するものとして需要者に広く周知されているものの使用者は，「先使用権」があるものとして（商標32条），継続して使用することができる。

　広告宣伝において，同一又は類似する商標があると思われる場合は，広告主はもとより，広告媒体者，広告代理店等は，同一又は類似する登録商標があるか（登録されていなくても著名な標章がある場合は同様。商標法4条1項8号・10号〜12号，不正競争2条1項1号・2号等）を調べて，これらがある場合は，それらの者の許諾を得なければそれを使用することができない。

━ 参考事例 ━━━━━━━━━━━━━━━━━━━━━━━━━━━━

□　**ショッピングサイト運営者は出店者に商標権侵害がある場合はサイトから削除する義務を有するが，合理的期間内で是正しているから責任を負わないとされた事例（知財高判平24・2・14裁判所ウェブサイト，判タ1404号217頁，LI/DB判秘）**

　事　実

　　原告（控訴人）は，イタリア法人であり，洋服・コート，理化学機械器具，かばん金具等の商標権を管理している。

被告（被控訴人）は，各種マーケティング，小売業，通信販売業務等を行っており，また，WEB被告サイトにおいて「楽天市場」を開設し，複数の出店者から買い物ができるインターネットショッピングモールを運営している。

原告は，楽天市場のショッピングモールへの出店者が，原告が管理する商標を出店者の商品に付して出店していることは商標権侵害である，また，「チュッパ　チャプス」，「Chupa Chups」の表示は原告の商品を表示するものとして需要者に周知又は著名であるからこれを利用することは不正競争防止法２条１項１号・２号に該当するとして，商標法36条１項又は不正競争防止法３条１項に基づく差止め，及び民法709条又は不正競争防止法４条に基づく損害賠償の請求を行った。

原判決は，平成22年８月31日，被告サイト上の出店ページに登録された商品の販売（売買）の主体は当該出店ページの出店者であって，被告はその主体ではない等として原告の請求を棄却した。

そこで，これを不服として原告が本件を控訴した。この間，上記各出店者の被告サイトへの展示は，原告からの警告又は被告の措置により，平成21年４月頃から同年10月28日頃までに多くが，また，残りは平成23年４月12日頃までに，それぞれ削除された。

判 決

以下のように述べて，被告による原告の商標権侵害が違法とまではいうことができないとした。

「ウェブページに展示された商品が第三者の商標権を侵害しているときは，商標権者は，直接に上記展示を行っている出店者に対し，商標権侵害を理由に，ウェブページからの削除等の差止請求と損害賠償請求をすることができることは明らかであるが，そのほかに，ウェブページの運営者が，単に出店者によるウェブページの開設のための環境等を整備するにとどまらず，運営システムの提供・出店者からの出店申込みの許否・出店者へのサービスの一時停止や出店停止等の管理・支配を行い，出店者からの基本出店料やシステム利用料の受領等の利益を受けている者であって，その者が出店者による商標権侵害があることを知ったとき又は知ることができたと認めるに足りる相当の理由があるに至ったときは，その後の合理的期間内に侵害内容のウェブページからの削除が

なされない限り，上記期間経過後から商標権者はウェブページの運営者に対し，商標権侵害を理由に，出店者に対するのと同様の差止請求と損害賠償請求をすることができると解するのが相当である。」

けだし，「ウェブページの運営者は，出店者との間で出店契約を締結していて，上記ウェブページの運営により，出店料やシステム利用料という営業上の利益を得ているものであること，……さらにウェブページの運営者は，……出店者との契約により，コンテンツの削除，出店停止等の結果回避措置を執ることができること等の事情があり，これらを併せ考えれば，ウェブページの運営者は，商標権者等から商標法違反の指摘を受けたときは，出店者に対しその意見を聴くなどして，その侵害の有無を速やかに調査すべきであり，これを履行している限りは，商標権侵害を理由として差止めや損害賠償の責任を負うことはないが，これを怠ったときは，出店者と同様，これらの責任を負うものと解されるからである。」。

しかしながら，「ウェブサイトを運営する一審被告としては，商標権侵害の事実を知ったときから8日以内という合理的期間内にこれを是正したと認めるのが相当である。」。

「以上によれば，本件の事実関係の下では，一審被告による「楽天市場」の運営が一審原告の本件商標権を違法に侵害したとまではいうことはできないということになる。」

3 肖像権

肖像権とは，人の肖像がみだりに撮影・公表されないという一身専属的権利をいう。この権利を明らかにした判決として，後掲の京都府学連デモ事件の最高裁判決があり，同判決は，日本国憲法（以下「憲法」という。）13条の規定から，個人の私生活上の自由の一つとして何人もその承諾なしにみだりにその容ぼう・姿態を撮影されない自由を有するとした。肖像権の侵害は，民法709条の不法行為に該当し，差止請求及び損害賠償請求の対象となる。

また，名声のある者がその肖像を広告に使用することによって顧客誘引が図れることから肖像にはパブリシティ権（Right of Publicity）が認められると

されている。広告には，タレントやキャラクター等が使用されることが多いが，そこに登場するタレント等によって広告の好感度が向上すると考えられている。

このように，肖像権は，①人格的利益（プライバシーの権利）と，②財産的利益（パブリシティの権利）に分類され，①は，みだりに撮影・公表されない一身専属的権利であり，その侵害は精神的苦痛を与えるものであり，また，②は，肖像の使用を専有する譲渡可能な権利であり，その侵害は経済的損失を与えるものであると考えられている（田代貞之ほか『広告と知的所有権』（電通，1991年）59頁）。

> **(注)** 肖像を報道に使用することは，広告と違って，個人の有する私生活上の自由も公共の福祉のために必要がある場合は制限を受けるから，刑法上，「公共の利害に関する事実に係り，かつ，その目的が専ら公益を図ることにあったと認める場合には，事実の真否を判断し，真実であることの証明があったときは，これを罰しない。」（刑230条の2第1項）とされている。

--- **参考事例** ---

□ みだりに容ぼう等を撮影されない自由は憲法13条により保障されるとした事例（最大判昭44・12・24刑集23巻12号1625頁，判タ242号119頁，LLI/DB判秘）

事 実

本件は，京都市において行われた集団行進等において，被告人らが，本人の意思に反し，かつ裁判官の令状もなくされた警察官の写真撮影行為を適法とした原判決は，肖像権すなわち承諾なしに自己の写真を撮影されない権利を保障した憲法13条に違反する等を理由に最高裁へ上告された刑事事件である。

判 決

「憲法13条は，「すべて国民は，個人として尊重される。生命，自由及び幸福追求に対する国民の権利については，公共の福祉に反しない限り，立法その他の国政の上で，最大の尊重を必要とする。」と規定しているのであって，これは，国民の私生活上の自由が，警察権等の国家権力の行使に対しても保護されるべきことを規定しているものということができる。そして，個人の私生活上の自由の一つとして，何人も，その承諾なしに，みだりにその容ぼう・姿態（以下「容ぼう等」という。）を撮影されない自由を有するものというべきであ

る。これを肖像権と称するかどうかは別として，少なくとも，警察官が，正当な理由もないのに，個人の容ぼう等を撮影することは，憲法13条の趣旨に反し，許されないものといわなければならない。」

「しかしながら，個人の有する右自由も，国家権力の行使から無制限に保護されるわけではなく，公共の福祉のため必要のある場合には相当の制限を受けることは同条の規定に照らして明らかである。」とし，警察法2条1項，刑事訴訟法218条2項（現3項）その他の例を挙げ，これらは，「憲法13条，35条に違反しないものと解すべきである。」とした。

4 個人情報の保護

個人情報については，個人情報保護法により，その保護が図られている。

「個人情報」とは，「生存する個人に関する情報」であって，氏名，生年月日，個人識別符合が含まれるもの，その他の記述等により，特定の個人を識別することができるもの（他の情報と容易に照合することができ，それにより特定の個人を識別することができることとなるものを含む。）をいう（個人情報2条）。個人情報ガイドラインによると，氏名，住所，性別，生年月日，顔画像等個人を識別することができる情報に限られず，ある個人の身体，財産，職種，肩書等の属性に関して，事実，判断，評価を表す全ての情報であり，評価情報，公刊物等によって公にされている情報や，映像・音声による情報も含まれ，暗号化等によって秘匿化されているかどうかを問わないと規定されている（個人情報保護委員会「個人情報の保護に関する法律についてのガイドライン（通則編）」（平成28年11月，一部改正：令和5年12月）2「定義」2-1「個人情報」）。

「死者に関する情報」については，個人情報保護法2条では個人情報を「生存する個人に関する情報」と規定されているが，個人情報ガイドラインでは，死者に関する情報が同時に遺族等の生存する個人に関する情報である場合には，当該生存する個人に関する情報となると規定されているので注意を要する（個人情報ガイドライン2-1（※2））。

個人情報保護法においては，個人情報取扱事業者に対して，個人情報の取扱いについて，次のような義務が課されている。この義務が課されている個

人情報取扱事業者については，従来は個人データを5,000件以上保有する事業者に限定されていたが，「5,000件基準」は，2017年に廃止され，現在は，個人データを1件でも保有するものであれば，全ての事業者が適用対象となっている。

---

① 利用目的の特定（個人情報17条）—個人情報の取扱いに当たっては，その利用目的をできるだけ特定しなければならない。
② 利用目的による制限（18条）—あらかじめ本人の同意を得ないで①の特定された利用目的の達成に必要な範囲を超えて個人情報を取り扱ってはならない。
③ 適正な取得（20条）——偽りその他不正の手段により個人情報を取得してはならない。
④ 取得に際しての利用目的の通知等（21条）—個人情報を取得した場合は，あらかじめその利用目的を公表している場合を除き，速やかにその利用目的を本人に通知又は公表しなければならない。
⑤ 苦情の処理（40条）—個人情報の取扱いに関する苦情の適切かつ迅速な処理に努めなければならない。

「個人情報取扱事業者」とは，個人情報データベース等（特定の個人情報を，電子計算機を用いて検索することができるように体系的に構成したもの等）を事業の用に用いる者とされており，その範囲は非常に広い。広告媒体者はもとより，広告代理店等も個人情報データベース等を利用していると思われるので，個人情報取扱事業者に該当するため個人情報等の取扱いについては，十分注意する必要がある。

　個人情報保護委員会は，「個人情報取扱事業者等に対し，個人情報等の取扱いに関し必要な指導及び助言をすることができる。」（個人情報147条）。また，同委員会は，個人情報取扱事業者等に同法違反があった場合において個人の権利利益を保護するために必要があると認めたときは，当該違反行為の中止その他違反を是正するために必要な措置をとるべきことを勧告し，必要に応じ命令することができる（個人情報148条）。さらに，同法違反に対しては，刑事罰が科されることがある（個人情報176条以下）。

個人情報保護法は，主要な改正として令和2（2020）年6月に改正された（令和2年6月12日公布，令和4（2022）年4月1日全面施行）。そのポイントは，次の通りである。

---

① ウェブサイトを訪れたユーザーの情報を記録・保存する「Cookie」について，企業が第三者に提供すると利用者個人が特定される場合に利用者の同意を得ることを義務付ける。
② 個人データの利用停止を求めることができる「利用停止」，「消去等」の請求権を拡充する。
③ 個人データからは本人を直接特定できないように情報を加工し，他の情報と照合しないと個人が特定できないようにした「仮名加工情報」を新設し，企業のデータ活用を促進する。
④ 越境データのリスク対応を強化することとし，外国にある第三者へ個人データを提供する際には，その国の個人情報保護の程度に応じて，所定の措置を講じなければならない。
⑤ 企業において一定数以上のデータの漏洩があった場合に個人情報保護委員会への報告と本人への通知を義務付ける。
⑥ 個人情報取扱事業者の役員・従業者が個人データの窃用・流用等の違反を行った場合は，その個人に対し，1年以下の懲役又は50万円以下の罰金に処し，また，当該個人情報取扱事業者に対しても両罰として，1億円以下の罰金を科すことができる。

　個人情報保護法は，社会経済情勢の変化に適切に対応するため，3年ごとに見直しされることとされているため，その改正には常に注意しておく必要がある。

　個人情報の保護の問題のほかに留意しなければならないこととして，「プライバシーの侵害がないこと」がある。「宴のあと」事件の東京地裁判決（東京地判昭39・9・28下民15巻9号2317頁，判タ165号184頁，LI/DB判秘）では，プライバシー侵害の要件として，次の4点を挙げている。① 私生活上の事実又はそのように受け取られる事柄であること，② 一般人の感受性を基準として，当人の立場に立った場合，その公開を欲しないであろうと認められる事柄であること，③ 一般の人にまだ知られていない事柄であること，④ 公開に

よって当人が現実に不快や不安の念を覚えたこと。

　プライバシーの権利は憲法13条の「幸福追求の権利」とされており，その侵害は不法行為であって差止め・損害賠償や謝罪広告の対象となる。プライバシーの権利は，肖像権の侵害や名誉毀損とも密接に関連する。

── 参考事例 ──────────────────────────

①　リクルートの学生就職活動に関する情報提供に対し勧告・指導が行われた事例（令元・８・26個人情報保護委員会（以下「個委」という。）勧告・指導，個委ウェブサイト）

事　実

　㈱リクルートキャリア（リクルート）は，その運営する「リクナビ2020」に登録した令和２年卒業予定の学生の就職活動に関する7,983名の個人データを，個人の同意を得ないで顧客企業に提供（第三者提供）した（旧個人情報23条１項（現27条１項）違反）。

　また，リクルートには個人データの安全管理のために必要かつ適切な措置が講じられていなかった面があった（個人情報旧20条（現23条）違反）。

勧告内容

　①個人データを取り扱う際に，適正に個人の権利利益を保護するよう組織体制を見直し，経営陣をはじめとして全社的に意識改革を行う等必要な措置をとること。②今後検討する新サービスにおいても，法に則り適正に個人データを取り扱うよう検討・設計・運用を行うこと。③令和元年９月30日までに①の措置を実施し，具体的な措置の内容を同日までに報告すること。

指導事項

　今後個人データの第三者提供に当たっては，本人が同意に係る判断を行うために必要と考えられる合理的かつ適切な範囲の内容を明確に示すこと。

(注)　リクルートに対しては，上記勧告以外にも，別の個人情報保護法違反の事実が確認されたとして，令和元年12月４日付２度目の是正勧告が行われた。また，本サービスを利用していた35社に対しても，利用目的の通知，公表等に不適切な点があったとして，指導が行われた。

第2節　広告媒体者・広告代理店等の責任

2　フェイスブックの個人情報の不正取得・流出に対し指導が行われた事例（平30・10・22個委指導，個委ウェブサイト）

事　実

フェイスブック本社において以下の事案があった。

①ソーシャルプラグイン事案—フェイスブックの利用者（ユーザー）が，ソーシャルプラグインである「いいね！」ボタンが設置されたウェブサイトを閲覧した場合，当該ボタンを押さなくともユーザーID，アクセスしているサイト等の情報がフェイスブック（本社）に自動送信されている。

②ケンブリッジアナリティカ事案—性格診断アプリを介して取得したユーザーの個人情報が不正にケンブリッジアナリティカ（英国の分析会社）に共有された事案であり，本社の公表によれば，日本国内で当該アプリをインストールしたのは104人，影響を受けた可能性のある友人は最大10万人強であるが，実際に利用されたとの情報は確認されていない。(注)

(注)　ケンブリッジアナリティカへ共有がされたのは，遅くとも2015年までであるところ，本事案は，改正法施行前に発生した不正利用事案であるため，域外適用規定は遡及適用されなかった。

③不正アクセス事案—平成30年9月末に公表された，本社のシステムのぜい弱性を利用したハッキングによってユーザーアカウントの認証情報（アクセストークン）を窃取され，約2,900万人の個人情報が不正アクセスを受けたことが判明した。本社の公表内容等によれば，日本国内のユーザーが影響を受けた可能性がある。

委員会の対応

上記①②の事案に関し，本社に対して適時報告を求めたほか，諸外国の規制当局とも連携し，情報の収集等を進めるとともに，具体的な対策を求めた。

さらに，同委員会のウェブサイトにおいて，上記①の事案に関しては，ソーシャルプラグインを設置するサイト運営者及びソーシャルネットワーキングサービス利用者に向けた注意喚起を行い，上記②の事案に関しては，本社の個人情報の流出についての情報提供を求めた。

また，上記③の事案に関しては，事実関係など速やかな報告を本社に求めるとともに，同委員会のウェブサイトにおいて，ユーザーのアカウントが影響を

44

コラム1 「フリー素材」に関する問題

受けたかどうかを確認可能な本社のウェブサイトについて情報提供を求めた。

> 指導内容

以下の4項目について指導を行った。

(ア) 上記①②の事案に関して、ユーザーへの分かりやすい説明の徹底、本人の同意の取得、本人からの削除要求への適切な対応等を行う。

(イ) 上記①②の事案に関して、プラットホーム上の第三者が開発したアプリケーションの活動状況の監視等を徹底する。

(ウ) 上記③の事案に関して、本人への通知、原因究明・再発防止策の策定及び同委員会への報告を行う。

(エ) 漏洩等個人情報についての不適正な取扱いが発生した場合に対応するため、適切な体制を整備する。

(注) フェイスブックは、プライバシーの侵害でアメリカFTC（連邦取引委員会）から調査を受け、制裁金50億ドル（約5,400億円）を支払うことで合意決着した（2019・7・24 Bloombergウェブニュース）。

1 「フリー素材」に関する問題

近年「フリー素材」の提供に関するウェブサイトにおいて、誰でもが無料で自由にその素材を利用することができるかのような印象を与えるものがみられる。

フリー素材は、そのサイトの運営者により、人物・風景・動植物などの写真・絵・動画などが提供されている。

「フリー」の呼称から、使用において全て無料であり、また、使用に制限がないかのような印象を受けるが、有料であったり、使用に制限があったりするものがあるので、利用規約をよく確認する必要がある。また、素材が人物であれば肖像権、写真や絵であれば著作権が発生しているので、その利用者は運営者が使用について権利者に使用許諾を得ているかについて十分確認する必要がある。

運営者が権利者の使用許諾を得ていない場合は、運営者のみならず、利用者も不法行為を行ったとして損害賠償を請求される場合がある。

第2節　広告媒体者・広告代理店等の責任

2　広告表示に関わる広告媒体者等の留意点（まとめ）

　第2節においては，広告媒体者，広告代理店，広告制作者，インターネット・プロバイダ，広告に出演するタレント等が広告表示に係わる場合において，法令に違反しないようにするために留意しなければならない事項として，裁判所の判決に顕れた点をまとめると，次のようになる。ただし，これらは留意しなければならない事項の例示であって，これらに限定されるものではない。

　まず，広告媒体者等が前提として考えておかなければならないこととして，広告媒体者等は高い情報収集能力を有するものであり，読者や閲覧者は，それらが行う広告表示の真実性・合理性を信じることが多いものであることから，広告表示において，一見特別に有利であるかのような場合においては，顧客はその内容を見て，契約に誘引されることがあるため，顧客は他の広告表示その他の情報を基に契約に至ることがあったとしても，広告媒体者等としては，顧客が予期し得ない損害を蒙る一因となることがないよう，広告表示の真実性について調査することが必要であるという点が重要である。

　日本コーポ事件最高裁判決は，「広告内容の真実性に疑念を抱くべき特別の事情があって読者らに不測の損害を及ぼすおそれがあることを予測し，又は予測しえる場合には，真実性の調査確認をして虚偽広告を読者らに提供してはならない義務があ」ると述べる（本書7頁）。

　以下，広告媒体者等の主要な留意点について述べる（内容に重複する部分がある。）。

①　○名誉毀損やプライバシーの侵害，著作権法・商標法・出資法・不正競争防止法等の法令に違反する疑いはないか。
　　→　著作権法違反については，特に注意すべき点が多い。
　○著作権者に著作物の使用の許諾を得ているか。
　　→　著作物に変形・変更等を加える場合には，変更の内容・方法・範囲等を正確に伝えて許諾を得て，その同一性保持権を侵害しないよう注意しなければならない。
　○著作権者の一身に専属する著作人格権を行使しないことの同意を得ているか。
②　出資すれば利益配分や配当を行うというもの，○○年後に「必ず買戻しする」，「必ず儲かる・損しない」などのような表示（このように表示

コラム2　広告表示に関わる広告媒体者等の留意点（まとめ）

した企業が倒産した事例がある。）である場合は，その実績や見込みがあるか，通常の事業活動を継続的に行っているか（詐欺を疑われるものでないか。）。
　→　当該広告主やグループ企業からの資料の提出を得て検討し，又は信用のおける第三者による分析結果を提出させる必要がある場合がある。
③　広告主又はその責任者に過去に信用に係る事件（刑事事件，行政処分，民事事件を問わない。）が発生していないか。
④　以上の外に，後に詳述する景品表示法等の法令に違反する疑いがないかなどに留意することはいうまでもない。

第1章　広告表示規制総論

第 3 節　広告表示における表記上の留意点

第3節　広告表示における表記上の留意点

Q5

強調表示・断定表示で注意すべきことは何か。

A　「永久」，「完ぺき」，「安心」，「最高」等の用語を断定的又は強調して用いることは問題がある。景品表示法に基づく「公正競争規約」で定める表示基準を参考にすることが好ましい（Q61以下参照）。

解　説

1　優良・有利誤認のリスク

広告表示においては，事業者が自己又はその商品・役務が優れていることや業界で優位にあることなどを強調表示したり，断定表示したりすることが多く見受けられる。しかし，その表現の仕方によっては，優良誤認表示や有利誤認表示に該当する場合がある。

そこで，事業者が自主規制として，景品表示法36条に基づき，事業者又は事業者団体が協定又は公正競争規約を設定し，同協定等において，同法において禁止されている表示のほか，表現の仕方によっては不当表示になるおそれがある用語や事項について「特定用語の使用基準」及び「特定事項の表示基準」を定め，不当表示となるのを防止することに努めている。一般的に，「特定用語の使用基準」に記載されるものは，不当表示になるおそれが強いものであり，「特定事項の表示基準」に記載されるものは，法解釈上グレーの部分に属するものであり，それらの内容は，当該業界における正常な商慣行であると認められているため，協定等の参加事業者は，協定等に基づきこれらの用語の使用について自粛し，又は業界における商慣行として使用することとしている。よって，同協定等に参加していない事業者においても，そこで定められている使用基準や表示基準を参考にすることにより，不当表示

48

を行うことがないようにすることが求められる。

以下，上記基準において具体的に定めているものについて若干紹介する。

2 特定用語の使用基準

家庭電気製品製造業における表示に関する公正競争規約及び施行規則（一般社団法人全国公正取引協議会連合会ウェブサイト「表示に関する公正競争規約条文」，公益社団法人全国家庭電気製品公正取引協議会ウェブサイト参照）においては，家電製品の品質・性能等に関し，例えば，次のように規定している。

(ア) 「永久」，「永遠」，「パーマネント」，「いつまでも」等の永久に持続することを意味する用語は，断定的に使用することはできない（同規約10条(1)，同施行規則34条）。

(イ) 「完ぺき」，「パーフェクト」，「100％」，「万能」，「オールマイティー」等の完全を意味する用語は，断定的に使用することはできない（同規約10条(2)，同施行規則35条）。

(ウ) 「安心」，「安全」，「セーフティ」等のどのような条件下でも安全であることを意味する用語は強調して使用することができない。また，「安全」，「安心」等を商品名及び愛称に使用してはならない（同規約10条(3)，同施行規則36条）。

(エ) 「最高」，「最大」，「最小」，「最高級」，「世界一」，「日本一」，「第一位」，「ナンバーワン」，「トップをゆく」，「他の追随を許さない」，「世界初」，「日本で初めて」，「いち早く」等の最上級及び優位性を意味する用語は客観的事実に基づく具体的根拠を表示しなければならない（同規約10条(4)，同施行規則37条1項・2項）。

(オ) 「新」，「ニュー」等の用語は，当該品目の発売後1年間又は次の新製品が発売されるまでの期間のいずれか短い期間を超えて使用することはできない（同規約10条(4)，同施行規則37条3項）。

その他，「唯一」，「絶対」等も以上の用語に類するものと考えられる。これらの表示を用いる場合は，根拠，理由，その場合の条件等を明示することが必要となる。

第3節　広告表示における表記上の留意点

3　特定事項の表示基準

　家庭電気製品製造業における表示に関する公正競争規約及び施行規則においては，家電製品の品質・性能等に関し，例えば，次のように規定している。

　　㋐　家電製品の品質・性能・取引条件等に関し比較表示をする場合は，次の要件を満たすものでなければならない。①比較対象事項は客観的に実証され，測定又は評価できる数値や事実であること。②実証されている数値や事実を正確かつ適正に引用すること。③比較の方法が公正であること（同規約11条(1)，Q31参照）。

　　㋑　家電製品の品質・性能・取引条件等を数値で表示をする場合は，次の要件を満たすものでなければならない。①実証されている数値や事実を正確かつ適正に引用すること。②数値は客観的に測定又は評価できるものとし，測定方法等具体的根拠を表示すること（同規約11条(2)，Q24，Q25参照）。

　　㋒　認定等の表示については，公共機関，公共的団体及びその他の団体の認定，賞，推奨等を受けた旨を表示する場合は，その内容，時期及び団体名を近接して表示すること。申請するだけで容易にとれる認定，賞，推奨等は表示してはならない（同規約11条(3)）。

　自動車業における表示に関する公正競争規約及び施行規則（前述連合会，一般社団法人自動車公正取引協議会ウェブサイト参照）においては，新車の表示に関するランキング表示について，次のように規定している（同規約5条(1)）。

　　生産台数，登録台数等のランキング表示を行う場合は，過去1か月以上その順を確保しているときに限るものとし，その確保期間を明瞭に表示すること。

　この場合，数値や根拠等の条件を同じくするものが存在するときは，自社又は他社に条件を同じくするものが存在する旨を明瞭に表示することとし，数値や根拠等の条件を比較すべきものが他社に存在しない場合は，ランキン

グ表示を行ってはならない（同施行規則16条2項）。

コーヒー飲料等の表示に関する公正競争規約及び施行規則（一般社団法人全国公正取引協議会連合会「コーヒー飲料等」参照）においては，コーヒー飲料の種類，品質表示に関し，例えば，次のように規定している。

(ア)　特定の種類のコーヒーを使用している旨を表示できる場合は，特定種類のコーヒー豆のみを使用している場合で，「○○」又は「○○コーヒー」と表示することができる（同規約4条(1)，同施行規則3条(1)①）。

(イ)　2種類以上のコーヒー豆を混合したものであって，そのうち特定の種類のコーヒー豆を使用している旨を表示する場合（「○○ブレンドコーヒー」，「○○ブレンド」又は「○○入りコーヒー」等）は，当該種類のコーヒー豆を51パーセント以上使用する場合とする（同規約4条(1)，同施行規則3条(1)②）。

(ウ)　国内で製造したコーヒーで，次のような表示がされている場合には，「国産」，「日本製」又は「日本産」等と明瞭に表示する（同規約4条(2)，同施行規則3条(2)①）。

(i)　外国の国名，地名，国旗，紋章，その他これらに類する表示

(ii)　外国の事業者又はデザイナーの氏名，名称又は商標の表示

(iii)　文字による表示の全部又は主要部分が外国の文字で示されている場合

ハム・ソーセージ類の表示に関する公正競争規約及び施行規則（前述連合会「ハム・ソーセージ類」）においては，ハム・ソーセージ類の表示に関し，例えば，次のように規定している（同規約4条(2)，同施行規則3条(4)ア）。

　「手造り」，「手造り風」等の表示は，次の全ての条件に合致するものについてのみ表示できるものとする（同規約4条(3)，同施行規則3条(5)）。①良質の原料肉を使用し，食塩等を加えて長期間（発色剤を使用したものにあっては，ハム類については7日間以上，ベーコン類については5日間以上，ソーセージについては3日間以上）低温で漬け込み熟成させたもの。②自動化された機械又は装置を用いないもの。③結着材料を含まないもの。④調味料，結着補強材，発色剤，酸化防止剤及び香辛料抽出物以外の食品添加物を含まないもの。

51

第3節 広告表示における表記上の留意点

COLUMN 3 消費税の表示について

1 消費税の「総額表示」と禁止される表示等

　消費者に対する「値札」や「広告」などにおいて価格表示をする場合には、消費税相当額（地方消費税を含む。）を含んだ支払総額の表示を義務付ける「総額表示方式」が実施されている。これは、消費者が値札等を見れば、「消費税相当額を含む支払総額」が一目で分かるようにするためのものである。消費者にとって、価格の比較も容易になる。

2 総額表示の義務付け

　「総額表示」の媒体は、以下のようなものが考えられるが、どのようなものであるかを問わない（消費税法63条）。
　・値札、商品陳列棚、店内表示、商品カタログ等への価格表示
　・商品のパッケージなどへの印字、あるいは貼付した価格表示
　・新聞折込広告、ダイレクトメールなどにより配布するチラシ
　・新聞、雑誌、テレビ、インターネットウェブサイト、電子メール等の媒体を利用した広告・ポスターなど
　「総額表示の義務付け」は、価格表示を行う場合を対象とするものであって、価格表示を行っていない場合について表示を強制するものではない。

（注）　免税事業者における価格表示は、消費税の「総額表示義務」の対象とはなっていないが、仕入れに係る消費税相当額を織り込んだ消費者の支払うべき価格を表示することが適正な表示となる。
　　　免税事業者とは、課税期間の係わる基準期間（前々年度）における課税売上高が1,000万円以下の事業者、又は基準期間がない新たに設立された法人（ただし、事業承継等した場合を除く。）である。

3 総額表示の具体的な表示（例）

　例えば、次のような表示が「総額表示」に該当する。
　・11,000円
　・11,000円（税込）
　・11,000円（税抜価格10,000円）
　・11,000円（うち消費税額等1,000円）

52

コラム3　消費税の表示について

・11,000円（税抜価格10,000円，消費税額等1,000円）

・10,000円（税込11,000円）

（注1） 　（　）内の表示は，基本的に税込価格の文字と同一の大きさで明瞭に表示されることが必要である。

（注2） 　1円未満の端数が生ずるときは，その端数を四捨五入，切捨て又は切上げのいずれの方法により処理しても差し支えない。

4　軽減税率制度の概要

　消費税及び地方消費税（以下「消費税等」という。）の税率は，令和元年（2019年）10月1日に，それまでの8％（うち地方消費税率は1.7％）から10％（うち地方消費税率は2.2％）に引き上げられた。

　また，これと同時に，10％への税率引上げに伴い，「酒類・外食を除く飲食料品」と「定期購読契約が締結された週2回以上発行される新聞」を対象に，消費税の軽減税率制度が実施されている。

　軽減税率制度の実施に伴い，令和元年10月1日からの消費税等の税率は，以下のとおり，標準税率（10％）と軽減税率（8％）の複数税率となっている（消費税法2条1項9号の2，同法施行令2条の3・2条の4）。

適用時期 区　分	令和元年10月1日から		（参考）令和元年9月30日まで
	標準税率	軽減税率	
消費税率	7.8％	6.24％	6.3％
地方消費税率	2.2％ （消費税額22/78）	1.76％ （消費税額22/78）	1.7％ （消費税額の17/63）
合　計	10.0％	8.0％	8.0％

・（注）消費税等の軽減税率は，税率引上げ前と同じ8％ですが，消費税率（6.3％→6.24％）と地方消費税率（1.7％→1.76％）の割合が異なります。

・　適格請求書等保存方式（インボイス制度）

　軽減税率制度の実施に伴い，消費税等の税率が標準税率（10％）と軽減税率（8％）の複数税率になりましたので，事業者は，消費税等の申告等を行うために，取引等を税率ごとに区分して記帳するなどの経理（以下「区分経理」といいます。）を行う必要があります。

　消費税に仕入税額控除を適用するためには，原則として，取引相手（売手）である登録事業者から交付を受けたインボイスの保存等が要件とされています。

（出典：国税庁ウェブサイト「軽減税率制度の概要」）

　なお，財務省・公正取引委員会・経済産業省・中小企業庁・国土交通省

第3節　広告表示における表記上の留意点

> 「免税事業者及びその取引先のインボイス制度への対応に関するＱ＆Ａ」（令4・1・19（最終改正：令4・3・8），公正取引委員会ウェブサイト）を参照されたい。

Q6

打消し表示に関して注意すべきことは何か。

　　　　広告表示において強調表示された場合に，その中で例外的なものや，適用に条件があるような場合には，その例外等について，正しく，かつ，一般消費者が見やすいように表示しないときは，一般消費者は当該強調表示によってのみ判断することがあるので，当該商品について誤認することとなり，当該強調表示は不当表示に該当するものとされるおそれがある。

解　説

1　「打消し表示に関する実態調査報告書」

　「広告」は，マーケティング活動において行われるものであるから，その特長について強調表示されることが多い。この場合，各事業者に有利な事項についてのみ強調表示し，それが適用されない例外的な場合や適用に条件がある等にもかかわらずそれが表示されない場合は，強調表示された事項が全ての場合に無条件に適用されるものと誤認され，不当表示とみなされる場合がある。

　消費者庁は，平成28年10月から平成29年3月までの間，「打消し表示」に関する一般消費者の意識について実態を調査し，その結果を平成29年7月14日付「打消し表示に関する実態調査報告書」として公表した[注]。

54

（**注**）　「打消し表示に関する表示方法及び表示内容に関する留意点（実態調査報告書のまとめ）」は，消費者庁ウェブサイトで検索することができる。

　調査対象は，新聞広告，動画広告，ウェブ広告（PC），ウェブ広告（スマートフォン）である。

　上記報告書の「調査目的」においては，次のように述べられている。

　「一般消費者に対して，商品・サービスの内容や取引条件について訴求するいわゆる強調表示は，それが事実に反するものでない限り何ら問題となるものではない。ただし，強調表示は，対象商品・サービスの全てについて，無条件，無制約に当てはまるものと一般消費者に受け止められるため，仮に例外などがあるときは，その旨の表示（いわゆる打消し表示）を分かりやすく適切に行わなければ，その強調表示は，一般消費者に誤認され，不当表示として景品表示法上問題となるおそれがある。また，強調表示と打消し表示との関係は，強調表示の訴求している内容が商品・サービスの実際を反映していることが原則であり，打消し表示は，強調表示だけでは一般消費者が認識できない例外条件，制約条件等がある場合に例外的に使用されるべきものである。」

　打消し表示は，強調表示の例外事項であるため，一般消費者が，強調表示にのみとらわれて打消し表示に注意を向けないことにより，誤認が生ずることのないよう明瞭に表示される必要がある。ここでいう「明瞭」とは，一般消費者にとって見やすく表示されており，かつ，その内容が容易に理解できることをいう。具体的には，打消し表示と強調表示とが同一の視野に入るなどの位置関係や強調表示の文字の大きさに対する打消し表示の文字の大きさ等が重要である。

2　「景品表示法上の考え方」

　前記実態調査報告書では，調査結果を踏まえて，各事項について，「景品表示法上の考え方」が示されている。以下は，その概要である。

　㋐　打消し表示の文字の大きさ・配置場所・表示時間

　　①　一般的に，打消し表示の文字の大きさが強調表示に比較して小さい

第3節　広告表示における表記上の留意点

　　場合や強調表示から離れた場所にある場合は，一般消費者は打消し表
　　示を見落としてしまう。
②　動画広告の場合では，特に，次のような場合は，一般消費者は打消
　　し表示の内容を理解できない。

> ・時間が短く，文字量が多い場合。
> ・文字と音声の両方で表示された場合に，音声で表示された強調表示に
> 　注意が向けられ，文字で表示された打消し表示に注意が向けられない
> 　ような場合。
> ・動画の中の情報量が多く，１回見るだけでは，全ての打消し表示の内
> 　容が伝わらないとき。

　(注)　なお，電気通信サービス向上推進協議会「電気通信サービスの広告表示に関
　　　する自主基準及びガイドライン」（第13版：2020年２月）別表８「自主基準ガ
　　　イドライン」の広告表示基準は，テレビの広告表示基準として，「１行30文字
　　　以上で２秒以上」を推奨している。

③　ウェブ広告の場合では，強調表示されている位置から１ストローク
　　下に打消し表示がある場合は，一般消費者が打消し表示に気付かな
　　かったり，気付いたとしても，当該打消し表示が別の画面で表示され
　　た強調表示に対する打消し表示であると認識できないような場合。

(イ)　割引時間や割引料金に関する打消し表示

　　割引時間や割引料金に複数のものが存在したり，適用に条件がある場
　合に，それが見にくかったり，その内容が十分理解できないような場合
　は，一般消費者は強調表示された特定の期間や料金で全て利用できると
　いう認識を抱くおそれがある。

(ウ)　「全て込み」に関する打消し表示

　　「全て込み」などと追加の料金が発生しないかのように強調している
　一方，それとは別に追加料金が発生する旨が打消し表示で記載されてい
　る場合で，それが見にくかったり，一般消費者が打消し表示を読んでも
　その内容を理解できない場合は，一般消費者は当該価格以外に追加料金
　は発生しないという認識を抱くと考えられる。

㈍ 試験・調査等に関する打消し表示

打消し表示として，試験・調査等によって客観的に実証された内容が書かれていたとしても，条件等の打消し表示の内容が外来語，業界独自の用語，技術に関する用語などの専門技術的なものを含むため，一般消費者が打消し表示の内容を理解できないことにより，表示された効果，性能等と試験・調査等によって客観的に実証された内容を理解できないような場合は，一般消費者は強調されているとおりの商品に効果，性能等があるという認識を抱くと考えられる。

㈎ 体験談に関する打消し表示

実際に商品を摂取した者の体験談を見た一般消費者は，「大体の人が効果，性能が得られる」という認識を抱き，「個人の感想です。効果には個人差があります」，「個人の感想です。効果を保証するものではありません」といった打消し表示があったとしても，体験談から受ける「大体の人が効果，性能が得られる」という認識が変わることはほとんどないと考えられる。このため，当該商品を使用しても効果，性能等が全く得られない者が相当数存在するような場合は，商品を使用して効果，性能等があったという体験談を表示した場合，打消し表示が明瞭に記載されていたとしても，一般消費者は大体の人が何らかの効果，性能等を得られるという認識を抱くものと考えられる。

3 体験談を表示する場合の留意点

実際には，商品の使用に当たり併用が必要な事項（食事療法，運動療法等）がある場合や特定の条件（BMIの数値が25以上等）の者しか効果が得られない場合は，その旨が明瞭に表示される必要がある。

商品の効果，性能等に関して事業者が行った場合における①被験者の数・属性，②そのうち体験談と同じような効果，性能等が得られた者の占める割合，③体験談と同じような効果，性能等が得られなかった者の占める割合等を明瞭に表示すべきである。

なお，ステマ広告については，令和5年10月1日から景品表示法により規

第3節　広告表示における表記上の留意点

制されることとなった。これについては，第2章のQ39，Q40において述べる。

── 参考事例 ──

1　自社のウェブサイトにおいて，痩身効果を有する下着として表示し，個人差があり，効果効能を保証するものではない旨の打消し表示をしたが，打ち消すものではないとして優良誤認表示に該当するとされた事例（令元・9・20消費者庁措置命令，消費者庁ウェブサイト）

事　実

　㈱トラストは，「ヴィーナスカーブ」と称する下着（ガードル。本件商品①）について，平成30年5月15日から同年8月1日の間，「毎日履くだけで2週間－10cm⁉」，「人間工学に基づいた設計により履くだけでダイエットを実現！」，「自宅で簡単に脚ヤセ，理想的なクビレを手に入れるならヴィーナスカーブ」等と表示することにより，あたかも，本件商品①を着用するだけで，著しい痩身効果が得られるかのように表示していた。

　また，同社は，「ヴィーナスウォーク」と称する下着（ソックス。本件商品②）について，平成30年8月13日以降，「いま業界で話題沸騰中の"加圧式"脂肪燃焼ソックス」，「自宅で履くだけで常時トレーニング状態⁉」，「自宅で簡単！毎日履くだけで憧れのモデルのようなスラッと美脚に！」等と表示することにより，あたかも，本件商品②を着用するだけで，著しく脚が細くなる効果が得られるかのように表示していた。

　消費者庁は，それぞれについて，景品表示法7条2項の規定に基づき，トラストに対し，期間を定めて，当該表示の裏付けとなる合理的な根拠を示す資料の提出を求めたところ，同社から資料は提出されたが，同資料はいずれも，当該表示の裏付けとなる合理的な根拠を示すものとは認められないものであった。

　いずれの表示についても打消し表示がされており，いずれにも「※効果の感じ方には個人差があります。効果効能を保証するものではありません。」等と表示していたが，当該表示は，一般消費者が前記表示から受ける本件商品①②の効果に関する認識を打ち消すものではないとされた。そして，当該表示は，景品表示法5条1号に該当する優良誤認表示であるとされた。

58

Q6

2　ドリンク剤などの食品の広告で「99％が痩せています」等の表示に，「適度な食事制限・糖質制限」，「ファスティングと食事制限」等の表示があったが，小さな文字であること，離れた場所の表示であることから打消し表示にはならないとされた事例（令2・3・31消費者庁課徴金納付命令，消費者庁ウェブサイト）

事　実

(1)　㈱ビーポは，「ベルタ酵素ドリンク」及び「ダイエットパック」と称する商品（いずれも食品）について，自社ウェブサイトで，平成30年7月24日から同年12月21日までの間，例えば，「本気でダイエットなら　ベルタ酵素ドリンク99％が，痩せています」，「食べたい！でも太りたくない！そんなあなたにオススメ！」等と記載するなどして，本件2商品の各商品を摂取するだけで，それに含まれる成分の作用により，容易に痩身効果が得られるかのように表示をしていた。

(2)　上記の表示について，消費者庁は，景品表示法8条3項の規定に基づき，ビーボに対し，期間を定めて，当該表示の裏付けとなる合理的な根拠を示す資料の提出を求めたところ，同社から資料が提出された。

　　しかし，当該資料はいずれも，当該表示の裏付けとなる合理的な根拠を示すものであるとは認められないものであった。

(3)　本件表示には，以下のような表示があったが，打消し表示にはならないとされた。

　①　それぞれ，「※1食置き換えと適度な食事制限及び糖質制限の結果」と記載していたが，当該記載は，くびれのある細身の腹部を露出した写真及び本件商品の容器包装の写真と共に，「本気でダイエットならベルタ酵素ドリンク99％が，痩せています」との記載が大きな文字で表示されているのに対して，小さな文字で表示されていることから，一般消費者が前記の表示から受ける効果に関する認識を打ち消すものではない。

　②　「具体的な酵素ダイエット方法って？　ファスティングと食事改善」及び「ベルタ酵素で置き換えダイエット！」と記載していたが，当該記載は，前記の表示から1スクロール以上離れた箇所に記載されていることから，一般消費者が前記の表示から受ける効果に関する認識を打ち消すものではない。

第3節　広告表示における表記上の留意点

③　「※体験者の減量数値はN21を統計処理した結果，確率的に可能な範囲（実績値2014年10月LM研究財団調べ）ですが，100％の結果を保証するものではありません。」と記載していたが，当該記載は，一般消費者が前記の表示から受ける効果に関する認識を打ち消すものではない。

Q7

不表示が問題となることはあるか。

　　　　　一般消費者による商品等選択の際の重要な要素である商品等の本質的価値を表すものとして重要な事項について正しく表示しない場合は，不表示の不当表示として問題になることがある（Q6参照）。

🖥 解　説

1 景品表示法で禁止される不当表示

　景品表示法で禁止される不当表示は，景品表示法5条1号・2号に基づく一般消費者に対する優良誤認表示及び有利誤認表示並びに5条3号に基づく指定告示において規定されている取引に関する事項について誤認される表示である。その場合，誤認される表示を積極的に行った場合に限られるものではなくても，その商品に欠陥があったり，中古品であったりするような場合に，それらの欠陥等を正しく表示しない場合には，一般消費者は，当該商品は欠陥等がないものであると認識し，正しい商品選択が阻害されるおそれがある。よって，このような場合は，欠陥等がある旨及びその内容を正しく表示しない場合は，不当表示に該当するものとして取り扱われる。

　かなり以前においては，例えば，住宅用地の販売において，当該住宅用地が高圧電線下にあって，建築制限区域であるにもかかわらず，建築制限区域であることを表示しない場合や，中古自動車であるにも関わらず，中古車で

あることを表示しない場合等の事件があった。そのような制限を受けていることや中古品であることの表示はデメリット表示と呼ばれることがあるが，そのようなデメリット表示がなされていない場合は，一般消費者はそのような制限等を受けていない商品であると誤認するおそれがある。

2 不表示が問題とされる場合

不表示が問題とされる場合とは，デメリット表示が正しくされていれば一般消費者はそれを商品選択の対象としないと考えられる場合において，当該デメリット表示をしないような場合である。

すなわち，一般消費者による商品選択の際の重要な要素である商品の本質的価値を表すものとして重要な事項を表示しない場合における不表示が問題とされる。したがって，不表示の不当表示は，打消し表示と表裏一体の関係にあるといえよう。前述のＱ６の通り，打消し表示で問題とされる場合とは，その例外等を正しく表示しないことである。このような場合における不表示を定型的に不当表示としたものが景品表示法５条３号に基づく指定告示である「おとり広告に関する表示」，「商品の原産国に関する不当な表示」，「有料老人ホームに関する不当な表示」などであるといって良いであろう。すなわち，供給量・期間が著しく限定されているにもかかわらずその限定の内容を正しく表示しない場合や，輸入肉であるにもかかわらずその旨を表示しない場合などである。

不表示が問題とされるケースとしては，下記事例に示すような，一般消費者による商品選択の際の重要な要素である商品の本質的価値を表すものとして重要な事項を表示しないものである。

── 参考事例 ──────────────────────

1 接続手数料が掛かるにもかかわらずこれを表示せず通話量が割高となる場合があることを表示しなかった事例（東日本電信電話・西日本電信電話事件）（平20・3・13公取委排除命令・排除命令集26巻348頁以下）

両社は，ダイヤル104の電話接続に関するTVCM，新聞広告，車内広告にお

いて，「DIAL 104　そのままおつなぎします」，「お客様の声にお応えし，お問合せの電話番号にそのままおつなぎするサービスをはじめました。これからは，かけ直していただくことなく，そのままおつなぎします。」等と表示していたが，実際には接続手数料が掛かるものであり，さらに，ダイヤル104を利用して接続した先との通話料が区域内通話の場合には，利用しない場合の通話料よりも割高となるものであるにもかかわらず，その旨を放送若しくは記載しない，又は明瞭に放送若しくは記載しないことにより，あたかも，ダイヤル104の利用には料金が掛からず，かつ，ダイヤル104を利用しても利用しない場合と同じ通話料で通話できるかのように表示しているものであった。

　本件は，景品表示法5条2号（有利誤認表示）違反とされた。

2　**中古自動車の販売において「保証付き」の表示を行ったが，いずれも保証は無償ではなかった事例（平29・12・8消費者庁措置命令）**

　㈱IDOMは，同社が運営する「ガリバーミニクル」と称する店舗で，中古自動車129台を一般消費者に販売するに当たり，次のような表示を行い，あたかも全てに保証が無償で付帯しているかのように表示していた。

　　・平成28年5月21日盛岡市等で配布した日刊新聞に折り込んだチラシで，35台につき「保証付き」と表示した。

　　・平成29年1月1日甲府市等で配布した日刊新聞に折り込んだチラシで，69台につき「長期保証　最長10年」，「重要機構部分を対象に最長10年の長期保証付き」等と表示した。

　　・平成29年3月4日宮崎市で配布した日刊新聞に折り込んだチラシで，25台につき「10年保証対象車」，「重要機構部分を対象に最長10年の長期保証つき」等と表示した。

　しかし，実際には，129台の全てに車両に係わる保証は無償で付帯しているものではなかった。本件は，景品表示法5条2号（有利誤認表示）違反とされた。

3　㈱DYMは，その提供する就職情報サービスのウェブサイトに関する「DYM就職サービス」及び「DYM新卒」と称する表示において，表示と実際とが異なるものであり，これらの表示は景品表示法5条1号（優良誤認表示）に違反するものとされた事例（令4・4・27消費者庁措置命令）

Q 7

事　実

① 本件役務の提供を受けた求職者のうち，同社から紹介を受けた企業に就職した者の割合は96パーセントであるかのように表示していた。しかし，実際には，96パーセントの割合は，特定の一時点における最高値のものであった。

② 本件役務において同社から紹介された就職案件には，人材派遣会社から派遣先企業に派遣されて業務に従事する者は含まれていないかのように表示していた。しかし，実際には，人材派遣会社から派遣先企業に派遣されて業務に従事する者が含まれていた。

③ 同社は，2,500社以上の求人情報を有しており，その中から求職者に企業を紹介することができるかのように表示していた。しかし，実際には，同社の有する求人情報は最大2,000程度であって2,500社を下回るものであった。

④ 同社から紹介される全ての企業では書類選考なしで採用面接を受けることができるかのように表示していた。しかし，実際には，採用面接を受けるには書類選考が必要な企業があった。

　上記の事例では，①の就職した者の割合については，特定の一時点のものであったことを具体的に，②では派遣先企業から紹介された者を含ませるべきではなかったこと，④では採用面接を受けるには書類選考が必要な企業があったこと，をそれぞれ明瞭に表示すべきであった。

第4節　広告表示の独占禁止法による規制

Q8

独占禁止法で広告表示について規制される場合は，どのような場合か。

　　一般消費者を対象とする不当顧客誘引行為は景品表示法に基づき規制されるが，事業者を対象とするもの及び表示以外の方法による「ぎまん的顧客誘引」及び「不当な利益による顧客誘引」については，独占禁止法の不公正な取引方法として規制される。

解説

1　独占禁止法による広告表示の規制

独占禁止法は，事業者の公正自由な競争を促進し，事業活動を盛んにする等により，経済の民主的で健全な発達を促進するとともに一般消費者の利益を確保することを目的とする。そして，その目的を達成するために，行為規制として，私的独占，不当な取引制限（カルテル）と並んで不公正な取引方法の禁止について規定している。

不公正な取引方法の中で，広告表示に関する規定としては，「ぎまん的顧客誘引」（一般指定8項）及び「不当な利益による顧客誘引」（一般指定9項）である。

もっとも，「ぎまん的顧客誘引」及び「不当な利益による顧客誘引」が一般消費者を対象として行われる場合は，景品表示法の規制対象となるので，独占禁止法が適用されるのは，それらの行為について景品表示法が対象としていない場合である。

従来，景品表示法は独占禁止法の特例法という関係にあったが，平成21年9月に同法の目的が一般消費者の利益保護に変更されるとともに，所管が公取委から消費者庁に移管されたのを契機として消費者保護法と位置づけられ

ている。

独占禁止法の不公正な取引方法のうち,「ぎまん的顧客誘引」及び「不当な利益による顧客誘引」は,①事業者を対象とするもの及び②表示以外の方法により顧客を誤認させるものに対して適用されるので,事業者は,広告表示を行う際には,同規制についても留意しなければならない。

> (注) 「ぎまん的顧客誘引」は,事業者間の競争の面からみれば,ぎまん的表示を行った事業者が正しい表示を行う事業者の顧客を奪う結果となるので,独占禁止法が目指す公正な競争が阻害されることとなる。また,この行為は一般消費者による自主的・合理的な商品等の選択を阻害するおそれがあることは明らかである。
>
> 次に,「不当な利益による顧客誘引」は,事業者間の競争の面からみれば,事業者と顧客との取引は本来の価格の引下げ・品質の向上によるべきであるが,経済力のある事業者が過大な景品を付することによって顧客を誘引することは,事業者間の公正な競争を阻害することとなる。また,この行為は一般消費者の射幸心を助長し,その自主的・合理的な商品等の選択を阻害するおそれがある。ただし,景品付販売については,顕示効果が認められることから,事業者の新規参入や新商品等の発売等におけるマーケティング活動として機能する面があると考えられて,制限的ではあるが一部容認されている。
>
> 以上のように,上記2類型の行為については,公正な競争の維持の面もあるが,一般消費者の利益保護の面が強いことから,平成21年9月,景品表示法の所管が公取委から消費者庁の移管されたのを契機として消費者保護法として位置づけられた。

2 「ぎまん的顧客誘引」による規制

「ぎまん的顧客誘引」として規制される場合としては,①事業者を対象とするもの(例えば,フランチャイズ・システムにおける加盟店募集に関するもの等)や,②マルチ商法等の表示以外の方法により顧客を誤認させる行為等である。

フランチャイズ・システムにおける活動に関しては,「フランチャイズ・システムに関する独占禁止法上の考え方」(平14・4・24公取委,最終改正:令3・4・28)が制定されている。

それによれば,本部が加盟者の募集に当たり,次のような事項について十分な開示を行わず,又は虚偽若しくは誇大な開示を行い,これらにより,実際のフランチャイズ・システムの内容よりも著しく優良又は有利であると誤

65

第 4 節　広告表示の独占禁止法による規制

認させ，競争者の顧客を自己と取引するように不当に誘引する場合には，不公正な取引方法の一般指定 8 項に該当する。

---

① 　加盟後の商品等の供給条件に関する事項
② 　加盟者に対する事業活動上の指導の内容，方法，回数，費用負担に関する事項
③ 　加盟に際して徴収する金銭の性質，金額，その返還の有無及び返還の条件，
④ 　加盟後，本部の商標，商号等の使用，経営指導等の対価として加盟者が本部に定期的に支払う金銭の額，算定方法，徴収の時期，徴収の方法
⑤ 　本部と加盟者の間の決済方法の仕組み・条件，本部による加盟者への融資の利率等に関する事項
⑥ 　事業活動上の損失に対する補償の有無及びその内容並びに経営不振となった場合の本部による経営支援の有無及びその内容
⑦ 　契約の期間並びに契約の更新，解除及び中途解約の条件・手続に関する事項
⑧ 　加盟後，加盟者の店舗の周辺の地域に，同一又はそれに類似した業種を営む店舗を本部が自ら営業すること又は他の加盟者に営業させることができるか否かに関する契約上の条項の有無及びその内容並びにこのような営業が実施される計画の有無及びその内容

— 参考事例 —

□ 　**マルチ商法による顧客誘引がぎまん的顧客誘引に該当するとされた事例**（ベルギーダイヤモンド事件。東京高判平 5 ・ 3 ・29判タ861号260頁，審決集39巻608頁）

　　ベルギーダイヤモンド㈱が主宰する組織は，会員資格を取得するためにはダイヤの購入が必要条件であるところ，同社の組織の目的は，会員が第三者を紹介すれば一定の利益が得られるとして，ダイヤを購入する会員を連鎖的に増殖させ，かつ，会員を媒介としてダイヤの販売を拡充していくことが主目的であるマルチまがいの商法を行うもので，この組織は，新規加入者の無限拡大が組織存立の不可欠の前提とされており，自己破綻の招来が必然的であって，圧倒

的多数の上のごく少数の者だけが利益を収受できる結果となっていた。このような下での射幸的な勧誘方法は，ぎまん的顧客誘引（一般指定8項）に該当するとされた。

3 「不当な利益による顧客誘引」による規制

「不当な利益による顧客誘引」として規制される場合としては，①事業者に対して取引に付随して総付けで経済上の利益を提供する場合及び②表示以外の方法により経済上の利益を提供して顧客を誘引する場合である。事業者に対して取引に付随して懸賞により経済上の利益を提供する場合は，景品表示法で規定する「懸賞景品告示」により規制される。また，一般消費者に対する取引については，取引に付随して総付けであれ，懸賞であれ，経済上の利益を提供する場合は，全て景品表示法により規制される。

ただし，医療用医薬品の製造業者・販売業者，医療機器の製造業者・販売業者及び衛生検査業者が病院・診療所等へ景品類を提供する場合は，景品表示法に基づく「医療用医薬品告示」，「医療用医薬品業等景品告示」（平9・8・11公取委告示第54号，最終改正：平28・4・1内閣府告示第124号）により制限されており，これに違反する場合は同告示により規制される。

─── 参考事例 ───

1 ピラミッド型販売組織において上位の販売員の地位を獲得すれば下位の販売員の購入額の割合にしたがって一定の報奨金が得られるとして販売員を勧誘したことが不当な利益による顧客誘引に該当するとされた事例（ホリディ・マジック事件。昭50・6・13勧告審決，審決集22巻11頁）

　　ホリディ・マジック㈱は，化粧品の販売組織としてピラミッド型販売組織を作り，上位の販売員の地位を獲得すれば，下位の販売員の購入額の割合にしたがって一定の多額の報奨金が得られるなどとして販売員を獲得していたが，この行為は，不当な利益による顧客誘引（一般指定旧6項（現9項））に該当するとされた。

2 証券会社が証券取引で生じた顧客の損失を補填したことが不当な顧客誘引

第4節　広告表示の独占禁止法による規制

に当たるとされた事例（**大手証券4社の損失補塡事件。平3・12・2勧告審決，審決集38巻134頁以下**）

大手証券4社は，昭和62年から平成3年にかけて，一部の顧客に対して，取引関係を維持拡大するため，顧客の証券取引で生じた損失を補塡等した。これは，証券業における正常な商慣行に反するもので，競争者の顧客を自己と取引するよう誘引するものであり，不当な利益による顧客誘引（一般指定9項）に該当するとされた。

4　不当表示の自主規制

多くの業界においては，法令に違反する行為やその疑いのある行為等について，行政当局や警察による調査・措置が行われ，また，社会的批判がなされるのを未然に防止するために，業界において自主的な規制基準を設けている。また，さらに進んで，一般消費者が安心安全に製品・サービスを利用することによって，当該業界がより発展するためのガイドライン等を設けていたりする。

このような業界における自主規制は，工業製品や食品の製造，サービス業等において幅広く行われており，その規制の内容は，製品の製造・サービスの提供方法等に係るもの，これらの広告表示に係るものなど非常に幅広いものにわたり，これらはそれぞれの業界において多大の成果を挙げている。

これらの自主規制が，望ましい競争を阻害することにより業界の発展を阻害したり，あるいは表現の自由を侵害するおそれがある場合には，各自主規制団体はマイナス効果が生じない注意を払い，適宜改正が行われている。

自主規制を行っている団体について一例を挙げると，次の通りである。

「出版倫理協議会」，「映画倫理機構」，「放送倫理・番組向上機構」，「日本証券業協会」，「日本貸金業協会」，「金融商品取引業協会」，「日本広告審査機構（JARO）」　等

そのほか，前述のとおり，公正取引協議会は，内閣総理大臣及び公取委の認定を受けて景品提供・表示について公正競争規約を設定し，不当な広告表

コラム4 不当表示の自主規制

示が行われないよう自主規制を行っている。公正競争規約は，景品提供に係るものが37件，表示に係るものが66件あり（Q63参照），公正取引協議会は，会員の公正競争規約違反行為について取締りを行っている（Q64）。

第1章 広告表示規制総論

第2章 景品表示法による表示・景品規制

第1節 景品表示法による表示規制

Q9

景品表示法ではどのような表示が禁止されているか。

景品表示法によって禁止される不当表示には，法定の行為類型として，①商品又は役務（以下，単に「商品」という場合がある。）の内容に関する不当表示（優良誤認表示，景表5条1号），②商品の取引条件に関する不当表示（有利誤認表示，景表5条2号）があり，このほか③特定の業種や事項に関し内閣総理大臣が定めた不当表示（景表5条3号）がある。

〈図表1　不当表示の類型〉

法で直接定められた不当表示（法定不当表示）	①5条1号（優良誤認表示）		
	②5条2号（有利誤認表示）		
内閣総理大臣の指定により定められた不当表示（指定不当表示）	③5条3号 →	内閣総理大臣の指定	→ 無果汁告示 → 原産国告示 → 融資費用告示 → 不動産おとり広告告示 → おとり広告告示 → 有料老人ホーム告示 → ステマ告示

第1節　景品表示法による表示規制

解　説

1　概説

　消費者の商品選択における主要な判断材料は，商品の内容（品質等）と取引条件（価格等）であるから，これに対応して，景品表示法5条は，商品の内容に関する不当表示，商品の取引条件に関する不当表示を分けて，それぞれ1号と2号で要件を定めている。前者は，商品の内容を実際よりも優良と思わせる表示であるので「優良誤認表示」，後者は，商品の取引条件を実際よりも有利と思わせる表示であるので「有利誤認表示」と呼ばれている。

　優良誤認表示と有利誤認表示は，若干の文言の違いはあるものの，要するに「実際のもの又は競争事業者のものよりも一般消費者に良いかのように思わせる表示であって，一般消費者の自主的かつ合理的な選択を阻害するおそれがあるもの」を禁止する点において同様の規定である。

　そもそも，商品の内容も広義の取引条件の一つであり，概念的には優良誤認表示も有利誤認表示の一種ともいえるのであるが，商品内容が商品選択において特に重要な基準であることに鑑み，優良誤認表示の要件を明確にするために有利誤認表示とは別個に規定されたものであって，両者に本質的な違いはない。実際，同じ表示が優良誤認表示とも有利誤認表示ともいえる場合（例えば，実は標準品であるのに「超特選品を標準品の価格で販売！」と表示した場合）もあるが，どちらであっても該当すれば，景品表示法違反として措置命令，課徴金納付命令の対象となることに変わりはなく，その意味でも両者を区別する実益はない。

　ただし，後に述べる不実証広告規制は，優良誤認表示に特有の制度である。また，不実証広告規制が導入されるまでは，優良誤認表示と有利誤認表示の要件にはほとんど共通の文言が用いられていたが，不実証広告規制導入に伴い優良誤認表示の要件の文言が修正された結果，両者の要件には文言上相違する部分が増大した。

2 優良誤認表示

　事業者は,「商品又は役務の品質, 規格その他の内容について, 一般消費者に対し, 実際のものよりも著しく優良であると示し, 又は事実に相違して当該事業者と同種若しくは類似の商品若しくは役務を供給している他の事業者に係るものよりも著しく優良であると示す表示であつて, 不当に顧客を誘引し, 一般消費者による自主的かつ合理的な選択を阻害するおそれがあると認められる」表示をしてはならない（景表5条1号）。

　「実際のものよりも著しく優良であると示」すとは, 例えば, 通信サービス事業者が, 通信速度は最高50Mbpsしか出ないのに「最高100Mbpsでの通信が可能です。」と表示するような場合である。「事実に相違して当該事業者と同種若しくは類似の商品若しくは役務を供給している他の事業者に係るものよりも著しく優良であると示す」とは, 例えば, 通信サービス事業者の提供する通信サービスの速度が他社と比べて速いわけではないのに「この通信サービスは, 他社のどのサービスよりも高速です。」と表示するような場合である。

　なお, 景品表示法5条1号の規定には「誤認」という語は登場しないが, 平成15年の改正までは現行5条1号にあたる規定において「誤認」という語が用いられており, 平成15年改正後も規定内容に実質的な変更はないとされていることもあって, 引き続き「優良誤認表示」と呼ばれている。

3 有利誤認表示

　事業者は,「商品又は役務の価格その他の取引条件について, 実際のもの又は当該事業者と同種若しくは類似の商品若しくは役務を供給している他の事業者に係るものよりも取引の相手方に著しく有利であると一般消費者に誤認される表示であつて, 不当に顧客を誘引し, 一般消費者による自主的かつ合理的な選択を阻害するおそれがあると認められる」表示をしてはならない（景表5条2号）。

　「実際のもの……よりも……著しく有利であると一般消費者に誤認される表示」とは, 例えば,「価格は消費税込み1万円」と表示しながら実際には

第1節　景品表示法による表示規制

消費税相当額を別途支払う必要があったというような場合である。「他の事業者に係るものよりも……著しく有利であると一般消費者に誤認される表示」とは，例えば，「地域最安価格です」と表示していたが，実際には他店がさらに安い価格で販売していたような場合である。

4　不実証広告規制

　優良誤認表示については，効能効果等に関する不当表示について規制の実効性を高めるため，消費者庁長官又は都道府県知事が，優良誤認表示に該当するかどうかを判断するために，表示を行った事業者に対し，表示の裏付けとなる合理的な根拠を示す資料の提出を求め，資料提出がなされないときには当該表示は優良誤認表示とみなされる（課徴金納付命令に関しては，優良誤認表示と推定される。）制度（いわゆる「不実証広告規制」）がある（詳細はQ24からQ27を参照。）。

5　優良誤認表示と有利誤認表示の要件

　表示が事実と異なっているからといって，直ちに不当表示となるわけではない。優良誤認表示又は有利誤認表示を行ったというためには，景品表示法5条柱書の要件に該当することが必要であり，また，5条各号の「著しく優良であると示す」又は「著しく有利であると……誤認される」とか「不当に顧客を誘引し，一般消費者による自主的かつ合理的な選択を阻害するおそれがあると認められるもの」といった要件を満たす必要がある（詳細はQ19，Q20を参照。）。

✿メ　モ

　優良誤認表示，有利誤認表示という語はよく用いられるが，法令上の用語ではなく，景品表示法5条1号及び2号に定められた表示をそのように呼称しているに過ぎない。5条1号の規定には，「誤認」という語は存在しないが，それでも「優良誤認表示」と呼ばれている（平成15年改正までは，現行5条1号の前身に当たる規定には「誤認」の語が使用されていた。）。

　また，3号による指定告示には，内容的には商品の品質等に関する不当表

示,取引条件に関する不当表示を含むものがあるが,これらは優良誤認表示,有利誤認表示と呼ばれることはない。「優良誤認表示＝5条1号に該当する表示」,「有利誤認表示＝5条2号に該当する表示」という呼び方が,いわば固有名詞のように定着している。

優良誤認表示と有利誤認表示は,法律に要件が直接規定されているので,解説書等で「法定の不当表示」と総称されることがある。一方,5条3号に基づき指定された不当表示については「その他の不当表示」といった名称でまとめられることが多いが,本書では「法定不当表示」の対語として「指定不当表示」としている。

5 景品表示法ができるまで

1 景品規制

昭和20年代の後半から,事業者間の販売競争の激化に伴い,業種によっては,多額の物品,招待等の饗応,抽選券付きの販売で販売拡大を図る傾向が生じてきた。

このような不当な顧客誘引行為は,独占禁止法の不公正な競争方法(昭和28年法改正後は「不公正な取引方法」。以下同じ。)として一般的に規制の対象となっていた。独占禁止法違反事件として処理された例としては,新聞購入者に対して抽選により現金を提供していた新聞事業者に対するものがある。

また,弊害が表面化してきた特定の業種における景品付き販売については,業種ごとに独占禁止法に基づく不公正な競争方法の指定が行われた。昭和27(1952)年にしょう油,みそについて指定が行われたのを皮切りに,ソース,カレー粉又はこしょう,ゴム履物,新聞,百貨店,マーガリン又はショートニング,マッチ及び教科書の各業種について指定が行われた。これらの指定は,主として購買を条件として景品を提供する行為を規制するものであった。

また,昭和33年ごろから,懸賞付き販売について,賞金や商品の高額

化が目立つようになり，昭和35年から36年ごろにはその規模が爆発的に拡大した（コラム11参照）。こうした傾向に対し，消費者の射幸心を過度に刺激するもの，反社会性を持つものとして，何らかの規制を求める声が高まっていた

2　不当表示問題の勃発と特殊指定

昭和35年に，いわゆる「ニセ牛缶事件」が発生した（コラム6参照）。

不当表示については，公取委内部では，昭和20年代から米国の連邦取引委員会の取組について研究はされていたが，景品規制とは異なり，公取委が規制に取り組んだ実績はなかった。

公取委は，これらの表示についても，業界ごとに不公正な取引方法を指定することにより規制を図った。昭和36年2月の「畜肉，鯨肉等のかん詰業における特定の不公正な取引方法」，同年12月の「食品かん詰または食品びん詰業における特定の不公正な取引方法」（両者とも現在は廃止されている。）がそれである。

しかし，欺まん的表示を特定の分野に限定して規制するのではなく，欺まん的表示について一般的に規制を行い得るようにすることが望ましいという意見や，独占禁止法による規制だけでは限界があり，消費者保護という新しい観点を取り入れた特別法を制定すべしとの意見が有力に唱えられた。

3　新規立法へ

過大な景品付き販売や欺まん的な表示により顧客を誘引する行為に対して，迅速かつ効果的な規制を行い得るようにするため，公取委は昭和36年8月ごろから新法の立案準備に着手した。

新法の方向としては，①公正かつ自由な競争を促進する独占禁止法の精神に沿って規制すべきという案と，②当面問題の多い懸賞販売の規制を中心に，独占禁止法から離れて消費者保護の見地から立法を考えるべきであるという案があったが，結論としては①の方向で過大景品や不当表示を規制することとし，公取委は，昭和37年1月に「不当顧客誘引行為防止法案」を取りまとめた。

その後，関係省庁との意見調整及び内閣法制局審査を経て，再検討を行った結果，①独占禁止法の特別法として，名称を「不当景品類及び不当

表示防止法」とすること，②表示の定義規定を設けること等の修正を行い，昭和37年3月29日，第40回国会に政府提案の法案として提出された。法案は，昭和37年5月4日に可決成立し，同年8月15日に施行されることとなった。

　このように，景品表示法の制定には，ニセ牛缶事件というきっかけがあったことは事実であるが，景品規制については，それ以前から経験が積み重ねられていたことを見落とすべきではない。

　景品表示法は，その名も景品表示法であって，表示景品法ではない。近年では，景品について法的措置がとられることは稀である一方，不当表示問題が注目されることが多く，なぜ，法律の名称が不当景品から始まるのか不思議に思う向きもあるかもしれないが，景品表示法制定前の経緯を見れば，それが不自然でないことが自ずと理解されるであろう。

6　ニセ牛缶事件

　1960年7月末，東京都衛生局に，「三幌のロース大和煮」の缶詰にハエが入っていたという投書があり，同衛生局が神奈川県衛生部と協力して調査したところ，「牛肉の大和煮」と表示されている缶詰の大部分に馬肉や鯨肉が混入されており，さらに，全国で20余りの主要牛肉缶詰メーカーのうち，牛肉を100パーセント使用しているものはわずか2社にすぎないことが判明し，消費者に衝撃を与えた。これが，景品表示法制定の大きなきっかけになったことで有名な「ニセ牛缶事件」である。

　実は，投書の主が購入した缶詰は，当時名前の通っていた「三幌のロース大和煮」を騙った偽造品であり，その中身は鯨肉であった。都の衛生局は，三幌の工場ではない施設，すなわち食品衛生法の許可のない施設で製造されていたこと等を理由に，食品衛生法違反として処分を行った。ところが，その後，本物と偽造品との差を調べたところ，本物の方も中身は鯨肉であることが判明したのである。とはいえ，食品衛生法では，中身と表示が違っていても，公衆衛生に危害を及ぼすおそれがなければ取り締まることができないので，本物に対しては警告することしかできなかった（毎日新聞（昭和35年9月4日））。

第1節　景品表示法による表示規制

　　ある業者に至っては，「三幌だけに責めを負わせるのは不公平だ。一流会社の牛缶やコンビーフなど，安い値のものにはみんな馬肉が入っている」と品物持参で苦情を言いに来る有様であったという。しかし，これを聞いた東京都副知事が「だまされているのは都民じゃないか。食品衛生法上どうあろうと，不合理な点は是正するよう検討せよ。」と指示したため，広範な調査が行われ，その結果牛缶と称されていた缶詰の実態が明るみになった（朝日新聞（昭和35年9月10日））。
　　（この事件をきっかけとして，景品表示法が制定された経過については，コラム5参照。）

（出典：毎日新聞（昭和35年9月4日））

（参考　公取委事務総局『独占禁止政策五十年史上巻』(1997年)，平林英勝「独占禁止法の歴史（上）」356頁（信山社，2012年）

Q10

景品表示法5条3号に基づき指定された不当表示の類型にはどのようなものがあるか。

5条1号・2号だけでは十分に対応することのできない不当な表示については，5条3号に基づき，内閣総理大臣の指定により，不当表示の類型を追加することができる制度となっている。具体的には，「無果汁の清涼飲料水等についての表示」，「商品の原産国に関する不当な表示」，「おとり広告に関する表示」，「一般消費者が事業者の表示であることを判別することが困難である表示」など合計七つの不当表示が定められている。

解 説

1 内閣総理大臣の指定により定められる不当表示（指定不当表示）

　景品表示法では，5条1号の優良誤認表示，5条2号の有利誤認表示を不当表示として法定するほか，規制を要する特定の表示を不当表示として指定することができる制度となっている。これにより，経済社会の実態に応じて，5条1号・2号だけでは十分に対応することのできない不当な表示についても規制することが可能となっている。

　この表示は，「商品又は役務の取引に関する事項について一般消費者に誤認されるおそれがある表示であつて，不当に顧客を誘引し，一般消費者による自主的かつ合理的な選択を阻害するおそれがあると認めて内閣総理大臣が指定する」（景表5条3号。この内閣総理大臣は，消費者庁が属する内閣府の長としての内閣総理大臣である。）ものである。

　1号及び2号が商品の内容や取引条件についての表示に対象を限定しているのに対し，3号の指定においては，より広い"商品又は役務の取引に関する事項についての表示"を対象とすることができる。また，1号及び2号は「実際のもの等よりも著しく優良であると示す表示」，「一般消費者に誤認さ

第2章　景品表示法による表示・景品規制

79

れる表示」を要件としているのに対し，3号では「一般消費者に誤認される
おそれがある表示」を指定することができるので，指定を行うことにより，
1号，2号に比べて厳格な規制を行うことができる。一定の条件の下で，特
定の事項についての表示が欠けている場合を不当表示とすることにより，事
実上，特定の事項について表示を義務付けることもできる。

　また，この指定により，「著しく優良」「著しく有利」といった消費者の
価値判断や受け止め方に立ち入ることなく，外形的な要件のみで消費者の誤
認のおそれがある表示を規制することができる。

2 指定不当表示に該当することの効果

　内閣総理大臣の指定（景表6条2項に基づき「告示」という形式で行われるので
「指定告示」と呼ばれる。図表2の①～⑦参照）は，ガイドラインや運用基準では
なく，法令の一種であり，指定告示の要件に該当すれば，優良誤認表示や有
利誤認表示と同様，景品表示法違反となり，措置命令の対象となる。ただし，
指定不当表示に該当する行為は課徴金納付命令の対象ではない。これについ
ては，「過去に指定告示に係る表示として問題となった事案の発生件数が多
くはないこと等に鑑みたもの」[注1]等と説明されている。

　なお，内閣総理大臣の指定は，3号の「不当に顧客を誘引し，一般消費者
による自主的かつ合理的な選択を阻害するおそれがある」との要件を満たす
ものとして指定されるので，個々の事案の処理に当たっては，この要件を満
たすか否かを検討する必要はない。[注2]

（注1）　『黒田・逐条解説』19頁
（注2）　もっとも，個別のケースにおいて指定告示に定められた要件には該当するけ
　　　　れども，5条3号の要件を満たさない場合があるのではないかとの問題提起が
　　　　ある。すなわち，指定告示自体が5条3号の委任の範囲を超えているのではな
　　　　いかという問題である。Q33の解説7参照。

3 指定告示

　現在，特定の業種や事項に関して，以下の七つの指定が行われている。[注3]

Q 10

〈図表2　指定告示〉

① 「無果汁の清涼飲料水等についての表示」（昭48・3・20公取委告示第4号）〔無果汁告示〕
② 「商品の原産国に関する不当な表示」（昭48・10・16公取委告示第34号）〔原産国告示〕
③ 「消費者信用の融資費用に関する不当な表示」（昭55・4・12公取委告示第13号）〔融資費用告示〕
④ 「不動産のおとり広告に関する表示」（昭55・4・12公取委告示第14号）〔不動産おとり広告告示〕
⑤ 「おとり広告に関する表示」（昭57・6・10公取委告示第13号，全部改正：平5・4・28公取委告示第17号）〔おとり広告告示〕
⑥ 「有料老人ホームに関する不当な表示」（平16・4・2公取委告示第3号，最終変更：平18・11・1公取委告示第35号）〔有料老人ホーム告示〕
⑦ 「一般消費者が事業者の表示であることを判別することが困難である表示」（令5・3・28内閣府告示第19号〔ステマ告示〕）

これらのうち，①，③及び⑥の概要は以下のとおりである。②〔原産国告示〕についてはQ33，Q35，④〔不動産おとり広告告示〕及び⑤〔おとり広告告示〕についてはQ37，Q38，⑦〔ステマ告示〕についてはQ40で詳しく述べる。

　　（注3）　この指定については，消費者庁発足（平成21年）前は，公取委が権限を有していた。①～⑥の指定は元々公取委が行ったものであるので「公取委告示」の文言が残っているが，内閣総理大臣が指定したものとみなされる（「消費者庁及び消費者委員会設置法の施行に伴う関係法律の整備に関する法律」附則4条1項）。なお，この指定についての内閣総理大臣の権限は，消費者庁長官に委任されていない（景表38条及び景表令14条）。

(1)　「無果汁の清涼飲料水等についての表示」（昭48・3・20公取委告示第4号）
　　昭和40年代，無果汁の清涼飲料水等の表示は消費者問題の大きなイシューであった。有名な主婦連ジュース訴訟（最三小判昭53・3・14民集32巻2号211頁）は，無果汁等の清涼飲料水の表示をめぐるものであった（コ

81

ラム13参照）が，この問題の帰結の一つが，「無果汁の清涼飲料水等についての表示」の告示指定である。この告示は，景品表示法の不当表示指定告示の最初のものである。

この告示は，「無果汁告示」と略称されている。無果汁告示は，果汁が全く含まれていないか又は果汁の含有率が低い果汁飲料について，正しい情報を消費者に伝えるためには，積極的に「無果汁」であること等を表示させることが必要であるとの考え方に立ったものである。

果汁が使われていない又はわずかしか果汁が使われていない清涼飲料水等（清涼飲料水のほか，乳飲料，はっ酵乳，乳酸菌飲料，粉末飲料，アイスクリーム類，氷菓を指す。）について，容器又は包装に，果実の名称を用いた商品名を記載したり果実の絵や写真，図案を掲載したり，内容物等に果実と類似の着香，着色をする場合には，無果汁であることや果汁の使用割合を明確に記載する必要があり，そうしなければ不当表示となる。

(2) 「消費者信用の融資費用に関する不当な表示」（昭55・4・12公取委告示第13号）

いわゆる「サラ金問題」は1970年代に大きな社会問題となった（その後，1990年代初頭にもバブル経済崩壊後の消費者金融問題が社会問題化した。）。当時，サラリーマン金融をはじめとする消費者信用の表示に関しては，アドオン方式（借入額に単純に利率と借入期間を乗じて算出した金額を利息総額とするものであり，途中返済分をカウントしないので，毎月返済の場合，その1年後の実質年率は表示年率の約2倍となる。）による表示が一般に行われていたため，消費者は実質金利に比べて著しく低い金利であるかのように誤認する等の問題があった。

公取委は，金利の表示に関する有利誤認表示について排除命令を行う等の取組をしていたが，昭和55年には，これに関する指定告示を制定した。

この告示では，利息を含め一般消費者が信用供与に関して支払う一切の費用を「融資費用」とし，以下の融資費用の表示であって，実質年率が明瞭に記載されていないものは不当表示となる旨を規定している。

① アドオン方式による利息，手数料その他の融資費用の率の表示
② 日歩，月利等年建て以外による利息，手数料その他の融資費用の率の表示
③ 融資費用の額の表示
④ 返済事例による融資費用の表示
⑤ 融資費用の一部についての年建てによる率の表示

　なお，消費者信用には，消費者に金銭を貸し付けるもの（消費者金融）と，商品等を購入するに際してその代金支払を繰り延べるもの（販売信用）があるが，いずれもこの告示の対象である。

(3)　「有料老人ホームに関する不当な表示」（平16・4・2公取委告示第3号）
　有料老人ホームについては，①取引時開始時に高額の費用が必要，②取引が長期にわたる，③契約段階で将来を見通したサービス内容の把握が困難，④消費者が問題提起を行いにくい，といった特殊性があり，公取委は，平成9年以降，有料老人ホームの不当表示に対し警告や排除命令を行うなどの取組をしていたが，平成16年4月には「有料老人ホームに関する不当な表示」告示（有料老人ホーム告示）を制定した。
　同告示では，有料老人ホームの以下の事項について，制限があるのに明瞭に記載されていない場合や，表示の内容が明らかにされていない場合には不当表示となる旨を規定している。

① 土地又は建物についての表示
② 施設又は設備についての表示
③ 居室の利用についての表示
④ 医療機関との協力関係についての表示
⑤ 介護サービスについての表示
⑥ 介護職員等の数についての表示
⑦ 管理費等についての表示

なお，この告示の対象とされる事業者には，老人福祉法上の有料老人ホー

第1節 景品表示法による表示規制

ムのほか，実態として同法上の有料老人ホームと同様のサービス形態・契約
形態を有しているものも含まれる。

第2節 不当表示の規制

Q11

景品表示法で規制される「表示」とはどのようなものか。

景品表示法上の「表示」は，同法2条4項に定義されている。

景品表示法では，広告は表示の一種として位置づけられており，法の適用において広告と表示の区別はない。

2条4項の表示の定義は，景品表示法が適用される「表示」の外縁を定めたものに過ぎず，表示という語の意味内容は解釈に委ねられている。景品表示法の表示とは，表示物の記載内容等に限られるものではなく，一般消費者の認識をもたらす一切のもの（情報を提供しないことを含む。）を指すものと解される。

解　説

1　景品表示法における「表示」

景品表示法上の「表示」は，同法2条4項に定義されている。いうまでもなく景品表示法は景品と表示を規制するものであるので，「表示」の定義は景品表示法の適用対象を画する機能を持つことになる。実際，景品表示法上の「表示」は，一般的な用語としての表示（ただし，4に述べるとおり，日常用語の表示とも異なる意義を有している。）に様々な限定を付したものであり，景品表示法の対象の外縁が埋め込まれた特殊な法律用語である。

> **景品表示法2条4項**
>
> 　この法律で「表示」とは，顧客を誘引するための手段として，事業者が自己の供給する商品又は役務の内容又は取引条件その他これらの取引に関する事項について行う広告その他の表示であって，内閣総理大臣が指定するもの

第2節　不当表示の規制

> をいう。

　すなわち，「表示」とは，①顧客を誘引するための手段であること，②事業者が行うものであること，③自己の供給する商品又は役務の内容又は取引条件その他これらの取引に関する事項について行うものであること，④広告その他の表示であること，⑤内閣総理大臣が指定するものであることの五つの要件を満たすものでなければならない。

　「表示」の定義であるにもかかわらず，定義の④に「表示」という語が使われている[注1]ことから明らかなとおり，景品表示法の「表示」の定義規定は，一般的な意味における表示（『広辞苑』2495頁によれば「外部へあらわし示すこと」。）に様々な限定を加えたものである。

　また，五つの要件のうち①～③については，5条の不当表示の要件にも同様の内容が含まれており，重複している。実務では，①～③の内容について，2条4項ではなく5条の要件として検討されることが通例と考えられるが（ただし，①又は②が論点となることは多くない。），体系的には，5条の①～③の要件を欠く場合，その表示はそもそも景品表示法の表示に該当しないと考えられる。しかし，どちらを先に検討しても，規定の内容は同じであるので，景品表示法に反するかどうかの結論に違いが生じるわけではない。本問では，2条4項の表示の定義を全般的に概説し，さらに，③の「自己の供給する…」については，5条柱書の要件としてQ15及びQ16に詳述する。

〈図表3　景品表示法2条4項と5条の比較〉

	2条4項（表示の定義）	5条柱書	5条各号
①	顧客を誘引するための手段として		不当に顧客を誘引し（1号・2号・3号）
②	事業者が	事業者は	
③	自己の供給する商品又は役務の内容又は取引条件その他これらの取引に関する事項について行う	自己の供給する商品又は役務の取引について	商品又は役務の品質，規格その他の内容について（1号）

86

		次の各号のいずれか に該当する表示をし てはならない。	商品又は役務の価格 その他の取引条件に ついて（2号）
			商品又は役務の取引 に関する事項につい て（3号）

　また，2条4項の①～③については，2条3項の景品類の定義にも同様の語が用いられている。これらの語について，景品類に関しては「定義告示運用基準」に規制当局の解釈が示されているのに対し，表示に関してはこれに当たるものがない。しかし，運用上は，表示に関しても同運用基準と同様に解されているものと考えられる。

2　表示の要件

① 「顧客を誘引するための手段として」

　「顧客を誘引する」とは，今まで取引関係にない者を新たに誘引することだけではなく，既に取引がある者に対し，取引の増大・継続・反復を誘引することも含むと解されている。したがって，商品の包装に隠されていて購入後に初めて消費者の目に触れるような表示であっても，景品表示法の対象となる。

　顧客を誘引するための手段として行われているか否かは，事業者の意図ではなく，客観的に顧客誘引の効果を持つものであるかどうかで判断される。

② 「事業者」

　「事業者」については，2条1項に定義がある（「「事業者」とは，商業，工業，金融業その他の事業を行う者…」）。営利を目的としない協同組合等であっても，商品又は役務を供給する事業は事業者に当たる。学校法人等も，その収益事業については事業者に当たる。国や地方公共団体については，私的な経済活動に類似する事業を行う場合には事業者として取り扱われるとされている。

③ 「自己の供給する商品又は役務の内容又は取引条件その他これらの取引に関する事項について行う」

　この要件によって，景品表示法の表示は，商品・役務の供給者が行う表示，言い換えれば広告主が行う表示に限定される。広告メディアや広告代理店は，たとえ不当表示の作成に携わっていたとしても，表示対象の商品や役務の供給をしていない限り，景品表示法が適用されることはない。ただし，これらの事業者も不当な広告表示について民事上の責任を負う場合がある（Q3を参照。）。

　他方，小売業者でなくとも，メーカー・卸等の川上事業者が行う表示は，それらが供給する商品・役務に係るものである限り，景品表示法の表示に当たる。

　「供給する」については，運用上緩く解される場合がある。例えば，フランチャイズチェーンの本部は，商品の企画や広告宣伝は行うものの，加盟店に対する商品供給は行わないことが少なくないが，そのような場合であっても，加盟店が販売する商品について本部が行った表示はこの要件を充足するとして法適用が行われている（Q16を参照）。

　「供給する」商品等の取引に限定されているので，事業者が商品等の供給を受ける場合（中古品の買取など）の表示は，景品表示法の表示に当たらないと解されていた。ところが，消費者庁は，令和6年4月に，定義告示運用基準を改正し，景品類に関して，一般消費者から商品等を買い取る取引も，当該物品等を査定する等して当該物品等を金銭と引き換えるという役務を提供していると認められる場合には役務の供給に当たるとの解釈を示した。したがって，表示に関しても，査定を伴う買取については規制対象となると考えられる。なお，商品を販売する際の下取り条件等の表示は，上記運用基準の改正前から，供給する商品の取引条件の表示として規制対象となると解されている。

　自己の供給する商品又は役務の取引に関する事項でないものの例として，例えば，従業員の募集広告や株主総会の公告などが挙げられる。ただし，募集広告等の形をとっていても，その中で自己の供給する商品又

は役務について述べるのであれば，この要件を満たさないとはいえない。企業イメージを向上させるための広告も同様であり，自己の供給する商品又は役務とは無関係の社会活動等に関するものであれば景品表示法の対象とはならない。

　事業者が自社の信用を高めるため，自社の歴史や規模，市場における地位，知名度のある取引先などを表示することがある。これらの表示は，商品又は役務の内容や取引条件に係るものとはいえない場合もあるが，「自己の供給する商品又は役務の取引に関する事項について行う」ものであるので，景品表示法の表示に該当すると考えられる（ただし，商品・役務の内容又は取引条件に関する表示でなければ，景品表示法5条の優良誤認表示又は有利誤認表示の要件を満たさない。）。

④　広告その他の表示

　表示の定義規定の中に「表示」という語が登場する。この「表示」は，社会通念上の表示を指すものと一応解されるものの，その範囲は解釈に委ねられている（後記4参照）。

　「広告その他の表示」という規定ぶりから明らかなとおり，景品表示法では，広告は表示に含まれるものとして整理されている（広告とは「広く世間に告げ知らせること。」である（『広辞苑』978頁）。）。他の法律には，表示と広告を区別し，広告のみを規制対象とする例もあるが，景品表示法では広告も表示の一種として同様に規制される（なお，「表示」と「広告」の関係については，Q2を参照されたい。）。

⑤　内閣総理大臣の指定

　景品表示法2条4項で内閣総理大臣が指定することが定められている（注2）ことを受けて，「不当景品類及び不当表示防止法第2条の規定により景品類及び表示を指定する件」（定義告示）が制定されている。（注3）これについては，次のQ12を参照されたい。

3　事業者に対する表示

表示の定義には，「一般消費者に対するもの」といった限定はない。した

がって，事業者向けの表示，例えば事業者が業務に用いる商品や原材料の表示も景品表示法2条4項の「表示」に含まれる。ただし，不当表示については，その要件を定めた5条各号に「一般消費者が誤認する」などの限定があるので，事業者向けに販売する商品等の表示は基本的に不当表示規制の対象外である。

しかし，「表示」という語は公正競争規約に関する規定（景表36条）においても用いられており，上記のとおり「表示」の定義には「一般消費者に対するもの」との限定がない故，公正競争規約は事業者に対する表示をもカバーする内容とすることができると解されている。

4 表示の本質

景品表示法の表示の定義規定は，規制対象となる「表示」を限定しているが，これによって表示とは何なのか，その本質が明らかにされているわけではない。表示の要件の前記④にいうところの表示とは何かについては，専ら解釈に委ねられている。

表示という語からは，通常，文字や音声，画像等によってあらわされた情報のことが想定されるが，景品表示法で問題とされる表示はこれらに限られるものではない。

例えば，商品のメリットを享受するための条件やデメリットを表示していないことをもって不当表示と認定された事例（いわゆる「不表示」を表示と認定した例。Q7参照。）や，「著しく優良であると示す」表示か否かの判断に当たっては，表示内容全体から一般消費者が受ける印象・認識が基準となること（Q23参照）に明らかなとおり，表示の内容とは，表示物上の記載内容ではなく，表示物全体を総合的に勘案して得られる一般消費者の認識であると考えられる。表示とは，そのような一般消費者の認識をもたらす一切のもの（情報を提供しないことを含む。）を指すと解することが適切と考えられる。

このように消費者の認識を基本として「表示」を解することは，日常の用語法とは異なる面もあるが，消費者の誤認防止という景品表示法の目的からすれば十分合理的なものといえるであろう。

また，このように，表示とは消費者の認識を作出するものと考えれば，人間の五感に訴えるものは全て表示に含まれ得ることになる。例えば香りが表示の一種とされることには日常的な用語法からは違和感もあるが，以上の考え方に立てば不自然なことではないと思われる。[注4]

なお，景品表示法では「表示をすること」についても，独特の意味を有するものとなっている。これについてはＱ15及びＱ17で解説する。

（注１） このことを指摘するものとして，植村幸也『製造も広告担当も知っておきたい景品表示法対応ガイドブック』（第一法規，2018年）108頁参照。

（注２） 指定は，3条2項の規定により「告示」という形式をとる必要がある。

（注３） 「消費者庁及び消費者委員会設置法の施行に伴う関係法律の整備に関する法律」附則4条1項により，現在の2条の規定に基づく内閣総理大臣の指定とみなされる。

（注４） 無果汁告示（Ｑ10の解説3(1)・コラム13参照）では，着香が表示に当たるものとして規制されている。なお，前注1植村は，香りが表示に該当するとされていることについて疑問を呈している（同書110頁以下）。

Q12

表示の定義についての内閣総理大臣の指定とはどのようなものか。

定義告示では，景品表示法の「表示」に当たるものとして，その媒体・手段が極めて広範に指定されており，この点については，およそ事業者が顧客を誘引する際に使用するものは全て含まれていると考えられている。

解 説

景品表示法2条4項で「表示」を内閣総理大臣が指定することが定められている[注1]ことを受けて，「不当景品類及び不当表示防止法第2条の規定によ

り景品類及び表示を指定する件」（昭37・6・30公取委告示第3号。以下「定義告示」という。）がある。[注2]

　定義告示2項は，「広告その他の表示」に当たるものとして，以下の①～⑤を掲げている（定義告示は，本来，景品表示法2条4項の「表示」全体を指定するものであるが，その内容は，表示を媒体別に列挙する以外は，2条4項の要件をそのまま繰り返すのみであるので，実質的には2条4項の一部分である「広告その他の表示」に当たるものの指定となっている。）。

---

① 商品，容器又は包装による広告その他の表示及びこれらに添付した物による広告その他の表示
② 見本，チラシ，パンフレット，説明書面その他これらに類似する物による広告その他の表示（ダイレクトメール，ファクシミリ等によるものを含む。）及び口頭による広告その他の表示（電話によるものを含む。）
③ ポスター，看板（プラカード及び建物又は電車，自動車等に記載されたものを含む。），ネオン・サイン，アドバルーン，その他これらに類似する物による広告及び陳列物又は実演による広告
④ 新聞紙，雑誌その他の出版物，放送（有線電気通信設備又は拡声機による放送を含む。），映写，演劇又は電光による広告
⑤ 情報処理の用に供する機器による広告その他の表示（インターネット，パソコン通信等によるものを含む。）

　以上のとおり，定義告示では，「表示」に当たるものとして，その媒体・手段が極めて広範に指定されており，およそ事業者が顧客を誘引する際に使用するものは全て含まれていると一般に考えられている。

　しかしながら，上記の列挙に該当するかどうか疑義があるものもある。例えば，新商品の発売の際，開店前から店舗前にサクラの行列を作らせることや，広告の形をとらない雑誌記事や放送番組で商品の効能効果を伝えてもらうことは，上記に含まれることが明確であるとはいい難い。とはいえ，これらを表示規制の対象とすることに異論はないと思われ，前者は③に，後者は④に該当すると解され得るものと考えられる（取材記事であっても広告に当たり得ることについては，遅くとも昭和40年代から公取委の担当者の解説で述べられている。[注3]

これについてはQ40（ステマ広告）で詳しく述べる）。

（注1） 3条2項の規定により，「告示」という形式をとる必要がある。
（注2） 同告示1項は景品類を指定するものであり，2項は表示を指定するものである。この告示については，運用基準が定められている。「景品類等の指定の告示の運用基準について」（昭52・4・1事務局長通達第7号（最終改正：令6・4・18消費者庁長官決定）「定義告示運用基準」）がそれであるが，その内容は専ら景品類に関するものであり，表示に関する記述はない。つまり，このタイトルの「等」に当たる内容はない。また，「景品類等の指定の告示」とは通称であって，このような名称の告示は存在しない。この運用基準は本来は「不当景品類及び不当表示防止法第2条の規定により景品類及び表示を指定する件の運用基準」という名称であるべきであった。なお，この告示による指定は，内閣総理大臣の指定とみなされる。
（注3） 吉田文剛編『景品表示法の実務』（ダイヤモンド社，1970年）198頁

7 「表示」の定義規定

　Q11で述べたとおり，2条の表示の定義規定は，表示を定義する中に表示という語を使っており，あまり格好がよいものではない。しかも，これもQ11に述べたように，定義の大半は，5条の規定で同じことが繰り返されており，そもそも表示について定義規定を設けることが必要なのだろうかという疑問が浮かぶ。

　景品表示法は，当初，「不当顧客誘引行為防止法案」という名称で構想され，その後，関係省庁等との調整を経て，不当景品類及び不当表示防止法案として国会に提出されたのであるが，「不当顧客誘引行為防止法案」の段階では，表示の定義規定は存在しなかった（公正取引委員会事務総局編『独占禁止政策五十年史（上巻）』（公正取引委員会，1997年）137頁以下）。

　当時，新聞業界や広告業界が，自らも表示規制の対象となるのではないかとの懸念を有しており，その懸念を解消する必要があって，表示の定義規定，特に「自己の供給する商品…」の部分が設けられたものと推測される（景品表示法立法時の法案審議において，当時の小沼公正取引委員会事務局長が「この法律案が広告表示というようなものを取り締まるというようなことになるので，これは広告業界なり新聞業界の活動を規制するのじゃないかというような誤解から，国会筋その他いろいろな方面に反対陳情をなしておった，こういうことでございまし

第2節　不当表示の規制

たが，これも当初案をいろいろ改訂いたしましたので，そういう反対は現在はない
ようでございます。」と答弁している（昭和37年4月17日第40回衆議院商工委員
会議録第30号）。）。しかし，関係業界の誤解を避けるためには，「表示」の定
義として規定しなくとも，「不当表示」の規定で定めれば十分であり，実際，
そう定められているので，現状は屋上屋を架すような規定になっている（も
ちろん，立法の過程では様々な配慮が働くものであり，たとえ誤解であっても十分
に対応しなければならないこともある。）。

　また，表示の媒体・手段を告示で指定する制度（法の規定上，媒体や手段を
指定すべしとされているわけではないが，現行の指定告示はそのような内容であ
る。）についても，その存在意義に疑問がある。

　景品表示法は，不当表示を一般的に規制するものであるので，用いられる
媒体によって表示が規制対象となったりならなかったりするのは適切なこと
ではない（法運用において，用いられた媒体の特質を踏まえた判断を要する場合
はある。）。したがって，規制対象となる表示媒体を限定するような規定を設
けること自体妥当なことではない。現に，現在の内閣総理大臣の指定は，事
業者が用いる表示の手段の全てをカバーしていると考えられている。それな
らば，最初から，規制対象となる表示媒体を限定する必要もない。規制対象
となる媒体を例示する必要があるのであれば，限定列挙ではなく例示として
示せばよい。

Q13

事業者間取引における表示は景品表示法では規制されるか。

景品表示法の不当表示規制は，一般消費者の誤認を防止しようと
するものであり，消費者が購入することのない商品又は役務の表示
については，景品表示法の不当表示規制の対象とはならない。しかし，最終
的に消費者の手に渡る商品について，メーカー等が一般消費者に誤認される
表示を行えば，直接の取引の相手方が事業者であっても景品表示法は適用さ
れる。

94

Q 13

🖥 解　説

1　不当表示の要件

　景品表示法は，事業者間取引とか消費者取引という形で対象を限定しているわけではないが，5条の不当表示の要件には，「一般消費者に示す表示」(優良誤認表示) 又は「一般消費者に誤認される表示」(有利誤認表示)，「一般消費者に誤認されるおそれがある表示」(指定不当表示の指定要件) とあるので，表示が一般消費者に認知されないものであれば，不当表示に該当しない。

　したがって，狭い意味での事業者間取引，すなわち事業者が最終ユーザーとなる商品・役務や，事業者が原材料として購入するものについては，原則として，景品表示法の規制は及ばない。これらの取引における不当な表示は，景品表示法ではなく，独占禁止法の不公正な取引方法 (ぎまん的顧客誘引) の問題となる。

　しかし，直接の供給先が事業者であっても，最終的に消費者の手に渡る商品が取引されるのであれば (「B to B to C」の「B to B」の部分)，景品表示法の適用は何ら排除されない。表示を行った者の直接の取引相手が消費者であるかどうかは関係がない。

　すなわち，メーカーが卸や小売等を通じて消費者に商品を販売している場合，メーカーが当該商品に消費者が誤認する表示を付していれば，メーカーが不当表示を行ったことになる (この場合，卸や小売が不当表示を行ったことになるか否かについては，Q15，Q16及びQ17を参照。)。同様に，メーカーが消費者向けに不当表示に当たる広告を行っていれば，消費者に直接販売をしていなくとも，メーカーが不当表示を行ったことになる。

　製紙メーカーの古紙パルプ配合率不当表示事件 (平20・4・25公取委排除命令「王子製紙に対する排除命令」ほか) は，以上のことを示す好例である。この事件では，製紙メーカーが古紙パルプの使用率を実際よりも高く表示していたことが問題となったものであるが，景品表示法違反が認定された商品は，製紙メーカーが取引先販売業者を通じて一般消費者に販売するコピー用紙であり，その表示はコピー紙の包装やウェブサイト上にあった。製紙メーカーは，一

95

第2節　不当表示の規制

般消費者向けに限らず，事業者向け商品（事業者が消費するものや紙製品製造業者が材料として使用するもの）にも，消費者向け商品と同様，事実に反する表示をしていたと考えられるが，景品表示法違反の認定は消費者向け商品のみであり，事業者向け商品について景品表示法違反は認定されていない。

　事業者間の役務取引については，取引された役務は購入事業者において費消されることが多いと考えられ，そのような場合には，景品表示法が適用される余地はない。しかし，電気通信，電力など卸取引が観念できるものについては商品と同様に解される。例えば，川上の供給業者が，消費者が誤認する広告を行った場合には，消費者に役務を直接提供していなくとも，川上の供給業者の表示に対して景品表示法が適用され得る。

2　公正競争規約における「表示」

　表示に関する公正競争規約に関しては，その根拠規定である景品表示法36条には単に「表示」とあるのみであり，この「表示」は定義上一般消費者に対する表示に限定されていない（景表2条4項）ので，事業者に対する表示についても規約に定めることができると解される。例えば，「自動車業における表示に関する公正競争規約」においては，専ら事業者が業務に用いるような商品（大型バスや大型トラックなど）の表示も対象となっている。

Q14

　消費者向けの商品に付した表示ではなくとも，事業者に対する表示が景品表示法の不当表示に当たることがあると聞くが，どういう場合か。

　　　　　表示が一般消費者に向けたものでなくとも，その表示を消費者が認知し誤認するものであれば，それが事業者に対する表示であっても景品表示法の不当表示に該当し得る。

96

Q 14

🖥 解 説

1 事業者に対する表示が不当表示とされた事例

　景品表示法5条各号の規定には，「一般消費者に示す表示」（優良誤認表示）又は「一般消費者に誤認される表示」（有利誤認表示），「一般消費者に誤認されるおそれがある表示」（指定不当表示の指定要件）とあるので，ある表示が一般消費者に認知されないものであればこれらの要件を満たさない。しかし，表示が一般消費者に<u>向けた</u>ものでなくとも，消費者がそれを認知し誤認するものであれば，事業者に対する表示であっても景品表示法の不当表示に該当し得る。

　やや異例の事案であるが，例えば，メーカーが商品自体には表示を付しておらず，多数の商品を梱包した段ボール箱に小売店向けに虚偽の表示を行い，小売店が当該表示に基づき，個々の商品について同様の店頭表示を行った事案において，公取委はメーカーが不当表示を行ったと判断している（丸紅畜産㈱に対する件（平14・4・24公取委排除命令））。

　この事件においては，小売店が付した表示が不当表示と認定されたのではなく，メーカー（丸紅畜産）が段ボール箱に付した表示が「一般消費者に誤認される表示」^(注1)であり，不当表示に当たるとされたものと考えられるが，これを「一般消費者に誤認される表示」と解することができるのかについては，事実関係に照らして疑問もある。仮に，虚偽の表示が記載された段ボール箱が店頭陳列に用いられ，その表示が消費者の目に触れるのであれば，これを「一般消費者に誤認される表示」と認定することもできようが，本件ではそのような事実は認定されていない（かつて，消費者庁担当者執筆の解説書は，「事業者に対する表示であっても，それが一般消費者の目に触れ，直接的に一般消費者の誤認を生じさせるような場合には，景品表示法の規制対象となる」として，この事件を例に挙げていたことがあった。^(注2)）。

　また，この事案では，「当該虚偽の表示に基づいて小売業者において一般消費者に対し同様の表示が行われること」をメーカーが認識していることが命令書において認定されているが，表示者の認識は不当表示の成立とは無関

97

係であるので，このことはメーカーが不当表示を行ったことの理由にはならない。

2 近年の消費者庁の見解

　このようなケースについての消費者庁の見解が直接的に述べられたものはなく，また，担当者が執筆した解説では見解の変遷もみられるが(注3)いわゆる「事業者が講ずべき表示等の管理上の措置」（景表26条）に関して，以下の消費者庁の見解が明らかにされている（消費者庁ウェブサイト「指針に関するQ&A」Q3）。

> Q3　一般消費者に供給する製品で使われる部品等を当該製品の製造業者に供
> 　給している事業者であっても，必要な措置を講じることが求められますか。
> A　一般消費者に供給する製品等を当該製品の製造業者に単に供給するのみで，
> 　景品類の提供若しくは自己の供給する商品又は役務について一般消費者向け
> 　の表示を行っていない事業者については，必要な措置を講じることが求められ
> 　るものではありません。
> 　　もっとも，当該事業者が当該製品の製造業者に対して表示を行う場合にお
> 　いて，その表示が一般消費者の目にも触れ，直接的に一般消費者に誤認を生
> 　じさせ得るときや，当該部品が当該製品の部品として用いられていることが
> 　当該製品を購入する一般消費者に明らかであって当該製品の表示の作成に関
> 　与しているようなときには，当該事業者も一般消費者向けの表示を行ってい
> 　るものとして，必要な措置を講じることが求められます。

　景品表示法22条の義務を負う者の範囲は，景品表示法違反の規制対象となる事業者の範囲と同一と考えられるので，現時点では，以上が，いわゆる事業者間取引（このQ&Aは部品供給業者についてのものであるが，事業者間取引一般において考え方は同様と考えられる。）に関する消費者庁の公式的な見解と解される。
　したがって，上記のQ&Aを踏まえれば，事業者Aが事業者Bに対して表示を行う場合において，
　①　その表示が一般消費者の目にも触れ，直接的に一般消費者に誤認を生

じさせるとき

又は

②　事業者Aが供給する部品が事業者Bの製品の部品として用いられていることが当該製品を購入する一般消費者に明らかであって，事業者Aが当該製品の表示の作成に関与しているとき

には，事業者Aの事業者Bに対する表示が景品表示法の不当表示に当たるとされる可能性があると考えられる。

(注1)　この命令が行われた当時，優良誤認表示の要件には「一般消費者に誤認される」という要件があったが，平成15年改正により，現在の規定にはその文言はない。しかしながら，改正後もその意味するところは維持されているとすると解されている。

(注2)　『大元・景品』49頁

(注3)　事業者に対する表示が消費者の誤認につながる場合に，これを積極的に規制しようとする解釈は，遅くとも昭和40年代から公正取引委員会の担当官が執筆した解説書で既に示されている。当時の解説書では，砂糖メーカーが業務用の砂糖に人工甘味料を混入し，これを上白糖と表示して小売業者や缶詰製造業者に誤認させて販売した場合，小売業者が当該「上白糖」を小分け包装し，「上白糖」として消費者に販売すれば，砂糖メーカーの表示が直接規制の対象にされ，また，缶詰製造業者が当該「上白糖」を使用して製造した缶詰に「全糖」と表示したとすれば，当該砂糖メーカーが表示主体として規制の対象とされる，と述べられている（吉田文剛編『景品表示法の実務』（ダイヤモンド社，1970年）204頁）。

近年の消費者庁担当者執筆の解説書でも，「飲食店向けの食材の供給業者が飲食店に納入する商品の包装物に行った表示と同内容の表示を飲食店においてメニュー等に行うことを食材供給業者が認識していて，かつ，当該表示により一般消費者の誤認が発生したような場合には当該食材の供給業者も景品表示法違反に問われることがあり得る」との記述がみられた（片桐一幸『景品表示法〔第3版〕』（商事法務，2014年）43頁）が，第4版以降このような記述はない（メーカーや卸等に起因する小売段階の不当表示について，メーカーや卸等が法違反に問われるかという問題については，Q17及びQ18で述べる。）。

第2節　不当表示の規制

Q15

不当表示の「表示主体」とはどういう問題か。

　　不当表示に複数の事業者が関わっている場合に，「どの事業者がその不当表示を行ったのか」が問題となる。この問題について，「表示主体」という語を用いて「どの事業者が当該不当表示の表示主体か」とか「その事業者は表示主体に当たるか」といった形で論じられることがある。

　この問題は，結局，景品表示法5条柱書の要件の問題であり，可能性のある事業者ごとに，①その事業者が当該表示について「表示をした」といえるのか，及び，②その事業者が供給する商品・役務についての表示であるか，についての検討を要する。

　景品表示法では，「表示をした」とは，情報を伝達することではなく，表示内容の決定に関与したことを指すと解されていることに留意を要する。また，不当表示の原因をもたらすこと自体は，景品表示法の規制対象ではない。

解　説

1　「表示主体」が問題となる場合

　景品表示法では，ある表示が不当な表示に当たるかどうか（5条各号の要件を充足するかどうか）とは別に，複数の事業者がその表示に関わっている場合に，どの事業者がその不当表示を行ったのか，誰が景品表示法違反をしたことになるのかが論点となることがある。

　例えば，①商品製造に用いる原材料について原材料供給業者の説明が誤っていたため，これに基づいて行ったメーカーの商品の表示も誤っていた場合，②デパートやスーパーマーケットなど大規模小売業者が店舗内の一部の売場の運営をテナントに委託していたところ，その売場で販売された商品の表示が不当であった場合等である。

以上のような場合に，誰が不当表示を行ったことになるのか，誰が景品表示法違反を行った者として措置命令を受けるのかという問題が生じ，「表示主体」の問題として，「どの事業者が当該不当表示の表示主体か」とか「その事業者は表示主体に当たるか」といった形で論じられる。

2　5条柱書の問題であること

「表示主体」という語は，説明上よく用いられるが，明確な定義があるわけではなく，表示主体論として議論される範囲も必ずしも一定していない。しかし，ここで発生する問題については，表示主体という語を用いなくとも，景品表示法5条柱書の要件充足性の問題として考えれば，必要な検討を尽くすことができる。

ある事業者について景品表示法違反が成立しているというためには，5条柱書の「事業者は，自己の供給する商品又は役務の取引について，次の各号のいずれかに該当する表示をしてはならない。」との規範に反していることを要する。したがって，景品表示法の適用に当たっては，①「自己の供給する商品又は役務の取引について」に該当するか，②「表示をしてはならない」の部分に反するといえるのか，すなわち「表示をした」といえるのか，の二つの問題を検討する必要がある[注1]（以下，説明の便宜上，①を自己供給要件，②を表示行為要件と呼ぶ。）。

なお，一般に「〇〇は表示主体に当たる。」と表現される場合，自己供給要件・表示行為要件の両方を満たすことを指しているのか，それとも（自己供給要件のことは措いて）表示行為要件を満たすことを言っているのか，使われている文脈から判断を要することが少なくない。

また，同一の表示について違反事業者は単数である必要はなく，複数でもよい。したがって，この問題は，複数の事業者から択一的に違反事業者を選択するのではなく，可能性のある事業者についてそれぞれ要件該当性を検討することを要する。

第2節　不当表示の規制

3　表示行為要件

　表示行為要件に関して注意すべきことは，景品表示法5条で禁止されるところの「表示をする」（条文では「表示をしてはならない」）とは，「情報を伝達すること（現実に人目に触れるようにすること）」ではなく，「表示内容の決定に関与すること」であると解されていることである。そして，「表示内容の決定に関与すること」とは何か，事業者が行った行為が「表示内容の決定に関与した」と評価されるか否かが，具体的な事案において論点となる。

　なお，景品表示法では，不当表示の原因をもたらしたこと（例えば，原材料メーカーが商品メーカーに虚偽の説明をしたことなど）自体は違反とはならない。また，そのような事業者に対して何らかの命令が行われる仕組みも存在しない。例えば，上記1①の原材料供給業者は，景品表示法の違反行為をしたことにはならず，命令を受けることもない。

4　自己供給要件

　自己供給要件を満たさない広告媒体や広告代理店が景品表示法違反に問われないことは当然であるが，これ以外にも，事業者が不当表示に関与しながら，この要件を満たさないために景品表示法5条違反とならない場合がある。そこで，表示行為要件のみならず自己供給要件についても検討を要する場合がある。[注2]

5　措置命令の受命者の問題との区別

　この問題については，「措置命令の受命者となるのはどの事業者か」，「どの事業者が措置命令の対象となるか」，「○○は規制対象となるのか」といった形で表現されることがある。しかし，不当表示を行ったことは措置命令の受命者となる必要条件ではあるが，不当表示を行った者がもれなく措置命令を受けるわけではなく，違反要件を満たすか否かの問題と措置命令の受命者の問題とは切り離して考えることが適切である。「規制対象」という語を用いても，「誰が不当表示を行ったのか」という問題と「不当表示を行った者に措置命令を行うのが適切妥当であるか」の問題との区別がつきにくい。

Q15からQ17では，景品表示法5条柱書の要件該当性を扱う。違反行為者のうち誰に対して措置命令を行うかの問題と区別するため，ここでは「措置命令の対象か」とか「規制対象となるか」といった形では問題を設定していない。措置命令に関する問題については，本章第5節を参照されたい。

6 本書における記述(注3)

以下，Q16において①5条本文の「自己の供給する商品又は役務の取引について」の要件（自己供給要件），Q17において②「表示をすること」の要件（表示行為要件）について解説する。Q18は，これらの応用事例である。

（注1） 景表5条柱書の要件については，「事業者」に当たるかどうかの問題もある。従業員が勝手に「不当表示」を行ってしまった場合や，事業者の支店が「不当表示」を行った場合，従業員や支店が違反行為者ではない理由は，端的に，それらが事業者ではないからである。支店に当たるものに対して措置命令を行った（誤った）例として，全国農業協同組合連合会兵庫県本部に対する件（平29・12・22兵庫県措置命令）がある。

（注3） 自己供給要件は，景表2条4項の表示の定義規定にもあり，2条4項の表示に該当するか否かという形で論じる方が体系的には正しいが，5条柱書の要件論として記述する。規定の内容が重複するので，どちらか一方で検討すれば実務的には十分である。

（注3） 「表示主体」というテーマで，表示行為要件のみを扱うか，自己供給要件を含めて取り扱うかは論者によって異なる。

近年の有力な文献では，表示主体を論じる中で，本書でいうところの自己供給要件を検討することの重要性を指摘し，この要件についても論じている（池田毅「ビジネスを促進する景表法の道標 第1回 広告・キャンペーン等はどのような場合に違法となるか」(BUSINESS LAW JOURNAL 82号76頁)。

また，白石忠志「景品表示法の構造と要点第9回不当表示総論（下）違反者の範囲」（NBL 1059号58頁～65頁）は，「『表示主体』という問題の立て方はしない」とし，5条柱書の要件論として述べている。

消費者庁の担当官が執筆した解説には，「表示主体性」という見出しの下に表示行為要件を論じ，これとは別に「供給主体性」という項目を立てて自己供給要件を検討しているものもある（原山康彦ほか「事例から見る景品表示法第2回優良誤認表示(2)」（公取792号72頁～75頁))。

第2節　不当表示の規制

Q16

5条柱書の「自己の供給する商品又は役務の取引について」はどのように解されているのか。デパートやスーパーマーケットは，そのテナントが販売する商品についても，自己の供給する商品として表示について責任を負うのか。原材料に不当表示の原因があった場合，原材料供給業者は当該商品を供給したといえるか。

「自己の供給する商品又は役務の取引について」の要件については，事業者が，表示の対象である商品や役務の商流・委託関係の中で取引当事者であることが基本的に想定されるが，運用では，フランチャイズ・システムの本部などについてかなり緩やかに解された例もある。

また，テナントに売場の運営を任せていた大規模小売業者が，この要件を充足するとされた例がある。

原材料や部品に不手際が原因となって商品に不当表示が発生した場合，その原材料・部品の納入業者が当該商品を「供給した」といえるのか否かが問題となるが，通常は，「供給した」とはいえないと解される。

解　説

1　概　観

「自己の供給する商品又は役務の取引について」（自己供給要件）が充足される場合としては，事業者が，表示の対象である商品や役務の商流・委託関係の中で取引当事者であることが基本的に想定されるが，運用では，かなり緩やかに解された例もみられる。以下，類型ごとに運用事例を中心に述べる。

2　フランチャイズ・システムの本部

フランチャイズ・システムには様々な形態があるが，一般的には，本部が加盟事業者に対し，商標・商号のライセンスや，経営についての統制・指

104

導・援助等を行い，その対価を得るというものであって，本部は商品の企画
や広告宣伝は行うが，加盟事業者に対して商品・役務の供給をしないことが
少なくない。(注)

　しかし，そのような場合であっても，消費者庁の運用においては，加盟事
業者から消費者に販売・提供される商品・役務について，表示を行った本部
事業者に対し，措置命令が行われている。すなわち，本部事業者は，「自己
の供給する商品又は役務の取引について」表示をしたものとされている。

　その最初の例は，㈱ファミリーマートに対する件（平21・11・10消費者庁措置
命令）であり，この事件では，加盟店が販売する商品（「カリーチキン南蛮おに
ぎり」）に付された表示について，本部の不当表示を認定している。同様に，
加盟店が供給する役務について，広告を行った本部に対して措置命令が行わ
れたものとして，㈱TSUTAYAに対する件（平30・5・30消費者庁措置命令），
日本マクドナルド㈱に対する件（平30・7・24消費者庁措置命令）がある。

3　ホテルの運営を委任している場合

　ホテルの運営について消費者向けの役務一切を別会社に委任しているとの
認定の下で，ホテルのレストランのメニューの不当表示について，ホテルの
業務委託をしている事業者がサービスを供給しているとされた例として，近
畿日本鉄道㈱に対する件（平25・12・19消費者庁措置命令（消表対591号）），㈱阪
神ホテルシステムズに対する件（平25・12・19消費者庁措置命令（消表対594号））
及び㈱ロイヤルパークホテルズアンドリゾーツに対する件（平27・2・4消費
者庁措置命令）がある。なお，これらの事例では，ホテル運営を受託していた
事業者には措置命令は行われていないが，受託事業者も自己供給要件を満た
すとも考えられる。

4　大規模小売業者とそのテナント等

　大規模小売店舗のテナントの表示等，大規模小売店舗の売場の運営が専門
業者に任されている場合の表示について，大型小売店舗事業者や入居してい
る専門業者がそれぞれ自己供給要件を満たすかどうかが問題となる。

第2章　景品表示法による表示・景品規制

大規模小売業者と入居事業者が共に自己供給要件を満たすとされ，命令の名宛人となった例として，①明治屋産業㈱及び㈱京王百貨店に対する件（牛肉の優良誤認表示事件。平14・10・25公取委排除命令（両社に対し連名で1件の命令が行われた。）），②イズミヤ㈱に対する件・㈱牛肉商但馬屋に対する件（牛肉のおとり広告事件。平28・12・21消費者庁措置命令（同じ表示について，同日，それぞれに対し措置命令が行われた。））がある。

　①の事件では，明治屋産業が京王百貨店店舗の精肉売場の運営を行い，京王百貨店が明治屋産業に対し当該売場の売上額に一定の比率を乗じた額を仕入れ額として支払う旨の契約を締結していたものであるが，両社は「一般消費者に食肉等を販売していた」と認定されている。

　②の事件でも，①と同様の契約関係の下で，イズミヤ（大規模小売業者）及び牛肉商但馬屋（入居事業者）はともに「一般消費者に食肉等を販売していた」と認定されている。

　ただし，一般的には，大規模小売業者とテナント等との関係は様々であるので，これらが自己供給要件を満たすか否かについては，個別の事案ごとに事実に即して判断する必要がある。専門業者が，大規模小売業者から完全に独立した店舗運営をしている場合には，①，②の事件とは異なる結論が考えられる。いわゆるショッピングモールとテナントの場合には，テナントにおいて販売される商品について，一般的にはモール運営者は自己供給要件を満たさないであろう。

　インターネット上のショッピングモールについても，その形態にもよるが，通常，モール運営者は，出店者が販売する商品について自己供給要件を満たさないものと考えられる。

　また，一時的に大規模小売業者の店内で行われる催事についても，同様の問題がある。㈱九州ニチイ事件（中古品を新品であるかのように示す表示及び不当な二重価格表示。平元・3・1公取委排除命令）では，当該催事は，催事業者Aからピアノ等の販売催事の申出を受けて九州ニチイが行ったものであるところ，排除命令は，大規模小売業者である九州ニチイにのみ行われた。九州ニチイは，同社の新聞折込チラシで広告を行い，同社がAの納入に係るピアノ等を

販売していたという事実があり，同社が自己供給要件を満たすことは問題なく認められる事案であった。他方，催事業者Aには命令は行われていないが，同社も自己供給要件を満たすと考えられ，（事実関係は明らかにされていないが）表示内容の企画について関与していた可能性が濃厚であるので，不当表示命令を行うこともできたのではないかと考えられる。命令が行われなかったのは，その必要がないと判断されたためと推測される。

催事に関しても，催事業者と大規模小売業者の関係・役割分担は一律ではないので，事案ごとに個別に判断する必要があろう。

5 部品・原材料等の供給者と最終商品の表示

川上の事業者が供給した商品Aが，次の取引段階での加工等を経て他の商品Bに変化する場合や，商品Cの生産に用いられる場合，BやCの表示について川上の事業者は自己供給要件を満たすであろうか。

例えば，商品の部品や原材料の供給業者が，その商品を「供給した」ということは通常は困難と考えられる。食堂に食材を供給する事業者と食堂における料理提供の関係も同様である。また，種苗業者が供給した種子や肥料業者が供給した肥料を使用して生育された農産物についても，種苗業者や肥料業者が農産物を供給したとはいえないと考えられる。ただし，消費者庁は，部品メーカーが，その供給した部品が使用された最終商品について自己供給要件を満たす可能性を示している（Q14参照）。

他方，川上事業者から購入した商品が小売段階で小分けにされる程度であれば，依然として商品の同一性は失われていないので，川上の事業者が自己供給要件を満たすと考えることができる。例えば，雪印食品㈱に対する件（平14・3・8公取委排除命令）においては，食肉メーカー（雪印食品）は段ボール箱入りの牛肉及び豚肉の部分肉を小売業者に供給し，小売業者はこれを薄切りにして消費者に販売していたところ，消費者に対する店頭表示について食肉メーカーは自己供給要件を満たすとされている（その判断が命令書に説明されているわけではないが，同社に対し命令が行われていることから明らかである。）。丸紅畜産㈱に対する件（平14・4・24公取委排除命令）においても，鶏肉に関して

同様の事実関係において食肉メーカーが自己供給要件を満たすとされている。なお、これらの事案において、食肉メーカーが5条1号の「一般消費者に示した」という要件を満たすかという問題が別途存在する。

6 プライベートブランド商品の製造業者等

プライベートブランド商品の製造業者やOEM生産の製造受託事業者については、自己供給要件を満たすことは明らかである（これらの者が「表示をした」かどうかは別の問題であり、次のQ17で解説する。）。

7 卸売事業者が小売業者の取引条件の表示に関与した場合（有利誤認表示）

卸売業者等が、小売業者が販売する商品の内容ではなく、消費者に対する取引条件等について表示を行うことがある。その場合、卸売事者は、自己供給要件を満たす。例えば、小売業者が販売するガス機器の不当な二重価格表示について、卸に当たる事業者が措置命令を受けた事例がある（東京瓦斯㈱に対する件。平29・7・11消費者庁措置命令）。㈱イエローハットに対する件（平29・12・1消費者庁措置命令。カー用品の不当な二重価格表示）も同様である。

8 他社名義での表示

事業者が他社の名義を借りて表示を行った場合、名義を借りた事業者は、不当表示の対象となった商品・役務の供給を行っている実態がある限り、自己供給要件を満たす（当然、表示行為要件も満たすであろう。）。自己供給要件は、外観ではなく実態で判断されるべきものである。

同様に、名義を貸した事業者についても、供給の実態があれば、当然自己供給要件を満たす。

名義貸の事例として、（株）三愛土地事件（Q69参照）がある。同事件では、三愛土地は、不動産物件について、他の2社から名義を借りて、当該他社名のチラシ広告を行っていた。三愛土地は名義人と共に不動産取引を行うものであるとの認定の下、名義人と共同して不当表示を行ったものとされ、三愛

土地と各名義人が連名で排除命令の名宛人とされている（昭45・4・21公取委排除命令）。

これに対し，他社名義のチラシで不動産の不当表示が行われた㈱エヌ・ビー・エス事件（平5・3・15公取委排除命令）では，名義を借りた同社にのみ排除命令が行われている。名義を貸した事業者に命令が行われなかった理由は明らかにされていないが，仮に名義を貸しただけであって，不動産取引の当事者とならないのであれば，その事業者は自己供給要件を満たさないと考えられる。

> （注）　本部が，その直営店で自ら消費者に供給することはあり，その部分に関しては，自己供給要件について困難な問題はない。

第2章　景品表示法による表示・景品規制

Q17

5条柱書の「表示をしてはならない」については，どのように解されているか。どういう行為が「表示をした」ことに当たるか。大規模小売業者は，テナントの行う表示についても「表示をした」ことになるのか。

A　「表示をした」とは「表示内容の決定に関与した」ことである。そして，「表示内容の決定に関与した」には，①「自ら又は他の者と共同して積極的に表示の内容を決定した」ことのみならず，②「他の者の表示内容に関する説明に基づきその内容を定めた」ことや③「他の事業者にその決定を委ねた」ことも含まれる。

このうち，②の「他の者の表示内容に関する説明に基づきその内容を定めた」とは，「他の事業者が決定したあるいは決定する表示内容についてその事業者から説明を受けてこれを了承し，その表示を自己の表示とすることを了承した」ことをいう。また，③の「他の事業者にその決定を委ねた」とは，「自己が表示内容を決定することができるにもかかわらず他の事業者に表示内容の決定を任せた」ことをいう。

109

したがって，大規模小売業者が，テナントの表示作成に個別的に関与していなくとも，表示内容の決定を包括的にテナントに任せていれば，「表示をした」こととなり得る。

メーカーが小売業者に誤った説明をしたために小売業者が作成した表示が不当であった場合などにおいて，メーカーは誤った説明をしただけでは表示内容の決定に関与したとはいえないので，「表示をした」ことに当たらない。他方，小売業者は，自ら表示作成に関与していなければ，メーカー作成の包装に不当な表示の付された商品を販売しても，「表示をした」ことに当たらない。

解 説

1 ベイクルーズ判決

表示行為要件の問題，すなわち，「どういう行為をすれば景品表示法5条柱書の『表示をしてはならない』に反することになるのか」，言い換えれば「どういう行為が『表示をした』ことに当たるのか」という問題については，現在，ベイクルーズ判決[注1]に示された内容が規範となっていると考えられている。

この事件は，衣服小売業者である㈱ベイクルーズが，輸入業者Aからズボンを仕入れて一般消費者に販売していたところ，これらのズボンに取り付けられていた品質表示タッグ及び下げ札の原産国表示が事実に反していたこと（ルーマニア製であるのにイタリア製と表示）が，景品表示法違反とされたものである。

ベイクルーズは，ズボンはイタリア製であるとのAの説明を信用して販売していた。また，品質表示タッグや下げ札の作成・取付けは，ベイクルーズがAに依頼していたものであった。

ベイクルーズは，「不当表示を行った者とは，表示内容を決定し又は表示内容の決定に実質的に関与した者のことをいうのであり，ベイクルーズはこれに当たらない」旨主張したが，判決は，以下のとおり，「表示内容の決定

に関与した事業者」が不当表示を行った者であるとし，さらに，どのような
行為をした者がこれに含まれるかを示した。

「「表示内容の決定に関与した事業者」が法4条1項（編注：現行法では法5条）の「事業者」（不当表示を行った者）に当たるものと解すべきであり，そして，「表示内容の決定に関与した事業者」とは，①「自ら若しくは他の者と共同して積極的に表示の内容を決定した事業者」のみならず，②「他の者の表示内容に関する説明に基づきその内容を定めた事業者」や③「他の事業者にその決定を委ねた事業者」も含まれるものと解するのが相当である。そして，上記の②「他の者の表示内容に関する説明に基づきその内容を定めた事業者」とは，他の事業者が決定したあるいは決定する表示内容についてその事業者から説明を受けてこれを了承しその表示を自己の表示とすることを了承した事業者をいい，また，上記の③「他の事業者にその決定を委ねた事業者」とは，自己が表示内容を決定することができるにもかかわらず他の事業者に表示内容の決定を任せた事業者をいうものと解せられる。」（判決文のうち①②③表記は筆者加筆）

そして，ベイクルーズがAの説明を信用し，Aに作成等を依頼した品質表示タッグ等にイタリア製であると記載されることを了解していた等の本件事実関係の下では，ベイクルーズは②の「他の者の表示内容に関する説明に基づきその内容を定めた事業者」に当たるので，不当表示を行った者に当たるとの結論を示している[注2]。

2 小売業者が表示内容の決定に関与したといえる場合

ベイクルーズ判決の隠れた重要点は，小売業者は不当な表示が付された商品を販売するだけでは不当表示をしたことにはならないことが，司法判断において確認されたことである。当時，不当表示が付された商品を販売した小売業者は当然に表示をしたことになるとの考え方も一部で主張されていたが，この考え方が採用されなかったことは明らかである[注3]（ただし，ベイクルーズはもちろん，公取委もそのような主張はしておらず，東京高裁も明示的にこのことを述べたわけではない。）。

第2節　不当表示の規制

　小売業者は，販売する商品に不当な表示があった場合に，その表示内容の決定に関与していたか否かで，景品表示法違反とされるかどうかが決まることになる。そこで，小売業者が「表示内容の決定に関与した」とは具体的にどのような行為を指すのかが，ベイクルーズ判決でもある程度敷衍はされているものの，具体的事案においては大きな問題となる。

　以下，消費者庁の考え方等を紹介する（なお，「表示規制の対象となる」，「表示主体となる」といった表現が用いられているが，表示行為要件を満たすことと同義であると考えられる。）。

　消費者庁のQ&A(注4)では，

> Q6　「製造業者がその内容を決定した表示が容器に付けられた商品を小売業者が仕入れ，それをそのまま店頭に並べ，消費者がその表示を見て商品を購入した場合，容器に付けられた表示に不当表示があったとき，小売業者も表示規制の対象になるのでしょうか。」
>
> A　「表示の内容を決定したのが製造業者であり，小売業者は，当該表示の内容の決定に一切関与しておらず，単に陳列して販売しているだけであれば，当該小売業者は表示規制の対象にはなりません。」
>
> Q4　「小売業者が製造業者から仕入れた商品について，当該製造業者からの誤った説明に基づいて，当該商品に関するチラシ広告を作成したために不当表示となった場合，小売業者は表示規制の対象になりますか。」
>
> A　「チラシ（表示）の内容を決定したのは当該小売店ですので，小売業者に過失があるかどうかにかかわらず，小売業者は表示規制の対象になります。」

としており，「陳列して販売しただけ」か「自ら広告を作成した」が，「表示規制の対象」になるか否かの境目であるとされている。

　消費者庁担当者が執筆した解説書においても，「当該（編注：メーカー・卸売業者が作成した）カタログを使ったり，それに基づいて小売業者としての商品説明もしていない場合には，小売業者は，表示主体とならない。これに対して，小売業者が，メーカー・卸売業者が作成した表示物や説明を踏まえて，小売業者としてのチラシ，店内ポップ，カタログなどを作成して使用した場

合には，当該チラシ等についての表示主体となる。」[注5]とされている。

小売業者がその境目を超えた事例として，東京ガスライフバル文京㈱に対する件ほか1件（平29・7・11消費者庁措置命令）がある。この事件では，東京瓦斯㈱が作成したチラシ雛型を利用してチラシを作成・配布していた小売業者に対して，ガス機器のおとり広告に関して措置命令が行われている。[注6]

また，㈱特選呉服京彩に対する件（平25・2・8消費者庁措置命令）では，振袖セットのレンタルについて，㈱特選呉服京彩（「K」）が使用するカタログの内容を㈲きもの専門店まるやま（「M」）が決定していたところ，「KはMの決定した表示内容に異議を述べることなく，同社が供給する役務についてのカタログとして当該カタログを使用しているところから，『自己が表示内容を決定することができるにもかかわらず他の事業者に表示内容の決定を任せた事業者』といえるものと認められ，」表示主体となると判断されたとされている。[注7]

他方，㈱日本イルムスに対する件（平27・11・10消費者庁措置命令）においては，同社が牛乳販売店を通じて配布していたチラシ上の表示（即席スープの効能）が問題となり，牛乳販売店は本件商品を一般消費者に販売していたのであるが，「本件表示の記載内容を決定しているのは日本イルムスであり，牛乳販売業者は，本件チラシの記載内容の決定に関与していないことから，表示主体と認定されていない。」と解説されている。[注8]小売店がメーカー作成のチラシを配布するだけでは，表示をしたことには当たらないとされた例である。

3 インターネット小売業者

アマゾンジャパン合同会社に対する件（平29・12・27消費者庁措置命令。小売業者のウェブサイトに参考価格として併記されていた価格が適切なものではなく，不当な二重価格表示に当たるとされた。）の取消請求訴訟判決（請求棄却。東京地判令元・11・15裁判所ウェブサイト（平成30年(行ウ)第30号））では，原告（アマゾンジャパン）は，当該参考価格は仕入先等の指図に従って機械的に表示したものであるので，同社は表示をした事業者には当たらない旨主張したが，判決はこれを退

け，同社は，ウェブサイト上の表示の仕組みを自らあらかじめ構築し，この仕組に従った表示の下で商品を販売していたのであるから，表示内容の決定に関与したというべきであるとした。

4 大規模小売業者（専門業者に運営を委託した売場における不当表示）

㈱京王百貨店及び明治屋産業㈱に対する件（平14・10・25公取委排除命令）では，大規模小売業者である京王百貨店も，専門業者である明治屋産業と並んで排除命令の対象となった。問題となった表示は，陳列棚に掲示した札及び包装紙に貼付した会計用ラベル上の松阪牛の肉であることを示す表示であった（店舗の形態等については，Q16の4に述べたとおりである。）。

担当官の解説によれば，「京王百貨店は，直接明治屋産業の偽装行為に関わったものではない」とされている。それでもなお，京王百貨店が命令の対象とされたのは，「自らの社名を付した精肉売場で不当表示が行われたものであり，明治屋産業に対し精肉売場の運営に関する指示，助言をする立場にありながら，十分な確認や有効な不当表示の防止策を講じることなく消費者に誤認を生じさせたことなどを踏まえたもの」と解説されている。[注9] この事件は，ベイクルーズ判決前の事例であるが，同判決の基準を適用すれば，京王百貨店は，自己が表示内容を決定することができるにもかかわらず他の事業者に表示内容の決定を任せた事業者であり，「他の事業者にその決定を委ねた事業者」と言い得るケースであったものと考えられる。

これに対し，イズミヤ㈱に対する件・㈱牛肉商但馬屋に対する件（平28・12・21消費者庁措置命令。同じ表示について，同日，それぞれに対し措置命令が行われた。）は，イズミヤ（大規模小売業者）が，牛肉商但馬屋（入居していた専門業者）の売場において販売する商品について，表示内容を牛肉商但馬屋と協議の上決定し，新聞折込チラシ及び自社のウェブサイトに掲載したとの事実があり，同社が表示内容の決定に関与していたと評価することは容易な事例と考えられる。

5 製造業者（小売業者への説明が誤っていた場合等）

製造業者・卸売業者が小売業者に誤った説明をし，これを信頼して小売業者が作成した表示が不当であった場合，製造業者は不当表示をしたことになるか。同様の問題は，OEMにおける受託側の事業者に関しても発生し得る。

製造業者が小売業者に対し商品の表示内容の基礎となる情報を伝えることは，まさに表示内容の決定に関与することに当たるようにも思われるが，表示内容の決定に関与するとは，具体的な表示内容を決定する過程に関わっていることをいうのであって，誤った情報をインプットすることはこれに当たらないと考えられている。

運用においても，製造業者・卸売業者が小売業者に誤った説明をしていたことを捉えて不当表示とされた例はない。

日産自動車㈱（「日産」）の燃費不当表示事件[注10]（OEMの軽自動車に係る事案）において，三菱自動車工業㈱（「三菱」）は，日産に供給していた軽自動車の燃費について虚偽の説明を行っていたが，三菱は，日産の表示作成には関与していないので表示主体ではないとされている（公取830号10頁「座談会　最近の景品表示法違反事件をめぐって」における小林審議官発言[注11]）。

したがって，製造業者が小売業者に虚偽の説明を行っただけでは，仮に製造業者の説明を元に小売業者が不当な表示をしても，製造業者は不当表示をしたことにはならないと考えてよいであろう。

6 原材料供給業者・部品製造業者（納入先への説明が誤っていた場合）

原材料供給業者や部品製造業者が納入先に誤った説明をし，これを信じて納入先の商品製造業者が商品に付した表示が不当であった場合，原材料供給業者や部品製造業者は不当表示をしたことになるか。

これについても，5と同様，納入先に虚偽の情報をインプットするだけでは，「表示の決定内容に関与した」とはいえないと考えられる（加えて，原材料供給業者・部品製造業者は商品製造業者が販売する商品を供給したとはいえない（自己供給要件を満たさない）と通常考えられるので，その点からも，景品表示法5条柱書の要件を満たさない。）。ただし，消費者庁は，部品製造業者が表示をしたこととな

第2節　不当表示の規制

る可能性を示している[注12]（本書Q14解説2参照）。

　過去の消費者庁担当者が執筆した解説書では，このような場合の原材料を納入した者の「表示主体性」が認められる例が挙げられていたことがあるが，直近のものにはそのような記述はない（Q14注3参照）。

7　プライベートブランド商品の製造業者

　プライベートブランド商品については，消費者庁の「表示に関するQ&A」Q5に以下の問答がある。[注13]

Q5　小売業者が製造業者に対してPB商品の製造委託を行い，併せて当該商品の包装に記載する表示の作成も当該製造業者に任せていたところ，当該商品に不当表示があった場合には，小売業者，製造業者のどちらが表示規制の対象となるのでしょうか。

A　事業者が表示規制の対象となる場合には，自ら又は他の者と共同して積極的に不当な表示の内容を決定した場合のみならず，他の者の表示内容に関する説明に基づきその内容を定めた場合や，他の者にその決定をゆだねた場合も含まれます。この事例の場合，小売業者は，製造業者に表示の内容の決定をゆだねていることから，当該製造業者とともに表示規制の対象となります。

　この回答のとおり，ベイクルーズ判決の基準を当てはめれば，小売業者が「表示をした」（「表示規制の対象となる」）ことになることは当然である。

　一方，この回答では，製造業者が表示規制の対象となる理由（表示行為要件を満たすとされる理由）の説明はなく，自明と考えられているようである。確かに，このQ&Aでは，製造業者は，表示の作成を任されていた（必ずしも明確ではないが，表示の内容の作成をも任されていたとの趣旨であろう。）との設定であるので「不当な表示の内容を決定した」ことになると考えられるが，そのような設定はプライベートブランド商品一般に当てはまるものではない。仮に「表示内容の決定を任されていた」という事情がなく，表示内容の決定に関与していなければ，製造業者は表示をしたことにはならないと考えられる。

8 「協議して決定した」との認定

川上の事業者と川下の事業者が協議して表示内容を決定したという認定の下で，両方の事業者を措置命令の対象とした事例が見られる。

例えば，永井海苔㈱及び㈱サングリーンに対する件（平18・3・23公取委排除命令）では，㈱サングリーンが仕入れた食品のりを永井海苔㈱に販売し，永井海苔㈱は，その食品のりを取引先の販売業者を通じて一般消費者に販売しており，外装袋には永井海苔㈱の名称が記載されていた。外装袋の表示の内容は，永井海苔及びサングリーンが協議の上決定していたことが認定されており，両社とも当該表示をしたとして，措置命令の名宛人とされた。

なお，本件では，サングリーンの社名は表示物に記載されていない。表示物に社名が記載されていなくとも，表示内容を決定していれば表示をしたことになることを示す例である。

9 課徴金納付命令における問題

以上は措置命令の事例の整理であるが，課徴金納付命令についてはこの考え方が貫徹されていない可能性がある（Q73注1を参照。）。

> **（注1）** 東京高判平20・5・23裁判所ウェブサイト（事件番号：平成19年（行ケ）第5号）
>
> **（注2）** 本件ベイクルーズがそうであるように，当該商品の販売をした小売業者が自己供給要件を満たすことは一般的に自明である。
>
> **（注3）** 表示の行為を「①表示の内容を決定する行為」と「②決定された内容を伝達する等現実に人目にふれるようにする行為」に分け，②を行っていただけで表示を行っていたことになるとする見解である。丸紅畜産㈱に対する件（平14・4・24公取委排除命令）では，食肉卸売業者のみが命令の対象となり，小売業者は対象とされなかったところ，その担当官解説（公取625号30頁以下）には，小売業者の多くについても，「決定された内容を伝達する等現実に人目にふれるようにする行為を行っていたのであり，表示主体と認められる」とある（結局，他の事情も考慮されて警告が行われるにとどめられたとしている。）が，現在はこのような見解は採られていないと考えられる。
>
> **（注4）** 消費者庁ウェブサイト「よくある質問コーナー」の「表示に関するQ&A」
>
> **（注5）** 『景品』55頁
>
> **（注6）** 同じチラシに記載されていたと思われる不当な二重価格表示については，東京瓦斯に対してのみ措置命令が行われ，小売業者は命令の対象になっていない。

第2節 不当表示の規制

他方，おとり広告については東京瓦斯に措置命令は行われていない。しかし，東京瓦斯・小売業者ともに，二重価格表示・おとり広告に係る表示をしていたとも考えられる（その場合，その一部にのみ措置命令が行われたのは，当局の裁量によるものということになる。）。

(注7) 公取757号73頁（担当官事件解説）
(注8) 公取785号75頁（担当官事件解説）
(注9) 公取633号67頁（担当官事件解説）
(注10) 平29・1・27消費者庁措置命令
(注11) 「虚偽の燃費を伝えたのは三菱自動車ですが，それを掲載すると決めてカタログやウェブサイトの表示を決めたのは日産自動車なので，日産ブランドの自動車については三菱自動車に対する措置命令の対象とはしていません。」(同21頁)
(注12) 消費者庁ウェブサイト「よくある質問コーナー」の「指針に関するQ&A」Q3
(注13) 消費者庁ウェブサイト「よくある質問コーナー」の「表示に関するQ&A」Q5

Q18

A社が製造を外部に委託している製品について委託先が性能データを捏造していたため，このデータに基づくA社の性能表示が事実に反する結果となってしまった。この場合にも，A社は景品表示法違反に問われるか。

設問の場合であっても，A社の景品表示法違反が成立し，措置命令の対象となる。課徴金納付命令については，A社が「相当の注意を怠った者」でないのであれば課されない。

解　説

1 措置命令の対象

自己が一般消費者に対して供給する商品について不当な表示を行っていたのであれば，仮に表示が事実に反することとなった要因が他社にあるとして

も，景品表示法違反をした者として措置命令の対象となる。

　景品表示法の目的は，消費者の誤認を防止することにあるので，不当表示が発生した事業者側の事情を問わず，故意過失がなくとも違反が成立し，不当表示を行った事業者は措置命令の対象となる。

　例えば，日産自動車㈱に対する件（平29・1・27消費者庁措置命令。日産自動車（「日産」）が三菱自動車工業㈱（「三菱」）からOEM供給を受けて，日産ブランドで販売していた軽自動車について，日産が，燃費性能として表示できる上限を超えた燃費性能を表示していたことが，優良誤認表示に当たるとされた。）では，日産は，三菱から提供されたデータに基づき燃費性能を表示していたところ，三菱の燃費性能データが不正なものであったことが，不当表示の原因であった。しかし，そのような経緯は不当表示に該当するかどうかの判断において考慮されることなく，措置命令が行われた（不当表示が発生した経緯自体，措置命令では言及されていない。）。

　ただし，課徴金納付命令に関しては，事業者が，その表示が不当表示に該当することを知らず，かつ，知らないことにつき相当の注意を怠った者でなければ，課徴金納付命令は行われない。[注1] 本件不当表示に関し，日産は，消費者庁から，相当の注意を怠った者でないと認められない（三菱のデータが不正なものであることに気づいて調査するべきであった。）として課徴金納付命令を受けたが，不服申立ての結果，「相当の注意を怠った者でないと認められる」として当初の命令は取り消された。

　この事案では，最終的には，日産は相応の注意は払っており三菱のデータが不正なものであったことに気付かなかったのはやむを得ないという判断となったが，これはあくまでも課徴金納付命令に係る判断であって，日産は措置命令は受けている。また，課徴金に関しても，この事例をOEM生産全般に安易に当てはめることは危険である。一般論としては，効果・性能を訴求しつつ製品を一般消費者に販売している限り，製造を自ら行おうと他の事業者に委託しようと，その製品の効果・性能が正しいものかどうか，最大限の注意を払うべきことは当然である。

2 原材料の納入業者に不手際があった場合

原材料の納入業者に不手際があった場合も同様である。仕様を指定していたにもかかわらず，原材料の納入業者が仕様とは異なる材料を提供したために，これを用いた商品の表示が事実に反することになった場合にも，その商品の表示を作成して販売していれば景品表示法違反となる。

このような事件の例として，生活協同組合連合グリーンコープ連合に対する措置命令（平30・3・27消費者庁措置命令）がある。

生活協同組合連合グリーンコープ連合（以下「グリーンコープ」という。）は，ウインナーソーセージについて，あたかも，化学的な合成添加物を一切使用せずに製造されたものであるかのように示す表示をしていたが，実際には，使用された羊腸（ウインナーソーセージの皮の部分）は，化学的な合成添加物であるリン酸三ナトリウム溶液に漬けて加工されたものであった。

グリーンコープの公表資料によれば，本件は，羊腸加工について，グリーンコープとウインナーソーセージ製造業者の間では，「塩水に漬ける」ことになっていたにもかかわらず，羊腸加工業者がリン酸溶液に漬けた羊腸を誤ってウインナーソーセージ製造業者に出荷してしまったために発生したものである。[注2]

3 川上の事業者は景品表示法違反か

事実とは異なる情報を提供していた川上の事業者は，景品表示法違反には問われない。上記の日産事件における三菱，グリーンコープ事件におけるウインナーソーセージ製造業者又は羊腸加工業者は，措置命令の対象となっていない。

三菱に対して措置命令が行われなかったことについては，同社は日産に対して燃費に関する資料提出や説明を行っていたものの，表示の内容を決定したわけではなく，表示を行っていないので，措置命令の対象とならなかった旨説明されている。[注3]

グリーンコープの事件については，規制当局から説明はされていないが，ウインナーソーセージ製造業者又は羊腸加工業者は，日産事件における三菱

と同様の意味において表示を行っていないので，措置命令の対象とならな
かったものと考えられる。さらに，羊腸加工業者については，不当表示の対
象商品（ウインナーソーセージ）を消費者に供給していないので，その点から
も景品表示法違反の適用対象とはなり得なかったと考えられる。

(注1)　制度の詳細は，Q73～Q76を参照。

(注2)　なお，グリーンコープは課徴金納付命令を受けていない。その理由は明らか
　　　にされていないが，グリーンコープは「相当の注意を怠った者でないと認めら
　　　れる」として課徴金納付命令が行われなかった可能性がある。同社は，景品表
　　　示法上の返金措置の手続はとっていないので，課徴金納付命令が行われなかっ
　　　た理由は，いわゆる裾切りを除けば，上記の理由以外には考えられない（後記
　　　Q73を参照）。

(注3)　「座談会　最近の景品表示法違反事件をめぐって」における小林審議官の発
　　　言（公取830号21頁）

Q19

優良誤認表示の「著しく優良であると示す表示」の要件，有利誤認表
示の「著しく有利であると一般消費者に誤認される表示」の要件は，ど
のように判断されるか。

「著しく優良であると示す」表示に当たるか否かは，業界の慣行
や表示を行う事業者の認識により判断するのではなく，表示の受け
手である一般消費者に，「著しく優良」と認識されるか否かという観点から
判断される。

消費者が選好するものが「優良」なのであって，その評価が科学的・客観
的な判断と一致する必要はない。

「著しく」とは，当該表示の誇張の程度が，社会一般に許容される程度を
超えて，一般消費者による商品・サービスの選択に影響を与える場合をいう。

有利誤認表示に関しても，同様である。

解　説

1 優良誤認表示について

(1) 優良誤認表示の要件には，「実際のものよりも著しく優良であると示し，又は事実に相違して当該事業者と同種若しくは類似の商品若しくは役務を供給している他の事業者に係るものよりも著しく優良であると示す表示」とある。そこで「著しく優良であると示す」とは何かが問題となる。

　これについては，以下のとおり解されている（不実証広告ガイドライン第1の2(1)。同ガイドラインについてはQ24参照。）。

① 「著しく優良であると示す」表示に当たるか否かは，業界の慣行や表示を行う事業者の認識により判断するのではなく，表示の受け手である一般消費者に，「著しく優良」と認識されるか否かという観点から判断される。
② 「著しく」とは，当該表示の誇張の程度が，社会一般に許容される程度を超えて，一般消費者による商品・サービスの選択に影響を与える場合をいう。

(2) 優良かどうかは，どういう「ものさし」で見るかによって変わってくるが，優良誤認表示に該当するかどうかは，消費者が商品選択において用いる「ものさし」で判断される。

　例えば，王子製紙㈱に対する件ほか7件（平20・4・25公取委排除命令）では，製紙メーカーが，コピー用紙について，古紙パルプの配合率を実際よりも大きく上回って表示していたことが優良誤認表示とされた。コピー用紙の強度や白色度といった性能に関しては，木材パルプのみを原材料に使ったものの方が実現容易であり，古紙パルプの配合率を高めるほど，十分な品質を維持することが難しい。すなわち，古紙パルプの配合率の低い方が，紙本来の性能は優れている可能性が高い。しかし，ユーザーは，環境への負担を考慮し，古紙の使用率が高いものを選好するので，古紙の含有率を実際よりも高く表示することは，実際のものよりも「優良」であると示すことになると考えられた。つまり，消費者の

商品選択において，古紙含有率という「ものさし」が使われているが故に，優良と示したかどうかの判断においても同じ「ものさし」が使われる。

(3) 仮に，客観的・科学的には，二つの商品の間に品質の差がないものであったとしても，現実に消費者がそのどちらかを選好するのであれば，その商品の方が「優良」である。したがって，その際，品質の差の有無を確認する必要もない。

　例えば，アサヒフードアンドヘルスケア㈱に対する件（平16・7・29公取委排除命令）では，「アセロラＣ」という食品に含まれるビタミンＣが全てアセロラ果実から得られた天然ビタミンであるかのように表示していたが，実際には，アセロラＣに含まれていたビタミンＣはアセロラ果実から得られたものではなかったため，優良誤認表示とされた。「アセロラ果実から得られた」ビタミンＣの機能がそうでないビタミンＣよりも優れているかどうかは，この事件では問題とされていない。天然由来のビタミンＣは化学合成により製造されるものに比し高値で取引されていることが認定されており，これは天然由来のものの優良性を示す趣旨と考えられる。

　㈱そごうに対する件（平16・6・30公取委排除命令）では，アブラガニをタラバガニと称して販売していたことが問題となった。両者は大きさ，形状のほか，味も類似しているといわれている（担当官解説）(注)が，命令書では，卸売市場では区別して取引され流通段階における価格はタラバガニの方が高いことが認定され，アブラガニをタラバガニと表示することは「実際のものよりも優良であると示す」ことになるとされた（タラバガニの方が知名度が高く高級であると一般消費者に認識されていることが担当官解説には言及されているが，命令書にはない。）。

　以上の例にもみられるように，市場価値は，優良性を判断する上で重要な指標となるが，消費者によって求める価値が異なることもあるので，市場価値だけで優良性が決まるわけではない。例えば，牛乳と表示して低脂肪乳を提供することは優良誤認表示の例として挙げられることがあ

Q 19

第2章　景品表示法による表示・景品規制

123

第2節　不当表示の規制

る（料理メニューの表示について，Q22参照。）が，逆に，低脂肪乳と称して
牛乳を販売した場合，通常，低脂肪乳の方が牛乳より安価であるが，ヘ
ルシー志向の消費者にとっては「実際のものよりも優良であると示す表
示」に当たることになる。

　とはいえ，明らかに表示よりも上位の商品を提供するのであれば，い
かに表示と異なっていても，優良誤認表示とはいえない（エコノミークラ
スと表示して，エコノミークラスの料金でビジネスクラスのシートを提供するよう
な場合。）。

(4)　「著しく」については，広告にはある程度の誇張，誇大が含まれてい
ることはやむを得ないと一般に認められていることを前提として，その
許容されている限度を超えることを指すものとされている。

　そして，誇張・誇大が社会一般に許容される程度を超えるものである
かどうかは，当該表示を誤認して顧客が誘引されるかどうかで判断され，
その誤認がなければ顧客が誘引されることは通常ないであろうと認めら
れる程度に達する誇大表示であれば「著しく優良であると一般消費者に
誤認される」表示に当たると解される。当該表示を誤認して顧客が誘引
されるかどうかは，商品の性質，一般消費者の知識水準，取引の実態，
表示の方法，表示の対象となる内容などにより判断される（東京高判平
14・6・7裁判所ウェブサイト，判タ1099号88頁）。

　すなわち，「優良」の部分と同様，「著しく」に当たるか否か（誇張・
誇大が社会一般に許容される程度を超えるか否か）についても，あくまでも消
費者が誘引されるかどうかによって判断されるのであって，例えば業界
の専門家の商品知識で判断されるようなことではない。

2　有利誤認表示

　有利誤認表示については，表示された取引条件（消費者が認識した取引条件）
と実際の取引条件等を比較すればその異同は明白であり，表示された取引条
件が実際よりも有利であるかどうかについて判断が分かれることはないであ
ろう。この点は，優良誤認表示とは異なるところである。

「著しく」については，優良誤認表示についての説明と同様のことが当てはまる。

　　（注）　公取649号49頁

Q20

　景品表示法の優良誤認表示，有利誤認表示の規定には，「不当に顧客を誘引し，一般消費者による自主的かつ合理的な選択を阻害するおそれがあると認められるもの」という要件があるが，虚偽の表示であっても，消費者の選択に影響を与えるものでなければ，優良誤認表示等に当たらないということか。

　「不当に顧客を誘引し，一般消費者による自主的かつ合理的な選択を阻害するおそれがあると認められるもの」については，消費者庁の法執行においては，立証すべき要件として取り扱われていないかのようであるが，これを独立した要件とみた判決も存在する。
　いずれにしても，企業法務上は，この要件によって景品表示法違反が成立しないことを期待することは賢明ではない。

解　説

1　景品表示法5条違反の要件

　景品表示法5条各号の規定は，図表4のような構造となっており，「不当に顧客を誘引し，一般消費者による自主的かつ合理的な選択を阻害するおそれがある」ことが共通の要件となっている。[注1]この部分がどういう意義を持つのかについては議論があるところである。[注2]
　すなわち，仮に事実に反する表示があったとしても，それが消費者の商品選択に影響を与えない場合には，不当表示は成立しないのではないか，との

疑問である。

〈図表４　景品表示法５条各号の構造〉

	前半部分	後半部分
優良誤認表示	商品又は役務の品質，規格その他の内容について，一般消費者に対し，実際のものよりも著しく優良であると示し，又は事実に相違して当該事業者と同種若しくは類似の商品若しくは役務を供給している他の事業者に係るものよりも著しく優良であると示す表示であって，	不当に顧客を誘引し，一般消費者による自主的かつ合理的な選択を阻害するおそれがあると認められるもの
有利誤認表示	商品又は役務の価格その他の取引条件について，実際のもの又は当該事業者と同種若しくは類似の商品若しくは役務を供給している他の事業者に係るものよりも取引の相手方に著しく有利であると一般消費者に誤認される表示であって，	
指定告示（指定の要件）	前二号に掲げるもののほか，商品又は役務の取引に関する事項について一般消費者に誤認されるおそれがある表示であって，	不当に顧客を誘引し，一般消費者による自主的かつ合理的な選択を阻害するおそれがあると認めて内閣総理大臣が指定するもの

2　消費者庁担当者による解説

　消費者庁の担当者執筆の解説では，上記部分に関して，「一般消費者は，商品等の内容，取引条件という商品等の選択上重要な要素について誤認させられた状態において，自主的かつ合理的な選択を行うことができないことは明らかであることから，一般消費者に誤認される表示であると認められれば，通常，『一般消費者による自主的かつ合理的な選択を阻害するおそれがある』と認められる。」[注3]と述べられており，これ以外の箇所でも一貫して同じ趣旨が述べられている。

3 消費者庁の法執行における取扱い

　消費者庁の法執行においても，基本的には，前半部分の要件が満たされれば後半部分の要件も満たされるとの考え方をとっているものと解される。

　措置命令の命令書には，事業者の表示が上記の前半部分に該当することに関しては，その根拠となる事実が具体的に記載される（ただし，厳密にいえば，優良又は有利であることの程度が「著しく」といえることについての記載はない。）。しかし，後半部分については，これを根拠づける事実が記載されることはない。

　ところが，消費者庁が行った措置命令について取消訴訟が提起され，後半部分の要件を満たしていない等の主張がなされたケースでは，後半部分について要件を充足する旨の主張立証を行っている（㈱村田園事件[注4]）。そして，この事件の判決においては，後半部分は前半部分とは独立した要件として判断されている（結論としては，消費者庁の主張を認めて，後半部分の要件も充足されるとした。）。

　ただし，この消費者庁の立証活動は，少なくともその一部（消費者アンケート調査）は，訴訟が提起された後に行われており，措置命令を行うまでには，後半部分に関する証拠収集は十全に行われていないこともうかがわれる。

　以上のとおり，現状，消費者庁は，措置命令の段階においては，前半部分の要件が満たされれば後半部分の要件も満たされるという姿勢をとりつつ，取消訴訟が提起されて必要が生じれば，後半部分の立証を行っている。

4 企業法務上の留意点

　現行の運用には疑問点や不明な点もあるが，前半部分に該当する表示であれば後半部分にも該当することが「通常」であることは，これまでの景品表示法違反事件を見る限りでは，異論はないであろう（ただし，後半部分に該当することが疑わしい例も皆無ではない。）。

　企業実務においては，前半部分の要件に該当することがないように努めるべきであって，万が一にも，少々表示に問題があっても後半部分で救われるだろうなどと期待して，自社の表示に対するチェックを疎かにするようなことがあってはならない。

第2節　不当表示の規制

【参　考】

小畑徳彦「景品表示法5条の『一般消費者による自主的かつ合理的な選択を阻
　害するおそれ』の意義」流通科学大学論集―流通・経営編―第32巻第1号45
　頁～69頁

（注1）　ただし，7条2項の不実証広告規制が適用された場合には，「不当に顧客を
　　　誘引し，一般消費者による自主的かつ合理的な選択を阻害するおそれがあると
　　　認められるもの」の部分も含めて，優良誤認表示とみなされる。
（注2）　優良誤認表示の規定は，当初，「商品又は役務の品質，規格その他の内容に
　　　ついて，実際のもの又は当該事業者と競争関係にある他の事業者に係るものよ
　　　りも著しく優良であると一般消費者に誤認されるため，不当に顧客を誘引し，
　　　公正な競争を阻害するおそれがあると認められる表示」となっていたが，平成
　　　15年改正で下線直線部分が概ね現行規定の内容に改められた。また，波線部分
　　　も，消費者庁移管の際の法改正で現行の規定のとおりに改められた。
　　　　平成15年改正では，不実証広告規制の導入に伴い，「誤認される」に代えて
　　　「示す」が用いられることとなったものである。
　　　　「誤認」という語は，有利誤認表示の規定には存在するが，優良誤認表示の
　　　規定にはもはや存在しない。しかしながら，消費者庁担当者の解説では，有利
　　　誤認表示の前半部分に該当する表示のみならず，現行の優良誤認表示の前半部
　　　分に該当する表示のことをも「一般消費者に誤認される表示」と呼ぶことがあ
　　　る。
（注3）　『景品』70頁
（注4）　東京地判平29・6・27判タ1462号119頁

Q21

消費者庁の景品表示法違反事件の執行状況はどのようなものか。

　　　　措置命令の件数は，年度によって変動があるが，年間数十件の措
　　　置命令が行われている。

　内容としては，効能効果をうたう食品の優良誤認表示事件が最も多く，景
品表示法7条2項の不実証広告規制を適用した事件がその大部分を占める。

食品に限らず，効能効果をうたう商品・役務に関する事件は数多い。
　また，二重価格表示や期間限定割引に関する有利誤認表示事件も数多く見られる。

1 措置命令件数の推移

　措置命令件数は，年度により変動はあるが，年間で数十件の措置命令が行われている。ただし，同様の事案又は同一の事案で複数の措置命令が同日に行われることがある（同一の事業者に対し同日に同様の措置命令が行われる場合もある一方，一つの措置命令の中に複数とも思われる違反行為が記載されることもあり，必ずしも一貫していない。）ので，これらの措置命令をまとめて1事案としてみれば，令和3年度29件，4年度18件，5年度16件となっている。

2 行為類型別の動向

〈図表5　措置命令─行為類型別内訳〉

	平成30年度	令和元年度	令和2年度	令和3年度	令和4年度	令和5年度	合計
優良誤認表示	41	32	32	30	38	40	213
（うち不実証広告）	(31)	(25)	(22)	(21)	(29)	(29)	(157)
有利誤認表示	14	9	2	8	3	5	41
指定告示	1	1	0	3	1	0	6
合計（延べ）	56	42	34	41	42	45	260
実数（重複を除く）	46	40	33	41	41	44	245

（出典：消費庁が毎年度公表する「景品表示法の運用状況及び表示適正化への取組」をまとめたもの。平成30年度に行われた措置命令1件はその後取り消されたが，当該資料では件数から除かれていない。）

　行為類型別にみれば，各年度とも優良誤認表示が多い。しかし，年度によって有利誤認表示の件数が目立つこともある。優良誤認表示事件は，その約7割が不実証広告規制の手続によるものである。

3 商品・役務別の傾向

平成30（2018）年度から令和5（2023）年度までの6年間における消費者庁の措置命令件数を商品役務別に見ると以下のとおりである。

〈図表6　措置命令─商品・役務別〉

商品役務	平成30年度	令和元年度	令和2年度	令和3年度	令和4年度	令和5年度	合　計
食　品	19	11	3	8	10	3	54
被服品	11	3	0	0	4	0	18
住居品	2	0	1	6	9	10	28
教養娯楽品	0	7	3	1	6	2	19
教養娯楽サービス	0	3	0	0	3	0	6
車両・乗物	0	0	0	5	2	0	7
保健衛生品	3	9	22	12	1	4	51
土地・建物・設備	0	0	0	0	0	10	10
運輸・通信サービス	2	1	0	3	0	1	7
教育サービス	0	0	0	1	2	0	3
保健・福祉サービス	－	－	－	3	0	10	13
金融・保険サービス	0	2	0	0	0	0	2
その他	9	4	4	2	4	4	27
合計	46	40	33	41	41	44	245

（出典：前表に同じ）

〈図表7　消費者庁措置命令一覧（平成30（2018）年度～令和5（2023）年度）〉
（平成30年度）

事案番号	命令番号	措置命令月日	事業者（違反内容）
1	1	4月25日	㈱良品計画（ソファーカバーに係る撥水加工に関する優良誤認表示）
2	2	5月15日	農事組合法人石垣島海のもの山のもの生産組合（香辛料に係る原材料に関する優良誤認表示）
3	3	5月22日	㈱エー・ピーカンパニー（自社の店舗で供給する料理に係る優良誤認表示）（宮崎県日南市の塚田農場等）
3	4	5月22日	㈱エー・ピーカンパニー（自社の店舗で供給する料理に係る優良誤認表示）（鹿児島県霧島市の塚田農場）

	5	5月22日	㈱エー・ピーカンパニー（自社の店舗で供給する料理に係る優良誤認表示）（宮崎県日南市のじとっこ組合等）
4	6	5月30日	㈱TSUTAYA（動画配信サービスに関する不当表示（優良誤認表示））
	7	5月30日	㈱TSUTAYA（光回線インターネット接続サービスの割引期間に関する不当表示（有利誤認表示））
5	8	6月13日	キリンシティ㈱（自社の店舗で提供する料理に関する優良誤認表示）
6	9	6月15日	㈱ブレインハーツ（「グリーンシェイパー」と称する食品の痩身効果に関する優良誤認表示及び不当な二重価格表示（有利誤認表示））
	10	6月15日	㈱ブレインハーツ（「アストロンα」と称する食品の痩身効果に関する優良誤認表示及び不当な二重価格表示（有利誤認表示））
	11	6月15日	㈱ブレインハーツ（「スリムイヴ」と称する食品の痩身効果に関する優良誤認表示及び不当な二重価格表示（有利誤認表示））
	12	6月15日	㈱ブレインハーツ（石けんのシミ解消効果等に関する優良誤認表示及び不当な二重価格表示（有利誤認表示））
	13	6月15日	㈱ブレインハーツ（下着の痩身効果に関する優良誤認表示及び不当な二重価格表示（有利誤認表示））
7	14	7月3日	HITOWAケアサービス㈱（有料老人ホームにおいて提供するサービスに関する不当表示（有料老人ホームに関する不当な表示））
8	15	7月24日	日本マクドナルド㈱（自社の店舗等で供給する料理に関する優良誤認表示））
9	16	7月25日	㈱Life Leaf（食品の肥満効果に関する優良誤認表示）
10	17	7月30日	㈱GLORIA（食品の豊胸効果に関する優良誤認表示）
11	18	9月4日	㈱キリン堂（食品の痩身効果に関する優良誤認表示）
12	19	10月18日	㈱ジャパネットたかた（エアコン及びテレビの販売価格に関する不当な二重価格表示（有利誤認表示））
13	20	10月25日	㈱言歩木（飲料の視力の回復効果及び目の症状の改善効果に関する優良誤認表示）
14	21	10月31日	㈱シエル（食品の痩身効果に関する優良誤認表示及び新規定期購入契約に係る人数制限に関する有利誤認表示）
15	22	11月7日	チムニー㈱（自社の店舗で提供する料理に関する優良誤認表示）「はなの舞」等

第2節　不当表示の規制

	23	11月7日	チムニー㈱（自社の店舗で提供する料理に関する優良誤認表示）「さかなや道場」
16	24	12月21日	㈱ユニクエスト（葬儀サービスの費用に関する有利誤認表示）
17	25	1月17日	㈱はぴねすくらぶ（食品の痩身効果に関する優良誤認表示）
18	26	3月6日	㈱ライフサポート（おせち料理の販売価格に関する不当な二重価格表示（有利誤認表示））
19	27	3月22日	㈱イッティ（痩身効果及び筋肉増強効果を標ぼうする衣類に関する優良誤認表示）
	28	3月22日	加藤貿易㈱（痩身効果及び筋肉増強効果を標ぼうする衣類に関する優良誤認表示）
	29	3月22日	㈱GLANd（痩身効果及び筋肉増強効果を標ぼうする衣類に関する優良誤認表示）
	30	3月22日	㈱ココカラケア（痩身効果及び筋肉増強効果を標ぼうする衣類に関する優良誤認表示）
	31	3月22日	㈱SEEC（痩身効果及び筋肉増強効果を標ぼうする衣類に関する優良誤認表示）
	32	3月22日	㈱スリーピース（痩身効果及び筋肉増強効果を標ぼうする衣類に関する優良誤認表示）
	33	3月22日	㈱トリプルエス（痩身効果及び筋肉増強効果を標ぼうする衣類に関する優良誤認表示）
	34	3月22日	㈱BeANCA（痩身効果及び筋肉増強効果を標ぼうする衣類に関する優良誤認表示）
	35	3月22日	VIDAN㈱（痩身効果及び筋肉増強効果を標ぼうする衣類に関する優良誤認表示）
20	36	3月28日	㈱Growas（アルバニアSPホワイトニングクリームと称する商品のシミの解消効果等に関する不当表示及び不当な二重価格表示（優良誤認表示及び有利誤認表示））
	37	3月28日	㈱Growas（クレンズスプラッシュと称する食品の痩身効果に関する不当表示及び不当な二重価格表示（優良誤認表示及び有利誤認表示））
	38	3月28日	㈱Growas（バブリアボディと称する商品の痩身効果に関する不当表示及び不当な二重価格表示（優良誤認表示及び有利誤認表示））

	39	3月28日	㈱Growas（ノンファットタイムと称する食品の痩身効果に関する不当表示及び不当な二重価格表示（優良誤認表示及び有利誤認表示））
	40	3月28日	㈱Growas（下着の痩身効果に関する不当表示（優良誤認表示））
21	41	3月29日	㈱アルトルイズム（食品の白髪を黒髪にする効果に関する優良誤認表示）
22	42	3月29日	ジェイフロンティア㈱（食品の痩身効果に関する優良誤認表示）
	43	3月29日	㈱ビーボ（食品の痩身効果に関する優良誤認表示）
	44	3月29日	㈱ユニヴァ・フュージョン（食品の痩身効果に関する優良誤認表示）　※　令和２年５月15日取消し
	45	3月29日	㈱ジプソフィラ（食品の痩身効果に関する優良誤認表示）
	46	3月29日	㈱モイスト（食品の痩身効果に関する優良誤認表示）

（平成31年度・令和元年度）

事案番号	命令番号	措置命令月日	事業者（違反内容）
1	1	4月3日	イオンペット㈱（ペットのトリミングサービスなどに関する優良誤認表示）
2	2	4月16日	㈱ロイヤルダイニング（自社の店舗で提供する料理に関する優良誤認表示）
3	3	4月26日	㈱BLI（害虫駆除剤の効果に関する優良誤認表示）
4	4	6月5日	㈱ECホールディングス（食品の黒髪効果に関する優良誤認表示）
5	5	6月13日	㈱高島屋（化粧品及び雑貨の原産国に関する不当表示）
6	6	6月14日	㈱よりそう（葬儀サービスに関する有利誤認表示）
7	7	6月21日	フィリップ・モリス・ジャパン(合)（電子タバコの機器の割引価格の適用期間に関する有利誤認表示）
8	8	6月28日	ふるさと和漢堂㈱（食品の体重増量効果に関する優良誤認表示）
9	9	7月2日	LINEモバイル㈱（通信サービスに係る手数料を割引く商品に関する優良誤認表示）
10	10	7月4日	DR.C医薬㈱（光触媒を使用したマスクの効果に関する優良誤認表示）
	11	7月4日	アイリスオーヤマ㈱（光触媒を使用したマスクの効果に関する優良誤認表示）

第2節　不当表示の規制

	12	7月4日	大正製薬㈱（光触媒を使用したマスクの効果に関する優良誤認表示）
	13	7月4日	玉川衛材㈱（光触媒を使用したマスクの効果に関する優良誤認表示）
11	14	7月8日	㈱サンプラザ（パンの不当な二重価格表示（有利誤認表示））
12	15	7月8日	㈱エムアイカード（カードの付与ポイントに関する優良誤認表示，特典期間に関する有利誤認表示）
13	16	8月7日	㈱ブルースター（クリーニングの不当な二重価格表示（有利誤認表示））
14	17	9月20日	㈱トラスト（下着の痩身効果に関する優良誤認表示）
	18	9月20日	㈱トラスト（下着の痩身効果に関する優良誤認表示）
15	19	10月9日	㈱ファクトリージャパングループ（整体の割引価格の適用期間に関する有利誤認表示）
16	20	10月16日	㈱プラスワン（自社の店舗で提供する料理に関する優良誤認表示）
17	21	11月1日	イマジン・グローバル・ケア㈱（食品の効果に関する優良誤認表示）
18	22	11月29日	㈱シンビジャパン（ダイエットパッチの痩身効果に関する優良誤認表示）
	23	11月29日	㈱ユニッシュ（ダイエットパッチの痩身効果に関する優良誤認表示）
	24	11月29日	㈱tattva（ダイエットパッチの痩身効果の優良誤認表示・不当な二重価格表示（有利誤認表示））
19	25	12月20日	㈱ダッドウェイ（抱っこひもの性能に関する優良誤認表示）
20	26	1月17日	㈱キュラーズ（収納スペースの賃貸サービスの割引期間に関する有利誤認表示）
21	27	3月6日	㈱エムアンドエム（食品の筋肉増強効果及び痩身効果に関する優良誤認表示）
22	28	3月10日	㈱ゼネラルリンク（食品の妊娠しやすくなる効果に関する優良誤認表示）
23	29	3月17日	㈱あすなろわかさ（食品の黒髪効果に関する優良誤認表示）
24	30	3月19日	㈱TOLUTO（食品の痩身効果に関する優良誤認表示）

25	31	3月24日	㈱イオン銀行（クレジットカード又はデビットカードに係る役務のキャッシュバックに関する有利誤認表示）
26	32	3月30日	㈱ファミリーマート（食パンの原材料に関する優良誤認表示）
	33	3月30日	山崎製パン㈱（食パンの原材料に関する優良誤認表示）
27	34	3月31日	㈱オークローンマーケティング（EMS機器の痩身効果に関する優良誤認表示）
	35・36	3月31日	㈱ディノス・セシール（EMS機器の痩身効果に関する優良誤認表示）
	37・38	3月31日	㈱プライムダイレクト（EMS機器の痩身効果に関する優良誤認表示）
	39・40	3月31日	ヤーマン㈱（EMS機器の痩身効果に関する優良誤認表示）

（令和2年度）

事案番号	事件番号	措置命令月日	事業者（違反内容）
1	1	5月19日	㈱メイフラワー（ハンドジェルのアルコール配合割合に関する優良誤認表示））
2	2	6月24日	㈱サンドラッグ（医薬品，食品等の販売価格に関する不当な二重価格表示（有利誤認表示））
3	3	6月26日	㈲ファミリア薬品（石鹸のシミを消す又は薄くする効果に関する優良誤認表示）
4	4	8月28日	㈱東亜産業（携帯型の空間除菌用品の効果に関する優良誤認表示）
5	5	12月9日	㈱アイビューティ（次亜塩素酸水の有効塩素濃度に関する優良誤認表示）
	6	12月9日	合EVOLUTION（次亜塩素酸水の有効塩素濃度に関する優良誤認表示）
	7	12月9日	Knets㈱（次亜塩素酸水の有効塩素濃度に関する優良誤認表示）
	8	12月9日	㈱伝聞堂（次亜塩素酸水の有効塩素濃度に関する優良誤認表示）
	9	12月9日	ハームレス・スタイル こと川邊 治（次亜塩素酸水の有効塩素濃度に関する優良誤認表示）

第2節　不当表示の規制

	10	12月9日	㈱マインズワークス（次亜塩素酸水の有効塩素濃度に関する優良誤認表示))
6	11	12月9日	㈱マグファイン（アルコールスプレーのアルコール濃度に関する優良誤認表示))
7	12	12月18日	㈱TBSグロウディア（EMS機器の痩身効果に関する優良誤認表示)
	13	12月18日	㈱TBSグロウディア（EMS機器の痩身効果に関する優良誤認表示)
8	14	12月22日	Salute.Lab㈱（携帯型の空間除菌用品の効果に関する優良誤認表示)
9	15	1月15日	萬祥㈱（携帯型の空気清浄用品の効果に関する優良誤認表示)
10	16	1月15日	㈱Nature Link（携帯型の空間除菌用品の効果に関する優良誤認表示)
11	17	3月3日	㈱T.Sコーポレーション（育毛剤の発毛効果に関する優良誤認表示))
12	18	3月4日	㈱IGC（亜塩素酸水の除菌効果に関する優良誤認表示)
	19	3月4日	アデュー㈱（亜塩素酸水の除菌効果に関する優良誤認表示)
	20	3月4日	㈱ANOTHER SKY（亜塩素酸水の除菌効果に関する優良誤認表示)
13	21	3月9日	マクロフューチャー㈱（食品の免疫力向上，疾病の治療効果等に関する優良誤認表示)
14	22	3月10日 (*)	㈱マトフアー・ジヤパン（次亜塩素酸水の有効塩素濃度及び除菌効果に関する優良誤認表示)
	23	3月11日	㈱OTOGINO（次亜塩素酸水の有効塩素濃度及び除菌効果に関する優良誤認表示)
	24	3月11日 (**)	㈱遊笑（次亜塩素酸水の有効塩素濃度及び除菌効果に関する優良誤認表示)
15	25	3月18日	㈱レッドスパイス（携帯型の空間除菌用品の効果に関する優良誤認表示)
16	26	3月23日	ティーライフ㈱（食品の痩身効果に関する優良誤認表示)
17	27	3月24日	㈱晋遊舎（懸賞付きパズル雑誌における懸賞企画の賞品等の提供及び景品類提供企画の景品類の提供に関する不当表示（優良誤認表示及び有利誤認表示))

136

	28	3月29日	㈱シンアイ産業29日（水素水生成器で生成される水素水の効能に係る優良誤認表示）
18	29	3月30日	㈱ドクターズチョイス（水素水生成器で生成される水素水の効能に係る優良誤認表示）
	30	3月30日	㈱アイ・ティー・ウェブジャパン（水素水生成器で生成される水素水の効能に係る優良誤認表示）
	31	3月30日	㈱ナック（水素水生成器で生成される水素水優良誤認表示）
19	32	3月30日	高知県農業協同組合（玄米及び精米の原料に関する優良誤認表示）
20	33	3月31日	㈱GSD（マイナスイオン発生器の効果に関する優良誤認表示）

(*)，(**) 公表されている命令書の日付は3月9日となっているが，消費者庁が運用状況をまとめた資料では，それぞれ10日，11日に措置命令を行ったとされている。

（令和3年度）

事案番号	事件番号	措置命令月日	事業者（違反内容）
1	1	4月9日	三慶㈱（亜塩素酸スプレーの除菌効果に関する優良誤認表示）
	2	4月9日	レック㈱（亜塩素酸スプレーの除菌効果に関する優良誤認表示）
2	3	4月27日	㈱宮本製作所（洗濯用品の洗浄，除菌及び部屋干し臭の発生を防止する効果に関する優良誤認表示）
3	4	5月14日	㈱シーズコーポレーション（食品の疾病治療又は予防効果に関する優良誤認表示）
4	5	6月2日	クリエイト㈱（光回線インターネット接続サービスの取次ぎに関するおとり広告表示）
5	6	6月3日	㈱ハウワイ（まつ毛美容液の効果に関する優良誤認表示）
6	7	6月3日	㈱ハウワイ（食品の痩身効果に関する優良誤認表示）
7	8	6月11日	㈱ププレひまわり（携帯型の空間除菌用品の効果に関する優良誤認表示）
8	9	6月15日	㈱サプリメント・ワールド（空間除菌用品の効果に関する優良誤認表示）
9	10	6月17日	㈱アップドラフト（マイナスイオン発生器の効果に関する優良誤認表示）
10	11	6月22日	ビジョンズ㈱（ボディクリームの痩身効果に関する優良誤認表示）

第2節　不当表示の規制

11	12	6月29日	㈱gumi（オンラインゲーム内のガチャの提供割合に関する優良誤認表示）
	13	6月29日	㈱スクウェア・エニックス（オンラインゲーム内のガチャの提供割合に関する優良誤認表示）
12	14	7月28日	マクセル㈱（空間除菌用品の効果に関する優良誤認表示）
13	15	8月31日	タイガー魔法瓶㈱（電気ケトルの機能に関する優良誤認表示）
14	16	9月3日	㈱ビックカメラ（雑貨品等の原産国不当表示）
15	17	9月3日	㈱ビック酒販（酒類の原産国不当表示）
16	18	9月14日	㈱ハピリィ（撮影プランの提供価格に関する有利誤認表示）
17	19	11月9日	㈱アクガレージ（豊胸サプリの効果に関する優良誤認表示）
	20	11月9日	㈱アクガレージ（豊胸サプリの効果に関する優良誤認表示）
	21	11月9日	アシスト㈱（豊胸サプリの効果に関する優良誤認表示）
	22	11月9日	アシスト㈱（豊胸サプリの効果に関する優良誤認表示）
18	23	11月24日	㈱シーズ・ラボ（食品の体重増加阻止の効果に関する優良誤認表示）
19	24	12月10日	メルセデス・ベンツ日本㈱（自動車装備に関する優良誤認表示）
	25	12月10日	メルセデス・ベンツ日本㈱（自動車装備に関する優良誤認表示）
20	26	12月14日	カーズショップ松山こと高畑正志（中古自動車の修復歴及び走行距離に関する優良誤認表示）
21	27	12月16日	㈲菊池商事（ガソリンの販売価格に関する有利誤認表示）
	28	12月16日	㈱ブレイズ（ガソリンの販売価格に関する有利誤認表示）
22	29	12月16日	大木製薬㈱（空間除菌用品の効果に関する優良誤認表示）
	30	12月16日	㈱CLO2 Lab（空間除菌用品の効果に関する優良誤認表示）
23	31	12月23日	㈱Needs（中古自動車の修復歴及び走行距離に関する優良誤認表示）
	32	12月23日	㈲ガレージゼスト（中古自動車の修復歴及び走行距離に関する優良誤認表示）
24	33	1月20日	大幸薬品㈱（空間除菌用品の効果に関する優良誤認表示）
25	34	2月3日	大作商事㈱（マイナスイオン発生器の効果に関する優良誤認表示）

	35	2月3日	㈱イトーヨーカ堂（マイナスイオン発生器の効果に関する優良誤認表示）
26	36	3月3日	セブンエー美容㈱（脱毛エステの提供価格に関する有利誤認表示）
	37	3月3日	㈱ダイシン（脱毛エステの提供価格に関する有利誤認表示）
	38	3月3日	㈱エイチフォー（脱毛エステの提供価格に関する有利誤認表示）
27	39	3月15日	㈱セドナエンタープライズ（脱毛機器の提供価格等に関する有利誤認表示）
28	40	3月23日	古田商事㈱（ウエス生地の組成に関する優良誤認表示）
29	41	3月24日	㈱EE21（介護職員講座の提供価格に関する有利誤認表示）

（令和4年度）

事案番号	事件番号	措置命令月日	事業者（違反内容）
1	1	4月5日	㈱W-ENDLESS（食品の痩身効果に関する優良誤認表示）
2	2	4月15日	大幸薬品㈱（空間除菌用品の効果に関する優良誤認表示）
3	3	4月27日	㈱DYM（就職支援サービスに関する優良誤認表示）
	4	4月27日	㈱DYM（就職支援サービスに関する優良誤認表示）
4	5	5月24日	リプサ㈱（食品の主成分値に関する優良誤認表示）
5	6	5月24日	㈱メディプラン（消火用具の消火性能に関する優良誤認表示）
	7	5月24日	㈱ボネックス（消火用具の消火性能に関する優良誤認表示）
	8	5月24日	㈱エビス総研（消火用具の消火性能に関する優良誤認表示）
	9	5月24日	㈱栄徳（消火用具の消火性能に関する優良誤認表示）
	10	5月25日	㈱ファイテック（消火用具の消火性能に関する優良誤認表示）
6	11	6月1日	沖縄特産販売㈱（食品の疾病改善効果に関する優良誤認表示）
7	12	6月7日	㈱ココカラケア（下着の痩身効果又は筋肉増強効果に関する優良誤認表示）
	13	6月7日	㈱ココカラケア（下着の痩身効果又は筋肉増強効果に関する優良誤認表示）
	14	6月7日	㈱ココカラケア（下着の痩身効果又は筋肉増強効果に関する優良誤認表示）

	15	6月7日	㈱ココカラケア（下着の痩身効果に関する優良誤認表示）
8	16	6月9日	㈱あきんどスシロー（回転寿司の販売に関するおとり広告表示）
9	17	6月15日	㈱PMKメディカルラボ（バストアップ等のNo.1表示に関する優良誤認表示）
10	18	7月29日	㈱北海道産地直送センター（食品の不当な二重価格表示（有利誤認表示））
11	19	9月6日	キリンビバレッジ㈱（果実ミックスジュースの果汁含有割合に関する優良誤認表示）
12	20	9月9日	㈱山田養蜂場（サプリメントの疾病感染予防効果に関する優良誤認表示）
13	21	11月18日	一般社団法人免研アソシエイツ協会（食品の疾患改善効果等に関する優良誤認表示）
	22	11月18日	一般社団法人免研アソシエイツ協会（食品の疾患改善効果等に関する優良誤認表示）
	23	11月18日	一般社団法人免研アソシエイツ協会（食品の疾患改善効果等に関する優良誤認表示）
	24	11月18日	一般社団法人免研アソシエイツ協会（食品のウイルス感染予防に関する優良誤認表示）
	25	12月19日	㈱晴和（プラスチック製品（エアガン用BB弾）の生分解性能に関する優良誤認表示）
	26	12月19日	マルキユー㈱（プラスチック製品（釣り用品）の生分解性能に関する優良誤認表示）
	27	12月19日	㈱みやこ（プラスチック製品（カトラリー，ストロー，カップ等）の生分解性能に関する優良誤認表示）
14	28	12月20日	Guay Guay Trading Co.,LTD.（プラスチック製品（エアガン用BB弾）の生分解性能に関する優良誤認表示）
	29	12月20日	㈱セキトー（プラスチック製品（エアガン用BB弾）の生分解性能に関する優良誤認表示）
	30	12月20日	㈱ネットワーク（プラスチック製品（ゴミ袋及びレジ袋）の生分解性能に関する優良誤認表示）
	31	12月21日	㈲ライラクス（プラスチック製品（エアガン用BB弾）の生分解性能に関する優良誤認表示）
	32	12月21日	㈱東京マルイ（プラスチック製品（エアガン用BB弾）の生分解性能に関する優良誤認表示）

	33	12月21日	TJC㈱（プラスチック製品（ゴミ袋及びレジ袋）の生分解性能に関する優良誤認表示）
	34	12月21日	㈱BMターゲット（プラスチック製品（カトラリー，ストロー，カップ等）の生分解性能に関する優良誤認表示）
15	35	1月12日	㈱バンザン（オンライン個別学習指導に係るNo.1表示に関する優良誤認表示及び期限限定に関する有利誤認表示））
16	36	2月9日	アドパワー・ソリューションズ㈱（四輪車等の燃費向上効果等を標榜する商品の優良誤認表示）
	37	2月10日	㈱ヨシハラ（四輪車等の燃費向上効果等を標榜する商品の優良誤認表示）
17	38	2月15日	㈱オン・ザ・ライン（コンサートの座席レイアウトに関する優良誤認表示）
	39	2月15日	㈱ボードウォーク（コンサートの座席レイアウトに関する優良誤認表示）
	40	2月15日	マーヴェリック・ディー・シー㈱（コンサートの座席レイアウトに関する優良誤認表示）
18	41	3月2日	㈱5コーポレーション（個別学習指導の料金に関する有利誤認表示）

（令和5年度）

事案番号	事件番号	措置命令月日	事業者（違反内容）
1	1	4月27日	㈱ゼンワールド（光触媒入りガラスコーティング剤及び当該コーティング剤を利用した役務に関する優良誤認表示
2	2	6月14日	㈱バウムクーヘン（ペット用サプリメントに係るNo.1表示及び効果に関する優良誤認表示）
3	3	6月23日	富士通クライアントコンピューティング㈱（ノートパソコンのキャンペーン価格に関する有利誤認表示）
4	4	6月27日	㈱ドミノ・ピザジャパン（ピザ等の料理の価格に関する有利誤認表示）
5	5	6月30日	さくらフォレスト㈱（健康食品の血圧を下げる効果等に関する優良誤認表示）
6	6	7月28日	北海道電力㈱（家庭用の電気及び都市ガスの小売供給に関する有利誤認表示）

7	7	8月30日	中国電力㈱（家庭用の電気の小売供給に関する有利誤認表示）
8	8	10月26日	㈱forty-four（炊飯器の糖質カット性能に関する優良誤認表示）
	9	10月27日	㈱EPEIOS JAPAN（炊飯器の糖質カット性能に関する優良誤認表示）
	10	10月30日	ソウイジャパン㈱（炊飯器の糖質カット性能に関する優良誤認表示）
	11	10月31日	HR貿易㈱（炊飯器の糖質カット性能に関する優良誤認表示）
9	12	11月27日	㈱アリュール（食品の痩身効果に関する優良誤認表示）
10	13	12月7日	㈱ハハハラボ（食品に係るNo.1表示及び腹部の痩身効果に関する優良誤認表示）
11	14	12月21日	㈱フォレストウェル（空気清浄用品の効果に関する優良誤認表示）
	15	12月22日	共立電器産業㈱（空気清浄用品の効果に関する優良誤認表示）
12	16	1月26日	㈱三和製作所（空間除菌用品の効果に関する優良誤認表示）
	17	1月29日	㈱中京医薬品（空間除菌用品の効果に関する優良誤認表示）
	18	1月29日	ピップ㈱（空間除菌用品の効果に関する優良誤認表示）
	19	1月30日	興和㈱（空間除菌用品の効果に関する優良誤認表示）
(8)	20	2月1日	リソウジャパン㈱（炊飯器の糖質カット性能に関する優良誤認表示）
	21	2月5日	AINX㈱（炊飯器の糖質カット性能に関する優良誤認表示）
	22	2月6日	Areti㈱（炊飯器の糖質カット性能に関する優良誤認表示）
	23	2月7日	㈱ニトリ（炊飯器の糖質カット性能に関する優良誤認表示）
13	24	2月27日	㈱新日本エネックス（太陽光発電システム機器等に係るNo.1表示に関する優良誤認表示）
	25	2月27日	㈱安心頼ホーム（太陽光発電システム機器等に係るNo.1表示に関する優良誤認表示）
14	26	2月28日	エクスコムグローバル㈱（モバイルルーターのレンタルサービスに係るNo.1表示に関する優良誤認表示）
(13)	27	2月29日	フロンティアジャパン㈱（太陽光発電システム機器等に係るNo.1表示に関する優良誤認表示及び有利誤認表示）
	28	2月29日	飯田グループホールディングス㈱（注文住宅の建築請負役務に係るNo.1表示に関する優良誤認表示）

	29	2月29日	住宅情報館㈱（注文住宅の建築請負役務に係るNo.1表示に関する優良誤認表示）
15	30	2月29日	一建設㈱（注文住宅の建築請負役務に係るNo.1表示に関する優良誤認表示）
	31	2月29日	㈱飯田産業（注文住宅の建築請負役務に係るNo.1表示に関する優良誤認表示）
	32	2月29日	㈱アーネストワン（注文住宅の建築請負役務に係るNo.1表示に関する優良誤認表示）
(13)	33	3月5日	㈱エスイーライフ（蓄電池等に係るNo.1表示に関する優良誤認表示）
	34	3月6日	㈱SCエージェント（蓄電池等に係るNo.1表示に関する優良誤認表示）
16	35	3月13日	㈱デンソー（自動車用の空間除菌役務の効果に関する優良誤認表示）
	36	3月13日	㈱デンソーソリューション（自動車用の空間除菌役務の効果に関する優良誤認表示）
	37	3月13日	トヨタカローラ札幌㈱（自動車用の空間除菌役務の効果に関する優良誤認表示）
	38	3月13日	埼玉トヨタ自動車㈱（自動車用の空間除菌役務の効果に関する優良誤認表示）
	39	3月13日	トヨタモビリティ中京㈱（自動車用の空間除菌役務の効果に関する優良誤認表示）
	40	3月13日	ネッツトヨタ高松㈱（自動車用の空間除菌役務の効果に関する優良誤認表示）
	41	3月14日	東海マツダ販売㈱（自動車用の空間除菌役務の効果に関する優良誤認表示）
	42	3月14日	㈱神戸マツダ（自動車用の空間除菌役務の効果に関する優良誤認表示）
	43	3月18日	㈱広島マツダ（自動車用の空間除菌役務の効果に関する優良誤認表示）
	44	3月18日	㈱西四国マツダ（自動車用の空間除菌役務の効果に関する優良誤認表示）

第2節　不当表示の規制

Q22

消費者庁によれば，成形肉をステーキと呼んではいけないとか，フレッシュジュースはその場で絞ったものでなければならないとか，ある用語が不当表示に当たるかどうかについての判断基準があるようである。違反を防ぐためにはどうしたらよいか。

景品表示法においては，特定の用語について固定的な判断基準が存在するわけではなく，具体的な事案において一般消費者が表示によってどのように認識するかが判断基準となる。たとえ業界で一般的に用いられている表示であっても，一般消費者に誤認される表示であれば不当表示になる。

解説

1 不当表示に当たるかどうかの判断基準

不当表示に当たるかどうかの判断において，特定の用語について一律の固定的な判断基準が存在するわけではなく，不当表示に当たるかどうかは，具体的な事案において，一般消費者が表示によってどのように認識するかによって判断されるものである。

2 「メニュー・料理等の食品表示に係る景品表示法上の考え方について」

消費者庁は，平成25年秋以降の，ホテルの料理メニュー表示などの食品表示等問題に対応する中で，メニュー・料理等の食品表示に係る景品表示法上の考え方を整理し，事業者の予見可能性を高めること等を目的として，平成26年3月に，「メニュー・料理等の食品表示に係る景品表示法上の考え方について」（平26・3・28消費者庁，一部改定：平28・4・1消費者庁。以下「食品表示ガイドライン」という。）を公表している。

Q 22

　この中で，消費者庁は，メニュー等における表示が優良誤認表示に該当するか否かは，「メニュー等における料理名だけでなく，そのほかの文言，写真等表示媒体としてのメニュー等全体から一般消費者が受ける印象・認識を基準に判断する。この場合，その料理等が提供される飲食店等の種類や料理等の価格の高低等の事情も考慮して，一般消費者がどのような印象・認識を抱くかを個別事案ごとに判断される」と述べ，また，「景品表示法は，特定の用語，文言等の使用を一律に義務付けたり，禁止したりするものではなく，景品表示法上問題となるか否かは，あくまで個別の事案ごと，具体的な表示ごとに判断される」としつつ，Q&Aで具体例を示している（図表8にその内容を整理した。）。

　Q&Aにおいては，過去の景品表示法違反事件等を踏まえて合計34の事例が掲げられている。これらは無数にある食品表示のごく一部に過ぎないが，Q&Aを見れば，①往々にして，消費者一般における認識・受け止め方と業界の常識や習慣的な呼称，許容範囲が異なっていること，②その場合に，景品表示法上の判断基準となるのは消費者における認識の方であることが容易に理解され，食品表示以外の分野においても参考となるであろう[注1]

> **（注1）**　食品表示ガイドラインには引用されていないが，「焼肉業者における焼肉メニュー表示の適正化について」（平成22年10月7日，消費者庁）では，焼肉業者の間ではロース肉以外の肉についても「ロース」と表示することが常識であるとしても，消費者の認識とは異なるので優良誤認表示の問題が生じる旨指摘されている。

〈図表8　料理等において不当表示に当たるかどうかの判断基準（一覧）〉[注2]

	メニュー等における表示	実　際	可否 (注2)	参照されている 法令・文献等
1	ビーフステーキ，ステーキ	牛の成形肉を焼いた料理	×	広辞苑，食品表示法
2	霜降りビーフステーキ，さし入りビーフステーキ	牛脂注入加工肉を焼いた料理	×	
3	ビーフステーキ，ステーキ	牛脂注入加工肉を焼いた料理	×	

第2章　景品表示法による表示・景品規制

145

第2節　不当表示の規制

4	国産和牛のステーキ	オーストラリア産の牛肉を使用	×	「和牛等特色ある食肉の表示に関するガイドライン（和牛・黒豚）」（農林水産省），食肉の表示に関する公正競争規約
5	××地鶏のグリル	××地鶏ではなく，単なる国産鶏肉を使用	×	(注3)
6	鴨南蛮	合鴨肉を使用	○	
7	クルマエビを使用	ブラックタイガーを使用	×	食品表示法，魚介類の名称のガイドライン（消費者庁）(注4)
8	イセエビを使用	アメリカンロブスター（ザリガニのような大きなはさみのあるもの）を使用	×	7に同じ
9	伊勢志摩地方の風景写真とともに，イセエビを使用している旨	外国産のオーストラリアミナミイセエビ（ザリガニのような大きなはさみのないもの）を使用	×	
10	シバエビを使用	バナメイエビを使用	×	7に同じ
11	サザエを使用	赤西貝を使用	×	7に同じ
12	アワビを使用	ロコ貝を使用	×	7に同じ
13	房総地方の風景写真とともに，房総あわびを使用している旨	北海道産のエゾアワビを使用	×	
14	キングサーモンを使用	サーモントラウトを使用	×	7に同じ
15	日高産キングサーモンを使用	ニュージーランド産のキングサーモンを使用	×	
16	駿河湾産の魚を使用	駿河湾産の魚だけでなく，駿河湾産以外の魚も使用	×	
17	鮮魚のムニエル（このほか特に使用している魚の新鮮さを強調した表示はしていない。）	解凍した魚を使用	○	広辞苑

18	キャビアを使用	ランプフィッシュ卵の塩漬けを使用	×	
19	カラスミを使用	サメやタラの卵を使用したいわゆるカラスミ風の食材を使用	×	
20	フカヒレを使用	人工フカヒレを使用したいわゆるフカヒレ風の食材を使用	×	
21	岩海苔を使用	養殖した黒海苔を使用	×	食品のりの表示に関する公正競争規約(注5)
22	△△（地域名）野菜使用	△△（地域名）野菜だけでなく，それ以外の野菜を多く使用	×	
23	九条ねぎを使用	一般的なねぎを使用	×	
24	フランス産の栗を使用	中国産の栗を使用	×	
25	山形県産はえぬき使用	山形県産の品種のブレンド米を使用	×	
26	サラダの材料として有機野菜を使用	一部の野菜は有機野菜ではない。	×	有機農産物の日本農林規格（農林水産省）
27	自家製パン	市販品のパンを提供	×	
28	手打ち麺を使用	機械打ちによる麺で，手作業は加わっていない	×	生めん類の表示に関する公正競争規約
29	生クリームを使用	植物油を泡立ててクリームと似たような形状と色にしたホイップクリームを使用	×	乳及び乳製品の成分規格等に関する省令（厚生労働省）
30	カマンベールチーズを使用	カマンベールチーズ以外のチーズも使用	×	
31	飲料を「牛乳」と表示	低脂肪牛乳	×	29に同じ
32	純米酒	醸造アルコールなどを使用して製造された清酒	×	清酒の製法品質表示基準（国税庁）
33	シャンパン	スパークリングワイン	×	

第2節　不当表示の規制

| 34 | フレッシュジュース | 既製品のオレンジジュースや紙パックのジュース | × | 食品表示法，食品表示基準[注6] |

（注2）　景品表示法上問題となるものは「×」，ならないものは○としている。

（注3）　この食品表示ガイドラインには記載されていないが，地鶏については「地鶏肉の日本農林規格」（平11・6・21農林水産省告示第844号，最終改正：令元・6・27農林水産省告示第475号）がある。

（注4）　食品表示ガイドラインには「水産庁策定」とあるが，現在は消費者庁が所管している。

（注5）　「食品のりの表示に関する公正競争規約」は現在廃止されている。

（注6）　食品表示ガイドラインには「果実飲料品質表示基準」とあるが，同基準は廃止されている。

　食品表示ガイドラインにおいては，しばしば各種の法令における定義が参照されている。これは，法令上の定義を満たさなければ直ちに景品表示法に違反するということではないが，一般消費者がある名称を見聞きしたときに想定するものが何かを検討する上で，法令における定義を参考としたという趣旨であろう。

　もちろん，一般消費者は必ずしも法令上の定義を知った上で商品選択をしているわけではない。しかし，一般消費者としては，商品の名称等は関係法令の基準をクリアした上で使用されているはずであるとの一般的な期待があり，その期待を裏切るものについては優良誤認となるという考え方として理解することもできる。

　食品以外の分野では，例えば，温泉と表示していながら実際には温泉ではなかったという事件において，温泉法2条1項における定義（「この法律で『温泉』とは，地中からゆう出する温水，鉱水及び水蒸気その他のガス（炭化水素を主成分とする天然ガスを除く。）で，別表に掲げる温度又は物質を有するものをいう。」）が援用されている。

　したがって，関係法令における定義に従って表示をすることは，当該法令のみならず景品表示法を遵守する上でも重要である。また，法令に限らず，業界の自主ルールである公正競争規約が参照されていることから明らかなとおり，適切な用語法のルールとして公正取引規約は重要な役割を果たすものである。公正競争規約は，用語のルールを業界のイニシアティブで定めるこ

とができる制度であり，各種の業界で制定された表示に関する公正競争規約は，用語の定義，表示方法のルールの一大集積にほかならない（Q5参照）。

3 その他注目すべき点

メニュー表示に関しては，上記に示した特定の名称の使い方以外にも，

① ある食材を部分的にしか使用していないのに「○○使用」と表示することが優良誤認表示となる事例

② 産地表示が正しくないことをもって優良誤認表示とされる事例

が掲げられていることが注目される。

4 事業者の留意点

消費者の誤解や情報不足を利用して売上げを伸ばそうとすることは論外であり，正確な情報を消費者に伝えた上で，商品選択を消費者に委ねることが表示のあり方の基本である。

食品表示ガイドラインでは，「飲食店が，実際には○○を使用しているにもかかわらず，あえて××を使用している旨の表示をしているのは，その飲食店が，実際のものをそのまま表示するよりも，その方が売上げが伸びると期待しているからと考えられる」という旨のフレーズが頻出する。許される範囲で売上げが伸びるような表示を行うこと自体何ら非難されるべきことではないが，実態と表示が異なることは避けなければならない。

表示を作成する際には，消費者がその表示を見てどのように認識するかを考えなければならない。「業界の常識」だけで判断することや，他の事業者も同じことをしているから大丈夫であろうと考えることは危険である。

消費者がどのように認識するかを考えるに当たっては，事業に関係する法令，公正競争規約等の業界ルールのほか，過去の景品表示法違反事例や当局から公表されたガイドライン等を研究しておくことが有益である。

また，事業者が主体的に公正競争規約等の自主的ルールを策定していくことは，自らの予見可能性を高める上でも有効な方策であり，規約制度の積極的な活用が期待される。

第2節　不当表示の規制

Q23

　スマートな体形の人の写真や体験談が多数掲載されている健康食品のチラシを見て，これだけで痩せる効果があると思って購入したが，後でよく見るとチラシには「これだけで痩せる」とは書かれていなかった。このようなチラシは「これだけで痩せる」効果を標ぼうする表示とはいえないか。

　　　　　「著しく優良であると示す」表示か否かの判断に当たっては，表示上の特定の文章，図表，写真等のみからではなく，表示内容全体から一般消費者が受ける印象・認識が基準となる。

　「これだけで痩せる」という文言がなくとも，「これだけで痩せる」効果を標ぼうしていると消費者が受け取る表示は「これだけで痩せる」効果を標ぼうする表示である。

解　説

1　基本的な考え方

　「著しく優良であると示す」表示か否かの判断に当たっては，表示上の特定の文章，図表，写真等のみからではなく，表示内容全体から一般消費者が受ける印象・認識が基準となる。

2　表示全体から表示の内容が認定された例

　例えば，㈱えがおに対する件（平28・3・30消費者庁措置命令）では，黒酢を使用した健康食品について，事業者が広告で用いていた文言は，以下のようなものであり，「摂取すればそれだけで痩せる」といった直接的な表現は用いられていなかった。しかし，消費者庁は，本件表示全体から，「本件商品を摂取するだけで，特段の運動や食事制限をすることなく，容易に著しい痩身効果が得られるかのように示す表示」をしていたものと判断したとされる

150

Q 23

(担当官解説（公取792号76頁））。

> 「アミノ酸一般食酢の120倍のえがおの黒酢でダイエットサポート！」
> 「タンスの奥のジーンズが出せた！」
> 「運動量は変わらないのに遂に出産前のスタイルに！」
> 「たとえば，脂肪1kg（約7,000kcal）を燃やすにはこんな運動＆食事制限が必要なんです。」，「ウォーキング約63時間！」，「水泳約13時間！」，「絶食約7日！」，「こんなに？できない！」
> 「いつもの軽い運動と一緒に　飲み始めて30日」
> 「えがおの黒酢であっという間の目標達成！その仕組みとは？」

　本件に関しては，記載内容はかなり明確であり，表示全体から判断したと説明するまでもないとも思われるが，消費者庁の基本的な姿勢を示す一例である。

3　健康食品ガイドライン

　表示の内容を判断する上で，表示物上の文言にこだわらずに，表示内容全体から一般消費者が受ける印象・認識を基準とすることは，消費者庁の基本的な方針として堅持されている。平成28年6月30日に公表された「健康食品に関する景品表示法及び健康増進法上の留意事項」（健康食品ガイドライン）においては，「一般消費者が表示から受ける認識，印象，期待は，表示された一部の用語や文言のみで判断されるものではなく，当該用語等のほか周辺に記載されているその他の表現，掲載された写真，イラストのみならず，時にはコントラストも含め，表示全体で判断することとなる。」と述べ，チラシの表示例を掲載して詳細な説明を行っている。

4　裁判例（村田園事件）

　表示の内容の確定について，表示全体からもたらされる消費者の認識が基準となることについては，㈱村田園に対する措置命令の取消訴訟（東京地判平29・6・27判タ1462号119頁）でも示されたところであり，現在では，この判

第2章　景品表示法による表示・景品規制

151

決がこの点に関するリーディングケースと目される。

この事件では，消費者庁は，例えば「村田園万能茶（選）」という商品の容器包装に，「阿蘇の大地の恵み」・「どくだみ・柿の葉・とうきび・はと麦・甜茶・くま笹・あまちゃづる・はぶ茶　甘草・大豆・田舎麦・桑の葉・枸杞・ウーロン茎・びわの葉・浜茶」との文字とともに，日本の山里を思わせる風景のイラストが記載されていたことをとらえて，「あたかも，対象商品の原材料が日本産であるかのように示す表示をしていた」と認定している（平28・3・10消費者庁措置命令）。

この措置命令について取消訴訟が提起され，この容器包装上の表示内容は何であったのかが一つの争点となった。結論としては，東京地裁は，以下のとおり，消費者庁の認定を是認している。

「本件商品は，『万能茶』という包装の商品名の記載から，土壌に植生する植物から採取される茶葉を内容物とする商品であることが容易に看取されるものであるところ，広大な草地等の自然に恵まれた熊本県の阿蘇地方の土地の恩恵を意味する『阿蘇の大地の恵み』との記載が，阿蘇山及びその麓の草地や山里を想起させる風景のイラストと相まって，熊本県の阿蘇地方の広大な農地等の自然の恩恵が本件商品の内容物である茶葉に寄与していることを想起させ，さらに，土壌に植生する植物から採取ないし収穫される茶葉や穀物等の原材料名の記載と並んで表示されることによって，通常の知識や情報を有する一般消費者において，これらの原材料の全部又は大部分が阿蘇地方（国内）の土地において採取ないし収穫されるもの（日本産）であるとの印象を抱くのが通常の受け止め方であると認めるのが相当である。」とし，消費者庁が実施した消費者へのアンケート調査結果を参照しつつ，

「本件各表示は，本件各商品の包装の商品名及びこれらの表示の内容全体から，通常の知識や情報を有する一般消費者において，本件各商品の原材料の全部又は大部分が国内で採取ないし収穫された日本産のものであるとの印象をもたらすものとして，一般消費者に対して示されたものと認めるのが相当である。」と結論付けている。

5　まとめ

　この判決からも明らかなとおり，景品表示法に違反するかどうかの判断に当たっては，まず，事業者が行った表示について，その全体から消費者が表示から受ける印象・認識を基準としてその内容が確定される。表示の内容が確定した後で，それが実際のものよりも著しく優良であると示すものであるか等，景品表示法5条各号の要件に照らした検討が，再び一般消費者の認識等を基準として行われることになる。

Q24

　効能・効果をうたう表示については，合理的な根拠を示す資料を提出しない場合には優良誤認表示とみなされるとのことであるが，どのような資料を提出する必要があるか。

　合理的な根拠と認められるためには，①提出資料が客観的に実証された内容のものであること，②表示された効果，性能と提出資料によって実証された内容が適切に対応していることの二つの要件を満たす必要がある。

解説

1　不実証広告規制

　商品（役務を含む。）の表示について，景品表示法5条1号に該当するとして規制するためには，本来，当該表示が実際のものとは異なるものであること等の具体的な立証が必要である。特に，商品の効果や性能についての優良誤認表示を規制するためには，規制当局は，表示された効果・性能がないことを立証する必要があるが，その作業に時間を要するため，迅速な事案処理が困難であるとの問題があった。

第2節　不当表示の規制

　この点を改善するため，平成15年にいわゆる「不実証広告規制」[注1]が導入された。この制度（当時は景表4条2項。現行法では7条2項[注2]）の内容は次のとおりである。

---

　①　景品表示法5条1号により禁止される優良誤認表示に該当するか否かを判断するため必要があると認めるときは，内閣総理大臣は，当該表示をした事業者に対し，その表示の裏付けとなる合理的な根拠を示す資料の提出を求めることができる（この権限は，消費者庁長官及び都道府県知事に委任されている。以下，「消費者庁長官」として記述する。）。
　②　この求めを受けた事業者が資料を提出しない場合（合理的根拠とは認められない資料を提出した場合を含む。），措置命令に関して，当該表示は優良誤認表示とみなされる。[注3]

　この規定が適用された場合には，「表示と事実が異なる」ことのみならず，表示が優良誤認表示の要件を全て満たすものとして取り扱われる。

　課徴金納付命令についても，措置命令と同様の規定があるが，措置命令については「優良誤認表示とみなされる」のに対し，課徴金納付命令については「優良誤認表示と推定される」旨規定されている（景表8条3項）。

　不実証広告規制に関するガイドラインとして，「不当景品類及び不当表示防止法第7条第2項の運用指針―不実証広告規制に関する指針―」[注4]（以下，「不実証広告ガイドライン」という。）が公表されている。[注5]

　不実証広告ガイドラインでは，特に商品・サービスの効果，性能に関する表示についての不実証広告規制の適用についての考え方が示されている（不実証広告ガイドライン第2の1(3)）。

　以下，不実証広告ガイドラインに沿って事業者が提出すべき資料について解説する。

2　資料の提出期限

　事業者の資料提出期限は，原則として，資料の提出を求める文書が交付された日から15日後である。この15日間は，消費者庁長官に提出するための資

料を取りまとめるための期間として設定されたものである。この制度の根底には，「商品・サービスの効果，性能の著しい優良性を示す表示は，一般消費者に対して強い訴求力を有し，顧客誘引効果が高いものであることから，そのような表示を行う事業者は，当該表示内容を裏付ける合理的な根拠をあらかじめ有しているべきである。」との考え方（不実証広告ガイドライン第3の1の冒頭部分）があり，資料提出の求めを受けた事業者が，新たな試験・調査を行うことは想定されていない。

3 提出すべき資料

事業者から資料が提出された場合，消費者庁長官は，当該資料が当該表示の裏付けとなる合理的な根拠を示しているか否かを判断することになる。

この判断の基準については，不実証広告ガイドラインの「第3『合理的な根拠』の判断基準」に考え方が示されている。これによれば，合理的な根拠と認められるためには，①提出資料が客観的に実証された内容のものであること，②表示された効果，性能と提出資料によって実証された内容が適切に対応していることの二つの要件を満たす必要がある。

(1) 提出資料が客観的に実証された内容のものであること

提出資料が客観的に実証された内容のものであるとされるためには，

(i) 試験・調査によって得られた結果

又は

(ii) 専門家，専門家団体もしくは専門機関の見解又は学術文献

でなければならない。

(i) 試験・調査の方法

試験・調査によって得られた結果を表示の裏付けとなる根拠として提出する場合，当該試験・調査の方法は，表示された商品・サービスの効果，性能に関連する学術界又は産業界において一般的に認められた方法又は関連分野の専門家多数が認める方法によって実施する必要がある。学術界又は産業界において一般的に認められた方法又は関連分野の専門家多数が認める方法が存在しない場合には，当該試験・調

査は，社会通念上及び経験則上妥当と認められる方法で実施する必要
がある。

消費者の体験談やモニターの意見等の実例を収集した調査結果を表
示の裏付けとなる根拠として提出する場合には，無作為抽出法で相当
数のサンプルを選定し，作為が生じないように考慮して行うなど，統
計的に客観性が十分に確保されている必要がある。

◎　**客観的に実証されたものとは認められない例**
　・自社の従業員又はその家族等，販売する商品・サービスに利害関係を有
　　するものの体験談を収集して行う調査は，サンプルの抽出過程において
　　作為的な要素を含んでおり，自社に都合の良い結果となりがちであるこ
　　とから，統計的に客観性が確保されたものとはいえない。
　・積極的に体験談を送付してくる利用者は，一般に，商品・サービスの効
　　果，性能に著しく心理的な感銘を受けていることが予想され，その意見
　　は，主観的なものとなりがちなところ，体験談を送付しなかった利用者
　　の意見を調査することなく，一部の利用者から寄せられた体験談のみを
　　サンプル母体とする調査は，無作為なサンプル抽出がなされた統計的に
　　客観性が確保されたものとはいえない。

(ii)　専門家等の見解や学術文献
　　専門家等の見解や学術文献については，
　(ア)　専門家等が，専門的知見に基づいて当該商品・サービスの表示さ
　　　れた効果，性能について客観的に評価した見解又は学術文献であっ
　　　て，当該専門分野において一般的に認められているもの
　(イ)　専門家等が，当該商品・サービスとは関わりなく，表示された効
　　　果，性能について客観的に評価した見解又は学術文献であって，当
　　　該専門分野において一般的に認められているもの
　　のいずれかであれば，客観的に実証されたものと認められる。
　　ただし，客観的に評価した結果であるからといって，その内容が表

示の合理的根拠となるとは限らない（Q27の解説2(1)(ア)を参照。）。

(2) 表示された効果，性能と提出資料によって実証された内容が適切に対応していること

不実証広告ガイドラインでは，表示と実証内容が適切に対応していないものの例として，実証が行われた環境・条件では効果や性能が認められるが，①その環境条件が一般的な使用環境・条件と異なっている場合，②実証された効果や性能以上の効果や性能を表示する場合などが挙げられている。

また，ある商品に性能が実証されている原材料が用いられていたとしても，その商品がその性能を発揮するとは限らない。商品の効果性能の表示については，原材料の効果性能ではなく，当該商品の効果性能について合理的根拠を示す資料を提出する必要がある。

(注1) 「不実証広告規制」は法令上の用語ではないが，ガイドラインの表題にはこの呼称が用いられている（ただし，その本文では用いられていない。）。

(注2) 制度導入当初は，優良誤認に関する規定（当時は4条）の中に規定されていたが，平成26年11月改正で，措置命令を定める7条に移動した（平成28年4月1日施行）。

(注3) 不実証広告規制の規定は，前注のとおり，措置命令の規定である7条に移動したが，7条2項に基づく資料提出要求に対し事業者から的確な資料が提出されなかった場合であっても，裁量により措置命令は行わない（指導にとどめる）ことは可能と考えられる。

(注4) なお，不実証広告ガイドラインには，景品表示法5条1号の引用について，消費者庁移管時の法改正が十分反映されていない箇所が見受けられる（不実証広告ガイドライン第1の2(1)）。

(注5) 課徴金に係る不実証広告規制について，その判断基準は措置命令に係る不実証広告規制と同一とされている（課徴金ガイドライン第7）。

(注6) ただし，不実証広告規制が，「効果，性能」に関する表示ではないものについて適用された例がある。例：市場シェアに関する表示（平29・4・21消費者庁措置命令「プラスワン・マーケティング㈱に対する件」（SIMカードの数量シェアの表示）），弁当の食材（平31・8・15大阪府措置命令「㈱かなたにに対する件」（弁当に佐賀牛を使用したとの表示））。

第2章 景品表示法による表示・景品規制

157

第2節　不当表示の規制

Q25

　販売業者が，商品の供給元の製造業者から商品の効果・性能について説明を受け，これに基づいて効果・性能を訴求する内容の広告を行う場合にも，消費者庁から，合理的根拠を示す資料の提出を求められることがあるか。その場合に備えて，自ら実証試験や調査を行っておく必要があるか。

　販売業者が他から供給された商品の効果・性能の表示を自ら行っている場合には，販売業者が，その表示について景品表示法7条2項の合理的根拠資料の提出を求められる。販売業者は，自ら実証試験・調査等を行うことが常に求められるものではないが，製造業者等が行った実証試験・調査等に係るデータ等が存在するかどうか及びその試験方法・結果の客観性等の確認を販売業者が自ら行っておくことが最小限必要であり，求めがあった場合には，そのような確認を行ったことを示す書面等を提出することにより，7条2項の資料提出とすることができる。

解　説

　販売業者が，商品の製造業者から得た情報を基にして，販売カタログや店舗内表示などにより，商品の効果・性能の表示を自ら行うことがある。この場合，規制当局は，必要があれば，販売業者に対して表示の合理的根拠資料の提出を求めることになる。その場合に，販売業者が提出すべき資料について，不実証広告ガイドラインは，

　　「販売業者が自ら実証試験・調査等を行うことが常に求められるものではなく，製造業者等が行った実証試験・調査等に係るデータ等が存在するかどうか及びその試験方法・結果の客観性等の確認を販売業者が自ら行ったことを示す書面等を当該表示の裏付けとなる根拠として提出することも可能である。」

158

と述べている（不実証広告ガイドライン第3の1）。

　すなわち，販売業者は，仕入先の製造業者が謳う商品の効果性能を自ら広告宣伝する場合には，その根拠（製造業者等が行った実証試験・調査等に係るデータ等が存在するかどうか及びその試験方法・結果の客観性等）を製造業者に照会し，自ら確認しておくことは最小限必要である。

　ただし，これら確認を行ったことを示す書面を提出すれば，それらが自動的に合理的根拠を示す資料として認められるわけではなく，合理的根拠を示す資料として認められるか否かについては，その内容により判断されることになることに留意を要する。

　したがって，販売業者は，製造業者の説明を鵜呑みにせず，仮にその根拠が十分でないと考えられる場合には，少なくとも効果性能について自ら表示を行うことは避けることが賢明である（販売業者は表示内容の作成に関与していなければ，景品表示法違反に問われることはない。Q17を参照。）。

Q26
不実証広告規制が適用された事案において，実際にどのような資料が提出され，規制当局はどのように判断しているか。

　　　　不実証広告規制に関し，事業者が提出した資料の内容やこれらが合理的根拠資料に該当しないと規制当局が判断した理由については詳らかでないことが多いが，規制当局は，不実証広告ガイドラインの判断基準に則り判断をしているものと考えられる。

解　説

1　合理的根拠資料に該当しないとの判断理由
　事業者が，景品表示法7条2項の資料提出の求めを受けて資料を提出した

ものの，その資料が「当該表示の裏付けとなる合理的な根拠を示す資料」
(以下,「合理的根拠資料」と略称する。) に該当しないとされ，資料が全く提出さ
れない場合と同様の扱いとなり，優良誤認表示に当たるとみなされたケース
は数多い（資料が全く提出されなかった場合と，提出されたが合理的根拠資料とは認め
られなかった場合とは，命令書の記載から判別可能である。)。

　しかし，事業者が提出した資料の内容や，それらが合理的根拠を示すもの
ではないと当局が判断した理由は命令書には記載されておらず,(注1)規制当局
の新聞発表文等でも明らかにされない。また，事業者が提出した資料が合理
的根拠資料に当たるとされた場合については，そのようなケースが存在した
かどうかを含め実態は不明である。

　制度が施行されて間もない時期には，担当官の事件解説で，事業者から提
出された資料の内容及びそれに対する考え方が紹介されることも珍しいこと
ではなかったが，最近の事件解説において言及されることは少なくなってい
る。(注2)

　しかし，担当官の事件解説で明らかにされた事例や公取委の審判審決，行
政不服審査法に基づく消費者庁長官への審査請求手続(注3)及び取消訴訟にお
いて事業者が提出した資料等が明らかになった事例（裁判例については次のQ27
参照）を見る限り，規制当局は，不実証広告ガイドラインの判断基準に則っ
て，合理的根拠資料に該当するかどうかを判断していると考えられる（ただ
し，不実証広告ガイドラインには示されていない事柄について，考え方を補完したと考え
られる場合はある。)。

2 健康食品における事例

　健康食品の表示に関して措置命令を行った事例については，「合理的な根
拠」と認められなかった理由を消費者庁がとりまとめている（「健康食品に関
する景品表示法及び健康増進法上の留意事項について」(「健康食品ガイドライン」)）。健
康食品に限定されてはいるもの，指針に示された判断基準が適用された具体
例をまとめたものとして参考になる。

(1) 提出資料が客観的に実証された内容のものでないもの

　　(ア)　提出資料が，商品に含まれる成分に関するウェブサイト上の情報や，ショッピングサイトでのレビューの内容をまとめたものにすぎず，表示された効果に関連する分野を専門として実務，研究，調査等を行う専門家，専門家団体若しくは専門機関（以下「専門家等」という。）の見解又は学術文献ではなかった。

　　(イ)　商品の原材料の効果に関する文献が提出されたが，査読者のいる学術誌に掲載されたものではなく，専門家等の見解又は学術文献とは認められないものであった。

　　(ウ)　商品を用いたヒト試験の報告書が提出されたが，そのヒト試験において対照品として用いられたものが，商品とは全く別の商品であった（特定成分の効果を検証する試験を行う場合は，その特定成分を含む試験品と，その試験品からその特定成分のみを除外したものを対照品とする必要がある。）。

　　(エ)　痩身効果を標ぼうする商品に関し，商品を用いたヒト試験の報告書が提出されたが，その試験における被験者の選定が恣意的であった（試験品摂取群が対照品摂取群に比べ，体重が重く，体脂肪率が高かった。）。

　　(オ)　痩身効果を標ぼうする商品に関し，商品を用いたヒト試験の報告書が提出されたが，その試験の被験者の食事内容やカロリー摂取量が記録されていなかった。

(2) 表示された効果と提出資料によって実証された内容が適切に対応していないもの

　　(ア)　提出資料が，商品に含まれる成分に関するウェブサイト上の情報をまとめたものであって，表示された本件商品自体の効果を実証するものではなかった。

　　(イ)　商品に含有される成分に関する研究論文が提出されたが，その成分に関する一般的な記述があるにすぎず，その商品の効果を実証するものではなかった。

　　(ウ)　商品の成分に関する研究論文が提出されたが，その論文における被験者の成分摂取量と商品に含まれる量が著しく乖離しており，その商

第2節　不当表示の規制

　　品を摂取することによる効果を実証するものではなかった。

　㈡　商品の成分に関する試験データが提出されたが，マウスやラットに
　　よる動物実験データであって，ヒトへの有効性を実証するものではな
　　かった。

（注1）　措置命令における理由提示が十分か否かについて，レック㈱に対する措置命
令（令3・4・9）の取消訴訟において，原告レック㈱は，"措置命令は，事
業者の提出した資料が合理的根拠資料に当たらないと判断した理由の提示が不
十分であり，行政手続法14条1項に違反する"旨主張したが，判決は「本件処
分において提示された理由」は，「行政手続法14条1項の要求する理由提示の
程度として十分なものといえるから，同項に違反するものではない」と判示し
ている（東京地判令5・2・2公刊物未登載（事件番号：令3（行ウ）180号））。

（注2）　「医療法人社団バイオファミリーに対する景品表示法に基づく措置命令につ
いて」（公取775号69頁）を最後に，担当官解説で事業者が提出した資料の内容
に言及したものはない。

（注3）　消費者庁の措置命令・課徴金納付命令に不服がある場合，事業者は，消費者
庁長官に審査請求をすることができる。消費者庁長官は，審査請求に対する裁
決を行う前に，行政不服審査会に諮問をしなければならない（Q69参照）。この
諮問に対する行政不服審査会の答申は，総務省のウェブサイト（組織案内――
審議会・委員会・会議等――行政不服審査会―答申一覧）に公表されている。

　　　消費者庁が行った不実証広告規制による措置命令等に対し審査請求が行われ，
消費者庁長官の諮問を受けて行政不服審査会が答申を行ったものは，令和6年
7月末現在，以下の6件である（公表されている答申には審査請求者名は記載
されていないが，答申の内容から特定した。）。いずれの事案でも「審査請求を
棄却すべきであるとの諮問に係る審査庁（消費者庁長官）の判断は妥当であ
る。」との答申がなされている。

　　①　平成29年度答申第39号――平成30年2月2日（審査請求者：だいにち堂
　　　（平29・3・9消費者庁措置命令））

　　②　令和3年度答申第58号――令和3年12月24日（審査請求者：レッドスパイ
　　　ス（令3・3・18消費者庁措置命令））

　　③　令和3年度答申第72号――令和4年2月17日（審査請求者：東亜産業（令
　　　2・8・28消費者庁措置命令））

　　④　令和3年度答申第74号――令和4年3月1日（審査請求者：大正製薬（令
　　　元・7・4消費者庁措置命令））

　　⑤　令和4年度答申第16号――令和4年6月16日（審査請求者：だいにち堂
　　　（令3・2・3消費者庁課徴金納付命令））

　　⑥　令和4年度答申第63号――令和5年1月24日（審査請求者：大木製薬（令
　　　3・12・16消費者庁措置命令））

Q 27

Q27

不実証広告規制の適用により行われた措置命令について取消訴訟が提起された場合，事業者が提出された資料が合理的根拠資料に当たるか否かについて，裁判所はどのように判断しているか。

不実証広告規制を適用して行われた措置命令について，取消訴訟が提起された事案のいずれにおいても，規制当局の考え方が是認されている。

解 説

1 概 要

不実証広告規制を適用して行われた措置命令（公取委所管時は審決）について，取消訴訟が提起されることがある。現在まで，いずれの事案においても規制当局（当初は公取委，現在は消費者庁。なお，都道府県知事の措置命令について取消訴訟が提起された例はない。）の考え方が是認されている。

以下では，現在まで判決に至ったものを紹介する。

2 事 例

(1) 公正取引委員会の審決が争われた事例

ア ㈱オーシロに対する件・ミュー㈱に対する件（ニコチンが減少する効果を標榜するたばこ用粉末剤）

公取委の排除命令に対して，㈱オーシロ及びミュー㈱が，それぞれ，命令の取消しを求めて審判を請求したが，公取委は両社の請求を棄却する審決を行った。[注1] さらに，両社は，公取委の審決の取消しを求める訴訟を東京高裁に提起した。オーシロの事案とミューの事案は，異なる裁判体で審理された。

オーシロ事案では，東京高裁は，公取委の不実証広告ガイドラインの

163

第2節　不当表示の規制

摘示する要件は，景品表示法4条2項（当時）の解釈として妥当なものと解すべきであり，これらの要件を満たさない場合には，特段の事情がない限り，合理的根拠資料に該当しないと一般論を述べた上で，公取委の審決が，提出された資料が合理的根拠資料に該当しないとした認定判断は合理的なものであるとして，（当時の実質的証拠法則の下で）公取委審決の判断を支持した。(注2)

　これに対して，ミュー事案では，不実証広告ガイドラインには言及せずに，提出された資料が合理的根拠資料に該当しないと判断し，公取委審決の判断を支持した。(注3)

　なお，公取委審決において，以下の重要な（特に，(ア)については不実証広告ガイドラインを補完する意味を持つとされる。）判断が示されており，(注4)この審決の考え方は判決でも是認されている（(ア)についてはオーシロ事案審決の判断が判決で是認された。(イ)についてはミュー事案審決と同じ内容が判決で述べられている。）。

(ア)　客観的な資料であるからといって，直ちに合理的根拠になるとまではいえない。

　　審決は，一般論として，第三者による試験・調査結果は，表示を行う事業者の意図が反映されていないという意味で，一般的に客観性を有することを担保するが，その試験・調査結果の内容が表示の合理的な根拠となる内容を有することまで担保するものではないとした上で，提出された資料が合理的根拠資料に当たらないと判断した。

(イ)　提出された特許公報は合理的根拠資料とはいえない。

　　審決は，特許公報一般について，①特許公報は，出願公開された事実を示すものにすぎず，特許公報をもって実体審査を経て特許を受けたものということはできない，②特許公報に特定の試験の結論が記載されている場合においても，その記載自体が当該試験の客観性，信頼性等を担保するものではなく，特許公報自体が発明の効果・性能の全てを実証するものとはいえないと述べた上で，提出された特許公報が合理的根拠資料に当たらないと判断した。

164

イ ㈱カクダイに対する件（携帯電話等の受信状態向上効果，電池寿命向上効果
を標榜する商品）

　公取委の排除命令を受けた㈱カクダイ及び㈱ナスカが，それぞれ命令
の取消しを求めて審判を請求したが，公取委は両者の請求を棄却する審
決を行った。さらに，㈱カクダイは，公取委の審決の取消しを求める訴
訟を東京高裁に提起した（㈱ナスカは，取消訴訟を提起していない。）。

　判決は，公取委の不実証広告ガイドラインには言及せずに，㈱カクダ
イが提出した資料が合理的根拠資料に該当するか否かを，公取委が照会
した専門家の意見を引きつつ検討し，提出された資料が合理的根拠資料
に当たらないと判断している。その内容は，公取委の判断基準と同様で
あり，不実証広告ガイドラインの考え方を大筋で認めたものと解されて
いる。[注5]

(2) 消費者庁の措置命令が争われた事例

ア ㈱翠光トップラインに対する件ほか（冷暖房効率を向上させる効果を標榜
する窓ガラスフィルム）

　この事案は，景品表示法の消費者庁への移管後，同庁が行った不実証
広告規制に基づく措置命令について，初めて取消訴訟が提起されたもの
である。

　この判決では，(1)のオーシロ事案と同様，不実証広告ガイドラインが
示す基準は，「景品表示法7条2項の解釈として妥当であり，これらの
基準を満たさない場合には，特段の事情がない限り，合理的根拠資料に
該当しない」との考え方を示している。その上で，この基準に従って，
原告が提出した各資料が合理的根拠資料に該当するか否かを判断し，消
費者庁の判断を是認している。[注6]

イ だいにち堂に対する件（目の症状改善効果を標榜する食品）

　本件は，不実証広告規制に関する初めての最高裁判決であり，不実証
広告規制についての憲法判断が示された点でも注目される事案である。

　第一審（東京地裁）は，事業者から提出された資料が合理的根拠資料
に該当するか否かについて，不実証広告ガイドラインの判断基準は妥当

であるとして，本件においても基本的にはこの基準に沿って検討するのが相当であるとしている。そして，裁判所として事業者から提出された資料を検討し，これらは本件商品の有する効能・効果を客観的に実証するものではないので，表示の内容が実証された内容と適切に対応するものであるか否かについて検討するまでもなく，合理的根拠資料に該当しないとの判断を示している。(注7)

　控訴審（東京高裁）では，事業者の提出資料が合理的根拠資料に該当するかどうかは争点となっておらず，①消費者庁が行った資料提出要求がその要件を欠いている，②不実証広告規制は表現の自由及び営業の自由を侵害するものであり憲法違反である等の原告の主張は全て退けられた。(注8)

　最高裁では，不実証広告規制の合憲性が争われ，不実証広告規制の目的が公共の福祉に合致するものであり，また，その目的を達成するために必要かつ合理的なものであって，景品表示法7条2項は，憲法21条1項，22条1項に違反するものではないとされた。(注9)

ウ　ティーライフ㈱に対する件（痩身効果を標榜する食品）

　本判決は，事業者から提出された資料が合理的根拠資料に該当するか否かについて，不実証広告ガイドラインの定めは景品表示法7条2項の解釈として妥当であるとした上で，その判断基準に従って，提出された各資料が合理的根拠資料に該当するか否かを検討している。そして，提出資料は表示の裏付けとなる合理的な根拠を示すものとは認められないと判示している。

　なお，本件では，事業者の行った表示の意味内容や，消費者庁の行った資料提出要求の適法性なども争点となっていたが，これらについても消費者庁の考え方が是認され，原告の請求は棄却された（確定）。(注10)

エ　レック㈱に対する件（空間除菌効果を標榜する商品）

　本判決は，提出された各資料を検討の上，これらは，表示から一般消費者が受ける印象に対応する事実の合理的根拠資料とは認め難いと判断している。判決は，不実証広告ガイドラインを引用しつつも，その妥当

性如何について明示していないが，事実上同ガイドラインの基準に沿って判断しているものと考えられる。

　なお，本件では，資料提出期限経過後に提出された資料の取扱いについても言及されており，これらの期限後提出資料は，当初提出された資料が合理的根拠資料であるか否かを判断するために参酌し得るにとどまり，当初提出資料の内容を説明したり補足したりするためにのみ用い得るにすぎないとしている。

　また，本件では，「措置命令は，事業者の提出資料が合理的根拠資料に当たらないと判断した理由の提示が不十分であり，行政手続法14条１項に違反する。」旨の原告の主張に対しても，これを否定する判断が示されている（前問Q26注１参照）（確定）。[注11]

- **（注１）** ㈱オーシロに対する審決（平21・10・28審決集56巻第１分冊316頁），ミュー㈱に対する審決（平21・10・28審決集56巻第１分冊285頁）。当時の手続では，公取委の排除命令を受けた者は審判を請求することができ，審判を経て公取委が行った審決に対しては，東京高裁に審決取消訴訟を提起することができた。
- **（注２）** 東京高判平22・10・29公取委ウェブサイト。オーシロ事案の判決評釈として，柴田潤子「審決・判例評釈　たばこ用粉末剤の不当表示事件東京高判」公取728号72頁〜77頁
- **（注３）** 東京高判平22・11・26公取委ウェブサイト
- **（注４）** 審決の評釈として，岩本諭「審決・判例評釈　たばこ用粉末剤不当表示事件［公取委審判請求棄却審決平成21.10.28］」公取713号50頁〜55頁
- **（注５）** 大槻文俊「審決・判例評釈　カクダイ不実証広告事件［東京高判平成22.7.16］」公取725号99頁〜103頁
- **（注６）** 山田務「窓ガラス用フィルムに係る措置命令取消等請求事件（［東京地裁平成28.11.10判決］（特集　最近の表示に関する違反事件等について）」公取804号17頁〜22頁
- **（注７）** 東京地判令２・３・４金判1651号19頁
- **（注８）** 東京高判令２・10・28金判1651号17頁
- **（注９）** 最三小判令４・３・８民集267号29頁
- **（注10）** 東京地判令４・４・28ウエストロー（事件番号：令３（行ウ）153号）
- **（注11）** 東京地判令５・２・２ウエストロー（事件番号：令３（行ウ）180号）

第2節　不当表示の規制

Q28

価格の表示について，景品表示法上どのような点について注意が必要か。

当局から，価格表示についての一般的なガイドラインとして，「不当な価格表示についての景品表示法上の考え方」が公表されている。とりわけ二重価格表示について詳細なガイドが示されている。

解　説

価格表示については，「不当な価格表示についての景品表示法上の考え方」（平12・6・30公取委，最終改定：平28・4・1消費者庁，「価格表示ガイドライン」）に，規制当局の考え方が示されている。

以下，この価格表示ガイドラインに沿って，当時公表された担当者の補足的解説[注1]を参照しつつ，注意すべき点を述べる。なお，価格表示ガイドラインでは，「不当表示に該当するおそれがある」といった含みを持たせた表現が多用されているが，ガイドラインとしての性格上慎重に書かれているものであって，そのように記述されている場合は，不当表示（有利誤認表示）の構成要件を満たすものと考えるべきである。

1　有利誤認表示の問題であること〔価格表示ガイドライン第2〕

販売価格に関する表示については，景品表示法の有利誤認表示に当たるかどうかが問題となる。

問題が発生し得る局面として，①販売価格を単独で表示する場合（価格表示ガイドラインでは「販売価格に関する表示」。），②二重価格表示を行う場合，③割引率又は割引額を表示する場合，④（①～③以外の）販売価格の安さを強調する表示を行う場合が挙げられる。

168

2 販売価格を単独で示す場合〔価格表示ガイドライン第3〕

　販売価格それ自体について正確な表示をする必要がある（販売価格が120円であるのに「100円」と表示することは不可）ことは当然であるが，表示した価格が適用される商品の範囲（附属品が含まれるか等），表示された価格が適用される条件（特定の顧客にのみ適用されるものなのか等）について，実際と異なる表示やあいまいな表示を行う場合は不当表示に該当するおそれがある。

　なお，消費者は，不当な価格表示に接した後，購入する前に正しい販売価格を知る場合もあるが，チラシのように一つの完結した表示が不当表示に該当する場合には，その後，消費者が正しい表示に接するとしても，当初の表示の不当性が排除されるものではないと考えられる。[注2]

3 二重価格表示〔価格表示ガイドライン第4〕

(1) 基本的考え方

　　二重価格表示とは，自己の販売価格とこれよりも高い他の価格（比較対照価格）を併記した表示のことである。

　　二重価格表示については，比較対照価格が適正に表示される必要がある。二重価格における問題は，比較対照価格の表示の問題に尽きるといっても良い。

　　まず，比較対照価格は，原則として，販売される商品と同一の商品の価格でなければならない。商品が同一でなければ，販売価格が本当に安いのか，安いとしてもどれくらい安いのか評価ができず，消費者の誤認につながるからである。[注3]

　　また，比較対照価格について，実際と異なる表示やあいまいな表示が行われてはならない。架空の価格を比較対照価格とすることはもちろん不可であるが，消費者が正しく比較ができるようにするため，比較対照価格が適用される商品の範囲や顧客の条件，比較対照価格として用いられた価格がどういう価格なのか（自己の過去の販売価格なのか，希望小売価格なのか等）などについて正確に表示する必要がある。

(2) 過去の販売価格を比較対照価格とする場合

　「当店通常価格」等の名称を付した価格が比較対照価格に用いられる場合，消費者は，通常，セール前の相当期間（この「相当」は，それなりに長いというほどの意味である。）販売されていたと認識すると考えられる。

　そのため，セール前の相当期間（「最近相当期間」）の価格（「最近相当期間価格」）を比較対照価格とする場合は基本的に問題はないが，それ以外の過去の価格を比較対照価格とする場合には，その価格がいつの時点でどの程度の期間販売されていたか等を正確に表示する必要がある。最近相当期間価格の詳細については，Ｑ29を参照されたい。

(3) 将来の販売価格を比較対照価格とする二重価格表示

　価格表示ガイドラインでは，「表示された将来の販売価格が十分な根拠のあるものでないとき（実際に販売することのない価格であるときや，ごく短期間のみ当該価格で販売するにすぎないときなど）には，一般消費者に販売価格が安いとの誤認を与え，不当表示に該当するおそれがある。」(注4)とされている。

　また，「将来の価格設定は，将来の不確定な需給状況等に応じて変動するものであることから，将来の価格として表示された価格で販売することが確かな場合（需給状況等が変化しても表示価格で販売することとしている場合など）以外において，将来の販売価格を用いた二重価格表示を行うことは，適切でない」(注5)とされ，将来の販売価格を用いた二重価格表示に対して基本的に否定的な評価をしている（将来の販売価格については，本ガイドラインを補完する「執行方針」が公表されている。その詳細はＱ30を参照されたい。）。

(4) 希望小売価格を比較対照価格とする二重価格表示

　価格表示ガイドラインは，希望小売価格について，以下のような基本認識に立っている。すなわち，「希望小売価格」とは，「製造業者等により小売業者の価格設定の参考になるものとして設定されるものであり，あらかじめ公表されているもの」であり，それが消費者の一般的認識である，というものである。

したがって，小売業者が自ら設定した価格を「希望小売価格」と称することはできない。

また，（製造業者等により設定されている価格であっても）あらかじめ公表されていない価格を，希望小売価格と称して比較対照価格に用いることは，不当表示に該当するおそれがあるとされる。

製造業者等が参考小売価格や参考上代等の名称で小売業者に対してのみ呈示している価格については，これらの価格が，カタログやパンフレット等で小売業者に広く呈示されている場合（小売店の一部の問合せに対して個別に呈示するような場合は含まない。）には，小売業者が当該価格を比較対照価格に用いて二重価格表示を行うこと自体は可能であるが，その比較対照価格を希望小売価格と称してはならず，当該比較対照価格がどういう性格の価格であるかについて消費者が誤認しないように表示しなければならない。また，製造業者が小売業者向けに広く呈示しているとはいえない価格を参考小売価格等と称して比較対照価格に用いることは不当表示に該当するおそれがある。[注6]

(5) 競争事業者の販売価格を比較対照価格とする二重価格表示

複数の競争事業者の販売価格又はそれらを基に算出した価格（いわゆる「市価」）を用いる場合と，特定の競争事業者の販売価格を用いる場合があるが，いずれにしても，同一の商品について，「一般消費者が代替的に購入し得る事業者の最近時の販売価格」を用いる必要があり，そうでない場合は不当表示に該当するおそれがあるとされる（「一般消費者が代替的に購入し得る事業者」とは，要するに競争事業者のことである。）。

また，市価を比較対照価格とする場合は，「競争関係にある事業者の相当数の者が実際に販売している価格を正確に調査することなく表示する場合には，不当表示に該当するおそれがある。」とされている。有利誤認表示については不実証広告規制の適用はなく，また価格表示ガイドラインでは必ずしも明確ではないが，十分な調査をしないまま「市価」を比較対照価格に用いることは，その価格は実は「市価」とはいえない（結果的に正しかったどうかに関わらない。）ことになるので，有利誤認表示に

第2節　不当表示の規制

該当するおそれがあると考えられる。

(6)　他の顧客向けの販売価格を比較対照価格とする二重価格表示

　　会員制販売の形式をとっているが，実際には希望者は誰でも容易に会員になることができ，非会員価格で購入する者はほとんどいないことがある。

　　そのような場合に，非会員向け価格を比較対照価格に用いることは，根拠のない価格を比較対照価格としたものであり，不当表示に該当するおそれがあるとされる。

　　また，リゾートホテルなど，需要のピーク時とオフ時で販売価格の差が大きく，かつ，ピーク時の期間が限定されている場合に，ピーク時の価格を平均的な販売価格であるかのような名称を付して，比較対照価格に用いることも不当表示に該当するおそれがあるとされている。

4　割引率又は割引額の表示〔価格表示ガイドライン第5〕

(1)　基本的考え方

　　二重価格表示と類似した表示方法として，「当店通常価格」や表示価格等からの割引率又は割引額を用いた価格表示が行われることがある。

　　この表示方法は，二重価格表示における比較対照価格と販売価格の差を割引率又は割引額で表示したものであり，基本的には二重価格表示と同様の考え方が適用される。

(2)　一括的な割引率又は割引額の表示

　　割引率又は割引額の表示の中には，小売業者の取り扱う全商品又は特定の商品群を対象として一括して割引率又は割引額を表示する場合がある。

　　一括して割引率又は割引額の表示を行う場合には，算出の基礎となる価格，適用される商品の範囲及び適用されるための条件について明示する必要がある。

5 販売価格の安さを強調するその他の表示〔価格表示ガイドライン第6〕

商品の販売価格の安さを強調するために，販売価格の安さの理由や安さの程度を説明する用語（例えば，安さの理由を説明する「倒産品処分」，「工場渡し価格」等の用語，安さの程度を説明する「大幅値下げ」，「他店より安い」等の用語）を用いた表示が行われることがある。

安さの理由や安さの程度を説明する用語等を用いて，販売価格の安さを強調する表示を行う場合には，適用対象となる商品の範囲及び条件を明示するとともに，安さの理由や安さの程度について具体的に明示することにより，一般消費者が誤認しないようにする必要がある（価格表示ガイドラインには書かれていないが，4，5で明示すべきとされている事項は，当然「正確に」表示する必要がある。）。

(注1) 原一弘「『不当な価格表示についての景品表示法上の考え方』について」（以下「原解説」と略称）（上）公取599号4頁・（下）同600号59頁

(注2) 原解説（上）5頁

(注3) 同前注

(注4) 価格表示ガイドライン第4の2(1)イ

(注5) 同前注

(注6) アマゾンジャパン合同会社に対する件（平29・12・27消費者庁措置命令，当該命令の取消請求訴訟判決（請求棄却）──東京地判令元・11・15裁判所ウェブサイト（平成30年(行ウ)30号））では，商品を販売するウェブサイトに参考価格として併記されていた価格は，製造事業者が社内での商品管理上便宜的に定めた価格であり，一般消費者への提示を目的とするものではなかったこと等から，不当な二重価格表示に当たるとされた。

Q29

通常価格と比較して安いことを訴求する場合に，その価格は「最近相当期間価格」でなければならないと聞くが，それはどのようなものか。

第2節　不当表示の規制

　最近相当期間価格とはセール前の相当期間販売されていた価格のことである。この価格であれば、「当店通常価格」等と称して比較対照価格に用いることは基本的に問題はないと考えられる。

具体的には、セール開始時点からさかのぼる8週間の過半の期間において販売されていた価格は最近相当期間価格に当たる。

解　説

1　基本的考え方

「当店通常価格」等の名称を付した価格が比較対照価格に用いられる場合、消費者は、通常、セール前の相当期間（この「相当」は、「それなりに長い」というほどの意味である。）販売されていたと認識すると考えられる。

そのため、セール前の相当期間（「最近相当期間」）の価格（＝「最近相当期間価格」）を比較対照価格とする場合は基本的に問題はない。それ以外の過去の価格を比較対照価格とすることが全く許されないわけではないが、その場合には、その価格がいつの時点でどの程度の期間販売されていたか等を正確に表示する必要がある。

2　最近相当期間価格

最近相当期間価格とは何かについては、個別に判断されるが、一般的には、二重価格表示を行う最近時において、当該価格で販売されていた期間が、当該商品が販売されていた期間の過半を占めているときには、当該価格は「最近相当期間価格」に当たるとされている。

「最近時」については、セール開始時点からさかのぼる8週間であり、当該商品が販売されていた期間が8週間未満の場合には、その期間とされている。「販売されていた」というためには、その商品の販売活動があればよく、消費者に購入された実績があることを要しない。

ただし、当該価格で販売されていた期間が通算して2週間未満の場合、又は当該価格で販売された最後の日から2週間以上経過している場合は、上記

の価格は「最近相当期間にわたって販売されていた価格」とはいえないとされている（そのような場合は，そもそも「相当期間」とか「最近」とはいい難い。）。

3　セール期間中に最近相当期間価格でなくなる場合

「8週間のうちの4週間以上」の基準は，日々充足している必要があるので，セール開始時には比較対照価格として用いることに問題がなかった価格が，セール期間中に「最近相当期間価格」の要件を満たさなくなることがある。その場合は，セール期間の途中で当初の二重価格表示を取りやめる必要がある。ただし，セール開始時点でセール期間が明示されていれば，消費者の誤認は通常生じないので，二重価格表示を継続しても直ちに問題にはならない[注1]。

4　恣意的な比較などについて

特異な状況の価格を恣意的に抜き出して用いること，販売形態が通常と異なるために高い価格で販売されていた価格を比較対照価格に用いることは，その期間を明示しても不可とされている[注2]。これは，形式的に上記「最近相当期間」に該当する場合であっても同様との趣旨と解される。

5　セール実施の決定後に販売を開始した商品

価格表示ガイドラインでは，セール実施の決定後に販売を開始した商品の二重価格表示については，「商品の販売開示時点で，セールにおいていくらで販売するか既に決まっており，セール前価格は実績作りのものとみられることから，セール前価格で販売されていた期間を正確に表示したとしても，不当表示に該当するおそれがある」[注3]とされている。

一概に「実績作り」と言い切れるのか疑問もあり，新発売の商品について「お試し価格」を設定する場合（Q30参照）との整合性の問題もあるが，価格表示ガイドラインは，見せ掛けの価格が高めに設定されることに大きな懸念を抱いているようである。

ただし，担当者の解説では，セールの実施が数か月も前に決定されている

第2節　不当表示の規制

ような場合にまで，全ての商品についてこの考え方を当てはめようとするものではない旨補足されている。(注4)

(注1)　原解説（上）12頁
(注2)　原解説（上）7頁
(注3)　価格表示ガイドライン第4の2(1)ア(ア)
(注4)　原解説（上）8頁

Q30

　新製品の販売促進のため，発売直後は「新発売！通常価格○○円のところ，1か月間限定お試し価格XX円」と広告して，予定していた通常価格よりも安い価格で販売していたところ，予想以上に好評だったので，この価格を維持したいと思っている。景品表示法上の問題があるか。

　1か月間に限って「お試し価格」で販売することを表示した以上，1か月を超えてその価格を継続するとすれば，当初の広告は事実に反することになるので，有利誤認表示に該当することになる。

解　説

1　将来の販売価格の表示

　この表示の本質は，将来の販売価格（このケースでは1か月後の価格）を比較対照価格とする二重価格表示である。(注1)

　1か月間に限って「お試し価格」で販売することを表示した以上，1か月を超えてその価格を継続するとすれば，当初の広告は事実に反することになるので，有利誤認表示に該当することになる。(注2)仮に「お試し価格」という名称を外したり，他の名称に変更したとしても，「通常価格」の水準にしない限り，有利誤認表示となると考えられる。

176

Q 30

これについては，消費者にとっては安い価格で購入できる期間が延長され
たのであるから，表示よりも事実の方が有利であって，消費者には何の害も
及ぼしていないという反論もあり得るが，消費者は，1か月間限りという広
告にいわば「あおられて」購入したのであるから，そこに誤認が生じている
と考えられる。

また，事業者の価格設定の自由を奪っているようにも見えるが，自ら，お
試し価格での販売期間を1か月間に限定する表示をしているのであるから，
やむを得ないというべきである。

2　消費者庁の基本的考え方—価格表示ガイドラインと将来価格執行方針

価格表示ガイドラインは，過去の販売価格を比較対照価格とする場合につ
いては詳細に記述しているのに対し，将来の販売価格を比較対照価格とする
二重価格表示については基本的に否定的評価をしており，記述も簡素なもの
にとどまっている。

しかしながら，消費者庁は，価格表示ガイドラインが策定された当時と比
較すると，インターネット通販やテレビ通販の大幅な普及等に伴い，価格表
示の方法・実態等が多様化していること等の状況に鑑み，価格表示ガイドラ
インを補完するものとして，令和2年12月に「将来の販売価格を比較対照価
格とする二重価格表示に対する執行方針」（将来価格執行方針。以下「執行方針」
という。）を公表した。

以下は，執行方針の概要である（執筆者による要約であり，用語・表現は原文に
必ずしも忠実なものではない。）。

(1)　執行方針の基本的立場

執行方針では，「将来の販売価格は，これを比較対照価格とする二重
価格表示を行っている時点においては，未だ現実のものとなっていない
価格」であり，「将来の販売価格を比較対照価格とする二重価格表示は，
その表示方法自体に，表示と実際の販売価格が異なることにつながるお
それが内在されたものであると言わざるを得ず，比較対照価格とされた

177

将来の販売価格で販売することが確かな場合（需給状況等が変化しても当該将来の販売価格で販売することとしている場合など）以外においては，基本的に行うべきではない」と，価格表示ガイドラインと同様，将来の販売価格を比較対照価格とすることについて基本的に否定的な立場をとっている。

(2) 執行方針が着目する「消費者の誤認」

執行方針は，将来の販売価格を比較対照価格とする二重価格表示において生じ得る誤認の内容について，次のような消費者認識と事実の「齟齬」を挙げている。

【消費者の認識】比較対照価格とされた将来の販売価格に十分な根拠がある，すなわち，セール期間経過後に，当該商品等が比較対照価格とされた価格で販売されることが予定されており，かつ，その予定のとおり販売されることが確実である。

【事実】事業者は，比較対照価格とされた将来の販売価格で販売する確実な予定を有していない。「確実な予定」を有していると認められるためには，事業者は，セール期間経過後に当該価格で販売するための合理的かつ確実に実施される販売計画を有していない。

(3) 将来販売価格で販売されなかった場合の取扱い

執行方針は，消費者の誤認の内容を以上のように整理していることから，表示時点における事業者の確実な販売予定，販売計画の存否が，有利誤認表示であるか否かの判断において決定的な意味を持つことになる。

そして，特段の事情なく，実際に将来の販売価格とされていた価格で販売されなかった場合には，「合理的かつ確実に実施される販売計画を有していなかったこと」が推認されるので，「そのような販売計画がなかったにも拘らず，あたかも然るべき販売計画が存在したかのように表示したこと」を捉えて有利誤認表示とするとの考え方をとっている。

しかし，然るべき販売計画を有していても，特段の事情により，その計画が実現されない場合がある。その場合の取扱いは，概略は以下のとおりである。

すなわち，比較対照価格とされた将来の販売価格で販売していない場合であっても，事業者が，合理的かつ確実に実施される販売計画を有していたことを示す資料やデータを有しており，かつ，将来の販売価格で販売できない特段の事情が存在する場合は，合理的かつ確実に実施される販売計画を有していなかったことは推認されないので，消費者庁は，（「特段の事情」発生後の事業者の対応等を条件に）原則として，これを有利誤認表示として取り扱うことはない，とされている。

　この「特段の事情」があるとされるのは，天災等，自社ではコントロールできない事象のために，商品の販売ができなくなったり在庫処理のための廉売を余儀なくされたりした場合に限られる。例えば，以下のような事情で「将来販売価格」で販売しない場合には，「特段の事情なく」将来販売価格で販売しなかったとはいえず，有利誤認表示に該当することになる。なお，価格を「将来販売価格」に引き上げなかった場合だけでなく，表示の対象商品の販売をしない場合も，「将来販売価格で販売しなかった」場合に含まれていることが注目される。

- ・顧客からセール継続を求められたためセール期間を延長した
- ・売上げが伸びないため，売上目標に達するまでセール期間を延長した
- ・エアコンについて，セール開始後の気温上昇による一般的な需要増の結果，売行きが増加して在庫が売り切れたが，追加仕入れをしなかったため，セール期間経過後販売しなかった
- ・石油ファンヒーターについて，セール開始後の気温上昇による一般的な需要減の結果，市況が低下したり売れ残りが出たりしたため，セール期間経過後セールを継続した
- ・セール開始後他社が値下げしてきたため対抗上セールを継続した

(4) 比較対照価格で販売する期間

　ごく短期間しか比較対照価格とされた将来の販売価格で販売しなかった場合は，事業者が，比較対照価格とされた将来の販売価格で販売する期間など比較対照価格の内容を正確に表示しない限り，有利誤認表示として取り扱われる。ごく短期間であったか否かは個別に判断されるが，

一般的には，事業者が，セール期間経過後直ちに比較対照価格とされた将来の販売価格で販売を開始し，当該販売価格での販売を2週間以上継続した場合には，ごく短期間であったとは考えられないとされている。

- **(注1)** 期間限定販売広告の景品表示法上の問題の本質は，二重価格表示と異ならないことの指摘をはじめ，販売期間限定広告その他の全般的検討として，横田直和「販売期間・販売数量の限定広告と不当表示」17頁～29頁（関西大学法学研究所・ノモス第38号）がある。
- **(注2)** キャンペーン等と称して割引期間を限定しておきながら期間経過後も割引を継続していたことが有利誤認表示に該当するとされた最初の事例は，「㈱キャリアカレッジジャパンに対する件」（平27・3・20消費者庁措置命令）であり，同様の事例が少なくない。

COLUMN 8　将来の販売価格についての誤認とは

(1)　「今なら安い」との表示を見た消費者はどう思うか

「執行方針」においては，消費者の認識と実態について，以下のように整理されている。

- 消費者の認識──セール期間経過後に，当該商品等が比較対照価格とされた価格で販売されることが予定されており，かつ，その予定のとおり販売されることが確実である。
- 実態──事業者が，比較対照価格とされた将来の販売価格で販売する確実な予定を有していない。

「執行方針」は，この消費者の認識と実態の違い（齟齬）を，これを景品表示法上の誤認と捉えている。

しかし，この考え方には何となく違和感を持つ向きも少なくないのではなかろうか。

この状況における消費者の認識と実態を素直に表現するならば，むしろ，以下のようなことであろう。

- 消費者の認識──セール期間が終われば値上げが実施される（将来の予測）。
- 実態──セール期間の安い価格がセールが終わっても継続している（発生した事実）。

コラム8　将来の販売価格についての誤認とは

　消費者の誤認（思惑はずれ）は，「セール終了後値上げが実施される」と思っていたのに，値上げが実施されなかったことにあるのである。表示を見て「セール期間において，その終了後の値上げの確実な予定がある」とまで考える消費者は，皆無ではないとしても，少数であろう。

　景品表示法における「表示」とは，その表示に接した消費者の認識内容をベースとする概念であるのであるから，表示の内容は「将来値上げされる」ことであって，「将来の値上げ計画がある」ことではない。「執行方針」は景品表示法の基本的考え方から外れているように思われる。

(2)　表示の時点では不当表示であることは確定していない

　確かに，事業者はセール期間中「今なら安いよ！」と出まかせを言っているのかもしれない。しかし，その出まかせがウソであることが確定するのは，セール期間が終わって値上げが行われなかった後であって，それまではそれがウソであるとは言い切れない。

　執行方針に従えば，表示をした時点で，将来の値上げの計画がなければ有利誤認表示であることが確定することになる。しかし，これは不当表示を認定するタイミングとしては早すぎるのではないだろうか。仮に将来の値上げ計画がなかったとしても，セール期間終了前に改心して，表示したとおりに値上げを実施すれば不当表示とはいえない。計画もないのに将来の値上げを約束することは不当表示に当たる可能性の高い危険な行為であり，決して推奨できないが，だからといって表示を行った時点で不当表示であることが確定するというのは行き過ぎではないだろうか。景品表示法は，事業者の内心の意思と表示の違いを非難するものではない。

　また，仮に将来の値上げの確固たる計画があったとしても，セール期間終了後の消費者や競争事業者の動向に対応してセール期間の低価格を継続した場合には有利誤認表示となることに異論はなかろう。「執行方針」においても結論はそのようであるが，極めて苦しい説明でその結論を導き出している。値上げ計画の有無だけでは有利誤認表示であるか否かを判断できないことを自ら示していると言わざるを得ない。

(3)　不当表示の始期

　セール期間終了後に事業者が予告していた値上げが実施されなかった場合，不当表示は，その表示が開始された時点から行われていたことになる。この点では「執行方針」の考え方は間違っていない。しかし，セール期間が終わるまでは取引条件に係る消費者の誤認が発生しているとは言い切れ

第2章　景品表示法による表示・景品規制

ない（消費者の認識は存在するが，実態の方がまだ確定していない。）ので，セール期間が終了するまでの間は，事業者の表示を有利誤認表示に当たると断定することはできないと思われる。セール期間が終了して値上げが行われないことが確定した後で初めて，事業者の表示が不当表示であったことが（いわば遡って）確定するのである。

(4) 法運用とのギャップ

　また，景品表示法の運用の実情から考えても，「執行方針」の考え方には疑問がある。セール期間終了前に，販売計画がないことをもって直ちに景品表示法違反に問うようなことが実際にあるのだろうか。執行当局は，セール期間終了後の価格が上がっていないことを確認した上で，有利誤認表示と判断することになるであろう。そうであれば，販売計画の有無といった立証困難な要件に頼るのではなく，表示によってもたらされた消費者の認識とセール期間経過後の実態との「齟齬」を出発点として法適用を考えた方が簡明で素直である。

(5) 「執行方針」の意義

　不当表示の未然防止のために，「執行方針」のように，事業者が将来の価格を比較対照価格とする場合にはあらかじめ確実な販売計画を策定しておくべきことを強調することにはそれなりの意味はある。しかし，それは景品表示法のコンプライアンスのために推奨される事柄であって，違法性判断の基準とは別の話である。

　消費者庁の考え方は，「執行方針」という名称も含めて，やや勇み足の感が否めない。値上げ計画の有無をもって不当表示と判断すべき事例があり得ないわけではないが，あまり一般的とは思われない。

　執行方針は，その内容からすれば，違法性の判断基準を示したものというより，むしろ事業者向けの違反行為未然防止のための指針と考えた方が適切であり，理解も容易であるように思われる。

Q31

ライバル企業の商品と比較して自社の商品が優れていることを宣伝広告することは禁止されているか。このような広告を行う場合に注意すべき点はどのようなことか。

比較広告については消費者庁のガイドラインが公表されている。同ガイドラインによれば，①比較広告で主張する内容が客観的に実証されていること，②実証されている数値や事実を正確かつ適正に引用すること，③比較の方法が公正であることの３要件を満たす必要があり，これを欠く場合には，不当表示に該当するおそれがある。

解 説

1 比較広告と景品表示法

景品表示法５条は，自己の供給する商品・サービスの内容や取引条件について，競争事業者のものよりも，著しく優良又は有利であると一般消費者に誤認される表示などを不当表示として禁止しているが，競争事業者の商品・サービスとの比較そのものを制限しているわけではない。[注1]むしろ，正しい比較がなされれば，消費者にとって，商品・サービスの選択において極めて有益な情報となる。他方，商品等の比較は，消費者にとって手軽で分かりやすい情報であるからこそ，それが客観性・正確性を欠く場合には，消費者の選択を阻害するおそれが大きいと考えられる。

比較広告については，「比較広告に関する景品表示法上の考え方」（比較広告ガイドライン）が公表されている。比較広告について，比較広告ガイドラインは，「自己の供給する商品又は役務について，これと競争関係にある特定の商品等を比較対照商品等として示し（暗示的に示す場合を含む。），商品等の内容又は取引条件に関して，客観的に測定又は評価することによって比較する広告」と定義している。[注2]

183

第2節　不当表示の規制

　策定の趣旨について，比較広告ガイドラインは，「我が国においてはこれまで（編注：1987年の時点を指す。）比較広告があまり行われていないが，このような状況において，比較広告が適正に行われるためには，取りあえず景品表示法上問題とならない場合の考え方を示すことが適当である。したがって，当面の措置として，基本的に景品表示法上問題とならない比較広告の要件を挙げ，同法に違反する比較広告の未然防止を図ることとした。」と述べている（比較広告ガイドライン「はじめに」(2)）。

　比較広告ガイドラインによれば，比較広告が不当表示とならないようにするためには，次の三つの要件を全て満たす必要がある。

(1)　比較広告で主張する内容が客観的に実証されていること

- 　実証の範囲については，比較広告で主張する事項の範囲において実証されていることが必要であり，それで十分である。

- 　実証は，確立された方法がある場合はその方法で，ない場合は社会通念上妥当と考えられる方法などによって，主張する事実が存在すると認識できる程度まで行われている必要がある。

- 　実証機関については，それが広告主とは関係のない第三者である場合は，その調査は客観的なものと考えられる。

(2)　実証されている数値や事実を正確かつ適正に引用すること

- 　引用は，実証されている事実の範囲で行う必要がある。調査結果の一部を引用する場合には，調査結果の趣旨に沿って引用する必要がある。

- 　調査結果を引用して比較する場合には，一般消費者が調査結果を正確に認識できるようにするため，調査機関，調査時点，調査場所等の調査方法に関するデータを広告中に表示することが適当である。

(3)　比較の方法が公正であること

- 　特定の事項について比較し，それが商品・サービスの全体の機能，効用等に余り影響がないのに，あたかも全体の機能，効用等が優良であるかのように強調する場合，不当表示となるおそれがある。

- 　社会通念上同等のものとして認識されていないものなどと比較し，あたかも同等のものとの比較であるかのように表示する場合，不当表示となる

おそれがある。

● 表示を義務付けられている事項，又は通常表示されている事項であって，主張する長所と不離一体の関係にある短所について，これを表示せず，または明瞭に表示しない場合，商品全体の機能，効用等について一般消費者に誤認を与えるので，不当表示となるおそれがある。

2 比較広告が景品表示法上の問題となる事例

景品表示法で問題となる事例として，消費者庁ウェブサイト「比較広告」[注3]では以下の例が挙げられている。

● パソコンメーカーが，「この技術は日本で当社だけ」と表示したが，実際は他社でも同じ技術を採用したマシンを販売していた。

● 予備校が，大学合格実績№1と表示したが，他校と異なる方法で数値化したもので，適正な比較ではなかった。

● 携帯電話通信業者が，店頭チラシの料金比較で，自社が最も安いように表示したが，実は自社に不利となる割引サービスを除外して比較していた。

● 酒類量販店が，新聞折り込みチラシで，「この辺で一番安い店」と表示していたが，実際は周辺の酒店の価格調査をしておらず，根拠のないものであった。

3 №1表示

今日でも，我が国では，ライバル業者の商品と直接比較するような広告はあまり行われないが，売上実績，顧客満足度，販売価格，商品・サービス内容（特に効果・性能）等について，「№1」，「第1位」，「日本一」等の表示（いわゆる「№1表示」）がよく見られる。これらも比較広告の一種であり，その表示が，商品・サービスの内容の優良性や取引条件の有利性について一般消費者に誤認を与える場合には不当表示として問題となる（Q32を参照）。

（注1） ただし，事業法で比較広告が禁止されている例（医療法）や事業者団体の自主規制で比較広告が制限されている例（弁護士，税理士等）はある。

（注2） もっとも，客観的に測定・評価していない場合であっても，（適正ではない

第2節　不当表示の規制

　　　が）比較広告には当たるというべきであろう。
　（注3）　消費者庁ウェブサイト「景品表示法 ── 表示規制の概要 ── 比較広告」

Q32

　自社のサービスの顧客満足度が業界ナンバーワンであることを広告することについて，景品表示法上どのような問題があるか。

　　　　　売上実績，顧客満足度，販売価格や商品・サービス内容（特に効果・性能）等について，自社が「No.1」，「第1位」，「日本一」である等の表示を行うこと（いわゆる「No.1表示」）は，全ての競争事業者との比較において優位であることを消費者に訴求するものであり，比較広告の一種であって，景品表示法上の考え方も比較広告一般と基本的に同様である。

　No.1表示は，客観的で信頼できる根拠に基づく必要がある。

　調査事業者に委託してナンバーワンであることの根拠データ収集を行わせる場合には，その調査方法や結果をよく吟味する必要があり，また，自らも調査結果を誇張して表示することのないよう注意する必要がある。

　仮に調査事業者の調査が客観性を欠くものであった場合には，（調査事業者ではなく）No.1表示を行った広告主が景品表示法違反に問われることになる。

解　説

1　ナンバーワン表示

　売上実績，顧客満足度，販売価格や商品・サービス内容（特に効果・性能）等について，自社が「No.1」，「第1位」，「日本一」である等の表示は，一般に「ナンバーワン表示」（「No1表示」）と呼ばれている。

　「No.1表示」は，ライバル企業の名を出さないことが多いものの，全ての競争事業者との比較において優位であることを消費者に訴求するものであっ

186

て，比較広告の一種と位置付けられる。

景品表示法上の考え方も一般的な比較広告と共通であり，公取委「No.1表示に関する実態調査報告書」（平20・6・13）では，景品表示法上の問題とならないためには，

① 表示の内容が客観的な調査に基づいていること

② 調査結果を正確かつ適正に引用していること

の両方を満たす必要があるとされている。

また，同報告書では「調査結果の正確かつ適正な引用」というためには，直近の調査結果に基づいて表示するとともに，No.1表示の対象となる商品等の範囲，地理的範囲，調査期間・時点，調査の出典についても，当該調査の事実に即して明瞭に表示する必要があるとの考え方が示されている。

2 消費者庁の運用状況

No.1表示に係る不当表示事件は従前から散見されていたが，これらの事件は，効能効果に係る優良誤認表示に併せて，No.1表示についても違反に問われたものであった。また，不当表示を立証する手法としては，いわゆる不実証広告規制が用いられていた。

ところが，2023年頃から，従来のNo.1表示とは異なり，アンケート調査等の結果がNo.1の評価であったことを訴求しようとする表示に対して措置命令が行われる事例が急増している。

〈図表9　No.1表示に関する消費者庁の運用状況〉

措置命令年月日	違反事業者	表示内容の例	備考
平成29年4月21日	プラスワン・マーケティング㈱	移動体通信役務について，通信速度が格安SIM事業者の中で，	不実証広告規制による。

第2節　不当表示の規制

		恒常的に最速	
平成29年11月2日	㈱ARS	電気，鍵，水まわり，ガラス及び害虫に関するトラブルを解決するサービスについて，自社が最大手	不実証広告規制による。
令和4年6月15日	㈱PMKメディカルラボ ※調査事業者又は調査サービス：楽天インサイト	豊胸施術及び痩身施術について，施術満足度第1位	回答者を同種サービスの利用者に限定していなかった。 　調査結果は1位ではなかった。
令和5年1月12日	㈱バンザン	オンライン個別学習指導について，利用者の満足度第1位	回答者を同種サービスの利用者に限定していなかった。
令和5年6月14日	㈱バウムクーヘン ※調査事業者又は調査サービス：日本トレンドリサーチ	ペット用サプリメントについて，客観的な調査において「食べさせやすさ」など7項目で第1位	回答者を同種商品使用者に限定しないなど，客観的な調査ではない。
令和5年12月7日	㈱ハハハラボ	痩身効果を標榜するサプリについて，実際に利用したことがある者又は知見等を有する者に対する調査において「30〜60代女性が選ぶダイエットサプリ」など6項目で第1位	回答者が実際に利用したことがある者又は知見等を有する者であるかどうかを確認していないなど，客観的な調査ではない。
令和6年2月27日	㈱新日本エネックス ※調査事業者又は調査サービス：日本マーケティングリサーチ機構	蓄電池を含む太陽光発電システム機器について，実際に利用したことがある者又は知見等を有する者に対する調査において「アフターフォローも充実の太陽光発電・蓄電池販売」など3項目で第1位	回答者が実際に利用したことがある者又は知見等を有する者であるかどうかを確認していないなど，客観的な調査ではない。調査結果を正確・適正に引用していない。
令和6年2月27日	㈱安心頼ホーム	蓄電池を含む太陽光	回答者が実際に利用し

188

Q 32

		発電システム機器等について，実際に利用したことがある者又は知見等を有する者に対する調査において，「九州エリアの蓄電池　販売施工会社　口コミ満足度」など3項目で第1位	たことがある者又は知見等を有する者であるかどうかを確認していないなど，客観的な調査ではない。調査結果を正確・適正に引用していない。
	※調査事業者又は調査サービス：日本トレンドリサーチ		
令和6年2月28日	エクスコムグローバル㈱ ※調査事業者又は調査サービス：ゼネラルリサーチ	モバイルルーターのレンタルサービスについて，同種役務を実際に利用したことがある者に対する調査において，お客様満足度など3項目で第1位	回答者が同種役務について実際に利用したことがあるかどうかを確認していないなど，客観的調査ではない。調査結果を正確・適正に引用していない。
令和6年2月29日	飯田グループホールディングス㈱ほか4社 ※調査事業者又は調査サービス：日本トレンドリサーチ	注文住宅の建築請負について，「土地情報が豊富な注文住宅会社」等の3項目について，実際に利用したことがある者又は知見等を有する者に対する調査において，飯田グループが第1位	回答者が同種役務について実際に利用したことがある者か又は知見等を有する者かを確認していないなど，客観的な調査ではない。調査結果を正確かつ適正に引用していない。
令和6年3月5日	㈱エスイーライフ ※調査事業者又は調査サービス：日本トレンドリサーチ	家庭用蓄電池及びその施工について，「保証・アフターサポート満足度」，等の3項目につき，実際に利用したことがある者又は知見等を有する者に対する調査で第1位	回答者が同種商品・役務について実際に利用したことがある者か又は知見等を有する者かを確認していないなど，客観的な調査ではない。調査結果を正確かつ適正に引用していない。
令和6年3月6日	㈱SCエージェント ※調査事業者又は調査サービス：日本トレンドリサーチ	蓄電池及びその施工について，「口コミ人気」等の4項目について，同種商品・役務を利用したこと	回答者が同種商品・役務について実際に利用したことがある者か又は知見等を有する者かを確認していないなど，

第2章　景品表示法による表示・景品規制

189

		がある者に対する調査で第1位	客観的な調査ではない。調査結果を正確かつ適正に引用していない。

3 消費者庁の法適用

　上記の事件のうち，例えば㈱バウムクーヘン（以下「X」という。）の事件では，消費者庁は，以下のような認定をしている。

　Xは，「食べさせやすさ」，「愛犬家におすすめ」等の7項目を客観的方法で調査した結果として，Xの商品が第1位であったかのように示す表示をしていた。

　実際には，Xが委託した事業者の調査は，他事業者のウェブサイトの印象を問うものであり，しかも，回答者の条件を付さずに当該事業者に登録している会員全員を対象に行われたもの（すなわち，同様の製品の利用経験がなくとも回答が可能）であって，本件7項目をそれぞれ客観的な調査方法で調査したものではなかった。

　このように，消費者庁は，Xが№1ではないことを直接的に立証したのではなく，表示の根拠となった調査の方法が「客観的である」と表示していたにもかかわらず，実際には，その調査方法は客観的ではなかったという点を捉えて不当表示としている。

　また，Xは「調査が客観的な方法で行われた」と文字どおりに表示していたわけではないことにも留意を要する。むしろ，表示物には「皆様に選ばれて7冠達成！」として並べられた七つの王冠マークの下に，小さな文字ではあるが，「n＝1,200」，「調査対象：全国の男女」，「調査概要：2021年3月サイトのイメージ調査」，「本調査はサイトのイメージをもとにアンケート調査を実施し，集計しております。」と，調査方法が一応注記されている。しかしながら，消費者庁は，表示全体から消費者が受ける印象を重視して，「事業者が，調査が客観的に行われたものであると表示した」と認定評価したものと考えられる。その上で，調査が客観的に行われたものではないことを理由に，当該表示が不当表示（優良誤認表示）に当たるとの結論を導き出し

ている。

4 No.1表示を行う場合の注意点

近年No.1表示が盛んに行われている背景として，市場調査を営む事業者が，広告主たる事業者に対して，No.1表示の実施とそのための市場調査サービスについて積極的な営業活動を行っているとの実態もあるようである。また，広告主が，外注した調査結果を都合よく解釈して利用しようとする傾向もあるようである。

仮に調査が杜撰なものであったために表示が不当であった場合，景品表示法違反に問われるのは，広告を行う事業者の方であって，調査を行った事業者ではない。No.1表示は客観的なデータに基づくことが必要不可欠であり，広告主は，調査事業者の調査の客観性については十分吟味する必要がある。また，表示内容は，調査結果や調査方法を正確・適正に引用し伝えるものでなければならず，この点でも消費者に誤認を与えることのないようにしなければならない。

仮に，広告の中で調査事業者又は調査サービスの名称を明らかにしたとしても，それだけで調査の客観性が担保されるわけではなく，景品表示法違反の責任を転嫁することができるわけでもない（なお，No.1表示には，根拠となったマーケティング調査等の名称が明記されていることが多い。その名称が措置命令書から把握できる場合は，上記図表9の違反事業者名の下に参考として付記した。）。

なお，上記のとおり，消費者庁は，No.1表示について，その根拠である市場調査の客観性等に問題がある場合には不当表示に当たるとして事件を処理しているが，この考え方は，No.1表示以外の表示についても適用され得るものであろう。広告がNo.1表示であるかどうかに関わらず，市場調査に基づく広告については，当該調査の客観性に問題がある場合には不当表示となる可能性があることに留意する必要がある。

5 消費者庁の実態調査報告書

消費者庁は，以上の一連の措置命令の後，No.1表示の実態調査を行い，報

第2節　不当表示の規制

告書を公表した（「№1表示に関する実態調査報告書」（2024年9月26日））。

　その結論の要点は，上記に解説したところとほぼ同旨であるが，改めて№1表示についての考え方が示されており，表示の根拠となる調査は，①比較対象となる商品・サービスが適切に選定されていること，②調査対象者が適切に選定されていること，③調査が公平な方法で実施されていること，④表示内容と調査結果が適切に対応していること，の4点を満たす必要があるとされている。

　また，消費者庁として，不当な№1表示の未然防止に努めるとともに，個別事案について迅速に指導を行い是正を図ることを含め，引き続き厳正に対処していくとの方針が示されている。

Q33

商品の原産国表示について注意すべき点は何か。

　　　原産国の表示については，「商品の原産国に関する不当な表示」（指定告示）が定められている。

　原産国告示は，原産国を表示することを義務付けるものではなく，原産国についての誤った表示やまぎらわしい表示を規制するものである。

解　説

1　規制の概要

　原産国の表示については，景品表示法5条3号の規定に基づき「商品の原産国に関する不当な表示」（昭48・10・16公取委告示第34号。以下「原産国告示」という。）が定められている。原産国告示については，「『商品の原産国に関する不当な表示』の運用基準」（昭48・10・16事務局長通達第12号。以下「原産国告示運用基準」という。）がある。

192

原産国告示は，原産国についての誤った表示やまぎらわしい表示を規制するものであって，原産国の表示を義務付けるものではない。

しかし，例えば国産品について外国の国名，地名等が表示されている場合，これが不当表示とされることを避けるためには，国産品である旨の表示を付け加える必要がある。すなわち，原産国についてまぎらわしい表示がある商品については，正しい原産国を表示しなければ不当表示となる。

原産国告示は，日本国産であるのに外国産であるかのように示す表示（1項），A国産であるのにB国産（日本国産を含む。）であるかのように示す表示（2項）を分けて規定しているが，両項の考え方は共通である。

〈図表10　原産国の表示（国産，外国産）〉

	国産品について（告示1項）	外国産品について（告示2項）
甲	①　外国の国名，地名，国旗，紋章その他これらに類するものの表示 ②　外国の事業者又はデザイナーの氏名，名称又は商標の表示 ③　文字による表示の全部又は主要部分が外国の文字で示されている表示	①　その商品の原産国以外の国の国名，地名，国旗，紋章その他これらに類するものの表示 ②　その商品の原産国以外の国の事業者又はデザイナーの氏名，名称又は商標の表示 ③　文字による表示の全部又は主要部分が和文で示されている表示
乙	その商品が国内で生産されたものであることを一般消費者が判別することが困難であると認められるもの	その原産国で生産されたものであることを一般消費者が判別することが困難であると認められるもの

甲と乙の両方に当たる表示は，「商品の原産国に関する不当な表示」に該当する。

2　原産国

原産国とは，その商品の内容について実質的な変更をもたらす行為（実質的変更行為）が行われた国をいう（原産国告示の備考1）とされている。次のような行為は，実質的変更行為に含まれない（原産国告示運用基準10項）。

(1)　商品にラベルを付け，その他標示を施すこと。

(2) 商品を容器に詰め，又は包装をすること。

(3) 商品を単に詰合せ，又は組合せること。

(4) 簡単な部品の組立をすること。

原産国の判定基準については，商品の付加価値を基準にする考え方（例えば衣服のデザインがなされた国を原産国とする考え方）と，生産工程を基準とする考え方（衣服については縫製等に着目する考え方）があり得るが，原産国告示は後者を採用したものであり，「実質的変更行為」とはその趣旨で理解されるべきものである。

生産工程を基準としたとしても，生産が複数の国にまたがって行われるものもあり，さらに明確化を要する場合もあるので，一部の商品については運用細則「『商品の原産国に関する不当な表示』の原産国の定義に関する運用細則」（昭48・12・5事務局長通達第14号）で原産国の定義が明定されている。

例えば，清涼飲料（果汁飲料を含む。）については，原液又は濃縮果汁を希釈して製造したものは「希釈」が行われた国が原産国とされる。

3 文字

前記表の③の「文字」については，国産品であるのに主要部分が外国文字で示されている場合（1項），外国産品であるのに主要部分が和文で示されている場合（2項）に問題となる（一般的にA国産であるにもかかわらずB国で使用されている言語文字で示されている場合が，対象とされているわけではない。）。

4 商品に付された表示等であること

告示では，商品（役務は対象ではない。）に付された表示等の目に見える表示が念頭に置かれている。ラジオCMなどは，原産国告示に該当しないが，優良誤認表示の問題にはなり得る。

5 打消し表示

①から③のいずれかの要件（甲の部分）を満たすものであっても，消費者が判別することが困難でない場合（乙の部分に当たらない場合）には，原産国告

示違反とはならない。そのため，①から③の表示がある場合には，これを打ち消す効果を持つ表示，すなわち，正しい原産国を明確にする表示があれば問題とならない（原産国告示運用基準7項）。ただし，国産品であるのに「Made in France」などと表示されている場合は，打消し表示を行う余地はない。

6 他法による原産国表示義務

　景品表示法は，商品の原産国の表示を義務付けているものではなく，原産国を誤認させる表示を禁止しているものである。ただし，他の法律の規制で，原産国名を記載することが義務付けられているものもある（食品についての原産国表示義務については第6章参照）。

7 原産国と商品選択

　原産国告示は，優良誤認表示とは異なり，優良性を要件としておらず，一般消費者が原産国を判別することが困難と認められる表示を禁止するものである。すなわち，どの国で生産されたものが優良であるかという問題とは無関係に，原産国を誤認して購入することを防止しようとするものである。しかし，消費者が商品の選択に当たって原産国を気にしない場合や，伝統的な産地国で生産された商品を他国製と表示してしまった場合にも，原産国告示の要件が満たされることになる[注1]そこで，原産国告示は，包括的に景品表示法5条3号の「不当に顧客を誘引し，一般消費者による自主的かつ合理的な選択を阻害するおそれがある」との要件を満たすものとして指定されているが，この告示は5条3号の委任の範囲を超えているのではないか，あるいは，告示の適用は5条3号の範囲において行うべきではないかとの指摘もなされている[注2]

　　(注1)　例えば，フランス産のブランデーをスウェーデン産やメキシコ産と表示したことやメキシコ産のテキーラをフランス産と表示したことが原産国の不当表示とされたケースがある（令3・9・3消費者庁措置命令（㈱ビック酒販））。

　　(注2)　小畑徳彦「景品表示法5条の『一般消費者による自主的かつ合理的な選択を阻害するおそれ』の意義」（流通科学大学論集―流通・経営編―第32巻第1号，45頁～69頁）

第2節　不当表示の規制

Q34

　商品の原材料の原産国について事実と異なる表示をすることは，景品
表示法ではどのように取り扱われるか。

　　　　　商品の原材料の原産国の表示が事実と異なっている場合には，原
　　　　　産国告示ではなく，優良誤認表示に該当するか否かの問題となる。
原材料の原産国が事実と異なっていることが直ちに景品表示法違反となるわ
けではないが，原材料の原産国表示が事実と異なる場合に，優良誤認表示と
して措置命令が行われた事例がある。

解　説

　商品の原材料の原産国の表示が事実と異なっている場合には，原産国告示
ではなく，優良誤認表示に該当するか否かの問題となる。消費者庁が措置命
令を行った優良誤認表示事件で，原材料の原産国の表示が問題となった例と
しては，以下の事件がある。

〈図表11　原材料の原産国の表示が問題となった例〉

措置命令年月日	事業者	実　際	表　示
平成21年11月10日	㈱ファミリーマート	「カリーチキン南蛮」と称するおにぎりの原材料にブラジルで肥育された鶏の肉を使用	「国産鶏肉使用」と我が国で肥育された鶏の肉を用いているかのように示す表示
平成28年3月10日	㈱村田園	茶の原材料に一部を除き外国産のものを使用	日本産であるかのように示す表示
平成30年5月15日	石垣島海のもの山のもの生産組合	「ヒバーチ」云々と称する食品（香辛料）の原材料の大部分に外国産のものを使用	石垣島産のものであるかのように示す表示

196

これらのうち，ファミリーマート事件では，国産鶏肉が消費者に好まれる傾向にあることが命令の中で認定されており，優良誤認表示であることの理由が示されているが，他の2件の命令では，表示と事実の違いを述べるのみで優良性の判断根拠が明らかにされていない。ただし，村田園事件については，その後の取消訴訟の判決で，優良誤認表示であることの理由が示されている。

Q35

原産国がよく分からないので原産国を表示しないこととした場合に景品表示法の問題になるか。原産国を示しても消費者にアピールするとは思われないので原産国を表示しないことにした場合はどうか。

景品表示法は，原産国の表示を義務付けるものではないので，原産国の表示をしないことは，それ自体で問題になることはない。しかし，その商品に，真実の原産国以外の国で生産されたこと，あるいはそれが連想されるようなことが表示されている場合には，正しい原産国を表示する必要がある。

解 説

1 原産国表示の義務はない

景品表示法は，原産国の表示を義務付けるものではないので，原産国の表示をしないことは，それ自体で問題になることはない。

2 原産国を表示する必要がある場合

しかし，その商品に，真実の原産国以外の国で生産されたことが連想されるようなことが表示されている場合には，正しい原産国を表示する必要があ

第2節　不当表示の規制

る。

　例えば，当該商品の原産国以外の国名，地名，国旗，紋章，事業者名，デザイナーの氏名，商標，当該商品の原産国以外の国に関する表示が商品に表示されている場合がこれに当たる。

　国内で生産された商品であるのに，文字表示の主要部分が外国の文字で示されている場合や，外国で生産された商品であるのに文字表示の主要部分が和文で示されている場合も同様である。

　以上は景品表示法の規制であるが，食品関係については，原産地等の表示義務について食品表示法等の定めがある。

Q36

　産地として有名な○○県産と表示して他県で生産されたものを販売することは景品表示法で規制されるか。原材料の産地を偽った場合はどうか。

　日本国内で商品の生産地を偽る表示については，原産国告示のような特別の規制はないが，優良誤認表示の問題となる。外国産商品であるのに日本の名産地産であると表示することは原産国告示の問題となり，優良誤認表示の問題ともなり得る。また，原材料の産地を偽る場合には，原産国告示ではなく優良誤認表示の問題となる。

〈図表12　（日本国内の）「○○で生産された」との表示が事実と異なっている場合に適用され得る規定〉

実際の生産地 表示の対象	外　　国	国内の他の地域
商　　品	原産国告示 （優良誤認表示にも当たり得る）	優良誤認表示
商品・役務（料理等）の原材料	優良誤認表示	優良誤認表示

解 説

1 優良誤認表示の問題

商品の原産国の表示が事実と異なっている場合には，一義的には原産国告示の問題となる（優良誤認表示にも当たる可能性もある。）。これに対し，国産品であって，国内の生産地を偽る表示については，原産国告示のような特別の規制はなく，優良誤認表示の問題として取り扱われることになる。

また，原産国告示が対象としているのは「商品」の原産国であるので，原材料の原産地の偽装については，優良誤認表示の問題となる。

国内で生産された商品に，事実とは異なる国内生産地の表示がされている場合，直ちに優良誤認表示に当たるとまではいえない。しかし，事実に反して，産地として知られた地域やイメージの良い地域で生産されたかのように表示することは，優良誤認に当たり得る。なぜなら，生産地は，消費者にとって商品選択において重要な情報である場合があり，その場合，生産地を偽ることは，事実に反して優良であると示すことになるからである。仮にその品質が，表示された産地で生産されたものと同等であるとしても，優良誤認表示であることを否定する理由にはならない。

もちろん，消費者にとって，生産地が商品選択に影響を与えない可能性もあり，そうであれば優良誤認表示とはならない。しかし，現実には，生産地が消費者にとって重要な情報であるからこそ，事業者は生産地を偽ることが多いであろう。また，事業者が想定する以上に，消費者の方が生産地を重視することも考えられる。

とはいえ，優良誤認表示を理由に措置命令を行う場合には，産地の表示が事実と異なることにとどまらず，実際のものよりも著しく優良であると示す表示であることの認定を要するものと考えられる。

2 違反事例

近年の国内産地の表示に係る不当表示事件は，図表13のとおりである。

第2節　不当表示の規制

〈図表13　国内産地の表示に係る不当表示事件（全て景表5条1号該当）〉

命令年月日	命令権者	事業者名	違反事実の概要
平28・2・3	岐阜県	㈲鳥正	岐阜県以外の県産の和牛の牛肉を飛騨牛と表示して販売していた。
平29・3・30	静岡県	西村商店ことA	素干し小えびについて，桜えびでないもの（アキアミ）を「駿河湾直送桜えび」と静岡県内で捕れた桜えびであるかのように表示して販売していた。
平30・5・15	消費者庁	農事組合法人石垣島海のもの山のもの生産組合	香辛料の原材料について，その大部分が外国産であるのに石垣島産であるかのように表示して供給していた。
令元・5・9	鹿児島県	㈲鹿北製油	ごま製品等について，原料に外国産のものが含まれているにもかかわらず，原料原産地名として「国産」，「鹿児島県産」等と表示して供給していた。
令元・5・22	東京都	㈱ダイナック	料理について，アメリカ合衆国産牛肉を使用しているのに鹿児島県産の黒毛和牛を使用しているかのように，カナダ産豚肉を使用しているのに群馬県内の牧場で生産された豚肉を使用しているかのように表示して提供していた。
令元・8・7	岡山県	㈱ホームグリーン	カットわかめと称する商品の原材料が外国産であるのに，原料原産地名として瀬戸内海産と表示して供給していた。
令2・8・12	岐阜県	㈱田中屋FOOD SERVICE	料理について，飛騨牛ではない牛肉を使用しているのに飛騨牛を使用しているかのように表示して提供していた。
令4・6・1	静岡県	㈱黒汐の華	湯通し塩蔵わかめについて，原料原産地が外国産であるのに「鳴門名産」等と表示して供給していた。
令4・12・21	兵庫県	㈲竹田屋	料理について，但馬牛を使用していないにもかかわらず，「但馬牛」，「但馬和牛」等を使用しているかのように表示して提供していた。

Q 37

Q37

おとり広告とはどのような広告を指すか。商品を売らないことがどうして不当表示になるのか。

実際には購入できない商品であるのに，一般消費者が購入できるかのように誤認させるおそれがある表示については，景品表示法の「おとり広告」（指定告示）として規制される。顧客を店舗等に誘引し，広告したものとは別の商品を売りつけることばかりでなく，広告した商品の販売数量が限定されているだけで，おとり広告の問題となるので留意を要する。

解　説

1　基本的な考え方

　実際には購入できない商品であるのに，一般消費者が購入できるかのように誤認させるおそれがある表示は，景品表示法の「おとり広告」として規制されている。

　このような表示は，顧客を店舗に誘引し，広告した商品以外の商品を購入させる商法の一環として行われることが一般的であるが，景品表示法のおとり広告規制は，表示自体が広告商品等の購入可能性について誤認させることにより不当に顧客を誘引するものであるとの考え方に立って，これを不当表示として規制するものである。[注1]

　言い換えれば，事業者は，広告等によって広く消費者に取引の申出をした商品等については，消費者の需要に応じて自らの申出どおりに対応することが必要であり，何らかの事情により取引に応じることに制約がある場合には，広告においてその旨を明瞭に表示することが必要である。[注2]

2　規制の対象

　売り手が，本当は売るつもりのない商品や売ることが不可能な商品である

201

のに，その商品について魅力的な内容（低価格を訴求することが多い。）の広告
を行うなどして，顧客を店舗等に誘引しておいて，実際には広告した商品よ
りも高価な商品を購入させる商法のことを，一般に「おとり商法（bait and
switch）」という（'bait' は元々（釣りやわなの）「えさ」という意味である。'switch'
とは，ここでは別の商品を売りつけることであり，「転換行為」と呼ばれる。）。しかし，
景品表示法のおとり広告規制は，このようなおとり商法自体ではなく，広告
された商品が購入できるかのように誤認させることにより不当に顧客を誘引
する表示を規制するものである。広告した商品以外の商品を購入させる行為
（転換行為）は，一般的な構成要件とはされていない（ただし，実質的にこれと同
様の行為は，おとり広告の一つの類型として指定されている。）。

　景品表示法のおとり広告規制は，上記のような「おとり商法」によく用い
られる類の広告を禁止するものであるので，「おとり商法」防止に有効であ
るが，その禁止対象は，「おとり商法」における表示に限られるものではな
い。

　事業者は，来店した客に広告した商品以外の商品を売りつけるような悪徳
行為を企図していなくとも，広告した商品について適切な販売数量を用意し
ていない場合には，「おとり広告」規制に違反するリスクがあることに留意
を要する。近年，おとり広告に当たるとされた事例は，まさにこのような
ケースである（次のQ38参照）。

3　おとり広告告示

　優良誤認表示や有利誤認表示の規制は，（広告された品質や取引条件が虚偽であ
るとはいえ）広告された商品が購入できることが大前提となっており，広告
された商品が実際には購入できないという状況に対応することは困難である。
そこで，この種の広告を的確に規制できるようにするため，景品表示法5条
3号に基づき「おとり広告に関する表示」（おとり広告告示）が定められてい
る（当初，昭和57年に制定された指定告示が，平成5年に改定されたものである。）。

　おとり広告告示では，自己の供給する商品又は役務の取引（不動産に関する
取引を除く。）に顧客を誘引する手段として行う，次の各号に掲げる表示は不

当表示とされている。

① 取引の申出に係る商品又は役務について，取引を行うための準備がなされていない場合その他実際には取引に応じることができない場合のその商品又は役務についての表示（おとり広告告示1号）

② 取引の申出に係る商品又は役務の供給量が著しく限定されているにもかかわらず，その限定の内容が明瞭に記載されていない場合のその商品又は役務についての表示（おとり広告告示2号）

③ 取引の申出に係る商品又は役務の供給期間，供給の相手方又は顧客一人当たりの供給量が限定されているにもかかわらず，その限定の内容が明瞭に記載されていない場合のその商品又は役務についての表示（おとり広告告示3号）

④ 取引の申出に係る商品又は役務について，合理的理由がないのに取引の成立を妨げる行為が行われる場合その他実際には取引する意思がない場合のその商品又は役務についての表示（おとり広告告示4号）

この指定告示については，「『おとり広告に関する表示』等の運用基準」（平5・4・28事務局長通達第6号，変更：平28・4・1消費者庁長官決定。「おとり広告運用基準」）が定められている。

なお，おとり広告の問題がつとに指摘されていた不動産取引については，これに先立ち，昭和55年に「不動産のおとり広告に関する表示」（昭55・4・12公取委告示第14号。「不動産おとり広告告示」）が定められており，不動産取引におけるおとり広告については，この告示が適用される。

4 おとり広告運用基準

おとり広告運用基準は，「第1　おとり広告規制の趣旨及び運用に当たっての留意事項」，「第2　『おとり広告に関する表示』の運用基準」，「第3　広告，ビラ等の表示が景品表示法第5条第1号，第2号の問題となる場合」の3部構成となっており，告示の解釈は第2の部分に示されている。

(1)　おとり広告告示1号の「取引を行うための準備がなされていない場合」の例示として，以下が掲げられている。

① 当該店舗において通常は店頭展示販売されている商品について，広告商

第2節　不当表示の規制

　　品が店頭に陳列されていない場合

②　引渡しに期間を要する商品について，広告商品については当該店舗にお
　　ける通常の引渡期間よりも長期を要する場合

③　広告，ビラ等に販売数量が表示されている場合であって，その全部又は
　　一部について取引に応じることができない場合

④　広告，ビラ等において写真等により表示した品揃えの全部又は一部につ
　　いて取引に応じることができない場合

(2)　告示2号の広告商品等の供給量が「著しく限定されている」場合とは，
　広告商品等の販売数量が予想購買数量の半数にも満たない場合を指すと
　されている。

(3)　告示2号，3号の規定により，供給量や供給期間等に限定がある場合，
　限定の内容が明瞭に記載されていない場合には不当表示に該当すること
　になるが，その場合，これらが限定されている旨の記載では不十分であ
　る。

- 　販売数量が著しく限定されている場合には，実際の販売数量が当該広告，
　ビラ等に商品名等を特定した上で明瞭に記載されていなければならない。

- 　供給期間，供給の相手方又は顧客一人当たりの供給量の限定については，
　実際の販売日，販売時間等の販売期間，販売の相手方又は顧客一人当たり
　の販売数量が当該広告，ビラ等に明瞭に記載されていなければならない。

(4)　告示4号の広告商品等の「取引の成立を妨げる行為が行われる場合」
　については，以下が例示されている。結果として広告商品等の取引に応
　じることがあったとしても，告示4号に該当するとされている。

①　広告商品を顧客に対して見せない，又は広告，ビラ等に表示した役務の
　　内容を顧客に説明することを拒む場合

②　広告商品等に関する難点をことさら指摘する場合

③　広告商品等の取引を事実上拒否する場合

④　広告商品等の購入を希望する顧客に対し当該商品等に替えて他の商品等
　　の購入を推奨する場合において，顧客が推奨された他の商品等を購入する
　　意思がないと表明したにもかかわらず，重ねて推奨する場合

(5) 告示4号の「合理的理由」があるときとは，未成年者に酒類を販売しない場合等のことである。販売者にとって別の商品の方が利益が大きいといった経営判断上の理由は，合理的理由に当たらない。[注3]

5 不動産のおとり広告

不動産おとり広告告示は上記のとおり，一般的なおとり広告の告示に先立って，昭和55年に制定されたものである。その内容は，不動産取引に特化した内容（特定物であるという商品特性上，数量の制限や販売期間の制限といったことは想定されていない。）となっているが，基本的な考え方はおとり広告告示と同様である。

（注1） 笠原宏「『おとり広告に関する表示』の全部変更について」（公取512号27頁以下）
（注2） 同前注
（注3） 同前30頁

Q38

おとり広告についての違反事件にはどのようなものがあるか。

おとり広告に係る違反事件としては，不動産，中古自動車，ミシンといった商品のほか，近年ではブランド食品に係る事件や，ガス機器，通信端末，通信サービス，料理に係る例もある。

解　説

1 概　要

おとり広告（不動産おとり広告を含む。）に係る違反事件は，不動産のほか，中古自動車，ミシン等の比較的高額の耐久財的な商品における例が多かった

第2節　不当表示の規制

が，近年は，料理や人気ブランド食品（うなぎ，食肉）についておとり広告として措置命令が行われた例があり，また，ガス機器，通信端末などについての事例もある。

2　近年の傾向

　違反行為の内容については，以前は，来訪した客に広告した商品の難点をことさら指摘して他の商品の購入を勧めるなどしていた事例が多く，実質的にはいわゆる「おとり商法」を規制するものであったが，最近の事例では，広告した商品の販売数量が限られていたという事実のみでおとり広告告示違反とされている（告示1号又は2号適用）。現行の告示が指定された当時から，いわゆる転換行為がない場合であってもおとり広告として違法になる旨が言明されてきたところではあるが，実際には転換行為が認定されずに措置命令が行われた例は不動産，中古自動車といった特定物の販売に限られていた（命令の中では転換行為が行われたことは認定されていないが，特定物についてのおとり広告であれば，実際には転換行為が行われたであろうことは想像に難くない。）。特定物ではない商品について，広告された商品が準備されていなかったことをとらえて，おとり広告として法的措置が行われていることは，近年の運用の特徴である。

　事業者としては，いわゆる目玉商品で集客することには法的リスクを伴うことを認識するとともに，販売可能な数量をよく確認し，数量が限られている場合にはその旨を分かりやすく広告に表示する必要がある。

〈図表14　近年のおとり広告事件（消費者庁）〉

措置命令年月日	違反事業者	行為内容
平成29年7月11日	東京ガスライフバル文京㈱東京ガスイズミエナジー㈱	「ガス展」でガスファンヒーターのある機種を販売するかのように表示していたが，実際には，当該商品は準備しておらず取引に応じることができないものであった。
平成29年7月27日	ソフトバンク㈱	「Apple Watch（第1世代）」について，キャンペーン期間中，同社の485店舗において販売するかのよ

		うに表示していたが，実際には，キャンペーンの初日には，各店舗に商品を準備しておらず，取引に応じることができないものであった。
令和3年6月2日	クリエイト㈱	「フレッツ光」の設備を利用した接続サービスが提供できるかのように示すチラシを集合住宅に配布していたが，当該住宅にはその設備が配置されておらず，取引に応ずることができないものであった。
令和4年6月9日	㈱あきんどスシロー	すし店の料理3品目について，提供するかのように表示していたが，実際には提供するための準備をしていない，又は取引する意思のないものであった。

9　不動産のおとり広告

　おとり広告は様々な業界で見られるが，とりわけ不動産取引において問題とされることが多い。不動産のおとり広告の指定告示が，一般的なおとり広告の指定告示に先行して制定された所以でもある。

　近年は，不動産のおとり広告について措置命令が行われたケースは多くないが，「不動産の表示に関する公正競争規約」に基づいて，全国各ブロックに所在する不動産公正取引協議会（不動産公取協）が違反の撲滅に取り組んでいる。

　特に，インターネット広告が賃貸不動産の広告の主流を占めるようになっているため，ネット上のおとり広告は後をたたないようである。

　悪質な違反を繰り返すような事業者に対しては，ルールを明確化するだけでは不十分であり，違反に対する効果的な取締りが重要であろう。この点，不動産公取協では，厳重警告や違約金のみならず，不動産情報サイトと協力して，情報サイトへの広告掲載停止処分を行っており，その効果が期待される。

第2節　不当表示の規制

Q39
自社の製品の利用者に依頼してインターネット上の口コミで評判を広めてもらうことは景品表示法の規制対象になるか。

 事業者が，口コミサイトに虚偽の内容の好意的評価を書き込ませることはもちろん，内容が虚偽でなくとも多数の好意的な口コミを書き込ませることによって一般消費者の多数から好意的評価を得ているかのように見せることは，景品表示法の問題となる。

解説

1 インターネット留意事項

　消費者庁は，平成23年に「インターネット消費者取引に係る広告表示に関する景品表示法上の問題点及び留意事項」（平23・10・28消費者庁，最終改定：令4・6・29。以下，「インターネット留意事項」という。）を公表している。

　この中で，口コミサイト（人物，企業，商品・サービス等に関する評判や噂といった，いわゆる「口コミ」情報を掲載するインターネット上のサイト。ブログの一部を含む。）に関する景品表示法の考え方が述べられている。その中で，問題となる事例として，以下の3例が挙げられている。

① 飲食店を経営する事業者が，自らの飲食店で提供している料理について，実際には地鶏を使用していないにもかかわらず，自らの飲食店についての「口コミ」情報として，料理にあたかも地鶏を使用しているかのように表示すること。

② 商品・サービスを提供する店舗を経営する事業者が，口コミ投稿の代行を行う事業者に依頼し，自己の供給する商品・サービスに関するサイトの口コミ情報コーナーに口コミを多数書き込ませ，口コミサイト上の評価自体を変動させて，もともと口コミサイト上で当該商品・サービスに対する好意的な評価はさほど多くなかったにもかかわらず，提供する商品・サービスの品質

その他の内容について，あたかも一般消費者の多数から好意的評価を受けているかのように表示させること。

③　広告主が，（ブログ事業者を通じて）ブロガーに広告主が供給する商品・サービスを宣伝するブログ記事を執筆するように依頼し，依頼を受けたブロガーをして，十分な根拠がないにもかかわらず，商品の効能を表示させること

そして，「景品表示法上の留意事項」として，以下の点を挙げている。

商品・サービスを供給する事業者が，口コミサイトに口コミ情報を自ら掲載し，又は第三者に依頼して掲載させる場合には，当該事業者は，当該口コミ情報の対象となった商品・サービスの内容又は取引条件について，実際のもの又は当該商品・サービスを供給する事業者の競争事業者に係るものよりも著しく優良又は有利であると一般消費者に誤認されることのないようにする必要がある。

「インターネット留意事項」は平成23年10月に公表されたが，平成24年1月ごろ，飲食店からの金銭提供を見返りとして当該飲食店に関する好意的な「口コミ」をグルメ情報サイトに投稿し，当該サイトにおける当該飲食店のランキングの上昇を請け負う「やらせ業者」の存在が報道され，こうした「やらせ投稿」問題は，一種の社会問題となった。②の部分は，このような動きを受けて，平成24年5月に追加されたものである。①及び③は，口コミサイトに投稿してもらうことが表示に当たることを前提とすれば至極当然のことであるが，②は，投稿の内容が虚偽でない場合であっても，事業者が口コミサイト上の評価（口コミの数）を変動させることが景品表示法の優良誤認表示又は有利誤認表示に当たるとの考え方を示したものである。^(注)

とはいえ，②は，もともと口コミサイト上で好意的評価がさほど多くなかったにもかかわらず，提供する商品・サービスの品質その他の内容について，あたかも一般消費者の多数から好意的評価を受けているかのように表示させることを問題にしているものであって，口コミを広告宣伝活動に活用すること自体を規制するものではない。

2 ステルス・マーケティング

虚偽の内容の口コミを投稿させたり、好意的評価の口コミを多数投稿させたりすることによって、実際よりも著しく優良又は有利であるかのように見せることが不当表示に該当することについては、前記「インターネット留意事項」において明確にされている。しかし、問題の本質は、実際には広告であるのに、広告であることが消費者に分からないことにある。いわゆる「ステルス・マーケティング」と呼ばれる問題である。これについては令和5年に新たな規制が設けられた（Q40で解説する。）。

なお、「インターネット留意事項」はステルス・マーケティングについての現在の規制を踏まえたものとなっておらず、その意味で不十分であるので注意を要する。

(注) ②を加えた際、上記の留意事項の記述は変更されていないが、②が追加されたことにより、投稿内容が虚偽でなくとも、事業者が口コミサイト上の評価を変動させることが、優良誤認表示又は有利誤認表示となることが明らかとなった。

---

10 インターネット取引における景品表示法の問題（アフィリエイトプログラム・ドロップシッピング）

1 アフィリエイトプログラム

近年、健康食品の販売などにおいて、インターネットを用いた広告手法の一つであるアフィリエイトプログラムが用いられることがある。アフィリエイトプログラムとは、ブログ、口コミサイト等のウェブサイトの運営者が広告主からの依頼を受けて当該広告主の商品等の紹介やバナー広告等をウェブサイトに掲載し、当該ウェブサイトを通じて広告主の商品の購入等があった場合には、当該ウェブサイトの運営者に対し広告主から報酬が支払われる仕組みであり、このような仕組みを有するウェブサイトのことをアフィリエイトサイトと呼んでいる。

アフィリエイトサイトにおける表示が問題となった初期の事例としてブレインハーツに対する措置命令・課徴金納付命令（平30・6・15消費者庁

コラム10　インターネット取引における景品表示法の問題（アフィリエイトプログラム・ドロップシッピング）

措置命令・課徴金納付命令）がある。消費者庁は，同社がアフィリエイトサイトに口コミやハイパーリンクを掲載させていたことに言及し，一般消費者への周知措置の一環として，一般消費者がアフィリエイトサイトに設置されたハイパーリンクをクリックすると，商品の販売ページではなく，これまでの表示が景品表示法違反である旨の周知文のページに遷移するようにすることを命じている（ただし，違反事実の認定においては，アフィリエイトサイトにおける広告を対象にしていない。）。

　一般論として，アフィリエイトサイトにおける表示は，広告主が，その表示内容の決定に関与している限り，広告主の表示として景品表示法の規制対象となる。一方，アフィリエイトサイトの運営者は，当該商品等を供給していなければ，景品表示法の規制対象とはならない（「インターネット留意事項」第2の4「アフィリエイトプログラム」）。

　アフィリエイトプログラムを用いる事業者が違反の未然防止のために講ずべき措置についてはQ81の解説3を参照されたい。

2　ドロップシッピング

　ドロップシッピングとは，インターネット取引の一形態であり，ウェブサイトの運営者は販売する商品の在庫を持ったり配送を行ったりすることをせず，当該商品の製造元や卸元等が在庫を持ち，発送も行う。このウェブサイトのことを「ドロップシッピングショップ」と，ウェブサイトの運営者を「ドロップシッパー」という。

　ドロップシッピングショップに消費者からの注文があった場合，注文情報がドロップシッピングショップから注文された商品の製造元・卸元に送信され，注文情報を受けた製造元・卸元は，注文を行った消費者にドロップシッピングサイト等の名義で商品を発送する。

　ドロップシッパーは，個人であったとしても，商品を販売する事業者であるので，ドロップシッピングショップで販売される商品について不当な表示をすれば，ドロップシッパーは景品表示法違反に問われることとなる（「インターネット留意事項」第2の5「ドロップシッピング」）。

第2章　景品表示法による表示・景品規制

第2節　不当表示の規制

Q40

　自社の広告であることが分からないようにして，自社の製品を高く評価する商品レビューを第三者に書いてもらうことは，景品表示法上どのような問題があるか。

　　　販売を拡大したい事業者は，自らの広告宣伝活動を，あたかも第三者の評価や感想であるかのような形で行えば，効果的に消費者を誘引することができる。しかし，実際には事業者の広告であるのに，そのことが分からないようにすることは，消費者の自主的・合理的な商品選択を妨げるものである。このような広告手法は，一般に「ステルスマーケティング」と呼ばれるものであり，これに該当する表示は景品表示法で禁止されている。

解　説

　消費者は，商品・役務を購入する上で，様々な情報を参考にする。これらの情報が，商品を供給する事業者の広告である場合と，第三者の感想や評価である場合とでは，消費者の受け取り方は大きく異なる。つまり，消費者は，事業者の広告にはある程度の誇張が含まれることを前提としており，誇張と考えられる部分は割り引いて商品を選択するのに対し，第三者の感想や評価については中立的な評価と受け止めることになる。仮に，消費者が事業者の広告を第三者の見解と誤解すれば，誇張が含まれた情報を中立的な評価と理解してしまうことになる。

　販売を拡大したい事業者の側からすれば，自社の広告を，第三者の評価や感想であるかのように行えば，効果的に消費者を誘引することができる。しかし，実際には事業者の広告であるのに，そのことが分からないようにすることは，消費者の自主的・合理的な商品選択を妨げるものである。このような広告手法は，「ステルスマーケティング」と呼ばれるものであり，令和5

212

年3月，景品表示法5条3号に基づき，ステルスマーケティングを不当表示と指定する景品表示法の告示（「ステマ告示」）が制定された（令和5年10月施行）。

1 ステマ告示の内容

「一般消費者が事業者の表示であることを判別することが困難である表示」（令5・3・28内閣府告示第19号。以下「ステマ告示」という。）の規定は以下のとおりである。これに該当するものは景品表示法の不当表示となる。

> 事業者が自己の供給する商品又は役務の取引について行う表示であって，一般消費者が当該表示であることを判別することが困難であると認められるもの

すなわち，「事業者が自己の供給する商品又は役務の取引について行う表示」（この部分は，消費者庁の解説をはじめ一般に「事業者の表示」と短縮されることが多く，以下それに従うが，「当該商品・役務の供給事業者の広告」と言い換えた方が理解しやすいであろう。）であるにもかかわらず，「（その）事業者の表示」であることが一般消費者に判別困難な表示は，景品表示法の不当表示に当たる。

2 告示の要件

この告示については，「一般消費者が事業者の表示であることを判別することが困難である表示」の運用基準（令和5年3月28日。以下「ステマ運用基準」ともいう。）があり，また消費者庁から令和5年6月に「景品表示法とステルスマーケティング～事例で分かるステルスマーケティング告示ガイドブック～」という解説（以下「ガイド」という。）が公表されている。以下，ステマ運用基準等に示された消費者庁の考え方を踏まえつつ，告示の要件について概説する。

(1) 「事業者の表示」であること

ステマ告示の標題やステマ運用基準の「事業者の表示」とは，「事業者が自己の供給する商品又は役務の取引について行う表示」を言い換えたものとして使われている。つまり，表示の対象となっている商品・役務の供給事業者（すなわち事業者一般ではなく，ある特定の事業者である。）の

行う表示のことを指している。

　そして，表示を「行う」とは，自らが作成して消費者に伝える場合だけではなく，事業者が第三者に表示内容の作成を依頼・指示することも含まれる（ガイド7頁）。これは，景品表示法の「表示を行うこと」についての確立した解釈を踏襲したものである。

　すなわち，ある事業者Aが，自己の供給する商品又は役務の取引について，表示内容の作成を第三者に依頼・指示した場合には，Aがその表示を行ったことになる。

　他方，当該事業者以外の第三者の自主的な意思による表示であれば，ここでいう「（当該）事業者の表示」に当たらないとされており（ステマ運用基準第2の2冒頭部分），事業者Aが表示に関わった場合，その表示が第三者の「自主的な意思による表示」であるかどうかが判断の分かれ目となる。

(2)　事業者の表示であることが「一般消費者に判別困難であること」

　この告示は，商品「甲」の供給事業者Aの表示（多くの場合は広告）であるにも関わらず，事業者Aの表示であることが分かりにくい場合を規制するものである。事業者Aの表示であることが分かりにくい場合としては，表示が事業者Bの表示のように見える場合もあれば，事業者ではないCの表示のように見える場合もあろう。あるいは，表示ではなく投稿や商品レビュー記事のように見える場合もあろう。

　事業者Aの広告であるのであれば，Aの広告・宣伝であることが一般消費者に明瞭に分かるような表示を行う必要があり，そうでなければこの要件を満たすことになる。

　もっとも，ステマ運用基準では，広告・宣伝であることが社会通念上明らかに分かるものは告示の対象ではないとして，その例として放送におけるCM等を列挙している（ステマ運用基準第3の2(2)）。

3　表示媒体

表示媒体については，インターネット上の表示（SNS投稿，ECサイトのレ

ビュー投稿など）だけでなく，新聞，テレビ，ラジオ，雑誌などの表示も対象となる（景品表示法の「表示」の定義のとおりであり，あらゆる表示媒体が対象になる。）。しかし，媒体を運営する事業者が規制の対象となるわけではない（次項4参照）。

4 規制対象事業者

　告示の規制対象となる事業者は，商品・役務を供給する事業者である（ガイド8頁）。これらの事業者（広告主）から広告・宣伝の依頼を受けて記事をアップロード・投稿したり，制作を行う第三者は，仮に違反行為に関係していても，この告示の規制対象ではない（そもそも，告示の構成要件を云々するまでもなく，商品・役務を供給する事業者でなければ景品表示法の規制対象とはなり得ない。）。例えば，広告代理店，インフルエンサー，アフィリエイター，新聞社，出版社，放送局は，商品・役務を供給しない限り，この告示の対象とはならない（もともと景品表示法の規制対象ではない。）。

5 事業者が自ら行う表示（ステマ運用基準第2の1⑴）

　事業者が自ら行う表示には，事業者と一定の関係性を有し，事業者と一体と認められる従業員や，事業者の子会社等の従業員が行った事業者の商品又は役務に関する表示も含まれるとされている（ステマ運用基準第2の1⑴）。

　このような表示は，説明上「第三者になりすまして行う表示」と呼ばれることがある（ガイド9頁）。ただし，「なりすまし」という表現は，このような事態を的確に表現したものであるかは疑わしい。むしろ，事業者と一体と考えられる者が行った「表示」を，事実認定において「事業者の表示」であると断ずるという方針がステマ運用基準において示されていると考える方が理解しやすい。

　例えば，商品の販売担当者（役員，管理職等）が，販売促進，自社商品の認知度アップのために商品の画像や文章をSNSに表示（投稿）する場合は「事業者が自ら行う表示」とされる（ガイド9頁）。

　ただし，法律にみなし規定のようなものが存在するわけではないので，個別の事案においては，この基準に該当するというためには，問題となった表

215

第2節　不当表示の規制

示が実は事業者が自ら行った表示であることを消費者庁が認定する必要がある。

6　事業者が第三者をして行わせる表示（ステマ運用基準第2の1⑵）

⑴　第三者に明示的に表示内容の依頼・指示をした場合

　事業者が第三者に明示的に表示内容の依頼・指示をして第三者に表示させた場合は，当然これに当たる。ガイドでは，この例として，「事業者がインフルエンサーに商品の特徴などを伝えた上で，インフルエンサーがそれに沿った内容をSNS上や口コミサイト上に表示（投稿）する場合」が挙げられている（ガイド10頁）。消費者庁は，このような場合も，明示的な「依頼・指示」に当たると考えていることが分かる（これが「明示的」といえるかについては疑問もあろう。）。

　他方，事業者が第三者の表示に関与したとしても，第三者の自主的な意思による表示内容と認められるものであれば，事業者の表示には当たらない（ステマ運用基準第2の2⑴）。

⑵　第三者に明示的に依頼・指示していない場合

　事業者が第三者に明示的に依頼・指示していない場合であっても，第三者に表示させたとされる場合がある。

　運用基準によれば，事業者が第三者にある内容の表示を明示的に依頼・指示していない場合であっても，「客観的な状況に基づき，第三者の表示内容について，事業者と第三者との間に第三者の自主的な意思による表示内容とは認められない関係性がある」場合には，事業者が表示内容の決定に関与した表示とされるとされている（ステマ運用基準第2の1⑵イ）。

　例えば，事業者が，インフルエンサー等の第三者に対し，無償で商品提供した上でSNS投稿を依頼した結果，第三者が事業者の方針に沿った内容の投稿を行った場合は，「事業者の表示」に当たるとされている（ガイド10頁）。

Q 40

7 媒体事業者の編集等に係るものについての考え方

消費者庁によれば，例えば，新聞・雑誌を発行する事業者や放送事業者などの媒体事業者（インターネット上で営む者も含む。）が自主的な意思で企画，編集，制作した「表示」については，通常，編集権が媒体事業者にあるため，事業者が表示内容の決定に関与したといえず，事業者の表示とはならないとされる（ステマ運用基準第2の2⑵）。しかし，媒体事業者の表示であっても，通常考えられる範囲の取材協力費を大きく超えるような金銭等の提供や通常考えられる範囲を超えた謝礼の支払などの実態にある場合など，事業者が表示内容の決定に関与したとされる場合は，事業者の表示となるとの考え方も示されている（ガイド12頁）。

8 違反事例

これまでステマ告示に該当するとして消費者庁が措置命令を行ったものは図表15のとおりである。いずれも口コミ投稿依頼に係るものであり，①は一種の恩典を提供して高評価の口コミの投稿を依頼していたもの，②は対価を提供して口コミ投稿を依頼していたものである。自社サイトの表示であればステマ広告とはならないとの誤解が一部にあるようであるが，②では自社サイト上の表示がステマ広告と認定されている。

〈図表15　ステマ告示違反事件一覧（令6・8・15現在）〉

	措置命令年月日	事業者	事実の概要
①	令6.6.6	医療法人社団祐真会	診療サービスに係る役務について，インフルエンザワクチン接種のためにクリニックに来院した者に対し，Googleマップ内の「プロフィール」の口コミ投稿欄に星5個又は4個の評価の投稿をすれば接種費用を割り引くことを伝えていた。これによって投稿された記事は事業者の表示であるのに，一般消費者にとって事業者の表示であることが明瞭になっているとは認められない。
②	令6.8.8	㈱RIZAP	chocoZAPと称する店舗において供給する役務について，第三者に対し対価提供を条件にインスタグラムへの投稿を依頼し，これによって投稿さ

217

		れた口コミを抜粋するなどして自社サイトに表示していた。この表示は事業者の表示であるのに，一般消費者にとって事業者の表示であることが明瞭になっているとは認められない。

9 まとめ

ステマ告示及びその運用基準は必要以上に難解であり，また，判断基準が必ずしも明確ではない。結局のところ，個別事案における事実の認定評価によるところが大きく，今後の判断基準の明確化と透明な運用が強く期待される。事業者が個別事案で判断に迷う場合，当局への事前相談を利用することが賢明であろう。

しかし，ステルスマーケティング規制の目的自体は決して難解なものではない。事業者は，自己の商品・役務の広告宣伝活動において，その表示内容の決定に関与するのであれば，その表示は，景品表示法上，自己の行った表示に当たることを認識し，それが自らの広告・表示であることを消費者に分かるようにしておく必要がある。

たとえその表示内容が真実であっても，表示内容の決定に関与したのに，第三者の表示であるかのように装う（装うようにさせる）ことや，自らの広告であることが消費者に分からないようにすることはステルスマーケティングに当たる。それは取りも直さず景品表示法違反であることに注意しなければならない。

第3節 景品表示法による景品規制

第1 概 説

Q41
　景品表示法では景品類の提供はどのような形で制限されているか。その全体像について，概要を説明してほしい。

　景品表示法では，景品類として提供できる金品の最高額や総額，景品類の提供の方法などを内閣総理大臣が制限できるほか，景品類の提供を禁止することもできるとされている。内閣総理大臣が景品類の提供の制限又は禁止を行う際は告示（内閣府告示）によることとされており，現在は消費者庁の発足前に公正取引委員会が定めた告示がその告示であるとされている。

　景品類として提供できる金品の最高額については，公正取引委員会の告示では，顧客全員に提供するか抽選などの懸賞による当選者に提供するかといった提供の方法，景品類が提供される際の基準となる取引金額によって，提供できる景品類の上限額が定められている。また，新聞業など特定の業界における景品類の提供を対象としたものもある。

解 説

1 景品表示法による規制の背景

　戦後の経済復興から高度経済成長が始まった昭和30年代に，大量生産・大量消費時代を迎えて大量販売のための景品付き販売が一般化した。そして，過大な景品付き販売を独占禁止法で規制する場合は，「不当な利益による顧客誘引」（一般指定9項）として不公正な取引方法の問題となる。

　しかし，事業者が提供する具体的な景品類の提供が「正常な商慣習に照らして不当な利益」に該当するか否かの判断は難しく，過大な景品付き販売を

219

第3節　景品表示法による景品規制

的確かつ迅速に規制することができなかったことから，景品表示法による規制が導入されることになった。

2　規制対象となる景品類と規制の根拠規定

景品表示法では，まず，規制の対象となる景品類を「顧客を誘引するための手段として，……事業者が自己の供給する商品又は役務の取引（不動産に関する取引を含む。……）に付随して相手方に提供する物品，金銭その他の経済上の利益であつて，内閣総理大臣が指定するもの」（景表2条3項）と定義した上で，内閣総理大臣（消費者庁が属する内閣府の主務大臣としての内閣総理大臣）が「景品類の価額の最高額若しくは総額，種類若しくは提供の方法その他景品類の提供に関する事項を制限し，又は景品類の提供を禁止することができる。」（景表4条。なお，平成28年3月までは3条）ものとしている。

3　景品表示法による指定

この景品表示法による内閣総理大臣の指定や制限等は告示によって行うこととされている（景表3条2項・6条2項）が，消費者庁発足時の法的取扱い（消費者庁及び消費者委員会設置法の施行に伴う関係法律の整備に関する法律（平成21年法律49号）附則4条1項・6条2項）により，公正取引委員会が定めた指定や制限等が内閣総理大臣の定めたものとみなされ，現在でも有効とされている。

4　公正取引委員会の告示等

景品表示法4条の規定に基づく制限又は禁止として公正取引委員会が定めた告示には，次のとおり，規制対象とする業種を限定していないものとこれを限定しているものがあり，前者の規制対象業種を限定していない告示には，商品の購入者などに抽選などの懸賞により提供するか否かといった提供の方法によって異なった告示が適用される。

Q 41

(1) 懸賞による景品類の提供に関する事項の制限（昭52・3・1公取委告示第3号，最終改正：平8・2・16公取委告示第1号。以下「懸賞景品告示」という。）

(ア) 一般懸賞

〈図表16　一般懸賞の景品類の制限〉

取引価額	景品類の最高額	景品類の総額の最高額
5,000円未満	取引価額の20倍	懸賞に係る売上予定総額の2％
5,000円以上	10万円	同　上

(イ) 共同懸賞：一定の地域の小売業者等の相当多数が共同して行う場合など

取引価額にかかわらず景品類の最高額は30万円，総額は懸賞に係る売上予定総額の3パーセント

(2) 一般消費者に対する景品類の提供に関する事項の制限（昭52・3・1公取委告示第5号，最終改正：平28・4・1内閣府告示第123号。以下「総付景品告示」という。）：一般消費者に対し懸賞によらないで提供する景品類を規制する場合

〈図表17　懸賞によらないで提供する景品類の制限〉

取引価額	景品類の最高額
1,000円未満	200円
1,000円以上	取引価額の2/10

(3) 業種別の告示：次の4告示

(ア) 新聞業における景品類の提供に関する事項の制限（平10・4・10公取委告示第5号，制定：昭39・10・9公取委告示第15号，最終変更：平12・8・15公取委告示第29号）

(イ) 雑誌業における景品類の提供に関する事項の制限（平4・2・12公取委告示第3号，制定：昭52・3・1公取委告示第4号，最終変更：平8・12・10公取委告示第34号）

(ウ) 不動産業における一般消費者に対する景品類の提供に関する事項の

第2章　景品表示法による表示・景品規制

221

第3節　景品表示法による景品規制

制限（平9・4・25公取委告示第37号，制定：昭58・10・25公取委告示第17号）

㈋　医療用医薬品業，医療機器業及び衛生検査所業における景品類の提供に関する事項の制限（平9・8・11公取委告示第54号，制定：昭59・9・13公取委告示第25号，最終変更：平28・4・1内閣府告示第124号）

Q42

　消費者としては景品類（おまけ）をもらえると得になるのに，景品表示法で景品類の提供を規制しているのはなぜか。

A　景品類の提供は事業者の販売促進活動としてかなり有効な手段であるが，過大な景品類の提供が行われれば，消費者が品質や価格によらずに商品選択を行うこととなったり，事業者の品質向上やコスト削減に対するインセンティブが低下することになり，長期的にみれば，一般消費者の利益が損なわれたり，事業者間の公正な競争が阻害されるおそれがあるためである。

解　説

　例えば，小売業者が顧客に商品を販売する際に「おまけ」を提供する場合は，当初の販売代金から値引きをすることもあれば，販売数量を当初のものより増やしたり，他の商品を無償で追加して提供することもある。

　市場経済の下では，事業者間の競争を通じて品質の向上や価格の引下げが行われることにより，消費者の利益が増進されることになる。そして，市場経済がこのように機能するためには，消費者が事業者の販売しようとする商品の品質や価格を踏まえて当該商品を購入するかどうかの意思決定がなされる必要がある。

　しかし，事業者が自己の販売する商品の品質を向上させたり，価格を引き

コラム11　景品表示法制定前における景品類の提供企画

下げられるようコストを削減することは容易ではない。また，販売促進のために値引きで対応することは，価格を引き上げて元の価格にまで戻すことが困難であったり，事業者の価格設定に対する消費者の信頼を損なうおそれがある。

　これに対し，景品類の提供による場合は，当該景品類の魅力により販売の促進が図られることになるので，商品の品質や価格の改善を図る必要がないこととなる。特に，懸賞景品による場合は，消費者の射幸心を利用することになり，商品の品質や価格との関連性が乏しいものとなる。

　このため，景品類の提供により事業者間の競争が行われることになれば，事業者の商品の品質改善や価格引下げに対するインセンティブが低下することになり，消費者の商品選択や事業者間の競争が歪められることとなって，長期的にみれば消費者の利益が損なわれることとなる。

11　景品表示法制定前における景品類の提供企画

　我が国経済が大量生産・大量消費の高度経済成長期に入り，大量販売を実現するための方策として，多くの業界で景品付き販売が行われるようになり，昭和33年（1958年）ころから景品類として提供される金品も高額なものとなっていった。

　そして，昭和30年代の中頃には，昭和35年に問題となったニセ牛缶事件といった不当表示だけでなく，過大な景品類の提供についても何らかの規制が必要であるとの声が関係業界の中からも上がっている。

　当時の代表的な景品類の提供企画のうち，小額の取引価額で高額の賞金を提供するとしたものとして，㈱ロッテが昭和36年4月から10月までを応募期間として実施した「ロッテ天チクセール」がある。

　この景品提供企画は，当時のガムの原料として我が国では主として酢酸ビニル樹脂が使用されていたのに対し，ロッテがガムの本場米国と同様に天然チクルを原料としていることを消費者にアピールして販売を促進するために行われたものであり，ロッテガムの外包み50円分を1口として抽選券に交換できるというものであった。そして，その特賞は賞金1,000万円で，さらに副賞として特賞の当選者が指定する学校に100万円が寄付されるという

223

ものであり，ロッテの社史『ロッテのあゆみ』（昭和40年）によれば，この天チクセールには760万口数の応募があるなど懸賞企画自体が話題となり，これを契機として同社はガムの国内トップメーカーとなったとされている。

また，昭和30年代は高度経済成長が始まったものの，人々の生活にまだ余裕がなかったため，人々が憧れる品物等を景品として提供する企画が多くみられ，その代表的なものとして，海外旅行が夢であった時代に，「トリスを 飲んで Hawaiiへ 行こう！」とのサントリー（当時は（株）寿屋）の景品提供企画がある。

この企画は，昭和36年9月から実施され，サントリー宣伝部の社員であった柳原良平のイラストと山口瞳のコピーで有名となって大きな話題となったが，我が国で海外旅行が自由化されるのは東京オリンピックが開催される昭和39年であったため，1等は「ハワイ旅行積立預金証書」であって，海外旅行が自由化された後に実施されている。

(出典：『創活／なにわの広告（㈳大阪広告協会創立50周年記念)』
(大阪広告協会，1997年) 28頁）

Q43

企業の販売促進活動として，景品類の提供企画はどのような利点があるか。

販売促進活動としての景品類の提供企画は，バーゲンセールといった値引きに比べて販売価格に及ぼす影響が少なく，また，魅力的な物品等を景品類とすることによって，費用対効果の大きい販売促進活動が行えるといった利点がある。

解 説

1 販売促進活動の種類

小売業者などの事業者が行う販売促進活動としては，景品類の提供企画のほか，広告宣伝活動の活発化，バーゲンセールなどの値引き販売などがある。

このうち，単なる広告宣伝の実施については，新商品に係るものや新規の顧客を対象とするものでなければ，その販売促進効果はあまり大きなものではない。

また，値引き販売については，大幅な値引きであれば販売促進効果は大きいものの，採算が悪化することになり，さらに，バーゲンセールの期間が長くなったり回数が増えたりすると販売価格に対する消費者の信頼が失われて，通常の価格での販売が低迷するおそれがあるといった問題がある。

2 販売促進活動としての景品類の提供企画の利点

景品類の提供企画については，バーゲンセールなどに比べ，次のような利点があると考えられる。

(1) **販売価格に対する信頼性を損なわずに顧客の誘引ができること**

購入者全員に景品類を提供する場合であっても，取引対象商品の価格は景品類の提供企画実施前と同一であるため，商品の価格に対する消費

者の信頼が損なわれることがない。

(2) 景品類を「無料」で提供する旨の広告表示ができること。このため，同じ経済的利益を提供した場合でも，景品類の提供のほうが消費者のお得感が高くなりがちであること

　例えば，事業者が，①通常販売価格1,000円の商品につき100円引きとするとして広告宣伝を行う場合と，②当該商品の購入者に対し小売価格で100円相当の物品を景品類として提供する場合を比べると，①の場合は取引金額を基準として一定率（10パーセント）の値引きを受けたと認識されるのに対し，②の場合は，取引金額を基準とするのではなく，景品類である物品が無料で得られたと評価されることになると考えられる。特に，当該物品がオリジナル商品など魅力的な物品であったり，当該物品を無償で提供する旨を強調すれば，その顧客誘引効果は強いものとなる。

(3) 同じ経済的利益を得たと消費者が考える場合であっても，通常は事業者側の負担が値引きより少ないこと

　例えば，上記(2)における事業者側の経済的な負担を見ると，値引き等に伴う販売量の増加による影響を考慮しなければ，①の場合は値引き額100円の全額を事業者が負担することになるのに対し，②の場合は事業者側の負担は景品として提供する物品の調達価格（仕入価格）相当分程度にとどまることになる。

(4) 特に懸賞景品による場合は，少ない経費負担で大きな顧客誘引効果が期待できること

　懸賞景品企画にあっては，消費者の射幸心を刺激することができ，また，一般懸賞で提供できる景品類は最大10万円までであって，その顧客誘引効果が大きいのに対し，提供できる景品類の総額は取引予定総額の2パーセントまでであるので，景品提供自体に係る事業者側の経費負担はかなり少ないものとなる。これに対し，同じ経費負担で値引きセールを行おうとすると2パーセント程度の値引きしかできないこととなるので，その顧客誘引効果はほとんどないと考えられる。

Q 44

第2 景品類の定義

Q44

景品表示法の規制対象となる「景品類」の定義はどうなっているか。

景品表示法2条3項では,「景品類」について,顧客を誘引するための手段として事業者が取引に付随して相手方に提供する経済上の利益であって,内閣総理大臣が指定するものと定義されている。具体的には,景品表示法が消費者庁に移管される前の公正取引委員会の告示で規定されている。

解 説

1 景品表示法上の「景品類」の定義

景品表示法の規制対象となる「景品類」については,同法2条3項で定義されており,具体的には内閣総理大臣が指定するものとされている。

この内閣総理大臣の指定は告示で行うものとされており(景表6条2項),現在は「消費者庁及び消費者委員会設置法の施行に伴う関係法律の整備に関する法律」(平成21年法律第49号)附則6条2項の規定により,公正取引委員会による定義告示(不当景品類及び不当表示防止法第2条の規定により景品類及び表示を指定する件(昭37・6・30公取委告示第3号,最終改正:平21・8・28公取委告示第13号))が内閣総理大臣が指定したものとみなされている。

2 定義告示における「景品類」の要件

定義告示では,その1項で,「景品類」とは,①顧客を誘引する手段として,②事業者が自己の供給する商品又は役務の取引に付随して,③相手方に提供する物品,金銭その他の経済上の利益と定められている。ただし,これらに該当するものであっても,正常な商慣習に照らして値引き又はアフター

227

第3節　景品表示法による景品規制

サービスと認められるものは景品類に該当しないものとされている。

3　定義告示運用基準

このように，定義告示では景品表示法の対象となる景品類につき三つの要件を定めており，事業者が販売促進策として実施する景品提供企画のほとんどは，具体的な販売促進効果を期待して，取引の相手方である消費者に対して物品や金銭などを提供するものであるので，当該提供が値引きやアフターサービスに該当しなければ，景品表示法上の「景品類」に該当すると考えられる。

そして，定義告示の運用基準として，公正取引委員会により「景品類等の指定の告示の運用基準について」（昭52・4・1事務局長通達第7号，最終改正：令6・4・18消費者庁長官決定。「定義告示運用基準」）が定められており，現在の消費者庁の指定告示の運用もこれに従っている。

なお，令和6年の定義規定運用基準の改正により，事業者が一般消費者から物品等を買い取る取引も，当該取引が当該物品等を査定する等して金銭と引き換えるという役務を提供している場合は，「自己の供給する役務の取引」に当たるとされ（改正後の同基準の3⑷），買取業者が提供する景品類も規制の対象となり得ることが明確化されている。

4　景品類に該当しないもの

なお，景品類は取引に付随して提供されるものであるので，二つ以上の商品又は役務を組み合わせたものが一つの取引対象になっていると評価されるものは，いずれの商品又は役務も景品類に該当しないことになる（定義告示運用基準の4⑸）。このため，例えば，玩具やシールが同封されている菓子や，アイドルグループとの握手券が同封されているCDは，景品表示法の規制対象とはならない。また，アイドルグループのCDにアイドルメンバーの順位を決定する総選挙の投票券が同封されることがあるが，この投票券は指定告示上の「経済上の利益」に該当するとはいえないので，これがCDに付随して提供されたとしても景品表示法の規制対象とはならないと解されよう。

Q45

　景品類の定義にある「取引付随性」は，どのような場合に認められる
か。店舗に来店したり，ウェブサイトを閲覧した消費者に景品類を提供
する場合も「取引付随性」があるとされるか。

　　　取引付随性については，商品の購入など取引を条件とする場合よ
　　　りも広く，「取引に関連して」との意味であると考えられており，
来店が条件となるなど事業者側から商品の購入の働き掛けを行い得る場合は，
取引付随性があるとされている。

　一方，ウェブサイト上の広告については，消費者がこれを閲覧するかどう
かは自由であって，取引対象商品の広告が掲載されているサイトから他のサ
イトに自由に移動できることから，通常，取引付随性はないとされている。

解　説

1　定義告示運用基準における取扱い

　定義告示運用基準によれば，取引を条件として他の経済上の利益を提供す
る場合のほか，次のような場合に取引付随性が認められるとされている（定
義告示運用基準の4⑴～⑶）。

⑴　商品の容器包装に経済上の利益の提供企画の内容を告知している場合，
　　商品又は役務を購入することにより経済上の利益を得ることが可能又は
　　容易になる場合，事業者が自己の店舗への入店者に経済上の利益を提供
　　する場合など，経済上の利益の提供が取引の相手方を主たる対象として
　　行われる場合

⑵　取引の誘引に際して，相手方に金品，招待券等を供与するような場合

⑶　例えば「ハンバーガーとドリンクをセットで○○円」とするなど商品
　　又は役務を二つ以上組み合わせて販売している場合であっても，「○○
　　が当たる」など懸賞により提供するときや，「○○プレゼント」，「××

を買えば○○が付いてくる」など取引の相手方に景品類であると認識されるような仕方で提供するとき

2 ネット上の懸賞企画

ネット通販が一般化するにつれ，インターネット上のウェブサイトにおいて，一般消費者に対し，商品又は役務の購入を条件とすることなく，くじ等の方法により経済上の利益を提供する懸賞企画が行われるようになっている。しかし，このようなネット上の懸賞企画については，懸賞に応募しようとする者が商品又は役務を購入することに直ちにつながるものではないとして，景品表示法上の景品規制の対象とならないと取り扱われている（平成13年4月26日，公取委「インターネット上で行われる懸賞企画の取扱いについて」参照）。

3 オープン懸賞企画

上記2のようなインターネットによるものだけでなく，新聞広告等におけるもの（例えば，広告において新製品等に関する簡単なクイズを出題し，郵便はがき（官製はがき）による回答を求めて，抽選などにより経済上の利益を提供するもの）について，取引付随性が認められない場合は，景品表示法による景品規制の対象とならないため，一般に「オープン懸賞」と呼ばれている。

かつての公正取引委員会の取扱いにおいては，このオープン懸賞において提供される経済上の利益が高額なものとなる場合は，市場における公正な競争を阻害するおそれがあるとして，「広告においてくじの方法等による経済上の利益の提供を申し出る場合の不公正な取引方法」（昭46・7・2公取委告示第34号。いわゆる「オープン懸賞告示」）により，提供できる経済上の利益の最高額（オープン懸賞告示の運用基準により，当初は最高100万円，平成8年以降は1,000万円）が具体的に規定されていた。

しかし，我が国経済の発展・変化により，このオープン懸賞と商品選択との関連が希薄になったことやオープン懸賞による上限に近い高額な金品の提供がほとんど実施されていないことから，平成18年4月27日にオープン懸賞告示は廃止されている。

Q46

販売した商品と同一の商品を付加して提供する場合は，実質的な値引きとして，付加した商品は景品類ではないとされているが，販売した商品と付加した商品は全く同種の商品でなければならないか。

定義告示運用基準においては，全く同一の商品を付加する場合だけでなく，取引通念上妥当と認められる基準に従い，実質的に同一の商品を付加する場合も含まれるとされているので，どのような範囲の商品が同一のものとされるかは，社会通念や社会常識により判断されることになると考えられる。

解 説

1 商品の付加と値引きの関係

例えば複数の同一商品が取引される場合，当該商品の取引価格（1個当たりの単価）は取引金額を取引数量で除したものとなるので，取引金額を減ずるときだけでなく，取引数量を増やすときも，同様に取引価格を引き下げる値引きに該当することになる。

このため，販売した商品と同一の商品を付加する場合は，実質的な値引きであって景品類に該当しないとする定義告示運用基準の取扱いは，当然のことを定めたものとなる。

2 定義告示運用基準の改定

どのような範囲の商品が同一の商品として認められるかについての指定告示運用基準は平成8年に改定がなされており，それ以前は，全く同一の商品を付加する場合に限られていたが，現在は実質的に同一の商品と見られるものであればよいこととなっている。

このため，例えば衣料品販売業者が「スーツを1着購入した場合にもう1

着提供」とする場合，平成 8 年改定前においては色柄も同じスーツを付加する場合に限られていたのに対し，現在では，色柄に関係なくスーツであればよく，スーツではなくスペアズボンでもよいこととされている。

3 現在の定義告示運用基準における取扱い

　そして，現在の定義告示運用基準においては取引通念上妥当と認められる基準に従って実質的に同一の商品かどうかを判断するものとされ，定義告示運用基準 6(3)ウにおける例示をみると，「コーヒー 5 回飲んだらコーヒー 1 杯無料券をサービス」は値引きに該当するとされている一方，「コーヒー○回飲んだらジュース 1 杯無料券をサービス」は値引きに該当しないとされている。このように，メニュー上「コーヒー」と認識される飲料であれば同一の商品であるとされるのに対し，同じ飲料であっても，コーヒーとジュース，紅茶などは同一の商品ではないとされていると考えられる。

第3 景品類提供の制限

Q47

事業者が顧客に提供する物品等が「景品類」に該当する場合，景品表示法上どのような規制を受けることになるか。

取引の相手方に提供する経済上の利益が景品表示法上の「景品類」に該当する場合，その提供の相手方や提供方法などに従い，提供できる景品類の最高額や総額などについて規制を受けることになる。また，抽選等の懸賞による場合は，いわゆるカード合わせの方法による提供は禁止されている。

解 説

1 景品表示法の規定

景品表示法では，事業者が提供できる景品類について内閣総理大臣が定める内閣府告示により規制することとされており，現在は，消費者庁の発足前に公正取引委員会が定めた告示がこの内閣府告示とみなされている。

そして，この告示による景品類の規制については，①一般消費者向け，事業者向けといった提供の相手方，②抽選等の懸賞によるか否かといった提供の方法，③提供できる景品類の額及び総額について定められている。

2 景品類の提供制限告示

景品類の提供を制限ないし禁止する内閣府告示とみなされる公正取引委員会告示として，次の3種類の6告示がある。

(1) **懸賞景品告示**（懸賞による景品類の提供に関する事項の制限（昭和52年公取委告示第3号））

懸賞により提供できる景品類の最高額と総額を規制している（一般懸賞の場合は，最高額10万円で，総額は取引予定総額の2パーセント相当額まで）。

233

第3節　景品表示法による景品規制

(2) 総付景品告示ないし一般消費者告示（一般消費者に対する景品類の提供に
関する事項の制限（昭和52年公取委告示第5号））

　　懸賞の方法によらないで提供する一般消費者向け景品類の最高額を規
制（原則として，取引価額の20パーセント相当額まで）。なお，懸賞の方法によ
らないで景品類を提供する際は，購入額が一定以上となるなどの条件を
満たす場合の全てに景品類を提供することになるので，「総付け」とか
「ベタ付け」と呼ばれている。

(3) 特定の業種における景品類の提供に係る告示

　　業種別の景品類の提供に係る告示として，次の四つのもの（いずれも
昭和30年代から50年代にかけて制定された当初の告示が全部改正されたもの）が定
められており，各業界において事業者が提供できる景品類の最高額など
が定められている。

　　① 新聞業における景品類の提供に関する事項の制限（平成10年公取委
告示第5号）

　　② 雑誌業における景品類の提供に関する事項の制限（平成4年公取委
告示第3号）

　　③ 不動産業における一般消費者に対する景品類の提供に関する事項
の制限（平成9年公取委告示第37号）

　　④ 医療用医薬品業，医療機器業及び衛生検査所業における景品類の
提供に関する事項の制限（平成9年公取委告示第54号）

3　事業者向けの景品類の提供に関する告示

　なお，消費者庁は一般消費者の利益の擁護及び増進などを任務としている
ので，事業者向けの景品規制は同庁と直接的な関わりはないが，景品類の提
供により事業者が取り扱う商品が異なることになれば顧客である一般消費者
の商品選択が損なわれることになり，また，景品提供企画が行われる際に提
供される景品類につき過大な表現がなされることもあって，販売先の事業者
やその役員・従業員に提供する景品規制を含め消費者庁が景品表示法の運用
を行っている。

234

Q48

景品類の提供に係る「取引の価額」は，どのようにして算定されるのか。来店者に景品を提供する場合など，実際に商品・役務を購入しなかった者に景品類を提供する場合はどうか。

提供できる景品類の限度額に係る「取引の価額」については，景品類を提供する事業者が小売業者やサービス業者である場合は景品提供の対象となる商品・役務の実際の取引価格により，製造業者や卸売業者の場合は，当該商品又は役務の通常の小売価格により算定される。

また，来店者など実際に取引をしていない一般消費者も景品提供の対象とする場合は，当該店舗において通常行われる取引の価額などが「取引の価額」として取り扱われている。

解 説

1 景品告示の運用基準

懸賞景品告示や総付景品告示による規制については，これらの告示の運用基準が定められており，景品類の限度額に係る「取引の価額」についてもこの運用基準に基づき法運用がなされている。

まず，懸賞景品運用基準では，事業者が単独で行う懸賞景品に係る懸賞景品告示第2項の「懸賞に係る取引の価額」については，総付景品運用基準における取扱いを準用することとされている。

そして，総付景品告示の運用基準としては，公正取引委員会が設定した総付景品運用基準が現在も有効なものとされている。

2 「取引の価額」の取扱い

総付景品運用基準によれば，一般消費者と直接取引をする小売業者・サービス業者が単独で行う景品提供企画における「取引の価額」は，大要，次の

第3節　景品表示法による景品規制

とおりとなっている（総付景品運用基準1(1)～(3)）。

① 購入者を対象とし，購入額に応じて景品類を提供する場合は，当該購入額

② 購入者を対象とするが，購入額の多少を問わずに景品類を提供する場合は，原則として100円。ただし，景品類の提供の対象となる商品・役務のうち最低のものが100円を超えると認められるとき又は明らかに100円を下回っていると認められるときは，当該最低のもの

③ 購入を条件とせずに店舗への入店者に対し景品類を提供する場合は，原則として100円。ただし，当該店舗で通常行われる取引の価額のうち最低のものが100円を超えると認められるときは，当該最低のものによることが可能

さらに，運用基準では，同一の取引に付随して二つ以上の景品類の提供が行われる場合や複数の事業者が共同して景品類の提供が行われる場合の取扱いについても定められている。

Q49

　メーカーが一般消費者を対象に景品提供企画を実施する場合，各小売店によって販売価格が異なることがあるが，景品類の提供に係る「取引の価額」はどのように算定すればよいか。

A　メーカーが一般消費者を対象とする場合の景品類の提供に係る「取引の価額」については，当該メーカーの出荷価格やメーカー希望小売価格により算定するのではなく，景品提供企画が実施される地域における通常の取引価格（小売価格）を基準とすることとされている。

解　説

　景品提供企画における「取引の価額」については，総付景品運用基準における取扱いにより運用されている（Q48参照）。

236

総付景品運用基準では，製造業者又は卸売業者が単独で行う景品提供企画における景品類の限度額の算定に係る「取引の価額」は，景品類提供の実施地域における対象商品・役務の通常の取引価格を基準とするものとされている（同運用基準1(4)）。

このため，バーゲンセールなどで低い価格で販売されることがあったとしても，当該価格によるのではなく，小売店などの通常の販売価格によればよいこととなっている。

Q50

景品類の価額はどのように算定すればよいのか。景品用の物品を安価で仕入れることができた場合，その仕入価格で算定してよいか。

景品類の価額は，事業者が景品類として提供する物品を仕入れた際の価格ではなく，当該物品を一般消費者が購入する際の通常の価格によることとされている。

また，景品類として提供する物品が一般には販売されていない物品である場合は，当該物品の仕入価格や同種商品の一般的な販売価格などを参考に景品類の価額が算定されることになる。

解 説

景品提供企画は，景品類という経済上の利益を提供することにより一般消費者の商品選択を自社に有利にしようとするものであるので，提供される景品類の価額については，それが提供される一般消費者がどの程度の金額のものが提供されたと考えるかによって判断されることになる。

具体的な景品類の価額の算定方法については，昭和53年に公正取引委員会が算定基準（「景品類の価額算定基準について」（昭53・11・30事務局長通達第9号））

を定めており，それによれば，大要，次のとおりとなっている。

(1) 景品類と同じものが市販されている場合は，それが通常購入されるときの価格による。

(2) 同じものが市販されていない場合は，景品提供事業者がそれを入手した価格，類似品の市価等を勘案して，それが通常購入することとされるときの算定価格による。

(3) 海外旅行への招待又は優待を景品類として提供する場合の価額の算定も，上記(1)及び(2)による。

Q 51

第 **4** 懸賞景品の制限

Q51

懸賞景品告示が適用される「懸賞」とは，どのようなものか。カード合わせ（二つ以上の文字等の特定の組み合わせを提示させるもの）が懸賞として認められていないのはなぜか。

「懸賞」とは，抽選などの偶然性を利用したり，応募の際に一般に明らかでない事項についての予想を募集し，その回答の優劣や正誤によって景品類提供の相手方や提供する景品類の額を決定する方法である。

また，商品購入時にどのようなカードが添付されているかが分からないカード合わせにより景品類を提供する場合は，不足するカードが出るまで商品を購入させがちとなるなど，景品提供の方法自体にぎまん性が強いことから，そのようなカード合わせによる景品類の提供は禁止されている。

💻 解 説

1 懸賞景品告示における「懸賞」の定義

懸賞景品告示においては，「くじその他偶然性を利用して定める方法」や「特定の行為の優劣又は正誤によつて定める方法」によって，景品類の提供の相手方又は提供する景品類の価額を定めることをいうとされており（同告示1項），具体的な例示については，同告示の運用基準で説明されている。

2 懸賞景品告示の運用基準における例示

懸賞景品告示の運用基準では，まず，「くじその他偶然性を利用して定める方法」の例示として，①抽選券を用いる方法，②レシート，商品の容器包装等を抽選券として用いる方法，③商品のうち一部のもののみに景品類を添付し，購入の際にはいずれに添付されているかを判別できないようにしておく方法，④全ての商品に景品類を添付するが，その価額に差等があり，購入

第2章 景品表示法による表示・景品規制

239

の際にはその価額を判別できないようにしておく方法が挙げられている。

　また，「特定の行為の優劣又は正誤によつて定める方法」の例示として，①応募の際に一般に明らかでない事項（例えば，その年の10大ニュース）について予想を募集し，その回答の優劣又は正誤によって定める方法，②キャッチフレーズ，写真，商品の改良の工夫等を募集し，その優劣によって定める方法など四つのものが挙げられている。

　この特定の行為の優劣等によって定める方法については，抽選などの偶然性によるのではなく，応募者の能力いかんによる面もあるので，これを「懸賞」に含めて景品表示法の規制対象とするのは適当かとの見解もあり得るが，このような景品提供企画の目的が優れた内容の応募物を収集することではなく当該企画の対象とした商品の販売を促進することであるので，景品表示法で規制することとして整理されている。

3 カード合わせの取扱い

　さらに，懸賞景品告示では，懸賞に該当するものであっても，「2以上の種類の文字，絵，符号等を表示した符票のうち，異なる種類の符票の特定の組合せを提示させる方法」を用いてはならない旨を規定している。

　これは，いわゆる「カード合わせ」といわれるもので，昭和20年代後半に，紅梅キャラメル㈱が行った景品提供企画が大きな社会問題となったことを踏まえて禁止されたとされている（ただし，実際に禁止されたのは昭和44年から）。

　この景品提供企画では，キャラメルに読売ジャイアンツ所属の野球選手の写真カードを同封し，選手9名のカードを揃えると景品がもらえ，さらに監督のカードを加えて揃えると高額な景品がもらえることになっていたが，水原茂監督のカードがなかなか揃わず，多くの子供がキャラメルを買い続けたり，子供間で「ミズカンなんて，さいしょから，ないんだぜ！」（沢里昌与司『さようなら紅梅キャラメル』（東洋出版，1992年））と言われる事態を招いている。

　なお，このような問題は，どのようなカードが同封されているのかが購入時に判別できないことから生ずるものであるので，購入者が取得できるカードを選べる場合には，この「カード合わせ」には該当しない。

Q 51

――**参考事例**――

◎ 「カード合わせ」に該当するのではないかとして問題となった最近の事例

1 コンプリート・ガチャ問題

　　これは，SNS（ソーシャル・ネットワーク・サービス）上のゲーム市場において，ゲーム運営会社などがゲームのプレイヤーである一般消費者に面白くゲームを遊べるアイテム（通称「ガチャガチャ」と呼ばれるトイカプセルと同様に，購入時にはどのアイテムが入手できるか分からないもの）を有料で提供し，特定の数種類のアイテムを全て揃える（コンプリートする）と稀少アイテムを提供することとしていたところ，稀少アイテムが高額で取引されるようになったことから，平成24年に，大きな社会問題となったものである。

　　有料でゲームをする際に特定のアイテムが揃えば稀少アイテムを提供するとの方法は，いわゆる「カード合わせ」に該当するが，高額で転売することを目的として稀少アイテムを入手しようとした者にとっては，稀少アイテムは取引の対象そのものであって，景品表示法上の「景品類」に当たらないことになる。

　　このため，コンプリート・ガチャの取扱いが問題となり，消費者庁では，平成24年6月28日に懸賞景品告示の運用基準を全部改正して，平成24年消費者庁長官通達第1号「『懸賞による景品類の提供に関する事項の制限』の運用基準」（懸賞景品運用基準）を制定し，これが「カード合わせ」に該当する旨を明らかにしている（同運用基準4⑴）。

2 AKB48CD販売時の特典ポスター合わせによる「春の祭典」招待企画

　　アイドルグループAKB48のCD「桜の花びらたち」をリメイクしたCD「桜の花びらたち2008」を発売するに当たり，同CDの販売会社である㈱デフスターレコーズが，平成20年2月に「劇場販売限定特典ポスター・コンプリート購入者ほか対象『春の祭典』ご招待」として，AKB48劇場で同CD1枚を購入した者にメンバー44名のうち1名のポスターを提供するとともに，44名分のポスターを揃えると「春の祭典」イベントに招待するとの景品提供企画を実施している。

　　この企画では購入時にポスターのメンバー指定ができず，「悪徳商法ではないか」とのファンからの批判が相次いだため，デフスターレコーズでは，企画開始の翌日に，独占禁止法上の不公正な取引方法に該当するおそれがあったとして，この企画を中止している。

第2章　景品表示法による表示・景品規制

241

第3節　景品表示法による景品規制

Q52

　通常の懸賞景品提供企画の場合に提供できる景品類の総額は取引予定総額の2パーセント以内でなければならないとされているが，実際の売上げが伸びず提供した景品類の総額がこの2パーセントを超えた場合はどうなるか。また，懸賞景品提供企画に併せて総付景品提供企画を同時に実施していた場合は，総付景品提供企画による景品類の総額を考慮する必要があるか。

　懸賞景品提供企画における取引予定総額は，あくまでも事業者による売上見込み額であるので，当該取引予定総額の設定に相応の根拠があれば，特に問題とされることはないと考えられる。

　また，懸賞景品提供企画と総付景品提供企画を同時に実施する場合することは景品表示法上問題ないとされているので，懸賞景品提供企画における景品類の総額を定める際に総付景品提供企画による景品類の提供総額を考慮する必要はない。

解　説

1　過去の懸賞景品提供事件における取扱い

　過去の懸賞景品提供企画において景品類の総額規制違反として法的措置が講じられたものをみると，いずれの事案においても提供された景品類の総額は事業者が設定した取引予定総額の2パーセントを超えるものであることを認定した上で同規制に違反するものとされている。

　そして，過去の事例では消費者庁ないし公正取引委員会が事業者が設定したものより低い取引予定総額を新たに認定した上で，当該予定総額を超えることを理由として措置命令等がなされた事案はない。

　このため，抽選等により購入代金の全額を払い戻すような懸賞景品企画において当選確率を2パーセント超に設定するような場合（例えば，「レシートで

全額キャッシュバック 30人に1人がタダ」といったセールを行う場合）を除き，事業者が設定した取引予定総額が過去の懸賞景品提供企画における売上実績などから想定し得る範囲内で設定されていれば，総額規制に違反しているとの判断は難しく，景品表示法上問題とされることはまずないと考えられる。

2 懸賞景品提供企画と総付景品提供企画が併用された場合の取扱い

懸賞景品提供企画に併せて総付景品提供企画が行われている場合，前者により景品類を受け取る一般消費者は後者による景品類も受け取っているので，双方の景品類を合算すれば前者による上限規制を上回る景品類を受け取ることがあり得る。

このような場合の景品表示法上の取扱いについては，それぞれの景品提供企画における景品類の提供が懸賞景品告示や総付景品告示の範囲内であれば問題ないものとされており，過去に両告示に違反したとして法的措置が講じられた唯一の景品事件である㈱日本旅行事件（昭58・3・31公取委排除命令（昭和58年（排）第4号），排除命令集14巻6頁）においても，それぞれの告示のみに基づく判断がなされている。

したがって，懸賞景品提供企画における景品類の総額を定める際に総付景品提供企画による景品類の提供総額を考慮する必要はないこととなる。

Q**53**

新聞やテレビで「1本5,000円の健康食品を抽選により無料で提供」といったような広告がなされているが，問題ないか。

物品等の提供が取引付随性のない形で行われる場合は，景品表示法による景品規制の対象とならないため，同法上の問題はない。

第3節　景品表示法による景品規制

💻 解　説

　企業名や商品名について宣伝をして顧客を誘引するため，新聞等で簡単な
クイズを出すなどして，郵便はがき（官製はがき）や電子メールなどによる応
募者の中から抽選で金品を提供するような広告は「オープン懸賞」広告と呼
ばれている。

　このようなオープン懸賞による金品の提供は，提供事業者と応募者との取
引に付随するものではない（取引付随性が認められない。）ため，景品表示法に
よる景品規制の対象とはならず，同法上の問題はない。

　なお，オープン懸賞であっても高額な金品を一般消費者に提供することは，
間接的には取引に影響を与えるものであって，また，広告宣伝活動の在り方
としても問題があるのではないかとの意見もあり，公正取引委員会では，独
占禁止法上の「不公正な取引方法」として規制することとして「広告におい
てくじの方法等による経済上の利益の提供を申し出る場合の不公正な取引方
法」（昭46・7・2公取委告示第34号）を制定し，その運用として提供できる金
品の価額の上限を100万円（平成8年からは1,000万円）としていた。しかし，こ
の独占禁止法上の告示（オープン懸賞告示）は，その後の経済規模の拡大，一
般消費者の購買態度・価値観の変化，事業者間の競争の多様化など経済社会
状況の変化を踏まえ，平成18年に廃止されている。

244

Q 54

第5 共同懸賞の制限

Q54

　商店街などで多くの事業者が共同して行う共同懸賞景品提供企画では，通常の懸賞景品提供企画の場合より高額の景品類を提供できることになっているのはなぜか。また，この共同懸賞として認められるためには，どの程度多くの事業者が参加する必要があるか。

　共同懸賞については，中元や歳末・年始の時期商店街などの商店会による懸賞景品提供企画が商慣習として行われてきたこと，競争業者を含め多くの事業者が共同で行うものであるため一般消費者の商品選択や事業者間の競争に及ぼす影響が少ないことなどから，通常の懸賞企画によるものより高額の景品類を提供することなどが認められている。

　また，共同懸賞として認められる相当多数の事業者として，どのような事業者により共同懸賞が実施されるかにもよるが，商店街として一つにまとまっているような事業者で行われる場合は，商店街振興組合法の規定を踏まえ30社以上が必要となると考えられる。

解 説

　かねてから全国各地において中元や歳末・年始の時期に商店会による懸賞景品提供が行われるなど共同懸賞が商慣習として定着していたこと，競争業者を含め多くの事業者が共同で行うものであるため一般消費者の商品選択や事業者間の競争に及ぼす影響が少ないことなどから，共同懸賞による景品提供企画では，単独の懸賞景品提供企画（一般懸賞）より高額の景品類を提供することなどが認められている。

　懸賞景品告示4項によれば，共同懸賞とは次のような場合に懸賞により景品類を提供するときであり，これに該当する場合は，取引の価額いかんにかかわらず提供できる景品類の最高額が30万円で，その総額は取引予定総額の

245

第3節 景品表示法による景品規制

3パーセントまでとなる。

---

① 一定の地域における小売業者又はサービス業者の相当多数が共同して行う場合

② 同一の商店街に属する小売業者又はサービス業者の相当多数が共同して行う場合（ただし，中元，年末等の年3回までで通算して70日の期間内のもの）

③ 一定の地域において一定の種類の事業を行う事業者の相当多数が共同して行う場合

　共同懸賞として認められる場合の運用についても懸賞景品告示運用基準で定められており，例えば，商店街振興組合法に基づく商店街振興組合が主催するものは上記②の場合に該当するとされている。

　なお，商店街振興組合法で商店街振興組合の地区要件として30人以上の小売業者又はサービス業者が近接していること等が定められていること（同法6条）から，30以上の店舗が近接して商店街を形成している場合は共同懸賞を実施できる可能性があるとされている。

第6 総付景品の制限

Q55

一般消費者に懸賞によらず景品類を提供する総付景品企画では，提供できる景品類は総付景品告示で定められた金額の範囲内で「正常な商慣習に照らして適当と認められるもの」でなければならないが，この「正常な商慣習」はどのように判断するか。

A 総付景品告示における「正常な商慣習」については，「一般消費者による自主的かつ合理的な選択を阻害するおそれ」がないものと解されているが，通常の総付景品の場合に「正常な商慣習」の観点から問題となることはまずないと考えられる。

解 説

1 総付景品告示1項における「正常な商慣習」

総付景品告示では，その1項と2項4号において「正常な商慣習」の観点からの規制がなされている。

この「正常な商慣習」については，関係業界において現に存在する商慣習を意味するのではなく，提供される物品又はサービスの内容，提供方法，関係業界における取引実態等を踏まえ公正な競争を促進する観点（平成21年までの公正取引委員会の所管時）や一般消費者による自主的かつ合理的な選択の確保の観点から判断されるものとされている。

しかし，総付景品告示1項の運用においては，提供された景品類の価額が同項における上限額以下であるか否かが重視されており，「公正な商慣習」に照らし不当なものとして法的措置が講じられた事例はない。

このため，総付景品告示については，その規制の範囲内の景品類であれば「公正な商慣習」の観点から問題となることはまずないと考えられる。

第3節　景品表示法による景品規制

2　総付景品告示2項4号における「正常な商慣習」

　総付景品告示では，その2項4号においても「正常な商慣習に照らして適当と認められるもの」との規定が設けられている。

　この総付景品告示2項4号に該当せず同告示1項に違反するとして措置命令又は排除命令がされた事例はなく，また，措置命令等においては景品表示法違反に係る事実のみが認定されているので，同告示1項による制限を超えるものの同告示2項4号に該当するため景品表示法上問題ない旨が措置命令等で明示されているわけではない。

　しかし，過去の懸賞景品告示違反事件で，総付景品告示1項による制限を超える景品類の提供を含む景品提供企画に係る新聞折込チラシの写しが排除命令書に添付されたものとして，平成5年6月18日に排除命令が行われた㈱アーク事件がある（平5・6・18公取委排除命令。なお，同事件の詳細はQ60〈参考事例〉参照）。

　平成5年当時の総付景品告示1項によれば提供できる景品類の上限は取引価額の10分の1であり，このチラシの記載によれば，ガソリンを15リットル以上の給油で箱ティシュ5箱（当時の市価で約500円相当）を提供する等とされている。

　箱ティシュについては，かさばるので日々の買い物時には購入しにくいものであるが，ガソリンスタンドでは顧客が自家用車で来店するので問題はなく，かえって景品として目立つことから，ガソリンスタンドの新規開店時等に提供される景品類として定番となっているともいえるものである。

　このような箱ティシュ5箱の提供がどのような経緯で定着したか，また，その過程で公正取引委員会により「正常な商慣習」の観点からの判断が示されたのかなどは明らかではないが，このアーク事件時においては，ガソリンスタンドの創業記念等の景品類としてこれが定着していることから，総付景品告示2項4号に該当するものと判断されたと考えられる。

3　他の告示における「正常な商慣習」

　なお，総付景品告示のほか，定義告示，新聞業告示及び医療用医薬品業等

景品告示においても，「公正な商慣習」を勘案する旨の規定が置かれている。

　このうち，定義告示においては，「正常な商慣習に照らして値引又はアフターサービスと認められる経済上の利益」は景品類に含まないものとされている（定義告示1項ただし書）。そして，この値引きやアフターサービスに含まれるものの範囲については，例えば，①テレビやエアコンを販売した際の設置費用については，かつては景品類とされていたが，現在ではアフターサービスと取り扱われるのが通常であり，②商品の購入者に提供するポイントが，購入者が購入後直ちに使用でき，当該ポイントだけで支払ができるようなものは，景品類ではなく値引きとして取り扱われるようになるなど，その考え方は景品表示法制定当初と現在で異なっているが，これは「正常な商慣習」の解釈に当たり現にある商慣習を勘案されることを示すものと考えられる。

Q56

　次回以降の取引で使用できる「割引券」を提供することは実質的に値引きであって景品類ではないとされているのに，総付景品告示で「割引券」の提供が景品規制の対象外となっているのはなぜか。

　定義告示運用基準が平成8年に改正され，「割引券」の提供は実質的な値引きであって景品類ではないとされたが，総付景品告示では「割引券」の提供事業者以外の事業者との取引でも使用できるものも含まれているため，同告示における取扱いは従前どおりのものとなっている。

💻 解　説

1　定義告示における取扱い

　定義告示においては，「正常な商慣習に照らして値引と認められる経済上の利益」は景品類に含まれないとされている。そして，平成8年改正前の定

義告示運用基準では，割引券はその後の取引における値引きであり，それが提供される取引における値引きに当たらないため，「ある取引に付随して，他の取引において用いられる割引券その他割引を約する証票を提供する場合」は「値引と認められる経済上の利益」に当たらないとされてきた。

しかし，経済社会情勢や景品提供の顧客誘引効果などの変化を踏まえて景品規制の見直しが行われ，割引券が提供された取引と割引券が使用された取引を合わせた複数回の取引における値引きについても実質的な値引きに当たると整理されたことに伴い，割引券の提供は実質的な値引きであって景品類ではないとされている。

2 総付景品告示における取扱い

また，総付景品告示では，その制定当初から，「自己の供給する商品又は役務の取引において用いられる割引券その他割引を約する証票であつて，正常な商慣習に照らして適当と認められるもの」は，景品類に該当する場合であっても同告示の規制を適用しないこととされている。

このような規定は，定義告示運用基準の改正に伴い，ほとんど意味のないものとなったが，総付景品告示における「割引券」には，当該割引券の提供事業者以外の事業者との取引でも使用できる共通割引券が含まれている（総付景品告示の運用基準第4項(2)）との点で，定義告示における取扱いと異なっている。

定義告示運用基準の見直しにより，自社の取引で使用される割引券を総付景品規制の対象とする旨の規定は意味のないものとなったが，共通割引券を「割引券」に含めることとするため，総付景品告示は従前のままとなっている。

Q57

購入者にポイントを付与することは，割引券を発行することに当たるのか。ポイントだけで商品を購入できる場合はどうか。

　　　　ポイントの付与の景品表示法上の取扱いについては，割引券の発行と同様のものとなっている。また，ポイントだけで商品を購入できる場合も，いわゆる金額証として「割引を約する証票」に含まれている。

解説

　景品表示法上の割引券の取扱いについては割引を約する証票の有無を問わないので，ポイントの付与は，一般に割引券の発行と同様に考えてよい。
　そして，割引券は，割引券が提供された取引と割引券が使用された次回以降の取引を合わせた複数回の取引において値引きがなされるものであるため，実質的な値引きに該当するものとされている。
　なお，ポイントの中には次回の取引においてポイントだけで支払ができるものがあり，かつての公正取引委員会における取扱いにおいて，付与の対象となった取引が行われた直後から支払に当てることのできるポイントについては当該付与の対象となった取引から値引きがなされるとされたことがある。例えば，公正取引委員会は，㈱ヤマダ電機が販売するカラーテレビ等の22品目について，その販売価格からその購入時に消費者に発行するポイント数の現金換算相当額を差し引いた額が，その実質的な仕入価格を下回っていたことについて不当廉売（当時の一般指定6項，現在の独禁2条9項3号）のおそれがあるとして，平成15年11月20日，警告を行っている。このため，総付景品告示では販売価格の20パーセントまでに相当するポイントを付与することができるが，独占禁止法上の不当廉売規制にも留意する必要があることとなる。

第3節　景品表示法による景品規制

Q58

　単体で販売している二つの商品をセットで販売する場合は，いずれか
が景品類に当たるとされることになるか。

　　　　　セット販売されている二つの商品がそれぞれ他の取引に付随して
　　　　　いないことが明らかな場合は，セット販売された二つの商品が取引
の本体であるので，このようなセット販売は景品表示法の規制対象とならな
い。

解　説

　単独で販売されている二つの商品がセットされたものが取引の本体である
ことが明らかである場合は，いずれの商品についても取引付随性が認められ
ず，景品類に該当せず景品表示法の規制対象とならない。ただし，一方の商
品を購入すれば他の商品をプレゼントするなどといった広告表示が行われた
場合は，当該一方の商品の取引に付随して他の商品が提供されることになる
ので，当該他の商品が景品類に該当することとなる（定義告示運用基準4(5)）。

252

第⑦ 事業者向け景品の規制その他

Q59

景品表示法に基づき制定されていた事業者向けの景品提供制限告示は平成8年に廃止されたが，現在は，事業者向けの景品提供は規制されていないということでよいか。

消費財の流通業者等に対する景品提供を規制していた事業者景品告示は平成8年に廃止されたため，同告示の対象となっていた景品提供については自由化されている。

なお，懸賞による景品提供については，事業者向けのものを含め，懸賞景品告示により現在も規制されている。

解　説

昭和30年代後半以降の高度経済成長期においては，大量生産・大量販売の時代を迎え，消費財等の製造業者が流通網の整備等を目的として，流通業者やサービス業者に対し，海外旅行への招待，過大なリベートといった景品類の提供をするようになった。

このような過大な景品類の提供は物価問題の観点からも好ましくなく，流通段階における公正な競争を阻害するとして，事業者景品告示（「事業者に対する景品類の提供に関する事項の制限」（昭42・5・20公取委告示第17号））が制定された。

しかし，その後の経済社会の変化により事業者景品が問題となるおそれも少なくなったことから，同告示は平成8年4月に廃止されている。

なお，懸賞景品告示は事業者向けの景品類も対象となっており，また，医療用医薬品業等景品告示（平成9年公取委告示第54号）も設けられているので，事業者向けの景品提供に対する景品表示法上の規制が全くなくなったわけではない。

第3節　景品表示法による景品規制

Q60

　実際に景品表示法違反とされた景品提供企画には，どのようなものが
あるか。景品提供企画で措置命令の対象となったものはほとんどないよ
うだが，これは問題となる事例が少ないということか。

　新聞業景品告示違反のものを除き，平成11年以降，過大な景品
類を提供したとして公正取引委員会ないし消費者庁による法的措置
が講じられた事例はない。このように景品表示法違反として法的措置がとら
れた事例が少ないのは，新聞業告示違反の場合を除いて景品提供が一般消費
者の商品選択や事業者間の競争関係に及ぼす影響が低下していること，違法
となる基準が明確であって違反行為の再発・未然防止のために法的措置を講
ずる必要が乏しいことなどが背景にあると考えられる。

解　説

1　近年における措置命令等の件数

　過大な景品提供事件に対し，昭和60年代以降は主として行政指導により是
正が図られており，都道府県によるものを含め，昭和60年度から令和5年度
までの39年間において法的措置（公正取引委員会による排除命令，消費者庁又は都
道府県による措置命令）がとられた件数は，新聞業景品告示違反15件，懸賞景
品告示違反10件の計25件にとどまっている。

2　新聞業景品告示違反事件への対応

　まず，新聞業景品告示違反について消費者庁が措置命令を行ったものはな
く，公正取引委員会の排除命令も平成10年度のものが最後である。そして，
都道府県によるものとして，平成30年度，令和元年度及び同4年度に大阪府
により計5件の措置命令がなされており，うち4件は，新聞販売店に対する
もの2件を含め，㈱産経新聞社関係のものとなっている。

254

このように新聞業景品告示違反事件が法的措置の対象となることが多いのは，どの新聞を購読するかという一般消費者の選択が景品提供に影響されるのは好ましいものではなく，また，一般の日刊新聞紙は主として宅配により販売されており，他紙の購読者を対象とする景品提供は新聞販売店間の景品競争を招くこととなるため，行政指導だけでは違反を防止することが難しく，当該景品提供が景品表示法違反であることを明確にして新聞業界における景品競争を防止しようとしているためと考えられる。

なお，新聞業界においては，新聞販売店の専売店制が昭和20年代に復活するとともに販売競争が活発化し，いわゆる「ナベ・カマ合戦」と言われる景品付き販売（鍋や釜に代表される生活用品を景品として提供）が活発化したことから，当初の新聞業景品告示では，災害見舞いなどの場合を除き，景品提供は原則として禁止していたが，平成10年の新聞業景品告示の全部改正時に懸賞景品の提供が解禁されるなど規制が緩和されており，さらに平成22年の改正により規制が緩和されて，現在に至っている。

3 懸賞景品告示違反事件等への対応

次に，懸賞景品告示違反事件については，平成11年3月30日に排除命令が行われたジャパンエンバ㈱事件（平成11年(排)第3号・排除命令集22巻3頁）を最後として，その後に法的措置が講じられたものはない。また，昭和60年度以降において大企業に対し排除命令が行われた事案は，平成2年3月12日のヤマハ㈱事件（平成2年(排)第2号・排除命令集17巻33頁）及び呉羽化学工業㈱事件（平成2年(排)第3号・同巻37頁）のみであり，その他の事件は，各地の地元業者によるものであった。これら地元業者による景品提供事件については，都道府県や公正取引委員会の是正指導に従わずに景品提供企画が実施されたとの事情が勘案されて排除命令が行われたものが多くなっている。

このように，景品事件のほとんどは行政指導により是正されているが，これは，景品提供が一般消費者の商品選択や事業者間の競争に及ぼす影響が低下していること，法的措置を講じなくとも告示により提供できる景品類の範囲が明確になっていることといった事情が勘案されていると考えられる。さ

第3節　景品表示法による景品規制

らに，一般消費者の中には過大な景品提供であっても顧客の利益を損なうものではないとの考え方もあるため，行政処分を行うことでかえって違反事業者が消費者に知られるようになり，顧客を誘引しかねないことが考慮されているとも言われている。

　なお，懸賞景品告示及び総付景品告示は平成8年に改正され，前者では提供できる景品類の最高額が5万円から10万円に引き上げられ，後者では提供できる景品類の上限額が取引価額の原則10分の1までで最高額5万円であったものが原則10分の2まで（最高額の規制は廃止）とされるなどの緩和がなされているが，これは上記のとおり景品提供が一般消費者の商品選択や事業者間の競争に及ぼす影響が低下していることを踏まえたものと考えられる。

—— 参考事例 ——————————————————————————————

□　過大景品の提供企画で景品表示法違反とされた事例

　　景品提供企画も顧客を誘引するために実施されるので，当該企画の内容を広告するなど顧客に周知するのが通常であるが，過去に排除命令が行われた事例では，排除命令書における景品提供企画の内容として懸賞景品告示などに違反する事実に係る記載のみが行われるのが通常であり，提供景品につき不当表示としても問題となった事案及び平成5年6月18日に排除命令が行われた㈱アーク事件（平成5年(排)第10号・排除命令集19巻53頁）を除き，公正取引委員会の排除命令書には広告物等の添付はなされていない。

　　このアーク事件は，関東地区で三つのガソリンスタンドを経営しているアークが，排除命令書に添付されたチラシ広告の写しにあるとおり，埼玉県川口市のガソリンスタンドの開店5周年を記念して同スタンドにおいて懸賞景品企画及び総付景品企画を実施したものである。そして，埼玉県がこの懸賞景品企画につき是正するよう指導したのに対し，アークがこれに従わなかったことから，当時の県の権限である「指示」に事業者が従わない場合などに公正取引委員会に措置請求ができたこと（旧景表9条の3）を踏まえて，公正取引委員会が担当することとして排除命令が行われたものである（公正取引委員会「平成5年度における景品表示法違反事件の処理状況」公取526号68頁）。

256

この懸賞景品提供企画における取引の価額については，軽油15リットル以上給油した者も景品提供の対象とされたことから，1,776円（ガソリン15リットル給油）又は1,158円（軽油15ℓ給油）であったのに対し，特等10万6,000円相当のグアムペア旅行×15ペア，1等1万2,000円相当のブルゾン×10名，2等1,400円相当の菓子・栗どら詰合せ×700名など総額302万円相当の景品類を提供したことが，懸賞景品の上限額規制（平成5年当時は，取引の価額が5万円未満の場合は1万円まで）及び総額規制（取引予定総額の100分の2まで）に違反するとされている。ちなみに，景品提供期間における実際の売上額はアークが設定した取引予定総額である4,796万円をかなり下回ったようであるが，このガソリンスタンドでは24時間営業を行っていたところ，期間中は給油をしようとする自動車が深夜を除き途切れなかったといわれており，このようなことから，この取引予定総額については取引実態からみて過大なものと認定されている。しかし，これによっても提供できる景品類の総額は96万円までであるので，実際の提供総額はこれを大きく上回るものとなっている。

一方，BOXティシュ5箱などの総付景品の提供は総付景品告示の上限（当時は取引価額の10分の1まで）を超えるものであるが，5周年記念セールであって同告示2項4号の「創業記念等の行事に際して提供する物品又はサービスであつて，正常な商慣習に照らして適当と認められるもの」に該当し，さらに，アーク商品割引券（10パーセントの値引き）は同項3号の割引券に該当することから，いずれも排除命令の対象とはされていない。

第3節 景品表示法による景品規制

〈アークの新聞折込チラシ（写）〉

（注） チラシの下部に「おことわり」として，以下の記載あり。
● 5周年記念のプレゼントは景表法の枠内で処理させていただきます。（ガソリン15ℓ以上給油の方に限ります。）

(出典：公取委の報道発表資料（平成5年6月18日））

第**4**節　公正競争規約制度

Q61

　公正競争規約は業界全体の自主的な取決めであって，カルテル的なものと考えるが，これが景品表示法で認められているのはなぜか。

　公正競争規約は，消費者庁及び公正取引委員会の認定を受けて不当な顧客の誘引を防止するために実施される景品表示に関する業界の自主基準であり，これにより一般消費者による自主的かつ合理的な選択と事業者間の公正な競争が確保できることとなるため認められている。

解　説

　景品付き販売や広告表示は事業者の顧客誘引の手段として行われるため，ある事業者が行うと他の事業者も追随して，より多額の景品類を提供するとか，訴求力のある広告表現を用いるなど，波及性や昂進性があるとされている。これを逆から見れば，他の事業者が問題となるような行為を行わなければ，自社も問題となるような行為を行わないことになる。

　このため，違反行為が行われた後に行政庁が規制するより，業界で自主ルールを定め，また，事業者間の相互抑制によって違反行為の未然防止を図ることが有効であるとして，公正競争規約制度が導入されている。

　このように，公正競争規約は景品表示に関するルールであって，一般消費者が自主的かつ合理的な商品選択ができるようにするとともに，事業者間の公正な競争の促進を目的として，内閣総理大臣（消費者庁長官に権限委任）及び公正取引委員会の認定を受けた上で実施されているので，事業者間の競争を制限することを目的とするカルテルとは全く異なる。

　なお，現在の景品表示法36条（旧31条）では「協定又は規約」として，「公正競争規約」との文言は使用されていないが，実務上は公正競争規約との表

第4節　公正競争規約制度

現が現在も用いられている。

Q62

公正競争規約の内容はどのようなものか。また，公正競争規約を設定すると，どのような効果が期待できるか。

公正競争規約の実体的規定として，景品に関するものでは，懸賞景品告示や総付景品告示と同様の事項につき定め，表示に関するものでは，対象商品・サービスに関し適切かつ十分な情報を一般消費者に提供するために表示をしなければならない事項，虚偽・誇大な表示の禁止などを定めている。また，公正競争規約では，実体的規定を実施するための手続規定も設けられており，規約が実施されることにより，その業界における広告表示に対する一般消費者の信頼が高まるなどの効果が期待できることになる。

解　説

1　公正競争規約の内容

景品に関する公正競争規約においては，景品提供企画についての各業界における「正常な商慣習」を創り出すものであり，懸賞景品企画や総付景品企画における最高額，総額，見本として提供できる範囲，事業者景品について提供できる景品類の範囲などが定められている。

そして，かつての公正競争規約における景品類の最高額などに係る具体的な内容は，懸賞景品告示や総付景品告示より厳しいものが多かったが，景品規制の見直しにより，業種別の景品告示が定められているものを除き，これらの告示と同様のものとなっている。

表示に関する公正競争規約においては，対象商品・サービスに関し適切かつ十分な情報を一般消費者に提供するために表示しなければならない事項

260

（必要表示事項）を定めるほか，どのような表示が不当表示となるか（不当表示の禁止），また，不当表示とならないように特定の用語についての表示基準（特定用語の表示基準）が定められている。

2 公正取引協議会の設置

また，公正競争規約を実施するための規定としては，その実施機関である公正取引協議会が行う業務等に係る規定のほか，公正競争規約に参加している事業者により違反被疑行為が行われた際の調査・措置に係る規定，関係官公庁に対する報告等に係る規定が設けられている。

3 公正競争規約の設定により期待される効果

公正競争規約により，一般消費者が品質や価格によって適正な商品選択ができ，事業者間の公正な競争が促進されることになるが，参加事業者にとっては，仮に公正競争規約に違反して景品表示法に違反することがあっても，まず公正取引協議会で対応がなされるのが通例であり，消費者庁等の措置命令を受ける可能性が少なくなるほか，公正競争規約に従った表示を行うことにより，広告表示に対する一般消費者の信頼が高まるといった効果が期待できることとなる。

12　不動産業界と公正競争規約

景品表示法が制定された昭和30年代後半において，数多くの不当表示が行われ，各方面から規制を行うことが強く求められた代表的なものが宅地などの不動産広告に係るものである。

我が国で高度経済成長が始まるとともに首都圏や京阪神地区などへの人口集中が始まって不動産に対する需要が増加したことを背景に，都市近郊等での宅地開発も活発化し，中小不動産業者によるものなどの不動産広告が数多く行われるようになっている。

第4節 公正競争規約制度

当時の不動産広告については，口の悪い人々から不動産業者が「千三屋（せんみつや）」（不動産業者が1,000の説明をしたとすると，そのうち正しいのは三つだけとの意味。また，不動産広告を見て訪れた1,000人の顧客のうち3人に販売できれば採算がとれるとの意味も）と呼ばれることがあったように，虚偽・誇大な広告表示が数多く行われていた。そして，宅地などの不動産を求める一般消費者にとっては，不動産を購入する機会が稀であって商品知識に乏しいことなどから，例えば，「駅から徒歩10分」などの広告を見て都市部の駅に設けられた案内所を訪れた顧客が不動産業者の車で遠く離れた都市近郊の駅の近くに連れていかれ，その遠くの物件の購入を勧められるケースもあるなど，広告内容とは立地や設備，価格などが大きく異なる不動産を購入せざるを得ないことも多かったといわれている。

このような状況から，景品表示法の制定直後から，不動産関係の不当表示事件を中心に排除命令が行われるとともに（なお，昭和41年度までの5年間の不当表示に係る排除命令事件58件のうち55件が不動産関係のもの），不動産業界においても，広告表示を適正化して一般消費者から信頼される業界となるよう公正競争規約を設定する動きが活発化し，昭和38年6月に公正競争規約の第1号のものとして「東京都内の宅地建物の取引に関する公正競争規約」が認定され，その後，全国各地で不動産に係る公正競争規約が設定されている。そして，平成14年には全国9地区の不動産公正取引協議会を会員とする不動産公正取引協議会連合会が発足している。

また，公正取引委員会では，昭和30年代から，各都道府県の不動産業担当課や不動産公正取引協議会と連絡をとりつつ，公正競争規約に参加していない不動産業者のものを中心に不動産広告の全国一斉調査を実施してきたが，ほとんど全ての不動産業者が直接又は業界団体を通じて不動産公正取引協議会に参加するようになり，不当表示として問題となるような事例も少なくなったことから，この全国一斉調査は平成3年度で終了している。

現在の不動産広告のほとんどは公正競争規約に従った内容のものとなっており，問題のある広告がなされた場合の適正化についても，主として公正取引協議会による自主規制によっており，不動産広告の適正化や不動産業界に対する一般消費者の信頼を高める上で，公正競争規約が大きな役割を果たしてきたと評価されている。

262

Q63

現在認められている公正競争規約には、どのようなものがあるか。

 令和5年度末現在で公正競争規約が設定されている業種は、表示に関するものが66件、景品に関するものが37件であり、計103件の規約が設定されている。

解 説

1 表示に関する公正競争規約

令和5年度末現在の表示に関する公正競争規約は、飲用乳など乳飲料等に係るもの5規約、果実飲料など飲料に係るもの6規約、缶詰など食卓食品に係るもの11規約、調味料等に係るもの6規約、菓子類等に係るもの8規約、酒類に係るもの7規約、家電製品・家庭用品に係るもの10規約、化粧品等に係るもの5規約、サービス業に係るもの2規約、自動車等に係るもの4規約、不動産・銀行業に係るもの各1規約の計66件となっている。

そして、表示規約を設定している業種の中には、次のとおり、「公正マーク」を付して規約参加者が販売する商品が規約に基づく表示を行っているものであることを説明しているものもある。また、不動産の公正取引規約のように、規約に参加している事業者の店頭に公正取引協議会の会員である旨のマーク（会員証）を表示しているものもある。

なお、最近新たに認定された公正競争規約としては、令和2年6月に「特定保健用食品の表示に関する公正競争規約」が平成24年の「仏壇の表示に関する公正競争規約」以来8年振りに認定され、さらに令和5年2月に「エキストラバージンオリーブオイルの表示に関する公正競争規約」が認定されている。

第4節　公正競争規約制度

〈図表18　商品に付された公正マークの例〉

(出典：(一社)全国公正取引協議会連合会「私達のくらしと公正競争規約(令和3年4月)」21頁「商品表示」。(一社)全国公正取引協議会連合会ウェブサイト　https://www.jfftc.org/)

2　景品に関する公正競争規約

　また，令和5年度末現在の景品に関する公正競争規約は37件であり，そのうち26件については懸賞景品告示などによる一般ルールと同じ内容のもの，2件については一部の例外はあるものの一般ルールと同じ内容のものであり，そして，医療用医薬品製造販売業，医療用医薬品卸売業，衛生検査所業，医療用機器業，新聞業，出版小売業，雑誌業，農業用機械業及び不動産業の9件については一般ルールと異なる規定が設けられている。

　なお，景品に関する規約を設けている業種のうち25の業種においては表示に関する規約も設けており，特に凍り豆腐製造業では一つの規約で景品類と表示に係る規定が設けられている。

13 ジュース裁判と公正競争規約

昭和42年に，実際にはレモン果汁がほとんど使われていないレモン飲料に「新鮮なレモンをそのまま瓶詰にした」などとの表示が行われたことが問題となり，大手12社に排除命令が出されたが，その頃から，一般の果汁飲料についても，果汁含有量が少ないにもかかわらず，例えば「もぎたてのオレンジをそのまま液体にした」などの表示が行われていたことから，このような表示の適正化が求められるようになった。

このため，公正取引委員会では(一社)日本果汁協会など関係業界に対し果汁飲料の表示についての公正競争規約を作成するよう申し入れている。そして，業界から提出された「果汁飲料等の表示に関する公正競争規約」について，公正取引委員会は，消費者を含めた表示連絡会での検討と公聴会を経た後，昭和46年3月に認定を行っている。この公正競争規約では，果汁飲料に果汁含有率を10パーセントきざみで表示し，果汁が5パーセント未満のものには「香料使用」などと表示すればよいこととされていた。

これに対し，主婦連合会は，昭和46年4月，果汁5パーセント未満のものについては「無果汁」と表示すべきであって，規約の認定要件である「一般消費者及び関連事業者の利益を不当に害するおそれがないこと」に該当しないとして規約の認定を取り消すよう公正取引委員会に不服申立てを行っている。

公正取引委員会では，当時の手続である審判を実施した上で，昭和48年3月14日，一般消費者には不服申立ての資格がないとして，主婦連合会の申立てを却下する審決（昭和46年(判)第5号・審決集19巻159頁）を行っている。これに対し，主婦連合会が東京高裁に審決取消請求訴訟を提起し，東京高裁が請求を棄却したため最高裁に上告を行ったが，最高裁は，昭和53年3月14日，景品表示法の目的は公益の実現であり，一般消費者の利益の保護は公益保護の一環としてのものであって反射的なものにすぎないとして，上告を棄却している（最三小判昭53・3・14民集32巻2号211頁，審決集24巻202頁）。

一方，公正取引委員会は，昭和48年3月20日，景品表示法4条3号（現・5条3号）の規定に基づき，果汁の含有量が僅少の果汁飲料には「無果汁」と表示するか，その使用割合を明瞭に表示しなければ不当表示となるとする

第4節　公正競争規約制度

「無果汁の清涼飲料水等についての表示」（昭和48年公取委告示第4号）を指定している。そして，この告示の運用基準（昭48・5・9事務局長通達第6号（最終改正：平13・2・5事務総長通達第16号））により，この果汁の含有量が僅少なものは果汁含有率が5パーセント未満のものとされ，昭和48年12月，果汁飲料の公正競争規約は，この指定に適合するよう改正されている。

　以上のとおり，主婦連合会の主張は，審判などの行政不服手続では退けられたものの，公正取引委員会による告示の制定や公正競争規約の改正という形で実現している。

　景品表示法は一般消費者の利益保護を目的としているため，主婦連合会に公正競争規約について審判手続請求資格があると取り扱うのが妥当であったとする意見もみられるが，景品表示法は広告表示を含めできるだけ自由な企業活動を促進しながら不当なものを規制するものであるので，不当表示の防止に役立つと認められる限り業界の案をそのまま認めるべきであるとする意見や，行政に対する不服申立資格の取扱いにつき景品表示法の場合を別のものとすることはできないとの意見もみられている。

　なお，この公正競争規約では果汁含有率が100パーセントのものでなければ「ジュース」との名称は使えないこととされており，例えば昭和47年にポッカレモン㈱により果汁100パーセントの「ポッカ100レモン」が発売されるなど，規約の設定が果汁飲料の品質向上の契機ともなっている。

Q64

　公正競争規約に参加していない事業者（アウトサイダー）が公正競争規約に反する景品提供企画や広告表示を行った場合，公正競争規約に参加している事業者（インサイダー）が不利になると考えられるが，このようなアウトサイダーの行為を規制することはできないか。

A　インサイダーによる公正競争規約の違反被疑行為については，当該業界における規約の運用団体である公正取引協議会による調査・

266

指導等が行われることになる。また，公正競争規約の内容が一般的なものとして一般消費者にも認識されるようになれば，アウトサイダーに対しては消費者庁などが同様の基準により調査・指導等を行うことになると想定されるので，インサイダーが特に不利になることはないと考えられる。

解　説

　現在の景品に関する公正競争規約の内容は，懸賞景品告示や業種別の景品告示などとほぼ同様のものとなっており，アウトサイダーに対しては消費者庁などによる指導が行われることになる。

　表示に関する公正競争規約については，従前の業界におけるものと異なる取扱いが規定され，インサイダーの広告表示のみが問題とされることもあるが，規約に従った表示が一般的なものとして受け入れられるようになれば，アウトサイダーの広告表示についても規約での取扱いが参考とされることになるので，インサイダーが特に不利になることはないと考えられる。

　例えば，不動産の公正競争規約では，徒歩による所要時間については80メートルを徒歩１分として換算することとされている。このような取扱いは，規約制定時に実測したところによるとされているが，広く一般にも知られるようになったこともあり，アウトサイダーに対し公正取引委員会が排除命令を行った事案においても，これに従った取扱いがなされている。

Q65

　銀行業界では公正競争規約に基づき預金額を「取引の金額」として景品表示法の範囲内の景品類の提供をしているが，信用金庫の中には懸賞金付き定期預金などとして高額な金銭を提供しているところがある。このような懸賞金付き定期預金は景品表示法上問題ないか。

第4節　公正競争規約制度

　銀行業においては景品類の提供に関する公正競争規約が設けられており，この規約は信用金庫を対象としたものではないが，信用金庫による景品類の提供における「取引の金額」ついても同規約に基づいて判断してよいと考えられる。このため，信用金庫による高額な金銭の提供が預金額を「取引の金額」した場合に景品表示法の規制の範囲内と解されるのであれば問題ないことになる。

　なお，このような懸賞付き定期預金は城南信用金庫が最初に始めたが，現在では，「ドリーム定期預金」，「宝くじ付き定期預金」などとして他の信用金庫や信用組合のほか，地方銀行の中にも取り扱っているところがある。

解　説

1　銀行業における公正競争規約の設定

　銀行業においては，表示に関するもののほか景品類の提供に関する公正競争規約（昭和61年4月施行の「銀行業における景品類の提供の制限に関する公正競争規約」。以下「銀行業景品規約」という。）が定められており，現在の規約においては，懸賞により提供する場合は懸賞景品告示の範囲内のものとされている。

　なお，銀行と一般消費者との関係は，通常の商品・サービスに係るものと異なるため，規約の制定時に，業種別の告示として「銀行業における景品類の提供に関する事項の制限」（昭和61年公取委告示第1号）が定められたが，この告示は，銀行業景品規約の内容が一般の景品提供ルールと同様のものとされた平成8年に廃止されている。

2　銀行業における公正競争規約の内容

　銀行が一般消費者から預金を受け入れる際の取引関係については，一般には預金者が信用を銀行に提供して対価として利息を受け取るものと考えられるが，銀行業景品規約における取扱いにおいては，銀行が預金の受入れというサービスを提供する取引であって，この取引に付随して金品を提供する行為は景品表示法の規制対象となると整理されている。

銀行が提供できる景品類の上限額については「取引の価額」によることになり，銀行業景品規約における定期預金の受入れに係る「取引の価額」は，定期預金の預入元本金額であるとされ，定期預金10万円ごとに抽選権を付与することができるとされており（全国銀行公正取引協議会ウェブサイト「銀行業における景品類の提供の制限に関する公正競争規約（景品規約）── 2．改正景品規約に関するQ＆A」Q2参照），現在は，懸賞金付き定期預金や宝くじ付き定期預金を取り扱っている地方銀行もみられている。

3 信用金庫等に対する取扱い

信用金庫や信用組合は，銀行業景品規約のアウトサイダーであって，上記の業種別告示の対象ともされていないが，一般消費者が金銭を預け入れる取引における取引先の選択や金融機関間の競争関係においては銀行と同様の立場にあるので，信用金庫や信用組合における景品提供企画の取扱いは銀行業景品規約におけるものと同様であるとしてよいと考えられる。

このため，例えば信用金庫等において定期預金の預入額10万円ごとに抽選権や宝くじを付与して10万円の懸賞景品を提供することも問題ないと考えられる。

なお，信用金庫や信用組合の中には，多額の定期預金を預け入れた場合，10万円ごとに抽選権を付与し，その抽選番号を連番として，いずれかの番号が当選となれば他の番号も当選と取り扱うことにより最大100万円を提供するとする懸賞景品提供企画を実施しているところもみられる。

このような景品提供企画においては10万円を超える景品類が提供されることとなるので，懸賞景品の上限額を10万円とする規制を潜脱するのではないかとの疑問もあるが，取引価額10万円ごとに実施された抽選で10本の当選が出たものとする余地もある。そして，このような景品提供企画は，平成6年に城南信用金庫が「スーパードリーム」として最初に実施したものであり（同金庫ウェブサイト「スーパードリーム取扱い開始の経緯」参照），当時の大蔵省や公正取引委員会の対応を踏まえれば，景品表示法上の問題はないと解されていると考えられる。

第5節 措置命令

Q66

景品表示法違反行為が行われた場合，措置命令が行われるか行政指導にとどまるかは何によって決まるか。

消費者庁等が措置の内容を判断する際には，不当表示事件では，違反被疑事業者の規模，問題となる表示による一般消費者の誤認の程度，誤認に係る商品の市場規模などが勘案されていると考えられる。また，景品提供事件では，基本的には行政指導により再発防止等が図られており，措置命令が行われることはほとんどないと考えられる。

解 説

1 不当表示事件の取扱い

不当表示事件について消費者庁などが違反被疑事件に対する措置を決定する際には，違反被疑事業者がどのような事業者か，問題とされる表示による一般消費者の誤認はどの程度か，不当表示がなされた商品がどの程度販売されたか，対象となった広告表示について社会一般の関心が高いかどうかといった点が総合勘案されていると考えられる。

どのような不当表示事案に措置命令が行われるのかについては，実際に排除命令や措置命令がなされた過去の事案が参考となる。

かつての不当表示事案の取扱いにおいては，不動産に係るものや大企業によるものなど，不当表示により一般消費者が受ける不利益が大きいものに排除命令が行われることが多かったが，近年では，食品の産地表示や原材料表示に係るもの，健康や美容などに係る効能効果表示に係るものが多くなっている。例えば，平成15年に不実証広告規制が導入されて以降，効能効果表示に係る措置命令（平成21年以前は排除命令）事案が多くなっているが，このような表示は，一般消費者に関心の高い商品・サービスに関するものであり，ま

270

た，当該表示の適否を一般消費者が判断することは難しいため，積極的に措置命令を行うことにより，一般消費者の誤認を排除するとともに，同様の事案の再発防止を図ることとしているものと考えられる。

2　景品事件の取扱い

　一方，過大景品事件については，平成31年３月19日，令和元年12月10日及び同５年３月30日の新聞業景品告示違反事件に係る大阪府によるものを除き，近年において措置命令が行われたものはない。

　新聞業景品告示違反事件については，景品提供が一般消費者の商品選択に及ぼす影響が大きく，新聞社間又は新聞販売店間の景品競争を招きやすいので，措置命令を行う必要があろうが，通常の懸賞景品告示又は総付景品告示違反事件については，それが景品表示法に違反するものであることを一般消費者等に周知する必要性はあまり高くないので，これらに対し措置命令が行われることはあまり考えられない。

Q**67**

　措置命令がなされる場合は，どのような手続によるか。消費者庁が措置命令を行う際に公正取引委員会が調査を行うことがあるが，消費者庁と公正取引委員会の関係はどうなっているか。

　　　　　景品表示法に違反する疑いがある場合，消費者庁では，事実関係を把握するため，関係資料の収集や関係者から事情を聴取するなどの調査を行い，行政手続法上の「弁明の機会の付与」手続を経て，措置命令がなされることとなる。

　なお，消費者庁には地方支分部局が設けられていないため，関東地方以外の事件については主として公正取引委員会により調査が行われている。

第5節　措置命令

解　説

1　景品表示法違反被疑事件の事件処理手続

　公正取引委員会や都道府県によるものを含め，景品表示法違反被疑事件の事件処理手続は，図表19のとおりであり，消費者庁では，景品表示法違反行為が行われている疑いがある場合，事実関係を把握するため，関係資料の収集や関係者から事情を聴取するなどの調査を行い，措置命令を行おうとするときは，相手方事業者について行政手続法13条1項2号の規定に基づく「弁明の機会の付与」手続を行うことになる。

〈図表19　景品表示法違反被疑事件の事件処理手続〉

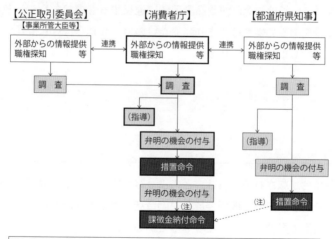

（出典：消費者庁ウェブサイト「景品表示法違反被疑事件の調査の手順」）

　編注：1　景品表示法上の措置命令，事件調査等に関する権限は，内閣府の長たる内閣総理大臣の権限とされているが，その大部分は消費者庁長官に委任されており（景表38条1項），事件調査権限は公正取引委員会にも委任されている（同条2項）。また，消費庁長官は事業所管官庁に事件調査権限の一部を委任することができることとされている（同条3項）。
　　　　2　都道府県は，事件調査のほか措置命令も行うことができる（景表38条11

項）が，都道府県が措置命令を行った事案に対する課徴金納付命令に関する手続は消費者庁が担当している。

2 公正取引委員会における業務処理

　平成21年の消費者庁発足に伴い，景品表示法は公正取引委員会から消費者庁に移管されたが，消費者庁には地方支分部局が設けられていないため，同法違反被疑事件の情報受付業務や調査業務，事業者からの相談対応業務などについては，公正取引委員会事務総局の各地方事務所が消費者庁の実質的な地方支分部局としての業務を担当していることになる。

Q68

　措置命令は消費者庁のほか都道府県によっても行われているが，消費者庁と都道府県の分担はどうなっているか。

　　　都道府県が処理を担当する事案については，基本的には過大な景品提供や不当表示が一つの都道府県内で行われるものが多いであろうが，都道府県知事は消費者庁長官の権限に属する事務の一部を行うことができ，その中には措置命令に係る権限も含まれているので，複数の都道府県にわたる広域的な事案も処理できることになっている。そして，最近の都道府県における措置命令事案では，当該都道府県外の事業者による全国的な事案も処理されるものも多くなっている。

　このような取扱いは，消費者庁の業務処理量に限界があるため，違反被疑事実に関する情報提供を受けた都道府県が消費者庁と調整する過程で，当該都道府県が事件処理をするようになったためと考えられる。

　なお，地方自治法では都道府県知事の権限に属する事務の一部を市町村が処理できるとの特例が設けられており，これにより市町村が景品表示法に係る事案を処理することもある。

第5節　措置命令

 解　説

1 都道府県の権限・担当

　公正取引委員会が景品表示法を所管していた際は，合議制官庁の権限を独任制の都道府県知事に委任することは適当ではないとして，同法違反行為に対する知事の権限は行政指導である「指示」にとどまっていた。そして，景品表示法が消費者庁に移管された後の平成26年12月，消費者庁長官に委任された内閣総理大臣の権限の一部を都道府県知事が行うことができるものとされ（景表38条11項），その知事が行える事務の中に措置命令に係るものも含まれるので（景表令23条1項），都道府県においても，消費者庁と同様に行政処分である措置命令が行えることになっている。

　景品表示法違反行為に対する消費者庁と都道府県の分担については，都道府県による措置命令は「不当な景品類の提供又は表示された場所又は地域を含む都道府県の区域を管轄する都道府県知事が行うこと」とされ（景表令23条1項），複数の都道府県にわたる事案や都道府県から要請のあった事案などは消費者庁が排除命令をすることができるとされている。

　このため，他の都道府県にわたる広域的な事案についても各都道府県で措置命令ができることになっているが，消費者庁関係者による解説書では，「主に都道府県知事は，違反行為がその都道府県内にとどまるものである場合に事件処理を行い，複数の都道府県にまたがって違反行為が行われている場合には，消費者庁が処理することが想定されている。」（『景品』323頁）とし，複数の都道府県が連携して調査を行うことにより，実質上，広域的な法執行を行うことがあるとされている。

　ちなみに，都道府県による広域的な対応の例としては，東京都のほか埼玉県，千葉県，神奈川県及び静岡県の「五都県広告表示等適正化推進協議会」によるものがあり，実態調査や是正指導を共同で行っている。

　なお，法解釈や立証上の問題などがあって都道府県で処理することが困難な事案を消費者庁が担当することになると考えられるほか，課徴金納付命令については，都道府県が措置命令を行ったものも含め，消費者庁が担当して

いる。

2 都道府県による事件処理

都道府県により措置命令がなされた最近の不当表示事案をみると，当該都道府県内の地域的な事案だけでなく，例えば次の参考事例のように，当該都道府県内の一般消費者も顧客に含まれるものの，他の都道府県に所在する事業者による広域的な事案も多くなっている。

なお，都道府県が広域的な事案を処理することにより景品表示法の解釈や法運用の統一性を損なうおそれもあり得るが，消費者庁に都道府県から移送を受けて事件処理をする余裕がないとの事情を踏まえ，消費者庁との連絡・調整の連携の下で行われていると考えられるので，事案の迅速処理や一般消費者の利益確保に資することになると考えられる。

3 市町村による事件処理

地方自治法252条の17の2の規定では，条例による事務処理の特例として，都道府県知事の権限に属する事務の一部を市町村が処理できるものとされており，大阪府においては，「大阪府消費生活行政事務に係る事務処理の特例に関する条例」（平成12年大阪府条例第4号）3条で，大阪市の区域に係る景品表示法の措置命令に関する事務は大阪市が処理することとされている。

そして，令和2年5月に，大阪市内のスーパー内の店舗で販売されていたうなぎ蒲焼の価格表示及び原産国表示が不当表示であったとして，大阪市による措置命令が行われている。

── 参考事例 ────────────────────────

1 子供用ライフジャケットの浮力に係る不当表示に対する措置命令（令元・12・17東京都措置命令）

　大阪府所在のアウトドア用品業者である㈱ラムセスが製造販売し，小売業者を通じてネット通販や店舗で販売されている「ジュニア用フローティングベスト」について，その取扱説明書では国の小型船舶安全規則が定める浮力を備え

ていると記載していたのに対し，東京都の実験では当該浮力がなかったとされた事案。

2 疾病等の治癒効果を標ぼうする健康機器に係る不当表示に対する措置命令（令2・3・18大阪府措置命令）

大阪府所在の健康機器販売業者である㈱エコ関西が，「エコショップ」と称する期間限定の販売会場において，いわゆるSF商法（催眠商法）により，高齢者に対し「癌，認知症に効果がある」などと説明して電気マッサージ器等を販売していた事案。なお，直近3年間における「エコショップ」の開設状況は大阪府（開設会場数は計36），兵庫県（同9），愛媛県（同3），鳥取県（同2）及び奈良県（同1）の近畿・中四国地区の5府県であったが，措置命令に基づき令和2年3月24日付けの一般日刊紙（朝刊）で行われた訂正広告は，関東地区や中部地区などでも掲載されている。

ちなみに，大阪府では，エコ関西が高額の電気マッサージ器等を販売する目的を有していたにもかかわらず無料で食品をプレゼントするなどとだけ告げてエコショップに来店を誘引していたこと等につき特定商取引法に基づき業務停止（3か月）を命じている。ただし，特定商取引法施行令（19条1項（現42条1項））との関係から，この業務停止は大阪府内のものに限られている。

3 うなぎ蒲焼の不当な価格表示及び原産国表示に対する措置命令（令2・5・20大阪市措置命令）

大阪府高槻市所在の鮮魚加工販売業者である㈱早田水産が，大阪市港区の業務用スーパー市岡店内において業務委託を受けて運営する鮮魚売場で販売していたうなぎ蒲焼の一部商品について，自社で任意に設定した価格を表示価格として「表示価格より半額びき」と，また，国産ではないにもかかわらず「国産うなぎ」と表示していた事案。

4 衛生マスクの不当な価格表示に対する措置命令（令2・6・11埼玉県措置命令）

東京都所在の通信販売業者である㈱夢グループが，その販売する衛生マスクの30枚セットについて，新聞掲載広告等において「立体マスク30枚セット3,600円（税抜）」等と表示していたが，実際には販売価格とは別に手数料及び送料が必要なものであり，また，「本日の広告の有効期限5日間」等と表示してい

Q 69

たが，実際には販売期間が限定されていなかった事案。

5 認知症専門リハビリテーションに係る不当表示に対する措置命令（令4・2・17埼玉県措置命令）

大阪府に所在し，大阪府，東京都，埼玉県及び千葉県において「認知症専門リハビリテーションLAPRE」と称する整体院を設けている㈱LAPREが，自社のウェブサイトにおいて，顧客の体験談を掲載するなどにより，自社が提供する「認知症専門リハビリテーション」と称する役務には認知症を改善する効果があるかのように表示していた事案。なお，体験談を掲載した顧客12名のうち6名は認知症の診断を受けておらず，また，当該役務によってのみ認知症が改善されたと判断できる医師の施術記録がないものであった。

Q69

措置命令では，どのような事項が事業者に命じられることになるか。措置命令の内容に不服がある場合，事業者はどのような対応が行えるか。また，措置命令に従わなければどうなるか。

措置命令では，違反行為を行った事業者に対し，当該行為の差止め，再発防止措置，一般消費者に対する周知措置などが命じられている。この措置命令における事実認定や措置について不服がある場合には不服申立てができるが，確定した措置命令に従わない場合は罰則が科せられることになる。

解 説

1 措置命令で命じられる事項

(1) 景品表示法に違反する行為がある場合は，同法7条1項の規定により，事業者に対し，①当該行為の差止め，②違反行為が再び行われることを

277

防止するために必要な事項，③これらの実施に関連する公示，④その他
必要な事項を命ずることができるものとされ，これらは違反行為が既に
なくなっている場合にもできるものとされている。

(2) 不当表示事件において措置命令時に不当表示が行われているのであれ
ば，まず，上記①のとおり当該不当表示を取りやめることが命じられる
ことになるが，通常の事件処理においては，措置命令時に不当表示行為
が存在することは特に認定されていない。

そして，不当表示事件における措置命令では，事業者に対し，(i)調査
の対象となった広告表示が景品表示法に違反する不当表示であった旨を
一般消費者に周知すること，(ii)この広告表示と同様の表示を今後行わな
いこと（いわゆる不作為命令），(iii)違反行為の再発防止措置を講じて社内に
周知すること，などが命じられている。

不当表示事件においてこのような取扱いがなされているのは，措置命
令は違反行為がなくなっている場合にもできるため，調査の対象となっ
た不当表示が措置命令時にも存在するか否かの立証を不要とすることに
より，事件処理を迅速にして一般消費者の誤認を速やかに排除できるよ
うにするためであると考えられる。

なお，前記(i)については，通常，事業者のウェブサイトなどによる周
知では足りず，不当表示が行われた地域の一般日刊紙に訂正広告を掲載
することが求められている（景表規8条参照）。

(3) 一方，過大景品事件については，近年は新聞業告示違反事件を除き措
置命令が行われていないが，措置命令の内容としては，上記の不当表示
事件の場合と大差はないものとなっている。

2 措置命令に不服がある場合の手続

景品表示法の消費者庁への移管に伴い，不服申立ての手続は一般の行政処
分に対するものと同様になり，行政不服審査法に基づく消費者庁長官への審
査請求又は行政事件訴訟法3条2項の規定に基づく処分取消請求訴訟による
ことになっている。

消費者庁長官への審査請求を行う場合は，措置命令があったことを知った日の翌日から起算して3か月以内に行う必要があり（行審18条1項），その審理手続では，消費者庁長官が指名した同庁職員が審理員として担当する（行審9条1項）。この審理手続が終結すると審理員の意見書が消費者庁長官に提出され（行審42条），同長官から行政不服審査会へ諮問される（行審43条1項）。そして，行政不服審査会の答申を受けて消費者庁長官の裁決が行われ（行審44条1項），審査請求に理由がある場合は，措置命令の全部又は一部の取消しや変更が行われることになる（行審46条1項）。

また，措置命令の取消請求訴訟を提起できるのは，措置命令があったことを知った日から6か月以内であり（行政事件訴訟法14条1項），行政不服審査法による裁決に不服がある場合も取消請求訴訟を提起できる。

なお，措置命令及び公正取引委員会による排除命令について事業者から不服申立てがなされたこれまでの事例では，事業者側の主張が認められ景品表示法に違反しなかったとされたものはない。

3 措置命令に従わなかった場合の罰則

措置命令に対する審査請求期間や取消請求訴訟の出訴期間が経過して確定した措置命令に従わない場合は，景品表示法46条及び49条の規定による刑事罰（違反事業者が法人企業である場合は，従わないことに責任のある役員等の個人に対し2年以下の懲役又は300万円以下の罰金。法人である事業者に対し3億円以下の罰金）が科せられることになる。

過去の景品表示法違反事件で刑事罰が科せられたもの（公正取引委員会が景品表示法を所管していた時代に，当時の景品表示法等の規定により，確定審決とみなされた排除命令に違反したため，独占禁止法上の確定審決違反の罪に問われたもの）として，昭和46年1月29日に東京高裁判決（東京高判昭46・1・29刑月3巻1号20頁，判タ257号114頁，審決集17巻232頁（昭和45年(の)第1号））がなされた㈱三愛土地事件がある。

この事件は，三愛土地が昭和43年10月に一般消費者に配布した新聞折込チラシ等における千葉県松戸市等に所在する宅地に係る広告表示が不当表示で

第5節　措置命令

あるとして排除命令（昭和44年1月17日・昭和44年（排）第7号・排除命令集3巻340頁）を受け，今後同様の広告表示を行わないこと及び今後1年間の広告物を公正取引委員会に提出することを命じられたにもかかわらず，昭和44年9月から同45年1月にかけて一般消費者に配布した新聞折込チラシにおいて神奈川県相模原市等に所在する土地につき同様の不当表示を行ったこと及びその広告物を提出しなかったことが確定した排除命令に違反したとされたものである。そして公正取引委員会の刑事告発を受けて，事業者である三愛土地と個人である同社代表取締役が起訴され，同社は罰金20万円（当時の法定刑は30万円以下の罰金）に，同社代表取締役は懲役1年・執行猶予3年及び罰金10万円に処せられている。

　なお，昭和44年9月から配布された当初の新聞折込チラシは三愛土地名義のものであったが，同社が宅地建物取引業法（現65条2項）による業務停止命令を受けるなどしたことから，同社では日本商工㈱や緑地企業不動産（個人事業者）から名義を借りて，これらの事業者名の新聞折込チラシを配布しており，昭和45年4月21日に，三愛土地宛て（昭和45年（排）第20号），同社と日本商工の連名宛て（同第21号）及び同社と緑地企業不動産の連名宛て（同第22号）の3件の排除命令が行われている。

Q70

　消費者庁の調査を受ける前に自社の広告が不当表示であることが分かった場合，自主的に広告表示を是正すれば措置命令を受けないと考えてよいか。

A　自社の広告が不当表示として景品表示法上問題となるか否かは，広告担当以外の部署であってもかなり容易に判断でき，また，不当な広告が行われた時点で景品表示法に違反することになるので，事業者が事後的に広告表示を是正したとしても，当初の広告による一般消費者の誤認が

残っているとか，不当表示が再発するおそれがあるなどとして措置命令の対象になり得ると考えられる。

 解説

1 基本的な考え方

　事業者は，自社の販売する商品の広告が不当表示とならないように努めるのは当然であり，また，自社の広告が不当表示に当たるか否かは広告業務の担当者でないとしてもかなり容易に判断できると考えられる。また，広告表示が行われた後であっても，それが問題となることが分かれば，事業者として，これを是正すべきことも当然であろう。ちなみに，景品表示法22条2項の規定による「事業者が講ずべき景品類の提供及び表示の管理上の措置についての指針」（平26・11・14内閣府告示第276号，最終改正：令4・6・29。以下「管理措置指針」という。）第4の7(2)では，当該事案に係る事実関係を迅速かつ正確に確認すること，この事実確認に即して，不当表示当による一般消費者の誤認排除を迅速かつ適正に行うことなどを定められており，また，同指針に添付された「事業者が講ずべき表示等の管理上の措置の具体的事例」の7(2)では，不当表示等による一般消費者の誤認排除を迅速かつ適切に行う例として，当該事案に係る事実関係を関係行政機関へ速やかに報告することなどが定められている（Q81参照）。

　不当表示となり得る広告表示については，これが対外的に明示され実施された時点で景品表示法に違反することとなるので，その後に表示が修正されたとしても，当初の広告表示による一般消費者の誤認を排除する必要があると判断されれば，措置命令が行われることがあり得る。

　そして，次のグリーンコープ連合事件の取扱いによれば，事業者が仕入先に確認するなどより自社の販売する商品に係る表示が不当表示となる旨を把握して，是正措置や顧客への周知措置を講じたとしても措置命令がなされる場合があることとなる。

2 グリーンコープ連合事件における取扱い

広告表示を行った事業者が内部調査により不当表示となることを把握したため，表示を是正するとともに顧客に周知措置を講じた上で，消費者庁に報告を行った事例につき措置命令が行われたものとして，生活協同組合連合会グリーンコープ連合事件（平30・3・27消費者庁措置命令（消表対第289号））がある。

グリーンコープ連合のウェブサイトなどにおける説明によると，本件では，同連合が供給するウィンナー類には合成添加物を一切使用していない旨をカタログで表示していたところ，仕入先メーカーが誤ってリン酸溶液に漬けた羊腸を原料に使用していた時期があったことが判明したとして，同連合は，原料を表示どおりのものに戻すほか再発防止措置を講じて，これらを消費者庁に報告した上で，平成29年6月に組合員に配布した広報紙により説明を行っている。

これに対し，消費者庁による措置命令では，同連合に対し，不当表示であった旨の顧客への周知は命じられていないものの，不当表示であった旨の確認と再発防止措置を同連合内で周知徹底する旨及び今後同様の表示を行わない旨が命じられている。

3 ファミリーマート及び山崎製パン事件における取扱い

また，令和2年3月30日に措置命令がなされた㈱ファミリーマート及び山崎製パン㈱事件（消表対第576号及び第577号）においても，山崎製パンが，同社の札幌工場において製造され北海道地区のファミリーマートにおいて販売されていた「バター香るもっちりとした食パン」について原材料としてバター等が約1年間使用されていなかったことを社内調査により把握し，消費者庁による調査開始前に実態を改善するとともにその旨を公表しており，措置命令においても，両社が令和元年12月6日に日刊新聞紙3紙に優良誤認表示を行っていた旨を掲載したことが認定されている。

そして，消費者庁では，「昨年10月に山崎製パンは不適正表示であったことを自ら公表していましたが，工場側の故意性があったということで，今回の措置命令に至った」としている（週刊ポスト2020年4月7日号）。

14 平成20年代前半の食材偽装事件と自主的是正措置を講じた事業者に対する措置命令

1 事業者が自主的に是正した場合

　措置命令は，まず景品表示法違反行為の差止め又は当該行為が再び行われることを防止するために行われるものであるので（景表7条1項），仮に景品表示法違反行為が行われたとしても，事業者が当該行為を自主的に是正した場合は措置命令を行う必要性はかなり低いものとなる。

　このため，公正取引委員会が所管していた際は，調査が開始されたことを契機として広告表示を是正した旨の認定が行われているものがあるものの（この最初の事案は，平成5年11月19日に4件の排除命令が行われた紳士服量販店による不当な二重価格表示事件のうち青山商事㈱以外の3社に係るもの。平成5年（排）第13号～第15号・排除命令集19巻78頁），公正取引委員会の調査開始前に広告表示を是正した事業者に対し排除命令がなされた事例はないようである。

2 社内調査により自主的に広告表示を是正した事業者に対して出された措置命令

　社内調査により自主的に広告表示を是正した事業者に対しても措置命令を行うこととされたのは，平成25年に食材に係る表示が問題となった㈱阪急阪神ホテルズによる食材偽装事件を契機とするものと考えられている。

　ホテル内のレストランで提供する料理に実際のものより高級な食材が使用されているとする表示については，平成20年12月16日に公正取引委員会が日本ヒルトン㈱に排除命令（平成20年(排)第54号・排除命令集26巻580頁）を行うなど，平成20年代に大きな問題となり，多くのホテルやレストランでは食材表示の見直しが行われている。このような動きを踏まえて，阪急阪神ホテルズでは，自社のレストランのメニュー表示について社内調査を行った上，その結果等を平成25年10月22日に公表している。そして，10月24日には社長による記者会見を行ったが，この記者会見で同社のメニュー表示は従業員の認識不足による誤記であって大きな問題ではないとの姿勢を示したため，社会的に大きな非難を受けることになった。

　平成25年12月6日付けの日本経済新聞などによると，消費者庁では，

阪急阪神ホテルズが自ら公表し表示も修正済みであることから，同社に対し景品表示法に基づく立入検査などの調査を行うことに慎重であったといわれている。しかし，食材の不当表示が大きな社会問題となっていることから，内閣官房長官が同年10月28日の記者会見で「極めて由々しきことだ」として阪急阪神ホテルズを強く批判したことを踏まえ，消費者庁では，同社に対する立入検査を実施し，同年12月19日，同社及び㈱阪神ホテルシステムズに措置命令（消表対第593号・同594号）を行っている。

3　消費者庁の対処方針変更の背景

ちなみに，このように消費者庁の対処方針が変わったのには，景品表示法が公正取引委員会から消費者庁に移管されたことも大きく影響していると考えられる。

公正取引委員会は，内閣府に設けられ内閣総理大臣の所轄に属するものの，委員長及び委員は独立して職権を行使するものとされているため（独禁27条・28条），内閣官房長官の意見を尊重したとしても，これに従わなければならないというものではない。これに対し，消費者庁が属する内閣府には特命大臣（消費者担当）が設けられているものの，内閣府の主務大臣が内閣総理大臣であることもあって，内閣官房長官の事実上の指揮下にあるため，同長官の意見を踏まえた法運用を行うのは当然のこととなる。

なお，この平成25年までの食材の不当表示問題を契機として，景品表示法の強化改正の検討が行われ，平成26年の景品表示法改正につながっている。

第6節 確約手続

Q71

景品表示法の改正で確約手続が導入されたが，確約手続とはどのようなものか。また，なぜ確約手続が導入されることになったのか。

確約手続は，景品表示法違反の疑いがある場合に，消費者庁と事業者の合意により解決する仕組みであって，独占禁止法上の確約手続と同様のものが，令和5年景品表示法改正（令和6年10月1日施行）により，第2章第6節で「是正措置計画の認定等」として導入されている。

この確約手続は，景品表示法違反事件の処理に長期間を要するものが多くなったことから，独占禁止法上の確約手続を参考にして導入されたものであり，確約手続で終了した事案については措置命令や課徴金納付命令は行われない。

解 説

1 独占禁止法上の確約手続

独占禁止法違反処理手続において公正取引委員会と事業者との間の合意により同法違反被疑行為を自主的に解決する手続である「確約手続」が導入されたのは，我が国が「環太平洋パートナーシップ協定」（TPP協定）及びTPP11協定に参加する際に，その導入が条件として求められたためであり，確約手続を導入する独占禁止法の改正法はTPP11協定の発効日（平成30年12月30日）に施行されている。

世界各国において独占禁止法（競争法）違反には厳しく対応され，また，違反行為の被害者から高額な損害賠償請求が行われることもあり，独占禁止法違反事件の調査業務が困難となって排除措置が採られるまでの期間が長期化することに対応するため，法違反を認定することなく，事業者側の自主的な対応をある程度認めることによって競争秩序の回復を図ることとして導入

285

されたのが確約手続（独禁48条の２～48条の９）である。

　確約手続による場合は，事業者が独占禁止法違反行為をしたとの認定はなされないので，排除措置命令や課徴金納付命令の対象とはならず，損害賠償請求も行われにくくなる。

　独占禁止法上の確約手続は入札談合や価格カルテルなどには適用しないとして（公正取引委員会「確約手続に関する対応方針」（平30・９・26，最終改定：令３・５・19），「不公正な取引方法」に係る事件を中心に適用されており，特に課徴金の対象となって事案の処理が難しい優越的地位の濫用（独禁２条９項５号）事件については，現在は，全ての事案が確約手続で対応されている。

　そして，確約手続で終了した優越的地位の濫用事件で公正取引委員会に提出され認定された確約計画では，取引の相手方が受けた不利益につき金銭的価値の回復が図られることになっている。

2　確約手続の景品表示法への導入経緯

　消費者庁では，景品表示法の平成26年改正から一定の期間が経過したほかデジタル化の進展などの社会環境の変化等を踏まえ，消費者利益の確保の観点から必要な措置を検討するため，外部の有識者からなる景品表示法検討会を設けて令和４年３月から検討を行っている。

　この検討において，課徴金制度が導入された平成28年４月以降の景品表示法違反事件の処理期間が非常に長期化しており（例えば，端緒把握から措置命令までの平均処理日数は321日，端緒把握から課徴金調査終結までの平均処理日数は575日），迅速に不当表示を排除して広告表示の適正化を図ることが難しくなっていること，また，課徴金制度導入時に設けられた購入者への返金による課徴金額の減額制度がほとんど利用されていないこと（例えば，平成28年４月から令和４年11月までの間に行われた課徴金事件93件のうち返金措置が行われたのは４件のみ）が問題とされている。

　そして，景品表示法は，独占禁止法に比べ法律に違反するか否かの判断が容易ではあるものの，それでも，十分に注意をしていた事業者がうっかりして違反とされる行為を行うこともあるとして，事件処理の迅速化と購入者へ

の返金措置の促進などの被害の回復を図るため，景品表示法に確約手続が導入されている。

　なお，確約手続についての景品表示法の法文上の表現は「是正措置計画の認定」などとなっているが，「不当景品類及び不当表示防止法の規定に基づく確約手続に係る内閣府令」（令和6年内閣府令第55号）など，消費者庁においても「確約手続」との表現が一般的に用いられている。

3　消費者庁における確約手続の運用方針

　消費者庁では，確約手続は一般消費者による自主的かつ合理的な選択を阻害するおそれのある行為をより早期に是正し，消費者庁と事業者が問題解決を協調的に行う領域を拡大するものの，景品表示法に新たに導入された手続であることから，確約手続の対象や確約手続移行前の手続との関係など確約手続に関する考え方を可能な限り明確にすることとして，確約手続導入前の令和6年4月18日に，その運用基準として「確約手続に関する運用基準」（消費者庁長官決定）を公表している。

Q72

　景品表示法違反の疑いで調査を受けた場合，違反となる可能性が高いようであれば，確約手続で対応することでよいか。

　消費者庁からではなく，公正取引委員会や都道府県から調査を受けた場合でも，確約手続で対応できるか。

　消費者庁の取扱いにおいて確約手続の対象としないこととされている場合があるが，そうでなければ，消費者庁などからの指摘を踏まえて事業者内で調査をするなどの検討を行って対応すればよい。

　なお，都道府県による調査が行われている場合，消費者庁による確約手続に係る通知は行われないので，都道府県を通じるなどして確約手続で対応し

第6節　確約手続

たい旨を申し入れる必要がある。

　解　説

1　確約手続の流れと確約手続の対象とならない場合

　景品表示法26条及び30条では確約手続に係る内閣総理大臣（権限委任により実際は消費者庁長官）の事業者への通知が規定されており，同法27条及び31条では通知を受けた事業者による違反被疑行為に係る是正措置等の計画（確約計画）の認定申請が規定されているので，法律の規定上は消費者庁からの通知により確約手続が開始されることになる。しかし，消費者庁の「確約手続に関する運用基準」（令6・4・18消費者庁長官決定）においては，消費者庁の確約手続通知がある前であっても，事業者が確約手続を希望する旨を申し出るなどの相談ができることとされている（同基準の3）。

　確約手続は，措置命令や課徴金納付命令といった法的措置による場合よりも短期間で違反被疑行為を解消しようとするものであり，そもそも景品表示法に違反していない事業者には関係がないが，消費者庁の調査の対象となった自社の行為が景品表示法に違反して法的措置を受けるおそれがあり，また，確約手続の対象となり得るものであれば，確約手続で対応することも検討すべきことになる。

　確約手続の運用基準においては，違反被疑行為につき調査を受ける10年前までに法的措置を受けた場合や違反被疑行為とされた表示について根拠がないと最初から認識しているにもかかわらず，あえて当該表示を行っているなどの悪質かつ重大な違反被疑行為と考えられる場合は，確約手続の対象としないこととされている（運用基準の5(3)）ので，まず，自社の行為がこれに該当しないことを確認する必要がある。

　また，確約手続による場合は，違反被疑行為を解消するための是正措置等の確約措置を確約計画に記載して消費者庁の認定を受けることとなるので，確約措置としてどのような措置を採り得るかも踏まえ検討することになろう。ちなみに，確約手続の運用基準では，この確約措置の典型例として，違反行

為の取りやめ，一般消費者への周知，違反被疑行為の再発防止，一般消費者の被害回復などが挙げられている（同基準の6⑶イ）。

なお，景品表示法検討会での議論では，不実証広告規制の対象として表示の裏付けとなる合理的な根拠を示す資料の提出が求められた事案であっても，確約手続の対象となり得るとされている（同検討会の第9回議事録12頁）。

2 消費者庁以外から調査を受けた場合の取扱い

景品表示法違反被疑事件の調査は，消費者庁だけでなく，公正取引委員会や都道府県でも行われており（景表38条2項・11項），その他，調査対象となる事業者の事業の所管省庁でも行われることがある（同条3項など）。

これらのうち都道府県以外から調査を受けた場合は，その法的措置は消費者庁により行われることになるので，当然に確約手続の対象となり得る。そして，確約手続に係る消費者庁へ相談についても，実際に調査を実施している省庁を通ずるなどして行うことができよう。

一方，都道府県が調査を実施している事案については，都道府県知事に確約手続に係る権限委任が行われていないため，基本的には都道府県に対応を求めることは難しいことになる。

しかし，政令による都道府県への権限委任の範囲に確約手続に係る事務が含まれていないことを理由に，法律で定められた確約手続を利用できないとするのは不適当であると考えられる。また，景品表示法検討会での議論では，「都道府県が関わったから，もう一切確約がないというわけではなくて，消費者庁の手で確約に移行することもあり得る」（同検討会第10回議事録7頁）とされているとおり，都道府県から調査を受けている事案につき措置命令を受けることが想定されるような場合は確約手続によることも検討してよいことになる。

第7節　課徴金納付命令

第7節　課徴金納付命令

Q73

景品表示法の課徴金制度とはどのようなものか。どのような手続で行われるか。

景品表示法の課徴金制度は，優良誤認表示又は有利誤認表示について，その対象となった商品・役務の売上額の3パーセントを国庫に納付することを命じる制度である。

課徴金制度導入の目的は，不当表示による顧客の誘引を防止するため，違反行為への抑止力を強化することにある。また，消費者の被害回復を促進するため，違反事業者が不当表示の対象となった商品・役務の購入者に返金をすれば，その返金分を課徴金額から減額するという制度が盛り込まれている。

解　説

1　概　要

景品表示法の不当表示に対する課徴金制度は，平成26年11月の法改正により導入され，平成28年4月1日から施行されている。

課徴金制度新設の目的は，不当表示による顧客の誘引を防止するため，違反行為への抑止力を強化することにある。また，消費者の被害回復を促進するため，違反事業者が不当表示の対象となった商品・役務の購入者に返金をすれば，その返金分を課徴金額から減額するという制度が盛り込まれている。

課徴金制度については，消費者庁のガイドラインが公表されている（「不当景品類及び不当表示防止法第8条（課徴金納付命令の基本的要件）に関する考え方」（平28・1・29消費者庁長官決定（最終改正：令6・4・18）。以下「課徴金ガイドライン」という。）。

290

2 制度の概要

(1) 基 本

　(ア) 対象行為：不当表示のうち優良誤認表示及び有利誤認表示

　(イ) 課徴金額：「課徴金対象期間」（最長３年間）における対象商品・役務の売上額の３パーセント

　(ウ) 主観的要素

　　事業者が不当表示をしたことについて「相当の注意を怠った者でない」ときには課徴金を賦課しない。

　(エ) 規模基準

　　売上額に３パーセントを乗じた額が150万円未満の場合には課徴金は賦課しない。

　(オ) 除斥期間

　　違反行為をやめてから５年を経過したときには課徴金は賦課しない。

(2) 課徴金額の減額

　(ア) 不当表示に係る調査が開始される前に，消費者庁に対し自主的に違反行為を報告した場合には，課徴金額の２分の１を減額する。

　(イ) 事業者が所定の手続に従って，当該商品・役務の購入者に返金をした場合，その返金額を課徴金額から減額する。

3 課徴金の対象行為

(1) 課徴金が賦課される行為類型は，不当表示のうち，優良誤認表示（景表５条１号）及び有利誤認表示（景表５条２号）である。指定告示（原産国告示，おとり広告告示など）に係る違反は課徴金の対象ではない。もっとも，例えば原産国に関する不当表示であっても，優良誤認表示に該当する行為であれば，優良誤認表示が適用されて課徴金の対象となることはあり得る。

(2) 過大な景品類の提供は，課徴金の対象ではない。

(3) 効能効果などに関する不実証広告規制につき，課徴金納付命令については，合理的根拠を示す資料が提出されないときには優良誤認に該当すると推定される。措置命令に関しては優良誤認に該当するとみなされる

ことと比べて，慎重な規定となっている。

4 課徴金額の算定

(1) 課徴金額

　課徴金額は，課徴金対象期間（後述(2)）における対象商品・役務の売上額の3パーセントである。対象商品とは，不当表示の対象となった商品であり，実際に消費者が誤認したかどうかを問わない。メーカーが不当表示を行った場合，流通業者を経由して消費者に流通するものについては，消費者への売上げではなく，流通業者に対する売上げが売上額となる。なお，売上額の算定方法の詳細は政令で定められている。また，売上額について，事業者から十分な情報を得ることができない場合には消費者庁は，売上額を推計することができる（景表8条4項）。

(2) 課徴金対象期間

　(ｱ) 課徴金対象期間（景表8条2項）は，かなり技術的な概念である。基本的には，消費者が不当表示による誤認の下で当該商品・役務を購入した期間を捉えようとしたものであるが，消費者側の受け止め方ではなく，専ら違反事業者側の行為を要件として，期間が算定される仕組みとなっている。課徴金対象行為（課徴金の対象となる行為すなわち優良誤認表示又は有利誤認表示のことである。消費者庁の説明では，「不当表示行為」とも呼ばれる。）をした期間を基本としつつ，不当表示をやめた後にも消費者の誤認がなお残存することを踏まえて，事案によっては誤認残存期間に擬制された期間が課徴金対象期間に加算される。

〈図表20　課徴金対象期間〉

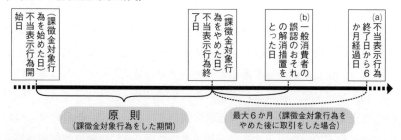

（出典：平成28年消費者庁表示対策課「景品表示法に導入される課徴金制度に関する説明会資料2―景品表示法への課徴金制度導入について」）

㈠　始期は課徴金対象行為を開始した日である[注1]。

㈡　終期は，原則として，課徴金対象行為をやめた日である。ただし，この原則が当てはまるのは，その日までに当該商品・役務の販売等をやめている場合に限られる。

課徴金対象行為をやめた後も当該商品の販売等を継続しているときは，課徴金対象行為をやめた日から6か月が経過するまでに最後に取引をした日が終期となる。課徴金対象行為をやめてから6か月間は不当表示の影響が残っており，消費者の誤認が消えていないが，6か月が経過すれば誤認が解消されるという一種の擬制が背後にある。しかしながら，この6か月が過ぎるのを待たずに，事業者が「一般消費者による自主的かつ合理的な選択を阻害するおそれを解消するための措置」（いわゆる誤認解消措置）をとった場合には，この措置をとった日までに最後に取引をした日が終期となる。この誤認解消措置は事業者が自主的に行う場合もあれば，不当表示について消費者庁等から出された措置命令を履行する中で行う場合もあろう。

㈢　課徴金対象期間は，やや複雑な規定になっているが，①課徴金対象行為をした期間と，②その後の当該商品・役務の取引期間の二つの異質な期間を合成したものである。したがって，例えば，②に関しては「最後に取引をした日」が終期となるのに対し，①に関しては取引の有無は関係なく，課徴金対象行為を開始した日が始期となる。

(3)　**商品・役務の単位**

事業者が複数の商品・役務について不当表示を行った場合，全体で1個の違反行為と見るのか，商品・役務ごとに違反行為が成立していると見るのかという問題がある。そもそも，その（複数のように見える）商品・役務は分けられるのか，分けるとすればどのように分けるのかという問題もある。

どの範囲で一つの商品・役務とみるのかは，売上げの算定や課徴金対象期間のほか，後述の「裾切り」や自主報告の範囲にも関連し，実務上重要である。

第7節　課徴金納付命令

　　これまでの運用では，事業者が用いている区分にほぼ従って，商品・役務を分け，個々の商品・役務ごとに違反行為が成立するという考え方をとっているものとみられる。消費者庁から一般的な方針は示されていないが，これまで，自動車では「車種」よりも細かくグレードごとに商品を認定した例があり，飲食関係では料理ごとに役務を認定するなど，かなり細分化された商品・役務を認定する運用が行われている。

5　「相当の注意を怠った者でない」等について（主観的要素・主観的要件）

　　事業者が課徴金対象行為を行った期間を通じて，当該課徴金対象行為に係る表示が，優良誤認表示又は有利誤認表示（厳密には，景表8条1項1号・2号に規定されている内容。）に該当することを知らず，かつ，知らないことにつき相当の注意を怠った者でないと認められるときは，課徴金の納付は命じられない（詳細は，Q74参照。）。

6　規模要件（いわゆる「裾切り」）

　　課徴金納付命令が行われるのは，景品表示法8条1項により算定した金額が150万円以上となる場合である。言い換えれば，対象商品・役務の売上額が5,000万円未満の場合には課徴金納付命令は行われない。

　　なお，これは，8条1項により算定された額についての規定である。自主報告や返金による課徴金の減額制度（Q75，Q76で述べる。）によって課徴金の額が150万円未満になった場合には，裾切りは行われず，150万円未満であっても課徴金納付命令は実施される（これとは別に，1万円以下の端数は切り捨てられるので，1万円未満となった場合には課徴金納付命令は実施されない。）。

　　1事業者が販売する複数の商品・役務について不当表示が行われた場合，課徴金は各商品・役務ごとに計算され，売上額が5,000万円未満の商品・役務については課徴金は課されない（事業者ごとに合算した後で裾切りをするわけではない。）。

7 自主的な報告による課徴金の減額

事業者が，不当表示の違反事件の調査開始前に，課徴金対象行為を行っていることを消費者庁長官に報告したときは，課徴金額は50パーセント減額される（詳細は，Q75参照。）。

8 返金による課徴金の減額

不当表示によって商品選択を誤った商品・役務の購入者の被害回復を促進するため，違反事業者が返金すればその額を課徴金額から減額するという仕組みとなっている（詳細は，Q76参照。）。

9 課徴金の加算

違反行為から遡り10年以内に課徴金納付命令を受けたことのある事業者には課徴金の額が加算（1.5倍）される（景表8条5項・6項）。

10 措置命令との関係（調査手続）

景品表示法の課徴金納付命令は，手続を含めて法律の構成上，措置命令とは別立てになっている。すなわち措置命令の事実認定を基礎として課徴金納付命令が行われるのではなく，措置命令で認定された事実とは別に課徴金納付命令のために違反事実の認定を行う構造となっている。ただし，実際の運用では，少なくとも違反事実の認定に関しては，消費者庁においては措置命令と課徴金納付命令に向けた調査が並行して行われることが通常であると考えられる。しかし，都道府県知事が措置命令を行う事案については，都道府県における事件処理が終わった後で，消費者庁の課徴金納付命令に関する調査が行われている。[注2]

11 課徴金納付命令が行われる時期

課徴金納付命令が行われる時期は，これまでの例では，最も早くて措置命令と同日[注3]であり，多くの場合，措置命令が出された後で（その期間の長さは区々）課徴金納付命令が出されている。これは，措置命令を行う段階では

第7節　課徴金納付命令

課徴金の算定をするのに必要な事実関係が確定していないことが多いためと考えられる。

法の規定では，措置命令は「措置を命じることができる」，課徴金納付命令は「命じなければならない」となっているが，実際には，課徴金納付命令は措置命令が行われた事案に関してのみ行われており，措置命令がないまま課徴金納付命令が行われたケースはない。

（注1）　課徴金対象行為とは優良誤認表示又は有利誤認表示をすることであり，消費者庁の解釈を貫徹するならば「表示内容の決定に関与する」等の行為が含まれることになるが，課徴金納付命令に係る実務運用では，物理的に消費者に情報を伝達する行為を行うことをもって課徴金対象行為期間の開始と認定しているものとみられる。

（注2）　㈱ギミックパターンに対して平成30年3月26日に東京都が行った措置命令を踏まえ，消費者庁が平成30年10月5日に同社に課徴金納付命令を行ったのがその最初の事例である。

（注3）　最初の課徴金納付命令である三菱自動車工業㈱に対する件（平成29年1月27日。小型自動車・普通自動車に関するもの。）は，措置命令と同日に行われた。

Q74

事業者が，自己の表示が不当表示に該当することを知らなかった場合に，課徴金納付命令が行われないことがあると聞くが，どういう内容か。

事業者が課徴金対象行為を行った期間を通じて，当該課徴金対象行為に係る表示が，優良誤認表示又は有利誤認表示に該当することを知らず，かつ，知らないことにつき相当の注意を怠った者でないと認められるときは，課徴金の納付は命じられない。

296

Q 74

解 説

1 概 要

　事業者が課徴金対象行為を行った期間を通じて，当該課徴金対象行為に係る表示が，優良誤認表示又は有利誤認表示（厳密には，景表8条1項1号・2号に規定されている内容。端的には，表示が事実と相違すること。）に該当することを知らず，かつ，知らないことにつき相当の注意を怠った者でないと認められるときは，課徴金の納付は命じられない。

　これに関する立証責任は消費者庁にあり，消費者庁は，事業者が8条1項1号又は2号に該当することを知っていたか，又は知らないことにつき相当の注意を怠った者でないと認められないことを立証しなければ，課徴金納付命令を行うことができない。

2 制度の趣旨

　景品表示法違反は，故意過失の有無を問わず成立するものであり，景品表示法違反があれば措置命令は行われる。しかし，課徴金に関しては，「どのような注意を払ったかにかかわらず課徴金が課される制度とすれば，事業者が表示内容の真実性について確認を行うインセンティブが損なわれ，課徴金制度導入による不当表示防止の目的を果たせないおそれがある」[注]ので，課徴金納付命令の要件として主観的要素を取り込んだものと説明されている。

3 「期間を通じて知らず」とは

　景品表示法8条1項の条文では，「課徴金対象行為をした期間を通じて……該当することを知ら」ないことが要件とされているように読めるが，課徴金ガイドライン（第5の2⑵）では事業者が知らずに課徴金対象行為を開始した後で，8条1項1号・2号に該当することに気づいた場合に，その後速やかに当該行為を取りやめれば「課徴金対象行為をした期間を通じて」，「該当することを知らず…と『認められる』」の要件を満たすとされている（課徴金ガイドライン第5の2⑵）。

第2章　景品表示法による表示・景品規制

297

なお，不注意で不当表示を行っていることを知らずに不当表示を行っていた場合には，課徴金納付命令を免れることはできない。その場合，表示開始後に不当表示に気づいてその表示を取りやめても，それによって課徴金納付命令を免れるわけではない。

4 「相当の注意」とは

全くの不注意で不当表示が生じたことを知らなかった場合には課徴金を免れることはできない。「相当の注意」を払っていた事業者だけが課徴金を免れることができるのである。

そこで，「相当の注意」とは，どのようなことを指すのかが問題となる。

平成29年7月に，軽自動車の燃費不当表示に関し，日産自動車㈱（「日産」）に対し課徴金納付命令が行われたが，日産が行政不服審査法に基づく審査請求を行った結果，消費者庁は，同社の「相当の注意を怠った者でない」との主張を受け容れ，当初の課徴金納付命令を取り消した（平30・12・21消総総第710号消費者庁裁決）。

不当表示を行った事業者に対して課徴金納付命令が行われない場合には，その理由（行わなかったこと自体も）は明らかにされないので，これまで「相当の注意」の要件によって課徴金納付命令が行われなかった事例の存在は明らかではなく，相当の注意について当局がどのように判断しているのについては不明な点も多いが，この日産の事例は，「相当の注意」を怠った者でないとの判断が明らかになった現在まで唯一の事例である。

また，この事案は，事業者が知らずに課徴金対象行為を開始した後で，8条1項1号・2号に該当することに気付いた場合に，その後速やかに当該行為を取りやめれば，「課徴金対象行為を行った期間を通じて該当することを知らず…と認められる」の要件を満たすとするという課徴金ガイドラインの考え方（前記3に述べた部分）が適用されたことが分かる唯一の事例でもある。裁決書によれば，日産は平成28年4月18日に初めて三菱自動車工業㈱から不正行為に係る報告を受け，同月20日に表示を停止したとされる。処分庁たる消費者庁は，日産が，自社の不当表示に気付いて速やかに不当表示を取りや

めたものとして，課徴金対象行為を行った期間（4月1日から4月20日まで）を
通じて，同社の表示が課徴金対象行為に該当することを知らなかったと「認
められる」とした。すなわち，日産は，4月19日以降は自らの表示が不当表
示であることを知っていたのであるが，4月19日及び20日も含めて，不当表
示に該当することを知らなかったと「認められる」と判断した（裁決書第3の
3(3)イ(イ)a）。その上で，消費者庁は，日産は知らなかったことについて「相
当の注意を怠った者でないとは認められない」と判断して課徴金納付命令を
行ったが，裁決では，「相当の注意を怠った者でないと認められる」として
当初の課徴金納付命令を取り消した。

(注)　『黒田・逐条解説』40頁

Q75

　不当表示に気づいた事業者が自主的に報告すれば課徴金額が半減され
るとのことであるが，どのような内容か。

A　　事業者が，不当表示事件の調査開始前に，課徴金対象行為を行っ
ていることを消費者庁長官に報告したときは，課徴金額は50パー
セント減額される。

解　説

1　概　要

　景品表示法9条の規定により，事業者が，不当表示の違反事件の調査開始
前に，課徴金対象行為（Q73参照）を行っていることを消費者庁長官に報告
したときは，課徴金額は50パーセント減額される。この減額効果を持つ報告
(以下「自主報告」という。)を受け付けることができるのは，消費者庁だけであ
る。また，自主報告は，消費者庁の規則によって定められた様式（景表規様

第7節　課徴金納付命令

式第1）による報告書を直接持参するか，書留郵便又はメールによって送付する必要がある。事業者として報告を行うことが要件であり，事業者の従業員が独自の判断で消費者庁に報告したとしても，課徴金半減の要件を満たさない。

2　自主報告の時期

「当該課徴金対象行為についての調査があつたことにより当該課徴金対象行為について課徴金納付命令があるべきことを予知してされたものであるときは，この限りでない。」（景表9条ただし書）とされており，自主報告と調査開始の先後関係が重要である。

三菱自動車工業㈱に対する課徴金納付命令（小型自動車・普通自動車。平成29・1・27）では，自主的な報告と調査着手の先後が問題になり，結論としては，三菱自動車工業の報告は調査開始よりも後に行われたため，課徴金減額は認められないこととされた。これに対して，同じく三菱自動車工業及び日産自動車㈱の軽自動車に関しては，調査開始前に自主的な報告があったと認められ，課徴金額が半減されている（日産自動車については，Q74の4に述べたとおり，その後課徴金納付命令が取り消された。）。

この「調査」には，消費者庁の調査だけでなく，公正取引委員会の調査，都道府県の調査も含まれる（課徴金納付命令は消費者庁長官しか行うことができないが，他の規制当局による調査であっても，不当表示に係る事件調査であれば，この「調査」に該当する。また，法に定められた権限を行使した調査ばかりでなく，任意の調査を含む（景品表示法の調査の大部分は，任意調査で行われるものと考えられる。）。）。

なお，法の規定は，不当表示についての調査が始められても，課徴金納付命令があるべきことを事業者が予知していなければ，課徴金が減額されるかのようにも読み得るが，調査が始まれば事業者は課徴金納付命令が行われるべきことを予知していると認定されることが通常であろう。

もっとも，商品Aの不当表示について調査が開始されても，調査対象以外の商品Bについて不当表示があることを報告すれば，商品Bについて課徴金の減額を受けることはできる。逆に，商品Aについて自主報告したところ，

300

商品Aのほか自主報告に含まれていなかった商品Bについても調査が開始されたという場合には，商品Bについては課徴金の減額を受けることはできない。上記の三菱自動車工業の事例で，軽自動車については減額が認められたのに対し，普通自動車等については認められなかったのは，このような事情があったものと考えられる。

3 自主報告の効果

　自主報告によって得られる法的効果は課徴金額の半減であって，課徴金納付命令自体を免れるわけではなく，また，措置命令を免れる効果はない。独占禁止法の運用では，カルテルの行為者のうち最初に自主的に違反行為を報告した者については，課徴金が制度上免除されるだけでなく，排除措置命令も行われないことが多く，また下請代金支払遅延等防止法（下請法）でも，自主的な改善の状況を考慮した上で，類似の運用がなされている。これに対し，景品表示法では，これまでのところ，自主報告をした事業者に（金額を半減した）課徴金納付命令が行われた場合，当該事業者に対して措置命令も行われている。(注)

　　(注)　課徴金ガイドライン策定時のパブリックコメント手続において，消費者庁表示対策課は，以下の見解を示しているが，現在まで，課徴金納付命令が行われた事件で措置命令が行われていないものはない。

　　　「本法第9条の規定に基づき課徴金対象行為に該当する事実を報告した事業者については，例えば，課徴金対象行為を既にやめており，一般消費者に対する周知を既に行っているほか，再発防止のために必要な体制整備を十分に行っているなどの事情を考慮して措置命令の必要性が認められない場合には，同命令を行わないこととなります。」（「不当景品類及び不当表示防止法施行規則（案）」及び「不当景品類及び不当表示防止法第8条（課徴金納付命令の基本的要件）に関する考え方（案）」に対する意見募集の結果について　別添3の52頁（平成28年1月29日，消費者庁表示対策課））

　　　もっとも，自主報告が行われた事案で，措置命令も課徴金納付命令も行われなかったケースが存在する可能性はあるが，公表されている資料ではその存否を確認することはできない。

第7節　課徴金納付命令

Q76

　　課徴金制度では，違反した事業者が消費者に返金すればその分が課徴金の額から減額されるとのことであるが，その手続はどのようなものか。

　　課徴金制度には，不当表示によって商品選択を誤った商品・役務の購入者の被害回復を促進するため，違反事業者から購入者に対し返金が行われた場合，それが一定の要件を満たすものであれば，返金された金額が課徴金の額から減額される制度がある。ただし，減額を受けるためには，定められた要件を満たし，所定の手続に則って行う必要がある。

解　説

1　概　要

　　課徴金制度には，不当表示によって商品選択を誤った商品・役務の購入者の被害回復を促進するため，違反事業者から購入者に対し返金が行われた場合，それが一定の要件を満たすものであれば，返金された金額が課徴金の額[(注1)]から減額される制度がある。

　　返金の額は，返金を申し出た購入者の購入金額の3パーセント以上でなければならない（景表10条1項）。

　　返金は必ずしも金銭の交付による必要はなく，返金を受ける消費者の承諾があればいわゆる電子マネー等の支払手段によることもできる（景表10条1項，景表規10条の2）。

2　手　続

　　返金は，景品表示法に定める手続に従って行われる必要がある。

⑴　手続の要点

㋐　返金措置計画の認定

　　「実施予定返金措置計画書」を作成し，課徴金納付命令の事前手続に

おける弁明書の提出期限までにこれを提出して消費者庁の認定を受ける
必要がある。

●実施予定返還措置計画書には，以下を記載しなければならない（景表
10条2項）。

  ・返金措置の内容及び実施期間

  ・返金措置の対象となる者が当該返金措置の内容を把握するための周知の
  方法

  ・返金措置に必要な資金の額及びその調達方法

●計画は，以下に適合するものでなければならない（景表10条5項）。

  ・返金措置が円滑かつ確実に実施されると見込まれること

  ・返金措置の対象となる者のうち特定の者について不当に差別的でないこ
  と

  ・返金の実施期間が相当であること（景表規13条により申請書提出後4か月
  以内と定められている。）

(イ)　返金措置計画の実施

　　認定を受けた事業者は，返金措置の結果について，計画書の返金実施
期間終了後1週間以内に消費者庁に報告することにより減額を受けるこ
とができる（景表11条1項）。課徴金額が減額されるのは，計画に適合し
て実施した返金の合計額であり，その結果課徴金額が1万円を下回るこ
とになれば，課徴金納付命令は行われない（景表11条2項・3項）。

(ウ)　返金措置計画認定前の返金

　　計画提出前又は消費者庁の認定前に行われた返金も減額の対象となり
得る。(注2)ただし，消費者庁の計画認定前に返金を行っても，その計画が
消費者庁の認定を受けられない可能性は否定できないので，早期に返金
をしようとする事業者にとっては，消費者庁とのコミュニケーションを
十分とることが重要であろう。早期の返金は，消費者救済の観点からは
望ましいものと考えられる。

第7節　課徴金納付命令

(2)　事　例

(ア)　概　要

　消費者庁が認定した返金措置計画は，消費者庁のウェブサイト上に公表される。[注3]

　令和6年5月までに，①「日産自動車㈱の軽自動車20商品」，②「三菱自動車工業㈱の軽自動車8商品」，③「グリー㈱のオンラインゲーム内におけるアイテムの使用許諾」，④「㈱モイストの雑穀麹の生酵素」の4件が認定されている。このほか，計画を提出したが認定されなかったものが1件ある（三菱自動車工業㈱の小型自動車・普通自動車）。

(イ)　日産自動車㈱（「日産」）及び三菱自動車工業㈱（「三菱」）

　①及び②は，それぞれ平成29年6月14日及び同7月21日に行われた，いわゆる燃費の不当表示事案についての課徴金納付命令に係るものである（ただし，日産に対する課徴金納付命令は，平成30年12月に取り消された。）。

　両社とも，平成28年4月21日（課徴金対象行為をやめた日の翌日。）まで問題となった商品を使用していた者に対し，1台当たり10万円の返金（日産は「補償」，三菱は「損害賠償」と呼んでいる。）等を行っている。その金額の考え方については，両社は，「新届出燃費値と旧届出燃費値との差による燃料代の差額」及び「今後の車検時等に想定される自動車関連諸税の増額分」と説明している。

　日産は20商品について返金を行ったところ，日産の課徴金納付命令の対象は6商品となっている。これは，日産が返金を行った結果，14商品については課徴金額（返金額を差し引いた額）が1万円未満（ゼロ又はマイナスを含む。）になったためとみられる。課徴金納付命令の対象となった6車種については合計3,301万円の返金を行うことにより，同額の課徴金の減額が認められ，最終的に課徴金額は317万円となっている（自主報告による課徴金額半減もなされている。）。

　三菱に関しては，返金を行った8商品と課徴金納付命令の対象商品は同じである。三菱は，764万円の返金を行うことにより，同額の課徴金減額が認められ，最終的に課徴金額は368万円となっている（自主報告に

304

よる課徴金額半減もなされている。）。

　また，三菱は，普通自動車・小型自動車についても返金計画の認定申請を行ったが，不認定とされている。その理由について消費者庁は積極的に明らかにすることはしていないが，消費者委員会の審議における消費者庁担当者の説明[注4]によれば，同社が認定申請した計画では，購入後に商品を手放した購入者が返金の対象外であるなど，本来返金の対象となるべき購入者が対象とならない場合があったこと等のために，不認定とされた模様である。[注5]

(ウ)　グリー㈱

　③は，オンラインゲームに係る懸賞企画の当選本数の表示が事実と異なっていたという事案（平29・7・19消費者庁措置命令）である。グリー㈱は，問題となった懸賞の抽選時に消費されたチケット分のコインの補償という形で返金を行った。この事案では，課徴金納付命令は行われておらず，返金によって課徴金額が1万円未満（ゼロ又はマイナスを含む。）になったものとみられる。

(エ)　㈱モイスト

　④は，痩身効果を標ぼうする食品の表示に係る事案（平31・3・29消費者庁措置命令）である。この事案でも，課徴金納付命令は行われておらず，返金によって課徴金額が1万円未満（ゼロ又はマイナスを含む。）になったものとみられる。

（注1）　自主報告による金額の半減がある場合は，半減された額から返金額が減額される。

（注2）　(2)(イ)の三菱自動車㈱の軽自動車に係る返金は，平成28年8月25日から実施されている。消費者庁が同社の計画を認定した日付は不明であるが，計画が認定される前から返金が実施されていたものと思料される。

（注3）　以下の記述は，消費者庁のウェブサイトの記載及びリンクされた事業者の関係ウェブサイト並びに関係する課徴金納付命令の命令書に記載された事実に基づく。

（注4）　第250回消費者委員会本会議議事録（平成29年6月27日）

（注5）　上記2(1)の「返金措置の対象となる者のうち特定の者について不当に差別的でないこと」の要件に照らして問題があるとされたものと考えられる。

305

第8節　刑事罰の適用

第8節　刑事罰の適用

Q77

　景品表示法の改正で不当表示を行った者に罰金を科す罰則規定（直罰規定）が設けられたが，これまでの措置命令の違反者に対する罰則規定に加えて，直罰規定が新たに設けられたのはなぜか。

　また，法人企業が不当表示を行った場合に，実際に罰金刑を科せられることになるのは誰か。

　　　　　優良誤認表示などの違反行為が依然として多いため，景品表示法の抑止力を強化する必要があり，また，特定商取引法など他の表示規制法でも直罰規定が設けられていることから，令和5年の景品表示法の法改正（同6年10月1日施行）で直罰規定が設けられることになった。

　景品表示法違反に問われる事業者のほとんどは株式会社などの法人であるが，両罰規定が設けられているので，その法人のほか，その代表者など問題となった表示を決定したことに責任のある個人に罰金刑が科されることになる。

解　説

1　直罰規定の導入理由

　令和5年の景品表示法改正に当たっては景品表示法検討会が開催されており，検討会では直罰規定の導入についても検討がなされている。

　そこではあまり詳細な議論はなされなかったが，広告表示の適正化を図る上で景品表示法違反行為に対する抑止力を強化することは必要であり，特定商取引法（特定商取引に関する法律）などの誇大広告等規制法の多くに直罰規定が設けられていることから，広告表示規制の一般法である景品表示法に直罰規定を設けることは問題とされなかった。

　なお，景品表示法5条3号違反については課徴金納付命令の対象とされて

306

おらず，予防的な不当表示規定とみられることから，直罰規定の対象にはされていない。

2 直罰規定の対象となる者

景品表示法48条で「自己の供給する商品又は役務について一般消費者を誤認させるような表示をした場合」に罰則が適用されることになる（『逐条解説』105頁）。

そして，刑事罰の対象となる具体的な犯罪行為は個人（自然人）によって行われるが，法人企業では，顧客に対し商品を販売したり，広告表示を行うのは当該法人となるので，行政処分の対象が法人企業となる場合に，犯罪として刑事責任の追及がなされる違反行為者は誰かとの問題が生じる。

このような問題は独占禁止法違反につき刑事責任を追及する場合にも生ずるもので，例えば，石油カルテル刑事事件の場合にも被告人石油会社や石油会社役員側から指摘がなされている。これに対し，昭和59年2月24日の最高裁第二小法廷判決（昭和55年（あ）2153号，刑集38巻4号1287頁，公取委審決集30巻237頁）では，カルテルに係る罰則規定（独禁89条）と，犯罪行為を行った個人のほか当該個人の属する法人も罰する両罰規定（独禁95条）の双方が根拠法条として適用されるとの判断が示されている。このため，景品表示法の直罰規定に関しても，同法48条と49条の双方の規定が適用されて個人と法人が処罰されることになる。

Q78

他の広告表示規制法の中には以前から直罰規定が設けられているものがあるが，景品表示法違反として措置命令が行われた事案で他の広告表示規制法の刑事罰（直罰）が科されたものはあるか。

景品表示法の規制対象となる不当表示と同様の表示に対し刑事罰が設けられている代表的な法律として，不正競争防止法がある。

307

第8節　刑事罰の適用

　公正取引委員会が景品表示法を所管していた際は，事業者の広告表示について景品表示法と不正競争防止法の双方が適用されることはなかったようであるが，最近の都道府県による措置命令事案の中には不正競争防止法でも問題とされて罰金刑が科されたものがある。

　解　説

1　不正競争防止法における直罰規定の運用

　事業者の広告表示を規制する法律としては，景品表示法を含む多くの広告表示規制法の中には直罰規定が設けられているものもあり，そのうち法運用として実際に刑事罰が多く科されているものとして不正競争防止法がある。

　景品表示法は独占禁止法の特別法として制定されたものであり，かつては独占禁止法と不正競争防止法は，その沿革や規制対象などに相違があるとされていた。現在では，その規制対象などにあまり差はないとの見方もあるが，独占禁止法や景品表示法が行政法規であるのに対し，不正競争防止法は民事・刑事法規であるとの点が大きく異なっている。

　景品表示法上の不当表示に該当するような表示について不正競争防止法が適用されて，刑事責任が問われたことが多い事案として，中古自動車の走行距離や事故修復歴に係る不当表示事件がある。

　この中古自動車に係る不当表示については，優良誤認表示として多くの排除命令や措置命令が行われてきており，また，これらの不当表示による購入者各人の被害額が大きいこと，走行距離計のメーターの巻き戻しや走行距離計の交換といった人為的な行為の認定が比較的容易であることから，不正競争防止法上の誤認惹起行為（不正競争2条1項20号。Q110参照）ないし刑法上の詐欺（刑246条）として刑事責任が問われたものも多くなっている。

　しかし，同一の中古自動車販売業者の行為について，景品表示法と不正競争防止法等の双方で問題とされた事例はないようである。

2 食材の産地表示に係る都道府県の対応

最近の新聞報道等によれば，令和元年5月9日に鹿児島県による措置命令が行われた㈲鹿北製油によるゴマ製品等の原材料の産地等に係る不当表示事件及び同年8月7日に岡山県による措置命令が行われた㈱ホームグリーンによる海産物の原材料の産地に係る不当表示事件では，それぞれ，景品表示法違反事件としての調査中に県による刑事告発が行われ，事業者及びその代表者に不正競争防止法違反として罰金刑が科されている。

まず，鹿北製油については，ゴマ製品及び食用油の41商品に係る原材料の産地表示（外国産も使用しているのにもかかわらず，「原料原産地名　鹿児島県産」などと表示）及び添加物等の無添加表示につき，優良誤認として鹿児島県から令和元年5月9日に措置命令が行われ，同2年6月に消費者庁の課徴金納付命令（課徴金額793万円）が行われている。そして，令和元年4月に，鹿北製油及び同社代表取締役に対し罰金各40万円の略式命令が行われている。

また，ホームグリーンについては，カットわかめ，小鯛浜焼などの海産物9商品に係る原材料の産地表示（外国産を使用しているのにもかかわらず，「瀬戸内海産」などと表示）につき，優良誤認として岡山県から令和元年8月7日に措置命令が行われている。そして，令和元年4月に，ホームグリーン及び同社代表取締役に対し罰金各50万円の略式命令が行われている。

鹿児島県及び岡山県では，措置命令のための調査を行っている過程で県警に刑事告発を行っているが，都道府県における食品表示行政については，消費者行政の観点からではなく，県内の事業者の対外的な信用確保や産業振興の観点から実施されることも多いので，これらの事件の取扱いは必ずしも景品表示法の直罰規定の運用の参考になるものではない。

第8節　刑事罰の適用

Q79

景品表示法には措置命令違反に対する罰則規定があるが，これまで措置命令に違反したとして罰則が科された事例はあるか。

また，措置命令に従わなければ，必ず刑事罰が科されるのか。

確定した措置命令に従わなかったとして刑事罰が科されたものはないが，公正取引委員会が景品表示法を所管していた時代に，確定した排除命令に違反したとして刑事罰が科されたものとして㈱三愛土地事件がある。

また，一般的な刑法犯であっても必ず起訴されて刑事罰が科されるわけではないので，事案によっては諸事情が勘案されて刑事罰が科されないこともあると考えられる。

解　説

1　措置命令に従わなかった場合の罰則

措置命令に対する審査請求期間や取消請求訴訟の出訴期間が経過して確定した措置命令に従わない場合は，景品表示法46条及び49条の規定による刑事罰（違反事業者が法人企業である場合は，従わないことに責任のある役員等の個人に対し2年以下の拘禁刑又は300万円以下の罰金。法人である事業者に対し3億円以下の罰金）が科せられることになる。

消費者庁発足後に措置命令違反として刑事罰が科されたものはないが，それ以前の景品表示法違反事件で刑事罰が科されたもの（当時の景品表示法の規定により，独占禁止法上の確定審決とみなされる排除命令に違反したため，確定審決違反の罪に問われたもの）として，昭和46年1月29日に東京高裁判決（昭和45（の）第1号，刑月3巻1号20頁，判タ257号114頁，審決集17巻232頁）がなされた㈱三愛土地事件がある（Q69参照）。

この事件は，千葉県松戸市等に所在する宅地につき三愛土地が不当表示を

310

行ったとして排除命令（昭和44年（排）第7号・排除命令集3巻340頁）を受け，今後同様の広告表示を行わないこと及び今後1年間の広告物を公正取引委員会に提出することを命じられたにもかかわらず，同年9月から昭和45年1月にかけて神奈川県相模原市等に所在する土地につき不当表示を行って同年4月に3件の排除命令（昭和45（排）第20号～第22後・排除命令集5巻9頁）を受けたこと及びその広告物を提出しなかったことが確定した排除命令に違反したとされた。

公正取引委員会の刑事告発を受けて，事業者である三愛土地と個人である同社代表取締役が東京高裁に起訴され，同社は罰金20万円（当時の法定刑は30万円以下の罰金）に，同社代表取締役は懲役1年（執行猶予3年）及び罰金10万円に処せられている。

2 措置命令に反したと思われる最近の事例の取扱い

違反行為に対する法律上の措置として罰則のみが規定されている場合であっても，個々の違反行為に対し当該罰則が適用されているわけではない。例えば，独占禁止法の補完法である下請代金支払遅延等防止法（下請法）において最も多い違反行為であって，法律上は罰則規定のみが設けられている親事業者の発注書面交付義務（同法3条）違反については，罰則規定が適用されたことはなく，全ての事案が行政指導により是正が図られている。

そして，新聞業における過大景品提供事件で大阪府の措置命令が行われたものについて，措置命令に反して違反行為を継続して実施したとの評価が可能であるにもかかわらず，違反行為を繰り返したとして，新たな措置命令を行うとの対応が行われたものがある。

大阪府では，平成31年3月19日及び令和5年3月30日に㈱産業経済新聞社に措置命令を行っているが，令和5年の措置命令は，過大な景品類の提供が継続されているとの外部情報による産経新聞社の社内調査結果が令和3年7月に大阪府に報告されたことに基づくものであり，措置命令では過大な景品提供は「遅くとも平成31年3月19日以降」行われていたと認定されている。

産経新聞社の社内調査は外部の弁護士5名を構成員とする調査委員会で行

第8節　刑事罰の適用

われたもので，調査委員会からは「措置命令に違反するものと認められる」
との報告書が同社に提出されている。そして，令和3年7月10日付けの産経
新聞（大阪本社版）では「本社，措置命令後も違反　新聞講読で制限超える景
品　大阪府に調査報告」との見出しで報道されている。

　しかし，令和5年3月の措置命令時の大阪府の公表資料では，「産経新聞
社に対する景品表示法上の措置命令は，平成31年3月に続き2回目です」と
して違反行為を繰り返したものとされ，消費者庁でも同様の説明がなされて
いる（公正取引877号（令和5年11月号）「座談会　最近の景品表示法違反をめぐって」
18頁参照）。

第9節 その他

Q80

景品表示法では，企業のコンプライアンス体制を整備することが義務
付けられているとのことであるが，どのような内容か。

景品表示法に関する事業者のコンプライアンス体制を確立するこ
とを狙いとして，「事業者が講ずべき景品類の提供及び表示の管理
上の措置」の規定が平成26年6月の法改正で新設された。具体的には，消
費者庁の「事業者が講ずべき景品類の提供及び表示の管理上の措置について
の指針」（管理措置指針）に従って，景品表示法遵守のための措置をとる必要
がある。管理上の措置がとられていない場合は，景品表示法の実体規定違反
の有無とは別に，指導や勧告の対象となる可能性もある。

解説

1 景品表示法22条の規定

景品表示法に関する事業者のコンプライアンス体制を確立することを狙い
として，「事業者が講ずべき景品類の提供及び表示の管理上の措置」の規定
が平成26年6月の法改正で新設された（改正当時は7条に規定されていたが，その
後の改正を経て，現在は22条に規定されている。）。

景品表示法

（事業者が講ずべき景品類の提供及び表示の管理上の措置）

第22条 事業者は，自己の供給する商品又は役務の取引について，景品類の
提供又は表示により不当に顧客を誘引し，一般消費者による自主的かつ合
理的な選択を阻害することのないよう，景品類の価額の最高額，総額その
他の景品類の提供に関する事項及び商品又は役務の品質，規格その他の内

> 容に係る表示に関する事項を適正に管理するために必要な体制の整備その
> 他の必要な措置を講じなければならない。
> 2　内閣総理大臣は，前項の規定に基づき事業者が講ずべき措置に関して，
> その適切かつ有効な実施を図るために必要な指針（以下この条において単
> に「指針」という。）を定めるものとする。
> 3〜5　（略）

　この制度が新設された背景には，平成25年ごろ食品表示等の不正事案が相
次いだ際に，表示に関する事業者のコンプライアンス（法令・社会規範の遵守）
意識が欠如していることや，事業者内部の表示に関する管理責任体制が不明
確であることが問題点として指摘されたことがある。

　事業者に法遵守のための措置を義務付けることは，従来の景品表示法には
なかった新たな手法であるが，厚生労働関係や環境関係の規制などにおいて
は事業者の法令遵守体制整備を義務付ける例があり，その発想には共通のも
のがあると考えられる。

　本来，コンプライアンスは事業者の責任と判断において行われるべきもの
であり，コンプライアンスが不十分なために違反が発生した場合には，措置
命令や課徴金納付命令を受けるという形で，不十分なコンプライアンスの代
償を払うことになるのが規制のあり方の基本であると考えられるが，それだ
けでは景品表示法違反を有効に防止できていないという実態があり，また，
法違反が発生した場合の消費者被害の大きさを考慮して，あえて一歩踏み込
んだ制度が導入されたものと理解される。

2　「事業者が講ずべき景品類の提供及び表示の管理上の措置についての指針」（管理措置指針）の制定

　景品表示法22条1項は，事業者の義務を抽象的に定めるのみであり，どの
ような措置を講ずればよいのかについては，22条2項に基づき内閣総理大臣
が指針を定めることとされている（22条2項の権限は消費者庁長官に委任されてい
ない。）。

これを受けて定められたものが，「事業者が講ずべき景品類の提供及び表示の管理上の措置についての指針」（管理措置指針。以下「指針」と略すことがある。平26・11・14内閣府公示第276号，最終改正：令6・4・18）である。

この「指針」は，22条1項の義務の細則ではなく，あくまでも，事業者が講ずべき措置に関して適切かつ有効な実施をはかるためのものと位置づけられており，指針に反することが自動的に22条1項違反となる仕組とはなっていない。しかし指針の内容を履行していない場合には，22条1項違反が成立する可能性が高いといえるであろう。

3　「事業者が講ずべき景品類の提供及び表示の管理上の措置についての指針」の内容

(1)　義務が課される事業者

この指針の中で，景品表示法22条1項の義務が課される事業者とは，「景品類の提供若しくは自己の供給する商品又は役務についての一般消費者向け[注]の表示（以下，「表示等」という。）をする事業者」であることを明言している。言い換えれば，景品表示法の違反者となり得る者の範囲と22条1項の義務を負う者の範囲は同一と考えてよいと思われる。

広告代理店や広告媒体事業者は，その業務内容上，景品表示法違反の未然防止に有効な役割を果たし得ると考えられるが，商品又は役務を一般消費者に供給していない限り，22条1項の義務を負わない。簡単に言えば，広告主が22条1項の対象である。

(2)　有利誤認表示・指定不当表示の取扱い

指針は，「用語の説明」という項目を設けて，関係条文の用語に解説を加えている。これによれば，22条1項の「必要な措置」とは「事業者が景品表示法を遵守するために必要な措置を包括的に表現したもの」であり，同項の「景品類の価額の最高額，総額その他の景品類の提供に関する事項及び商品又は役務の品質，規格その他の内容に係る表示に関する事項を適正に管理するために必要な体制の整備その他の必要な措置」の下線部分は例示であるとされている。すなわち，有利誤認表示及び指

第9節　その他

定不当表示は，22条1項に登場しないが，これらの防止に関しても事業者は措置を講じる必要があることになる。

(3)　事業者の従前からの取組等との関係

指針では，従来から景品表示法や公正競争規約を遵守するために必要な措置を講じている事業者にとっては，「本指針によって，新たに，特段の措置を講じることが求められるものではない。」とされている。景品表示法を遵守するために必要な措置を講じていれば新たな措置を講じる必要がないのは当然のことであるが，事業者の従来の取組を尊重することをアナウンスするために敢えて記載されたものと考えられる。しかし，"景品表示法等を遵守するために必要な措置"とは具体的に何なのかについて，指針で当局の考え方は一応示されてはいるとはいえ，当局と事業者との間で見解が異なる余地は残されている。

なお，公正競争規約については，事業者はこれに加入さえしていれば，それだけで必要な措置を講じたことになるわけではなく，規約遵守のための必要な措置を事業者として講じていることが必要とされていることに留意を要する。

(4)　事業者が講ずべき表示等の管理上の措置の内容

指針に示された，事業者が講ずべき表示等の管理上の措置の内容については，Q81を参照されたい。

4　22条の実効確保（法執行）

消費者庁は，22条1項に基づき事業者が講ずべき措置に関して，その適切かつ有効な実施を図るため必要があると認めるときは，その措置について必要な指導及び助言をすることができる（景表23条）。また，事業者が正当な理由なく「講ずべき措置」を講じていないと認めるときは，措置を講ずべき旨の勧告をすることができる（景表24条1項）。事業者が勧告に従わないときは，その旨を公表することができる（同条2項）。さらに，この勧告に関しては，措置命令や課徴金納付命令のためのものと同じ調査権限が消費者庁に与えられている（景表25条。以上の権限は，内閣総理大臣の権限が消費者庁長官に委任された

もの。権限が委任されているのは消費者庁長官のみであって，都道府県知事には委任されていない。）。

すなわち，法の規定上，不当表示等を行った事実がなくとも，消費者庁は，景品表示法22条1項の義務の関連で，指導，助言又は勧告を行うことができ，不当表示等を行った疑いがなくとも，勧告のための調査を行うことができる。

運用では，消費者庁は，不当表示等の疑いで調査をした過程で22条1項に関する問題が認められた場合に，23条の指導等を行っているようであり，令和4年度は60件，5年度は45件の指導実績がある。現在まで，勧告・公表が行われた例はない。

(注) 「指針に関するQ&A」（消費者庁ウェブサイト）のQ3で，部品製造業者が製品製造業者に対して行う表示についても，「一般消費者向けの表示」に当たる場合があることが述べられている。

Q81

「事業者が講ずべき景品類の提供及び表示の管理上の措置についての指針」にはどのようなことが示されているか。

指針では，事業者が講ずべき表示等の管理上の措置として，以下の事項が掲げられている。

① 景品表示法の考え方の周知・啓発
② 法令遵守の方針等の明確化
③ 表示等に関する情報の確認
④ 表示等に関する情報の共有
⑤ 表示等を管理するための担当者等を定めること
⑥ 表示等の根拠となる情報を事後的に確認するために必要な措置を採ること
⑦ 不当な表示等が明らかになった場合における迅速かつ適切な対応

解 説

　指針の第4「事業者が講ずべき表示等の管理上の措置の内容」の概略を説明する。また，指針の別添に「事業者が講ずべき表示等の管理上の措置の具体的事例」（以下，「具体的事例」という。）が掲げられているので，それについても触れる（枠内は，指針の抜粋である。）。

1 景品表示法の考え方の周知・啓発（指針第4の1）

> 　事業者は，不当表示等の防止のため，景品表示法の考え方について，表示等に関係している役員及び従業員にその職務に応じた周知・啓発を行うこと。
> 　また，（中略）事業者が表示等の作成を他の事業者に委ねる場合，当該他の事業者に対しても，その業務に応じた周知・啓発を行うこと。

　景品表示法を遵守するためには，まずは，関係者がその内容を知らなければならない。周知・啓発の方法として，朝礼等における周知や，社内研修や社外の講習会等への出席等の社員教育等が「具体的事例」に列挙されている。
　また，景品表示法を机上の法知識として学ぶだけではなく，現場の実情を踏まえた上で具体的な対応を考えていくことが重要である。「具体的事例」には，「調達・生産・製造・加工部門と，営業部門との間での商品知識及び景品表示法上の理解に関する相互研修を行い，認識の共有化を図ること。」が挙げられている。

2 法令遵守の方針等の明確化（指針第4の2）

> 　事業者は，不当表示等の防止のため，景品表示法を含む法令遵守の方針や法令遵守のためにとるべき手順等を明確化すること。
> 　また，（中略）事業者が表示等の作成を他の事業者に委ねる場合，当該他の事業者に対しても，その業務に応じて法令遵守の方針や法令遵守のためにとるべき手順等を明確化すること。

例えば，①法令遵守の方針等を社内規程，行動規範等として定めること，②禁止される表示等の内容，表示等を行う際の手順等を定めたマニュアルを作成することなどである。

3 表示等に関する情報の確認（指針第4の3）

> 事業者は，
> (1) 景品類を提供しようとする場合，違法とならない景品類の価額の最高額・総額・種類・提供の方法等を，
> (2) とりわけ，商品又は役務の長所や要点を一般消費者に訴求するために，その内容等について積極的に表示を行う場合には，当該表示の根拠となる情報を
> 確認すること。

個別のケースにおいて，景品表示法に抵触することがないように事前チェックをすることであり，法令遵守のコアともいうべき事項である。

表示に関しては，指針では，「確認」という用語に引きずられたためか，実態と表示の間に乖離がないようにすることに焦点が当てられているが，これ以外にも，表示の仕方（字の大きさや打消し表示の位置）や用語の選択（例えば，原材料名が法令の定義に適合しているかなど）など，景品表示法違反防止のための全般的な検証を行うことが必要である（「具体的事例」では，その点を含めた事例が掲げられている。）。

なお，小売業者については，「商品の内容等について積極的に表示を行う場合には，直接の仕入れ先に対する確認や，商品自体の表示の確認など，事業者が当然把握し得る範囲の情報を表示内容等に応じて適切に確認することは通常求められるが，全ての場合について，商品の流通過程を遡って調査を行うことや商品の鑑定・検査等を行うことまでを求められるものではない。」とされている。もっとも，景品表示法の措置命令は，事業者の故意過失を問わないので，小売業者が仕入れ先への確認を行っても，仕入れ先の対応次第では，小売業者が行った表示が不当表示とされ，小売業者が措置命令の対象

第9節　その他

となることがある。すなわち，22条1項の義務を果たしている場合であって
も，なお景品表示法違反に問われるリスクを払拭することはできないのであ
るが，この点は，消費者庁も認識している。[注1]

　また，指針では，アフィリエイトプログラムを利用した広告について特に
言及し，「当該広告を利用する事業者がアフィリエイター等の作成する表示
等を確認することが必要となる場合がある」旨を述べている。

　この確認の最終段階では，表示を作成した者以外の者が，第三者的に，消
費者がどう認識するかという観点から，表示のチェックを行うことが有効で
あると考えられる。

　また，指針では，講ずべき措置として，表示等に関して情報を確認するこ
と自体（個別の確認行為）が挙げられているが，事業者の対応としては，景品
表示法に関するチェックを業務手順の中に組み込む体制を整備することが有
効であろう。

4　表示等に関する情報の共有（指針第4の4）

> 　事業者は，その規模等に応じ，前記3のとおり確認した情報を，当該表示等
> に関係する各組織部門が不当表示等を防止する上で必要に応じて共有し確認で
> きるようにすること。

　この見出しからはその趣旨が十分明らかではないが，その内容からすれば，
3で確認した情報が，表示開始時ばかりでなく，その後表示を行っている間
においても有効で正しいことを担保するための措置と解される。

　指針には，「不当表示等は，企画・調達・生産・製造・加工を行う部門と
実際に表示等を行う営業・広報部門等との間における情報共有が希薄である
ことや，複数の者による確認が行われていないこと………等により発生する
場合がある。このため，情報の共有を行うに当たっては，このような原因や
背景を十分に踏まえた対応を行うことが重要である。」とある。これは，製
造部門と表示作成担当者のコミュニケーションが不十分であったために不当
表示が発生した例や，当初は正しい表示であったが，その後，使用する原材

Q 81

料や製造方法が変更されたために表示が事実とは異なることになってしまった例を踏まえたものと考えられる。

　もっとも，これらの事態を防止するための措置としては，ここに掲げられた対応で十分とは思われない。表示を支える事実は表示開始後にも刻刻変化し得るものであるから，表示が事実と乖離していないかどうかについては，表示をしている限り常に検証できるようにしておくべきものである。指針では，共有すべき情報を「前記3のとおり確認した情報」に限定しているが，不当表示防止の観点からは，表示開始時に確認したかどうかを問わず，表示に関する情報は全て事後的に確認できるようにしておくことが望ましい。

5 表示等を管理するための担当者等を定めること（指針第4の5）

　事業者は，表示等に関する事項を適正に管理するため，表示等を管理する担当者又は担当部門（以下「表示等管理担当者」という。）をあらかじめ定めること。

　事業者が講ずべき表示等の管理上の措置の制度の導入は，上述のとおり，不当表示事案の多発を受けて，事業者内部の表示に関する管理責任体制が不明確である等の指摘を契機とするものであり，表示等管理担当者の設置は，まさにこの課題に直接的に対応するものである。

　指針では，担当者は以下の要件を満たすことが必要とされている。

⑴　表示等管理担当者が自社の表示等に関して監視・監督権限を有していること。
⑵　表示等の作成を他の事業者に委ねる場合は，表示等管理担当者が当該他の事業者が作成する表示等に関して指示・確認権限を有していること。
⑶　表示等管理担当者が複数存在する場合，それぞれの権限又は所掌が明確であること。
⑷　表示等管理担当者となる者が，例えば，景品表示法の研修を受けるなど，景品表示法に関する一定の知識の習得に努めていること。
⑸　表示等管理担当者を社内等において周知する方法が確立していること。

「表示等管理担当者」として適任な者の例と「表示等管理担当者」の業務

第2章　景品表示法による表示・景品規制

321

内容については，指針の別添資料である「具体的事例」に記載されている。

なお，指針では「表示等管理担当者」と略称されているため誤解されやすいが，必ずしも個人を指名することが求められているわけではなく，「表示等を管理する担当部門」を設置することでも足りる。また，表示等管理担当者は表示等の管理を専任で行う必要はなく，他の業務を兼任しても差し支えない。

事業者が景品表示法違反をした場合，措置命令の名宛人は事業者であり，命令書に個人名が出るのは事業者の代表者である。表示等管理担当者が個人として対外的に責任を問われるわけではない。

表示等管理担当者は，指針に従って確実に設置する必要があるが，重要なことは，表示等管理担当者の監督の下に事業者として表示等の管理を着実に行うことである。表示等管理等担当者の設置はコンプライアンス体制整備の第一歩に過ぎない。

6 表示等の根拠となる情報を事後的に確認するために必要な措置を採ること（指針第4の6）

> 事業者は，前記3のとおり確認した表示等に関する情報を，表示等の対象となる商品又は役務が一般消費者に供給され得ると合理的に考えられる期間，事後的に確認するために，例えば，資料の保管等必要な措置を採ること。また，表示等の作成を他の事業者に委ねる場合であっても同様の措置を採ること。

3に関連して，表示の根拠となる資料を保管しておくことが求められている。直接的には，不実証広告規制の手続において根拠となる資料を提出する必要があることを想定したものと考えられるが，消費者庁の説明によれば，一般消費者からの問い合わせへの対応に備えることもその目的としているとされている[注2]不実証広告規制の規定を待つまでもなく，事業者は，表示を行う以上，その根拠について対外的に説明ができるようにしておくべきであるとの考え方が基本にあるものと考えられる。

Q 81

7 不当な表示等が明らかになった場合における迅速かつ適切な対応 (指針第4の7)

> 事業者は，特定の商品又は役務に景品表示法違反又はそのおそれがある事案が発生した場合，その事案に対処するため，次の措置を講じること。
> (1) 当該事案に係る事実関係を迅速かつ正確に確認すること。
> (2) 前記(1)における事実確認に即して，不当表示等による一般消費者の誤認排除を迅速かつ適正に行うこと。
> (3) 再発防止に向けた措置を講じること。

これは，景品表示法遵守というよりも，危機管理，有事対応に属するものであり，事前に準備しておくことが求められているわけではない。問題が生じた場合に具体的な措置を講じれば足りる（消費者庁「指針に関するQ&A」Q13[注3]）。しかし，万一の場合の備えとして，有事に対応したシミュレーションをしておくことや，緊急対応マニュアルを作っておくこと，信頼できる弁護士を確保しておくことなどが有益と考えられる。

指針では，誤認排除に関して，「不当表示等を単に是正するだけでは，既に不当に誘引された一般消費者の誤認がなくなったことにはならずに，当該商品又は役務に不当表示等があった事実を一般消費者に認知させるなどの措置が求められる場合があることを理解する必要がある。」とされているが，むしろ表示を是正するだけで誤認排除が完了する場合の方が例外的であろう。

なお，「具体的事例」7(2)に，対応の例として，「当該事案に係る事実関係を関係行政機関へ速やかに報告すること。」が挙げられている（義務的なものとしては位置づけられていない。）。

これが何を意味するのか必ずしも明確ではないが，この部分に関する消費者庁の「指針に関するQ&A」（Q38）では，「関係行政機関とは」何かとの問に対する答として，「不当表示等が明らかになった場合における事実関係の報告については，消費者庁のほか，都道府県の景品表示法担当部局，公正取引委員会の地方事務所等でも受け付けています。」とあり，上記「具体的事例」は，景品表示法の執行当局に対する自主的な報告を想定しているものと

323

第9節　その他

解される。

　また，同じく消費者庁のQ&A（Q36）では，「不当表示等を行っていることが判明したとしても，自主的に一般消費者の誤認排除を迅速かつ適切に行い，再発防止に向けた措置を講じていれば，措置命令の対象にはならないと理解してよいですか。また，その場合，関係行政機関に当該取組の状況を報告する必要がありますか。」という問に対し，「不当表示等を行っていることが判明した場合，当該事業者に対して措置命令を行う必要があるか否かは当該不当表示等に関する事実関係に基づいて個別に判断することとなりますので，事業者が自主的に一般消費者の誤認排除等を行ったという事実のみをもって，措置命令を行う必要がないと判断されることにはなりません。また，関係行政機関に当該取組の状況を報告するかどうかは，本指針の第4の7（編註：「不当な表示等が明らかになった場合における迅速かつ適切な対応」）に沿うような措置として必要か否かの観点から個別の状況に応じて判断してください。」との見解が示されている。

> （注1）　パブリックコメントにおける意見に対して示された消費者庁の見解（平26・11・14消費者庁表示対策課「「事業者が講ずべき景品類の提供及び表示の管理上の措置についての指針（案）」に対する御意見の概要及び御意見に対する考え方」16頁）
> （注2）　前注に同じ。20頁
> （注3）　消費者庁ウェブサイト

Q82

企業が，不当表示を行っていることに自ら気づいた場合，どのような対応をすることが適切か。

　　　当該事案に係る事実関係を確認し，問題となっている表示を取りやめ，一般消費者の誤認を排除するための措置を迅速に行うことが重要である。管理措置指針には，違反又はそのおそれがある事案が発生した

場合の対応の例が記載されており，参考になる。

解　説

1 事業者が講ずべき景品類の提供及び表示の管理上の措置についての指針

　指針では，特定の商品又は役務に景品表示法違反又はそのおそれがある事案が発生した場合，その事案に対処するため，次の措置を講じることとされており，指針別添の「具体的事例」には対応の例が列挙されている。

〈図表21　「事業者が講ずべき景品類の提供及び表示の管理上の措置についての指針」の事項・具体例〉

指針本文第4の7に掲げられた事項	指針別添の「具体的事例」
(1) 当該事案に係る事実関係を迅速かつ正確に確認すること。	ア　表示等管理担当者，事業者の代表者又は専門の委員会等が，表示物・景品類及び表示等の根拠となった情報を確認し，関係従業員等から事実関係を聴取するなどして事実関係を確認すること イ　事案に係る情報を入手した者から法務部門・コンプライアンス部門に速やかに連絡する体制を整備すること
(2) (1)における事実確認に即して，不当表示等による一般消費者の誤認排除を迅速かつ適正に行うこと。	ア　一般消費者に対する誤認を取り除くために必要がある場合には，速やかに一般消費者に対する周知（例えば，新聞，自社ウェブサイト，店頭での貼り紙）及び回収を行うこと イ　当該事案に係る事実関係を関係行政機関へ速やかに報告すること
(3) 再発防止に向けた措置を講じること。	ア　関係従業員等に対して必要な教育・研修等を改めて行うこと。 イ　当該事案を関係従業員等で共有し，表示等の改善のための施策を講じること。
(4) その他の例	・内部通報制度を整備し，内部通報窓口担当者が適切に対応すること。

325

	・第三者が所掌する法令遵守調査室や第三者委員会を設置すること。 ・就業規則その他の職務規律を定めた文書において，関係従業員等が景品表示法違反に関し，情報を提供したこと又は事実関係の確認に協力したこと等を理由として，不利益な扱いを行ってはならない旨を定め，従業員に周知すること。

　時間的に優先度が高いのは，(1)及び(2)であり，とりわけ(1)アの事実確認，(2)アの消費者の誤認排除は迅速に行う必要がある。しかし何よりも重要なことは，(指針には明示されていないが，)問題となっている表示を可及的速やかにやめることである。

2 　規制当局への報告

　自社の違反行為について規制当局に自主的に報告することは，社会的に望ましい行動であるが，措置命令に関しては，自主的な報告を積極的に評価する制度（例えば自主報告案件については措置命令を行わないといった制度）はないことには留意を要する（しかし，自主的に報告しなくとも，当局が調査に着手する可能性があることにも留意を要する。）。また，規制当局は，事業者が表示を実施する前であれば景品表示法上の問題の有無について相談に応じるが，既に実施している行為については回答しないと考えられる。

　課徴金については，自主的に報告した場合に課徴金額が半減されるので，その利用も選択肢の一つである。その場合，課徴金減額の効果を有する報告は，消費者庁に対して，定められた様式で行う必要がある。都道府県や公取委には，この課徴金半減の効果を持つ報告を受ける権限はないので注意を要する。

Q83
景品表示法の規制に関する政令やガイドライン等の詳細,運用状況はどのようにして知ることができるか。

消費者庁のウェブサイトに公式の情報が掲載される。そのほか,公正取引協議会連合会のウェブサイト等も参考になる。

解 説

1 関係法令

景品表示法をはじめとして,政令,告示,規則,ガイドライン等については,消費者庁のウェブサイトで閲覧することができる。

印刷物としては,「景品表示法関係法令集」が公正取引協議会連合会から出版されている。

2 景品表示法違反事件

消費者庁のウェブサイトの「景品表示法関連報道発表資料」に,消費者庁が処理した違反事件の新聞発表文と命令書が,年月ごとに収められている。ただし,直近約5年分しか見ることしかできないので,これより古いものは国会図書館の「国立国会図書館インターネット資料収集保存事業(WARP)」を利用する必要がある。

消費者庁の処理した過去の全事件を収録した公式データベースは存在しない。しかし,消費者庁ウェブサイトの「その他の景品表示法関連報道発表資料」には,ほぼ毎月のペースで,「景品表示法に基づく法的措置件数の推移及び措置事件の概要の公表」というタイトルで,直近1年間に命令を行った違反事件の概要と事件処理数の統計表(都道府県知事が行ったものを含む。)が公表されている(ただし,新しい資料が掲載されれば,その前のものは削除される。)。

公正取引協議会連合会では,同連合会のウェブサイト上に景品表示法違反

事件のデータベースを公開している。このデータベースには，消費者庁が行った措置命令のほか，消費者庁設置前に公取委が行った排除命令及び都道府県知事が行った措置命令も掲載されている。

また，公取委が命令を行った事件については，公取委ウェブサイトの「審決等データベース」で検索・閲覧が可能である。このデータベースは，公取委の排除命令だけではなく，審判となった場合の審決，取消訴訟が提起された場合の判決・決定もカバーしている。

なお，公取委が景品表示法を専管していた時代には，排除命令集が公刊されていた（公正取引協会で購入することができた。）が，現在は，冊子として刊行されることはなくなっている。また，公正取引委員会が行った命令には各年連番の事件番号が付されていたが，消費者庁の命令は，表示対策課の文書番号は付されているものの，事件特有の番号体系が存在するわけではない。

消費者庁及び公取委の各地方事務所では，毎年6月ごろに前年度の運用状況をとりまとめた資料を公表することが通例となっている（消費者庁の資料は消費者庁ウェブサイトの「その他の景品表示法関連報道発表資料」に収録。）。これとは別に，消費者庁の年次報告にも各年度の運用状況が簡単に取りまとめられている。

また，違反事件の担当官による解説は，月刊誌「公正取引」（公正取引協会）に掲載される。

3 その他

消費者庁ウェブサイトの「その他の景品表示法関連報道発表資料」には，上記の年度ごとの運用状況のほか，ガイドラインその他の公表資料や，実態調査報告書などが公表順に掲示されている。ただし，古いものは順次削除され，ガイドラインは公表後改正される場合もあるので，ガイドラインについては関係法令のページから「景品表示法関係ガイドライン等」を参照する方がよい。

消費者庁ウェブサイトには「よくある質問コーナー」が設けられており，「表示」，「景品」，「指針」に分けてQ&Aが掲載されている。

公正競争規約については，消費者庁ウェブサイトに各公正取引協議会への
リンクがあるが，公正取引協議会連合会のウェブサイトでも，各業界の公正
競争規約を閲覧することができる。

第3章　消費者契約法

Q84

　不当な表示によって誤認して契約を締結した場合，消費者が契約を取り消すことができるのは，どのような場合か。

　　　　　事業者が消費者に契約の締結を勧誘する際に，重要事項について事実でないことを告げ，消費者が告げられた内容が事実だと誤認して契約を締結した等の場合，消費者は消費者契約法の規定によって，契約締結についての意思表示を取り消すことができる。

解　説

1　概　説

　消費者と事業者の間の契約（消費者契約）については，消費者契約法が適用され，事業者が一定の不適切な行為をし，消費者がそれによって誤認等をして契約した場合には，消費者は契約締結の意思表示を取り消すことができる。消費者が消費者契約法の規定によって事業者との契約締結についての意思表示を取り消すことができるのは，次の場合である。これらのうち，(1)及び(2)は，契約締結の勧誘に際し事業者が消費者に事実と異なること等を告げることによって消費者が誤認した場合に取り消すことができるとする規定である。なお，「告げる」には，口頭によって告げることのほか，書面に記載して消費者に知らせるなど，消費者に認識されるようにする方法がひろく含まれ得る。

　(1)　事業者が消費者契約の締結を勧誘するに際し，次の行為をしたことにより，消費者が次の誤認をし，それによって当該消費者契約の締結の意思表示をしたとき

① 重要事項について事実と異なることを告げ，当該消費者が事実だと誤認したとき（消費契約4条1項1号）

② 契約の目的物に関し，将来におけるその価額，将来において当該消費者が受け取るべき金額その他の将来における変動が不確実な事項につき断定的判断を提供し，消費者が当該提供された断定的判断の内容が確実であると誤認したとき（消費契約4条1項2号）

(2) 事業者が消費者契約の締結を勧誘するに際し，当該消費者に対してある重要事項又は当該重要事項に関連する事項について当該消費者の利益となる旨を告げ，かつ，当該重要事項について当該消費者の不利益となる事実（当該告知により当該事実が存在しないと消費者が通常考えるべきものに限る。）を故意又は重大な過失によって告げなかったことにより，当該事実が存在しないとの誤認をし，それによって当該消費者契約の締結の意思表示をしたとき（消費契約4条2項）

(3) 事業者が消費者契約の締結を勧誘するに際し，事業者が次の行為を行ったことにより当該消費者が困惑し，それによって当該消費者契約の締結の意思表示をしたとき

① 当該消費者が，その住居又は業務を行っている場所から退去するよう意思を示したにもかかわらず，それらの場所から退去しないこと（消費契約4条3項1号）

② 当該消費者が，契約の締結について勧誘をしている場所から退去する旨の意思を示したにもかかわらず，その場所から当該消費者を退去させないこと（消費契約4条3項2号）

③ 当該消費者に対し，当該消費者契約の締結について勧誘をすることを告げずに，当該消費者が任意に退去することが困難な場所であることを知りながら，当該消費者をその場所に同行し，その場所において当該消費者契約の締結について勧誘をすること（消費契約4条3項3号）

④ 当該消費者が当該消費者契約の締結について勧誘を受けている場所において，当該消費者が当該消費者契約を締結するか否かについて相談を行うために電話等の方法によって当該事業者以外の者と連絡する

旨の意思を示したにもかかわらず，威迫する言動を交えて，当該消費者が当該方法によって連絡することを妨げること（消費契約4条3項4号）

⑤　当該消費者が，社会生活上の経験が乏しいことから，次に掲げる事項に対する願望の実現に過大な不安を抱いていることを知りながら，その不安をあおり，裏付けとなる合理的な根拠がある場合その他の正当な理由がある場合でないのに，物品，権利，役務その他の当該消費者契約の目的となるものが当該願望を実現するために必要である旨を告げること（消費契約4条3項5号）

　⒜　進学，就職，結婚，生計その他の社会生活上の重要な事項

　⒝　容姿，体型その他の身体の特徴又は状況に関する重要な事項

⑥　当該消費者が，社会生活上の経験が乏しいことから，当該消費者契約の締結について勧誘を行う者に対して恋愛感情その他の好意の感情を抱き，かつ，当該勧誘を行う者も当該消費者に対して同様の感情を抱いているものと誤信していることを知りながら，これに乗じ，当該消費者契約を締結しなければ当該勧誘を行う者との関係が破綻することになる旨を告げること（消費契約4条3項6号）

⑦　当該消費者が，加齢又は心身の故障によりその判断力が著しく低下していることから，生計，健康その他の事項に関しその現在の生活の維持に過大な不安を抱いていることを知りながら，その不安をあおり，裏付けとなる合理的な根拠がある場合その他の正当な理由がある場合でないのに，当該消費者契約を締結しなければその現在の生活の維持が困難となる旨を告げること（消費契約4条3項7号）

⑧　当該消費者に対し，霊感その他の合理的に実証することが困難な特別な能力による知見として，当該消費者又はその親族の生命，身体，財産その他の重要な事項について，そのままでは現在生じ，若しくは将来生じ得る重大な不利益を回避することができないとの不安をあおり，又はそのような不安を抱いていることに乗じて，その重大な不利益を回避するためには，当該消費者契約を締結することが必要不可欠

第3章　消費者契約法

第3章　消費者契約法

である旨を告げること（消費契約4条3項8号）

⑨　当該消費者が当該消費者契約の申込み又はその承諾の意思表示をする前に，当該消費者契約を締結したならば負うこととなる義務の内容の全部又は一部を実施し，又は当該消費者契約の目的物の現状を変更し，その実施又は実施前の原状の回復を著しく困難にすること（消費契約4条3項9号）

⑩　上記のほか，当該消費者が当該消費者契約の申込み又はその承諾の意思表示をする前に，当該事業者が調査，情報の提供，物品の調達その他の当該消費者契約の締結を目指した事業活動を実施した場合において，当該事業活動が当該消費者からの特別の求めに応じたものであったことその他の取引上の社会通念に照らして正当な理由がある場合でないのに，当該事業活動が当該消費者のために特に実施したものである旨及び当該事業活動の実施により生じた損失の補償を請求する旨を告げること（消費契約4条3項10号）

(4)　事業者が消費者契約の締結について勧誘をするに際し，物品，権利，役務その他の当該消費者契約の目的となるものの分量，回数又は期間（分量等）が当該消費者契約の目的となるものの内容及び取引条件ならびに消費者の生活の状況及びこれについての当該消費者の認識に照らして当該消費者契約の目的となるものの分量等として通常想定される分量等を著しく超えるものであることを知っていた場合において，その勧誘により当該消費者契約の締結の意思表示をしたとき（消費契約4条4項）

2　誤認により取消しできる場合

(1)　**不実告知により誤認してした意思表示の取消し**（消費契約4条1項1号）

　　事業者が消費者に契約の締結について勧誘するに際し，重要事項について事実と異なることを告げ，消費者が告げられた内容が事実だと誤認して契約締結の意思表示をしたときは，消費者はその意思表示を取り消すことができる（消費契約4条1項1号）。

　　「勧誘」とは，消費者の契約締結の意思の形成に影響を与える程度の

334

勧め方をいう。したがって，「○○を買いませんか」などと直接に契約の締結を勧める場合のほか，その商品を購入した場合の便利さのみを強調するなど客観的にみて消費者の契約締結の意思の形成に影響を与えていると考えられる場合も含まれる。なお，「勧誘」の解釈に関して，最高裁は，事業者等による働きかけが不特定多数の消費者に向けられたものであったとしても，そのことから直ちにその働きかけが「勧誘」に当たらないということはできないとした（最三小判平29・1・24民集71巻1号1頁，裁判所ウェブサイト。コラム17参照）。したがって，広告も勧誘に当たり得る。

「重要事項」とは，消費者契約に係る次に掲げる事項をいう（消費契約4条5項）。

---

① 契約の目的物の質，用途その他の内容であって，消費者の当該消費者契約を締結するか否かについての判断に通常影響を及ぼすべきもの
② 契約の目的物の対価その他の取引条件であって，消費者の当該消費者契約を締結するか否かについての判断に通常影響を及ぼすべきもの
③ ①，②のほか，契約の目的物が当該消費者の生命，身体，財産その他の重要な利益についての損害又は危険を回避するために通常必要であると判断される事情

「事実と異なること」とは，真実又は真正でないことをいう。勧誘している者が真実又は真正でないことを認識していることは必要なく，告知の内容が客観的に真実又は真正でないことで足りる。主観的な評価であって，客観的な事実により真実又は真正であるか否かを判断することができない内容（例えば，「新鮮」，「安い」，「（100円だから）お買い得」という告知）は，「事実と異なること」の告知の対象にはならない。

事業者が一般的な小売価格が12万円程度の宝飾品に41万4,000円という事実と異なる高い一般的な小売価格を示す値札をつけ，販売員が29万円で販売できる旨説明し，事業者が告げた一般的な小売価格が事実だと消費者が誤認して契約の申込みをした事例で本規定による取消しを認め

第3章　消費者契約法

た判決（大阪高判平16・4・22消費者法ニュース60号156頁），軽自動車の売買契約において，販売店によるカタログの交付や販売店の従業員の説明は勧誘に当たり，車両の燃費を偽装したカタログの表示及びこれを前提とした販売店の従業員の説明は重要事項である車両の燃費値についての不実告知であり，消費者はその内容を真実であると誤認して契約を締結したとして，本規定による取消しを認めた判決（大阪地判令3・1・29裁判所ウェブサイト）等がある（コラム15参照）。

(2)　**断定的判断の提供により誤認してした意思表示の取消し**（消費契約4条1項2号）

　　事業者が消費者契約の締結を勧誘するに際し，契約の目的物に関し，将来におけるその価額，将来において当該消費者が受け取るべき金額その他の将来における変動が不確実な事項につき断定的判断を提供し，消費者が当該提供された断定的判断の内容が確実であると誤認して契約締結の意思表示をしたときは，消費者はその意思表示を取り消すことができる（消費契約4条1項2号）。

　　「将来における変動が不確実な事項」の例示としては，

　　　(ア)　「将来におけるその（＝物品，権利，役務その他の当該消費者契約の目的となるものの）価額」（例えば不動産取引に関して，将来における当該不動産の価額），

　　　(イ)　「将来において当該消費者が受け取るべき金額」（例えば保険契約に関して，将来において当該消費者が受け取るべき保険金の額）

の二つを掲げている。

　　「その他の将来における変動が不確実な事項」とは，これら二つの概念には必ずしも含まれない，消費者の財産上の利得に影響するものであって将来を見通すことがそもそも困難であるもの（例えば証券取引に関して，将来における各種の指数・数値，金利，通貨の価格）をいう。

　　「断定的判断」とは，確実でないものが確実である（例えば，利益を生ずることが確実でないのに確実である）と誤解させるような決めつけ方をいう。

　　「絶対に」，「必ず」のようなフレーズを伴うか否かは問わないが（例

えば先物取引において，事業者が消費者に対して「この取引をすれば，100万円もうかる」と告知しても，「この取引をすれば，必ず100万円もうかる」と告知しても，同じく断定的判断の提供である。），事業者の非断定的な予想ないしは個人的見解を示すこと（例えば，「この取引をすれば，100万円もうかるかもしれない」と告知すること）は断定的判断の提供に当たらない。

　また，消費者の判断の材料となるもの（例えば，「エコノミストA氏は，『半年後に，円は1ドル＝200円に下落する』と言っている」という相場情報）について真実のことを告げることも問題にならない。

　さらに，将来の金利など「将来における変動が不確実な事項」につき，一定の仮定を置いて，「将来におけるその価額」，「将来において当該消費者が受け取るべき金額」につき，事業者が試算を行い，それを消費者に示したとしても，「将来における変動が不確実な事項」については，試算の前提としての仮定が明示されている限りは，「断定的判断の提供」には当たらない。

　本条による取消しが認められた事例として，パチンコ及びパチスロにおいて確実に利益を得られる攻略法は存在しないにもかかわらず，事業者が消費者に対し，自社が提供する攻略情報に従って遊戯をすれば確実に利益を上げることができるとの断定的判断を提供し，消費者が提供された判断の内容が確実であると誤認して契約を申し込んだというもの（名古屋地判平23・5・19消費者法ニュース89号138頁）などがある。

(3)　不利益事実の不告知により誤認してした意思表示の取消し（消費契約4条2項）

　事業者が消費者契約の締結を勧誘するに際し，当該消費者に対してある重要事項又は当該重要事項に関連する事項について当該消費者の利益となる旨を告げ，かつ，当該重要事項について当該消費者の不利益となる事実（当該告知により当該事実が存在しないと消費者が通常考えるべきものに限る。）を故意又は重大な過失によって告げなかったことにより，当該事実が存在しないとの誤認をして契約締結の意思表示をしたときは，消費者はその意思表示を取り消すことができる（消費契約4条2項）。

例えば，隣接地が空き地であって「眺望・日当たり良好」という業者の説明を信じて中古マンションの2階の1室を買ったが，半年後には隣接地に建物ができて眺望・日照がほとんど遮られるようになったという場合，業者が隣接地に建設計画があると知っていたにもかかわらずそのことの説明はなかったのであれば，消費者の利益となる旨（隣接地が空き地であって眺望・日当たり良好なこと）を告げ，不利益となる事実（隣接地に建物ができて眺望・日照が遮られるようになること）を故意に告げていないので，消費者契約法4条2項の要件に該当し，取消しが認められるであろう。

3 取消しできる期間

消費者契約法4条の規定による取消権は，追認できる時から1年間（1(3)⑧の場合は3年間）行使しないと時効によって消滅する。追認できる時というのは，この場合，誤認していたことを知ったときである。契約締結の時から5年（1(3)8の場合は10年）を経過すると，誤認していたことを知らなくても取消権は消滅する（消費契約7条）。

4 取り消した場合の消費者の返還義務

契約締結の意思表示を取り消した場合には，契約は初めから無効だったものとみなされる（消費契約11条1項，民121条）。したがって，既に代金を支払った消費者は，支払った金銭の返還を請求できる。一方，契約によって既に商品やサービスの給付を受けていた消費者も，現に利益を受けている限度において返還義務を負うことになる（民703条：不当利得）。

15　三菱自動車燃費偽装事件

平成28年に，三菱自動車工業㈱（三菱）が軽自動車等の燃費データを改ざんしてカタログ等に表示していたことが発覚し，消費者庁は，三菱及び三

コラム15 三菱自動車燃費偽装事件

菱から軽自動車のOEM供給を受け改ざんされた燃費データをカタログ等に表示して販売していた日産自動車㈱（日産）に対し，措置命令及び課徴金納付命令を行った。対象となった経自動車を購入した消費者に対し，三菱は損害賠償金として，日産は補償金としてそれぞれ10万円を支払うこととし，消費者に支払った額は課徴金から減額された。なお，日産に対する課徴金納付命令は，後に，日産は三菱による燃費偽装を知らず，かつ，知らないことにつき相当の注意を怠った者でないと認められるとして，消費者庁が取り消した（Q74及びQ76参照）。

　三菱又は日産の軽自動車を購入した消費者数十名が，三菱に対し不法行為による損害賠償を，また本件車両を購入した三菱又は日産系列の自動車販売店に対し消費者契約法に基づく購入契約を取り消すとして，購入代金の返還を求めて提訴した。裁判所は，販売店らに対する請求について，次のように判断した。販売店によるカタログの交付又は販売店の従業員による説明は消費者契約法4条1項1号の「勧誘」に当たる。また，「軽自動車は普通自動車に比べ…車両の維持費を低額に抑えられることが一般に購入の一要素となりうるところ，燃料消費率が高いことは，車両の維持費を抑える要素となること」等から，本件車両の燃費値に係るカタログの表示及び販売店従業員の説明は，消費者契約法4条1項1号の「重要事項」についての不実告知に当たるとした。そして，原告らは被告販売店から交付されたカタログ又は被告販売店らの従業員の説明により，燃費値について不実告知を受け，その内容を真実と誤認して本件車両の売買契約をしたものと認められ，不実告知と売買契約に因果関係が認められるとし，本件車両に係る売買契約を取り消すことができ，被告販売店らに対し，不当利得返還請求権に基づき車両代金等として払った金銭の返還を求めることができるとした（Q84の2⑴参照）。一方，原告らは本件車両の使用利益について被告販売店らに不当利得返還義務を負うとし，被告販売店らに原告の使用利益等を控除した額の支払を命じた。また，一部の原告について，不当利得返還請求権の金額が使用利益を下回るとして請求を棄却した（大阪地判令3・1・29裁判所ウェブサイト）。

第3章　消費者契約法

第3章　消費者契約法

Q85

消費者契約法に違反した事業者に対し，消費者団体は差止請求や損害賠償請求ができるか。

内閣総理大臣の認定を受けた消費者団体は，消費者契約法に規定する事業者の不当な行為の差止めを請求することができる。また，内閣総理大臣の認定を受けた消費者団体は，多数の消費者に共通して生じた財産的被害について集団的な被害の回復を求める訴訟を提起することができ，消費者は消費者団体の勝訴後に訴訟に参加することによって，被害を回復することができる。

解　説

1　概　説

消費者契約法に違反する事業者の行為によって消費者が受ける損害は少額な場合が多いが，多くの消費者が被害を受ける可能性がある。そこで，消費者団体に違反行為の差止請求権が与えられた。また，個々の消費者が被る損害は少額な場合が多く，消費者が被害回復を求めて訴訟を提起することは難しい。そこで，消費者団体が消費者に代わって被害回復の訴えを提起する制度が設けられた。

内閣総理大臣の認定を受けた適格消費者団体は，事業者が消費者契約の締結について勧誘をするに際し，不特定かつ多数の消費者に対して消費者契約法4条1項から4項までに規定する行為を現に行い又は行うおそれがあるときは，その事業者に対し，差止請求訴訟ができる（消費契約12条1項）。

また，内閣総理大臣の認定を受けた特定適格消費者団体は，事業者が消費者に対して負う金銭の支払義務であって消費者契約に関する請求に係るものについて，共通義務確認の訴えを提起することができる（消費者裁判3条1項）。そして，請求を認容する判決が確定したときは，簡易確定手続開始の申立て

340

を行い（消費者裁判15条1項），事案の内容，確定判決の内容等を公告すること
（消費者裁判26条1項）等により消費者に知らせ，授権した消費者への支払金額
を確定させること（消費者裁判45条3項，47条1項等）によって消費者の被害を
回復することができる（消費者裁判3条1項）。

2 消費者団体による差止請求

(1) 適格消費者団体

　　差止請求ができるのは，内閣総理大臣の認定を受けた適格消費者団体
である。

　　適格消費者団体の認定を受けようとする者は，内閣総理大臣に認定の
申請をしなければならない。認定を受けるためには，次の要件の全てに
適合していなければならない（消費契約13条）。

　(ア)　特定非営利活動法人又は一般社団法人若しくは一般財団法人であるこ
　　　と
　(イ)　不特定かつ多数の消費者の利益の擁護を図るための活動を行うことを
　　　主たる目的とし，現にその活動を相当期間にわたり継続して適正に行っ
　　　ていると認められること
　(ウ)　差止請求関係業務を適正に遂行するための体制及び業務規程が適切に
　　　整備されていること
　(エ)　理事に関する要件に適合すること
　(オ)　差止請求関係業務を適正に遂行することができる専門的な知識経験を
　　　有すると認められること
　(カ)　差止請求関係業務を適正に遂行するに足りる経理的基礎を有すること
　(キ)　差止請求関係業務以外の業務を行う場合には，その業務を行うことに
　　　よって差止請求関係業務の適正な遂行に支障を及ぼすおそれがないこと

---

(2) 差止請求制度

　　適格消費者団体は，事業者が消費者契約の締結について勧誘をするに
際し，不特定かつ多数の消費者に対して，重要事項について事実と異な
ることを告げる等の行為を現に行い又は行うおそれがあるときは，その

第3章　消費者契約法

　事業者に対して当該行為をやめること等を請求することができる（消費契約12条1項）。

　適格消費者団体は，差止請求訴訟を提起しようとするときは，訴えを起こそうとする相手方に，あらかじめ，請求の要旨及び紛争の要点その他内閣府令で定める事項を記載した書面により差止請求をし，その請求が到達したときから1週間を経過した後でなければ，訴えを提起することができない（消費契約41条1項）。事業者が適格消費者団体の請求によって問題点を認識し，消費者団体と話し合って問題点を是正して裁判によらず解決すれば，問題が早期に是正され消費者被害の拡大を防止することができる。

　なお，適格消費者団体による差止請求訴訟は，消費者契約法のほか，景品表示法，特定商取引法及び食品表示法でも認められている。

3　消費者団体による損害賠償請求

(1)　特定適格消費者団体

　消費者の財産的被害の集団的回復のための訴訟を行うことができるのは，適格消費者団体のうち，内閣総理大臣の認定を受けた特定適格消費者団体である（消費者裁判71条1項）。内閣総理大臣は，認定の申請をした適格消費者団体が次の要件の全てに適合している場合に認定することができる（消費者裁判71条4項）。

　(ｱ)　差止請求関係業務を相当期間にわたり継続して適正に行っていると認められること
　(ｲ)　被害回復関係業務を適正に遂行するための体制及び業務規程が適切に整備されていること
　(ｳ)　理事に関する要件に適合すること
　(ｴ)　被害回復関係業務を遂行するための人的体制に照らして，被害回復関係業務を適正に遂行することができる専門的な知識経験を有すると認められること
　(ｵ)　被害回復関係業務を適正に遂行するに足りる経理的基礎を有すること

342

(カ) 被害回復関係業務に関して支払を受ける報酬又は費用がある場合には，その額又は算定方法，支払方法その他必要な事項を定めており，これが消費者の利益の擁護の見地から不当なものでないこと
(キ) 被害回復関係業務以外の業務を行うことによって被害回復関係業務の適正な遂行に支障を及ぼすおそれがないこと

(2) 被害回復のための訴訟

消費者団体が消費者の被害を回復するための訴訟は，事業者に相当多数の消費者に生じた財産的被害について共通した責任（共通義務）があるか否かを審理する「共通義務確認訴訟」と，共通義務があることを前提として個別の消費者との関係で当該事業者が具体的な金銭の支払義務を負うか否かを判断する「対象債務の確定手続」との2段階からなる。

(i) 共通義務確認訴訟

特定適格消費者団体は，事業者が消費者に対して負う金銭の支払義務であって，消費者契約に関する次に掲げる請求（これらに附帯する利息，損害賠償，違約金又は費用の請求を含む。）に係るものについて，共通義務確認の訴えを提起することができる。

(ア) 契約上の債務の履行の請求
(イ) 不当利得に係る請求
(ウ) 契約上の債務の不履行による損害賠償の請求
(エ) 不法行為に基づく損害賠償の請求

また，被用者が消費者契約に関する業務の執行について第三者に損害を加えたことを理由とする，事業者及び事業監督者（当該被用者の選任及びその事業の監督について故意又は重大な過失により相当の注意を怠ったものに限る。），並びに被用者（第三者に損害を加えたことについて故意又は重大な過失があるものに限る。）が消費者に対して負う金銭の支払義務であって消費者契約に関する請求に係るものについても，共通義務確認の訴えを提起することができる（消費者裁判3条1項）。

第3章　消費者契約法

　　したがって，事業者が消費者契約の締結について勧誘をするに際し，不特定かつ多数の消費者に対して，重要事項について事実と異なることを告げる等の行為を行ったときは，特定適格消費者団体は，当該事業者に対し，契約締結に関する意思表示を取り消すことができ（消費契約4条），取り消した場合には事業者は消費者が支払った金銭を不当利得として返還する義務がある旨確認する訴訟を提起することができる。

(ⅱ)　**対象債権の確定手続**

　　共通義務確認訴訟で事業者の金銭支払義務が認められた後，金銭支払の対象となる消費者（対象消費者）への支払金額を確定させて消費者の被害を回復する簡易確定手続が行われる。

①　**簡易確定手続の開始**

　　共通義務確認訴訟において請求を認容する判決が確定した場合，判決を得た特定適格消費者団体は，簡易確定手続開始の申立てをしなければならない（消費者裁判15条）。当該特定適格消費者団体は，裁判所に簡易確定手続開始の申立てをし，裁判所は簡易確定手続開始決定をする（消費者裁判20条1項）。

　　裁判所は，簡易確定手続開始決定をしたときは，官報に掲載して次に掲げる事項を公告しなければならない（消費者裁判23条1項）。

(a)　簡易確定手続開始決定の主文
(b)　対象債権及び対象消費者の範囲
(c)　簡易確定手続申立団体の名称及び住所
(d)　届出期間及び認否期間

　　簡易確定手続開始決定がされたときは，当該適格消費者団体は，次に掲げる事項を公告するとともに（消費者裁判26条1項），知れている対象消費者に対し，書面又は電磁的方法により通知しなければならない（消費者裁判27条1項）。

> ㈠　被害回復裁判手続の概要及び事案の内容
> ㈡　共通義務確認訴訟の確定判決の内容（請求の認諾がされた場合には，その内容）
> ㈢　対象債権及び対象消費者の範囲
> ㈣　簡易確定手続申立団体の名称，住所及び連絡先
> ㈤　簡易確定手続申立団体が支払を受ける報酬又は費用がある場合には，その額又は算定方法，支払方法その他必要な事項
> ㈥　対象消費者が簡易確定手続申立団体に対して授権をする方法及び期間
> ㈦　その他内閣府令で定める事

相手方事業者は，当該特定適格消費者団体の求めがあるときは，知れている対象消費者等に対し，これらの事項を書面又は電磁的方法で通知しなければならない（消費者裁判29条1項）。

相手方事業者は，対象消費者の氏名，住所又は連絡先が記載された文書を所持する場合，当該特定適格消費者団体の求めがあるときは，開示しなければならない（消費者裁判31条1項）。

② 簡易確定手続

簡易確定手続によって金銭の支払を受けようとする消費者は，当該特定適格消費者団体に授権し（消費者裁判34条），特定適格消費者団体が裁判所に債権の届出をする（消費者裁判33条）。

相手方事業者は，届出のあった債権の内容について認否をする（消費者裁判45条1項）。相手方が，認否期間内に届出債権の内容の全部を認めたときは，当該届出債権の内容は確定し（消費者裁判45条3項），届出消費者表の記載は，確定判決と同一の効力を有する。そして，債権届出団体は，確定した届出債権について，相手方事業者に対し，届出消費者表の記載により強制執行をすることができる（消費者裁判45条5項）。

相手方事業者が債権の全部又は一部を否認した場合は，当該特定適格消費者団体は，認否を争う旨の申出をすることができる（消費者裁判46条1項）。認否を争わなければ，事業者の認否の限度で債権が確定

第3章 消費者契約法

する（消費者裁判50条1項）。認否を争う旨の申出をすると，裁判所は簡易確定決定により債権の有無及び金額を判断する（消費者裁判47条1項）。

簡易確定決定に対して，当該特定適格消費者団体，相手方事業者及び対象消費者は，異議を申し立てることができる（消費者裁判49条1項）。異議を申し立てると簡易確定決定は効力を失い（消費者裁判49条5項），ほぼ通常の訴訟手続が実施される。

16 共通義務確認訴訟の可否

　裁判所は，共通義務確認の訴えに係る請求を認容する判決をしたとしても，事案の性質，当該判決を前提とする簡易確定手続において予想される主張及び立証の内容その他の事情を考慮して，当該簡易確定手続において対象債権の存否及び内容を適切かつ迅速に判断することが困難であると認めるときは，共通義務確認の訴えの全部又は一部を却下することができる（消費者裁判3条4項）。

　被告はウェブサイトで勧誘して，消費者に，仮想通貨で大きな利益を得る方法についての教材及びAIによる投資システムを販売した。原告特定適格消費者団体は，被告が本件各商品等の内容や価格につき，虚偽又は実態と著しくかけ離れた誇大な効果を強調した説明をして本件各商品等を販売するなどした行為が不法行為に該当するとして，本件商品等を購入した対象消費者に対し損害賠償債務として販売代金相当額等の支払義務を負うことの確認を求めて訴訟を提起した。地裁は，仮に本件商品の勧誘等が不法行為となり対象消費者が誰でも確実に稼ぐことができる簡単な方法があると誤信したとしても，そもそも投資等においてそのような方法があるとは容易に想定し難く，対象消費者の投資の知識や経験の有無及び程度，本件各商品の購入に至る経緯等の事情は様々であることから，過失相殺について対象消費者ごとに過失の有無及び割合が異なること等から，「簡易確定手続において対象債権の存否及び内容を適切かつ迅速に判断することが困難であると認めるとき」に該当するとして訴えを却下し（東京地判令3・5・14裁判所ウェブサイト），高裁も控訴を斥けた（東京高判令3・12・22判時2526号14頁）。

　特定適格消費者団体が上告したところ，最高裁は，本件対象消費者が本件

ウェブサイトに掲載された文言を受けて本件各商品を購入したという主要な経緯は共通しているということができ，本件各商品は，投資対象である仮想通貨の内容等を解説し，又は取引のためのシステム等を提供するものにすぎず，仮想通貨への投資そのものではないことからすれば，過失相殺の審理において，本件対象消費者ごとに仮想通貨への投資を含む投資の知識や経験の有無及び程度を考慮する必要性が高いとはいえず，また，本件対象消費者につき，過失相殺をするかどうか及び仮に過失相殺をするとした場合のその過失の割合が争われたときには，簡易確定手続を行うこととなる裁判所において，適切な審理運営上の工夫を講ずることも考えられること等から，過失相殺に関して本件対象消費者ごとに相当程度の審理を要するとはいえないとして高裁判決を破棄し，地裁判決を取り消して事件を地裁に差し戻した（最三小判令6・3・12裁判所ウェブサイト）。

Q86

広告も消費者契約法の規制対象となる勧誘に該当するか。

最高裁判所は，広告も一定の場合，消費者契約の勧誘に該当し得るとしている。

解説

消費者契約法は，事業者が消費者契約の締結を勧誘するに際し，重要事項について事実と異なることを告げたことにより，消費者が告げられたことが事実だと誤認をし，それによって当該消費者契約の締結の意思表示をしたときは，契約締結の意思表示を取り消すことができるとしている。ここにいう勧誘に広告が含まれるかどうかが問題になる。

最高裁判所は，クロレラチラシ事件の判決で，「事業者等による働きかけ

第３章　消費者契約法

347

第3章　消費者契約法

が不特定多数の消費者に向けられたものであったとしても、そのことから直ちにその働きかけが法12条1項及び2項にいう「勧誘」に当たらないということはできないというべきである。」と述べて（最三小判平29・1・24民集71巻1号1頁、判タ1435号99頁）、広告も一定の場合、消費者契約法の勧誘に該当し得るとした。しかし、この判決は、広告を一律に勧誘に当たらないとすることはできないとするだけで、具体的にどのような場合に広告が勧誘に該当するかは明らかではない。したがって、実際の事件でどのような広告が消費者契約法の勧誘に当たるかは、今後の判例に委ねられている。

17　クロレラチラシ事件

　クロレラを原料にした健康食品を販売するS社は、クロレラ研究会の名前で、クロレラには免疫力を整え細胞の働きを活発にするなどの効用がある旨の記載や、クロレラを摂取することにより高血圧、腰痛、糖尿病等のさまざまな疾患が快復した旨の体験談などの記載があるチラシを新聞に折り込んで配布した。適格消費者団体であるKは、チラシの表示が景品表示法の優良誤認表示（景表5条1号）及び消費者契約法の契約締結の勧誘の際の不実告知（消費契約4条1項）に該当するとして、S社に対し、表示の差止め等を求めて訴訟を提起した。

　京都地方裁判所は、チラシを配布したのはS社であると認定し、チラシの内容は承認を受けた医薬品でなければ表示することが許されないものなので、チラシの表示はS社の商品が承認を受けた医薬品であるかのように誤認させるものであり、景品表示法の優良誤認表示に該当するとして、S社に対し表示の差止めを命じた（京都地判平27・1・21民集71巻1号17頁）。しかし、大阪高等裁判所は、チラシを配布したのがS社であるとの認定は維持したものの、「健康食品の摂取により特定の疾病が快復したとの記載は、効能効果があるとの表示があるからといって、消費者に、当該商品を医薬品と誤認させるものとはいい難い」とし、S社が広告を一新し、S社名義で差止めを求められた表示のないチラシを配布していること等から、S社が優良誤認表示を行うおそれがあるとまでは認められないとした。また、消費者契約法の不

348

コラム17　クロレラチラシ事件

実告知については，消費者契約法の「勧誘」には「事業者が不特定多数の消費者に向けて広く行う働きかけは含まれず，個別の消費者の契約締結の意思の形成に影響を与える程度の働きかけを指すものと解される」とし，チラシの配布はこれに当たらず，勧誘に含まれないとした。そして，地裁の判決を取り消しKの請求を棄却した（大阪高判平28・2・25金判1490号34頁）。

　最高裁は，消費者契約法の「勧誘」の解釈について，「例えば，事業者が，その記載内容全体から判断して消費者が当該事業者の商品等の内容や取引条件その他これらの取引に関する事項を具体的に認識し得るような新聞広告により不特定多数の消費者に向けて働きかけを行うときは，当該働きかけが個別の消費者の意思形成に直接影響を与えることもあり得る」とし，事業者等が不特定多数の消費者に向けて働きかけを行う場合を「勧誘」に当たらないとして不実告知に関する規定の適用対象から一律に除外することは相当とはいい難いとした。そして，「事業者等による働きかけが不特定多数の消費者に向けられたものであったとしても，そのことから直ちにその働きかけが法（編注：消費者契約法）12条1項及び2項にいう『勧誘』に当たらないということはできない」とした。しかし，差止請求をした内容のチラシの配布を「現に行い又は行うおそれがある」ということはできないとして，Kの上告を棄却した（最三小判平29・1・24民集71巻1号1頁）。

　本件では適格消費者団体による差止請求は認められなかったが，消費者契約法の「勧誘」の解釈について，画期的な判断がなされた。

第3章　消費者契約法

第4章　特定商取引法

Q87

特定商取引法では広告・表示についてどのような規制が行われているか。

特定商取引に関する法律（特定商取引法）は，特定の販売方法等による消費者被害の防止を目的とした法律である。対象としているのは，訪問販売，通信販売，電話勧誘販売，連鎖販売取引，特定継続的役務提供，業務提供誘引販売取引及び訪問購入であり，これらを行う事業者に対する広告や勧誘の規制，契約の相手方に対する書面の交付の義務付け，事実と異なることを告げることの禁止等を規定している。違反した事業者に対しては，消費者庁をはじめとする主務官庁及び都道府県が措置をとるほか，消費者団体が差止訴訟等を行うことができる。また，これらの販売方法により契約をした者は，契約の解除等（クーリングオフ）や契約の意思表示の取消しができる場合がある。

解　説

1　表示に関する規制

特定商取引法には，広告及び口頭での説明等を含む広い意味での表示やそれらに関連するものとして，図表22の規定が置かれている。

第4章　特定商取引法

〈図表22　特定商取引法による行為〉

	訪問販売	通信販売	電話勧誘販売	連鎖販売取引	特定継続的役務提供	業務提供誘引販売取引	訪問購入
広告に関する規制	—	11条 12条 12条の3 12条の4 12条の5	—	35条 36条 36条の3 36条の4	43条	53条 54条 54条の3 54条の4	—
勧誘に関する規制	3条 3条の2 6条	—	16条 17条 21条	33条の2 34条	44条	51条の2 52条	58条の5 58条の6 58条の10
申込みを受ける際の表示の規制	—	12条の6	—	—	—	—	—
書面交付等の義務	4条 5条	—	18条~20条	37条	42条	55条	58条の7 58条の8
不実告知等の禁止	6条1項・2項	13条の2	21条1項・2項	34条1項・2項	44条1項・2項	52条1項	58条の10第1項・2項
クーリングオフ	9条	—	24条	40条	48条	58条	58条の14
中途解約	—	—	—	40条の2	49条	—	—
契約の意思表示の取消し	9条の3	15条の4	24条の3	40条の3	49条の2	58条の2	—

2　違反に対する行政処分

　主務大臣は，違反行為をした事業者に対し，違反行為を是正するための措置をとること等を指示することができる（特定商取引7条1項等）。また，違反行為をして，取引の公正及び購入者等の利益が著しく害されるおそれがあると認めるとき，又は事業者が同項の規定による指示に従わないときは，違反行為を行った事業者に対し業務停止命令を行い（特定商取引8条1項等），その役員等に対し業務禁止命令をすることができる（特定商取引8条の2第1項等）。

　違反行為を調査し処分する主務大臣は，内閣総理大臣，経済産業大臣及び

対象商品・サービスを所掌する大臣である（特定商取引67条1項）。内閣総理大臣は，権限の一部を消費者庁長官に委任するので（特定商取引67条3項），実際に違反行為の調査を行い処分をするのは消費者庁である。調査及び行政処分は都道府県知事も行う（特定商取引68条）。

3 刑事罰

　特定商取引法の規定に違反して事実と異なることを告げる等の行為を行った者には罰則が科される（特定商取引70条等）。会社等の代表者，従業者等が会社の業務に関しこれらの行為を行ったときは，会社等にも罰則が科される（特定商取引74条）。

4 消費者団体による差止請求，返金請求

　内閣総理大臣の認定を受けた適格消費者団体は，不特定かつ多数の者に対して特定商取引法に違反する不実告知等を現に行い又は行うおそれがある事業者に対し，差止請求をすることができる（特定商取引58条の18〜58条の24）。

　また，内閣総理大臣の認定を受けた特定適格消費者団体は，特定商取引法に違反する不実告知等を行った事業者に対し，消費者に契約の意思表示の取消しによる代金返還請求権があることを確認する訴訟を行うことができる（消費者裁判3条1項）。

Q88

訪問販売において，どのような表示が規制されているか。

　訪問販売業者は，契約の申込みを受けたとき又は契約を締結したときは，契約の相手方に対し，一定事項を記載した書面を交付しなければならない。契約の相手方は，書面を受け取った日から8日以内であればクーリングオフができる。また，訪問販売業者は，勧誘等の際に，重要事

項について事実と異なることを告げ，又は事実を告げないことが禁止されている。これらに違反すると，行政処分を受けるほか，刑事罰が科されることがある。また，契約の相手方が契約締結の意思表示を取り消すことができる場合がある。

1 概　説

(1) 訪問販売とは（特定商取引2条1項）

　　特定商取引法の規制対象となる訪問販売とは，販売業者又はサービス提供事業者（販売業者等）が，①営業所等以外の場所で商品の売買契約等の申込みを受け又は契約を締結して行う商品の販売等（特定商取引2条1項1号）及び②営業所等以外の場所で呼び止めて営業所等に同行した者等（特定顧客）から商品の売買契約等の申込みを受け又はその者と契約を締結して行う商品の販売等（特定商取引2条1項2号）である。①には，消費者の自宅等を訪問して商品の販売等の勧誘をする文字通りの訪問販売のほか，路上販売やホテル等で展示会を開いて行う販売も該当し得る。②には，路上等で消費者に声をかけ，営業所に連れて行ってそこで商品の販売等の勧誘をするキャッチ商法や，景品が当たった等と言って消費者を営業所等に呼び出して商品の販売の勧誘をするアポイントメント商法などが該当する。

　　このような販売方法は，消費者にとって不意打ちであり，消費者に十分な心構えができていないことに乗じて巧妙なセールストークや強引な販売方法によって契約を締結させる等の被害が生じることも多いことから，規制が行われている。

(2) 訪問販売業者に対する規制の概要

　　訪問販売をする事業者（訪問販売業者）には，次のことが義務付けられている。

　　(ｱ) 勧誘に先立って事業者等の名称，勧誘目的であること等を明らか

にすること（特定商取引 3 条）

(イ) 契約の申込みを受けたとき及び契約を締結したときに一定の事項を記載した書面を交付すること（特定商取引 4 条・5 条）

また，次のこと等が禁止されている。

(a) 契約を締結しない旨意思表示をした者に対し勧誘すること（特定商取引 3 条の 2 第 2 項）

(b) 勧誘等に際し，商品等について事実と異なることを告げ，又は故意に事実を告げないこと（特定商取引 6 条 1 項・2 項）

(c) 契約を締結させる等のため，人を威迫して困惑させること（特定商取引 6 条 3 項）

(d) 契約締結の勧誘のためであることを告げずに営業所に同行した者等に，公衆が出入りする場所以外の場所で契約の勧誘をすること（特定商取引 6 条 4 項）

これらに違反した場合，消費者庁等により行政処分が行われるほか，刑事罰が科される場合もある。

訪問販売によって商品の購入契約等をした場合は，書面受領の日から 8 日以内であればクーリングオフができる（特定商取引 9 条）。クーリングオフは「書面により」行うことができると規定されていたが，令和 3 年の特定商取引法改正により，電子メール等の「電磁的記録」によってもクーリング・オフの通知を行うことが可能になった（この改正は令和 4 年 6 月 1 日に施行された。）。なお，クーリングオフは消費者保護の規定なので書面によらない権利行使を否定したものと解するべきではなく，条文に「書面により」と規定されていても書面と同等の明確な証拠があれば書面によらないクーリングオフも認められるとする判決がある（福岡高判平 6・8・31 判タ 872 号 289 頁，消費者法ニュース 22 号 35 頁）。

また，訪問販売業者が重要事項について事実と異なることを告げ，相手方が事実と誤認して契約を締結したとき又は，重要事項について故意に事実を告げず，相手方が当該事実が存在しないと誤認して契約を締結したときは，契約締結の意思表示を取り消すことができる（特定商取引 9

第4章　特定商取引法

条の3）。

2　勧誘に関する規制

(1)　氏名等の明示

　　訪問販売業者は，訪問販売をしようとするときは，勧誘に先立って，その相手方に対し，販売業者等の氏名又は名称，売買契約等の締結について勧誘をする目的である旨及び当該勧誘に係る商品，権利又はサービス（商品等）の種類を明らかにしなければならない（特定商取引3条）。

(2)　勧誘目的であることを告げずに誘引した者に対する勧誘の禁止

　　訪問販売業者は，契約締結について勧誘する目的であることを告げずに路上等で呼び止めて同行させる等して誘引した者に対し，公衆の出入りする場所以外の場所で契約の勧誘をしてはならない（特定商取引6条4項）。

(3)　契約を締結しない旨意思表示をした者に対する勧誘の禁止

　　訪問販売業者は，契約を締結しない旨の意思表示をした者に対し，当該契約について勧誘をしてはならない（特定商取引3条の2第2項）。

3　書面の交付

(1)　書面の交付義務

　　訪問販売業者は，営業所等以外の場所で商品の売買契約等の申込みを受けたとき又は営業所等において営業所等以外の場所において呼び止めて営業所等に同行させた者等（特定顧客）から商品の売買契約等の申込みを受けたときは，その場で売買契約等を締結したときを除き，直ちに，次の事項についてその申込みの内容を記載した書面をその申込みをした者に交付しなければならない（特定商取引4条1項）。

　　(ア)　商品等の種類
　　(イ)　販売価格又は対価
　　(ウ)　代金・対価の支払の時期及び方法

356

㈐ 商品の引渡し等の時期

㈖ クーリングオフに関する事項

㈗ これらのほか，主務省令で定める事項

　販売業者等は，営業所等以外の場所で商品の売買契約等を締結したとき，営業所等以外の場所で商品の売買契約等の申込みを受け営業所等で売買契約等を締結したとき又は営業所等において特定顧客と商品の売買契約等を締結したときは，売買契約を締結した際に商品を引き渡し，代金の全部を受領したときは直ちに，それ以外の場合は遅滞なく，上記の事項についてその契約の内容を明らかにする書面を購入者に交付しなければならない（特定商取引5条1項・2項）。販売業者等は，申込みをした者又は購入者の承諾を得て，書面の交付に代えて，書面に記載すべき事項を電磁的方法により提供することができる（特定商取引4条2項・5条3項）。

(2)　クーリングオフとの関係

　訪問販売によって商品の購入契約等をした場合は，上記のいずれかの書面を受領した日から8日以内であれば無条件で契約の解除等（クーリングオフ）ができる（特定商取引9条1項）。

　したがって，訪問販売業者が契約時に上記の要件を満たした書面を交付していない場合は，訪問販売業者が上記の要件を満たした書面を交付しそれを受領した日から8日が経過するまではいつでもクーリングオフすることができる。

4　不実告知等の禁止

(1)　不実告知，故意の不告知

　訪問販売業者は，売買契約等について勧誘をするに際し，又は売買契約等のクーリングオフを妨げるため，次の事項につき，事実と異なることを告げてはならない（特定商取引6条1項）。また，売買契約等について勧誘をするに際し，次の事項のうち㈎から㈖につき故意に事実を告げな

第4章　特定商取引法

い行為をしてはならない（同条2項）。

(ア)　商品の種類・性能・品質，サービスの種類・内容等

(イ)　販売価格・対価

(ウ)　代金・対価の支払の時期及び方法

(エ)　商品の引渡し等の時期

(オ)　当該契約のクーリングオフに関する事項

(カ)　顧客が当該契約の締結を必要とする事情に関する事項

(キ)　上記のほか，当該契約に関する事項であって，顧客等の判断に影響を
及ぼすこととなる重要なもの

---

(2)　誤認してした契約の意思表示の取消し

訪問販売業者が上記(1)の行為をし，告げられた内容が事実だと誤認し
又は告げられなかった事実が存在しないと誤認して契約の意思表示をし
たときは，当該意思表示を取り消すことができる（特定商取引9条の3第
1項）。取消権は，誤認していたことを知った時から1年間行使しない
でいると時効により消滅する。契約を締結した時から5年を経過したと
きも同様である（同条4項）。

(3)　不実告知によるクーリングオフ妨害

上記(1)のとおり，訪問販売業者は，売買契約等のクーリングオフを妨
げるため，事実と異なることを告げてはならない。告げられた内容が事
実だと誤認してクーリングオフをしなかった場合は，改めてクーリング
オフができる旨記載した書面を受領した日から8日を経過するまでクー
リングオフができる（特定商取引9条1項）。

5　違反行為に対する措置

(1)　行政処分

主務大臣は，上記2(1)もしくは3(1)の行為を行わず又は上記2(2)，(3)
もしくは4(1)の禁止行為を行った事業者に対し，訪問販売に係る取引の
公正及び購入者等の利益が害されるおそれがあると認めるときは，違反

行為を是正するための措置をとること等を指示することができる（特定商取引7条1項）。また，これにより訪問販売に係る取引の公正及び購入者等の利益が著しく害されるおそれがあると認めるとき又は事業者が指示に従わないときは，当該事業者に対し業務停止命令を行い（特定商取引8条1項），その役員等に対し業務禁止命令をすることができる（特定商取引8条の2第1項）。主務大臣は，事業者が事実と異なることを告げる行為をしたかどうかを判断するために必要と認めるときは，当該事業者に対し，期間を定めて告げた事項の裏付けとなる合理的な根拠を示す資料の提出を求めることができる。合理的な根拠を示す資料を提出しないときは，事実と異なることを告げる行為をしたとみなされる（特定商取引6条の2）。

(2) 刑事罰

　　上記3の書面を交付しなかった者又は上記5(1)の指示に違反した者は，6か月以下の懲役又は100万円以下の罰金に処され又はこれを併科される（特定商取引71条1号・2号）。上記4の禁止行為を行った者又は上記5(1)の業務停止命令又は業務禁止命令に違反した者は3年以下の懲役又は300万円以下の罰金に処され又はこれを併科される（特定商取引70条1号・3号）。

　　会社等の代表者，従業者等が会社の業務に関し上記5(1)の業務停止命令又は業務禁止命令に違反したときは，会社等にも3億円以下の罰金が科され（特定商取引74条1項1号），上記4(1)の禁止行為を行ったときは，会社等にも1億円以下の罰金が科され（特定商取引74条1項2号），上記3の書面を交付せず又は上記5(1)の指示に違反したときは，会社等にも100万円以下の罰金が科される（特定商取引74条1項3号）。

(3) 消費者団体訴訟

　　適格消費者団体は，販売業者等が，訪問販売に関し，不特定かつ多数の者に対し，上記4(1)の禁止行為を現に行い又は行うおそれがある事業者に対し，差止請求をすることができる（特定商取引58条の18）。また，内閣総理大臣の認定を受けた特定適格消費者団体は，上記の禁止行為を

第4章　特定商取引法

行った事業者に対し，消費者に契約の意思表示の取消しによる代金返還
請求権があることを確認する訴訟を行うことができる（消費者裁判3条1
項）。

　消火器のリース契約に関する訪問販売を行う事業者が，消費者に対し
契約の締結について勧誘をするに際し，不特定かつ多数の者に対して，
①自社の提供する消火器が全国一有利な料金・価格であると告げる行為，
②全ての消火器に点検が必要であると告げる行為，③全国で市民が家庭
に消火器を設置する条例があると告げる行為等が，顧客が当該契約の締
結を必要とする事情に関する事項又は当該契約に関する事項であって顧
客の判断に影響を及ぼすこととなる重要なものについて，不実のことを
告げる行為に当たり，今後とも，訪問販売に関し，不特定かつ多数の者
に対して，消火器の設置・使用ないし保守点検に関する継続的契約の勧
誘に際し，同様の行為をするおそれがあるとして，適格消費者団体の差
止請求を認めた判決がある（仙台高判令3・12・16判時2541号5頁）。

Q89

通信販売において，どのような表示が規制されているか。

　　　通信販売業者が広告をするときには，一定の事項を表示しなけれ
　　　ばならない。また，広告において，著しく事実に相違する表示をす
ることや，実際のものよりも著しく優良又は有利であると誤認させる表示を
することは禁止されている。申込用の書面やネット販売における申込画面に
も，一定の事項を表示しなければならず，誤認させるような表示をすること
は禁止されている。これらに違反すると，行政処分を受けるほか，刑事罰が
科されることがある。

　通信販売では，商品を手に取って見ることができず，商品について事業者
に質問することも困難であり，消費者は広告等の表示によって購入の判断す

360

ることになることから，広告を中心とした規制が行われている。一方，訪問販売とは異なり不意打ちとはいえないことから，クーリングオフの規定はない。

 解　説

1 概　説

(1) 通信販売とは

　　特定商取引法の規制対象となる通信販売とは，販売業者又はサービス提供事業者（販売業者等）が郵便等により売買契約等の申込みを受けて行う商品・サービスの販売等であって電話勧誘販売に該当しないものである（特定商取引2条2項）。ダイレクトメールによる販売，テレビショッピング，事業者によるネット販売等がこれに該当する。

　　通信販売で購入したが，届いた商品がイメージと異なっていたといったトラブルが生じていることから，規制の対象とされた。

(2) 通信販売業者に対する規制の概要

　　販売業者等が通信販売をする場合，広告に表示しなければならない事項が定められている（特定商取引11条）。また，誇大広告は禁止されている（特定商取引12条）。販売業者が定める申込用の書面又はネット販売における申込画面にも，表示しなければならない事項が定められている（特定商取引12条の6第1項）。この書面等に，①送付すれば売買契約の申込となることについて誤認させるような表示又は②表示しなければならない事項について誤認させるような表示をしてはならない（特定商取引12条の6第2項）。販売業者等は，相手方の請求によるとき等を除き，相手方の承諾を得ないで電子メール広告又はファクシミリ広告をしてはならない（特定商取引12条の3～12条の5）。

　　規制の対象となるのは販売業者等だが，個人であっても，利益を得る目的で反復継続してインターネット販売等を行っていれば販売業者等に該当する。

第4章　特定商取引法

2　広告に関する規制

(1)　広告の表示義務

　　販売業者等が通信販売をする場合，商品の販売条件等について広告するときは，次の事項を表示しなければならない（特定商取引11条）。

　㋐　販売価格又は対価（販売価格に商品の送料が含まれない場合には，販売価格及び商品の送料）

　㋑　代金・対価の支払の時期及び方法

　㋒　商品の引渡し等の時期

　㋓　商品の売買契約等に係る申込みの期間に関する定めがあるときは，その旨及び内容

　㋔　売買契約の解除等に関する事項

　㋕　前各号に掲げるもののほか，主務省令で定める事項

---

(2)　誇大広告等の禁止

　　販売業者等が通信販売をする場合，商品の販売条件等について広告するときは，当該商品の性能等について，著しく事実に相違する表示をし，又は実際のものよりも著しく優良であり，若しくは有利であると人を誤認させるような表示をしてはならない（特定商取引12条）。

(3)　電子メール，ファクシミリメールによる広告の規制

　　販売業者等は，相手方の請求によるとき等を除き，通信販売をする商品等について，相手方の承諾を得ないで電子メールによる広告をしてはならない（特定商取引12条の3第1項）。販売業者等は，相手方から通信販売に係る電子メール広告の提供を受けない旨の意思の表示を受けたときは，当該相手方に対し，通信販売に係る電子メール広告をしてはならない（特定商取引12条の3第2項）。販売業者等から通信販売に係る電子メール広告の全てを一括して受託した者も同様である（特定商取引12条の4第1項）。

　　販売業者等は，相手方の請求によるとき等を除き，通信販売をする商品等について，相手方の承諾を得ないでファクシミリによる広告をして

362

はならない（特定商取引12条の5第1項）。販売業者等は，相手方から通信販売に係るファクシミリによる広告の提供を受けない旨の意思の表示を受けたときは，当該相手方に対し，通信販売に係るファクシミリによる広告をしてはならない（特定商取引12条の5第2項）。

3 申込みを受ける際の表示の規制

(1) 申込画面等への表示義務

販売業者等が定める申込用の書面又はネット販売における申込画面には，次の事項を表示しなければならない（特定商取引12条の6第1項）。

(ア) 販売する商品の分量
(イ) 販売価格又は対価（販売価格に商品の送料が含まれない場合には，販売価格及び商品の送料）
(ウ) 代金・対価の支払の時期及び方法
(エ) 商品の引渡し等の時期
(オ) 商品の売買契約等に係る申込みの期間に関する定めがあるときは，その旨及び内容
(カ) 売買契約の解除等に関する事項

---

(2) 申込画面等への表示禁止事項

販売業者等は，申込用の書面又は申込画面に次の表示をしてはならない（特定商取引12条の6第2項）。

(ア) 書面の送付等が売買契約等の申込になることにつき，人を誤認させるような表示
(イ) (1)(ア)から(カ)の事項につき，人を誤認させるような表示

---

(3) 誤認してした契約の意思表示の取消し

販売業者等が3(1)に掲げた事項について事実と異なる表示をし若しくは表示をせず，又は3(2)の表示禁止事項を表示し，それによって誤認して申込の意思表示をしたときは，当該意思表示を取り消すことができる（特定商取引15条の4）。

第4章　特定商取引法

4　不実告知の禁止

　販売業者等は，通信販売に係る売買契約等の申込みの撤回又は解除を妨げるため，当該売買契約等の申込みの撤回若しくは当該売買契約等の解除に関する事項又は顧客が当該売買契約等の締結を必要とする事情に関する事項につき，不実のことを告げる行為をしてはならない（特定商取引13条の2）。

5　違反行為に対する措置

(1)　行政処分

　　主務大臣は，広告に上記2(1)の事項を表示しなかった事業者，上記2(2)の誇大広告等を行った事業者，上記2(3)に違反して電子メール広告又はファクシミリによる広告を行った事業者，申込画面等に上記3(1)の事項を表示せず又は上記3(2)の事項を表示した事業者及び上記4の不実告知をした事業者に対し，通信販売に係る取引の公正及び購入者又は役務の提供を受ける者の利益が害されるおそれがあると認めるときは，違反行為を是正するための措置をとること等を指示することができる（特定商取引14条1項）。また，これにより通信販売に係る取引の公正及び購入者等の利益が著しく害されるおそれがあると認めるとき又は事業者が指示に従わないときは，当該事業者に対し業務停止命令を行い（特定商取引15条1項），その役員等に対し業務禁止命令をすることができる（特定商取引15条の2第1項）。主務大臣は，誇大広告等に該当するかどうかを判断するために必要と認めるときは，当該事業者に対し，期間を定めて表示の裏付けとなる合理的な根拠を示す資料の提出を求めることができる。合理的な根拠を示す資料を提出しないときは，誇大広告等とみなされる（特定商取引12条の2）。

(2)　刑事罰

　　上記4の不実告知を行った者，上記3(1)の表示をせず又は事実と異なる表示をした者及び上記5(1)の業務停止命令又は業務禁止命令に違反した者は，3年以下の懲役又は300万円以下の罰金に処され又はこれを併科される（特定商取引70条1号～3号）。上記5(1)の指示に違反した者は，

6か月以下の懲役又は100万円以下の罰金に処され又はこれを併科される（特定商取引71条2号）。上記2(2)の誇大広告等を行った者，2(3)の電子メールによる広告をした者又は申込用の書面又は申込画面に上記3(2)の表示禁止事項を表示した者は，100万円以下の罰金に処される（特定商取引72条1項1号・2号・4号）。

会社等の代表者，従業者等が会社の業務に関し上記5(1)の業務停止命令もしくは業務禁止命令に違反したときは，会社等にも3億円以下の罰金が科され（特定商取引74条1項1号），上記4の不実告知を行い，上記3(1)の表示をせず又は事実と異なる表示をしたときは，会社等にも1億円以下の罰金が科され（特定商取引74条1項2号），上記5(1)の指示に違反し，上記2(3)の電子メールによる広告をし又は上記2(2)又は3(2)の禁止行為を行ったときは，会社等にも100万円以下の罰金が科される（特定商取引74条1項3号）。

(3) 消費者団体訴訟

適格消費者団体は，販売業者等が，通信販売に関し，不特定かつ多数の者に対し，上記3(1)の事項の不表示もしくは事実に反する表示又は上記2(2)もしくは3(2)の禁止行為を現に行い又は行うおそれのある事業者に対し，差止請求をすることができる（特定商取引58条の19）。また，内閣総理大臣の認定を受けた特定適格消費者団体は，申込画面等に表示禁止事項を表示するなどした事業者に対し，消費者に申込の意思表示の取消しによる代金返還請求権があることを確認する訴訟を行うことができる（消費者裁判3条1項）。

第4章　特定商取引法

Q90
電話勧誘販売において，どのような表示が規制されているか。

　　電話勧誘販売業者は，契約の申込みを受けたとき又は契約を締結したときは，契約の相手方に対し，一定事項を記載した書面を交付しなければならない。契約の相手方は，書面を受け取った日から8日以内であればクーリングオフができる。また，電話勧誘販売業者は，勧誘等の際に，重要事項について事実と異なることを告げ，又は事実を告げないことが禁止されている。これらに違反すると，行政処分を受けるほか，刑事罰が科されることがある。また，契約の相手方が契約締結の意思表示を取り消すことができる場合がある。

解説

1　概説

(1)　電話勧誘販売とは

　　特定商取引法の規制対象となる電話勧誘販売とは，販売業者等が電話をかけ又は電話をかけさせて売買契約等について勧誘し，相手方との契約の締結等を郵便等で行う商品の販売等である（特定商取引2条3項）。

　　電話勧誘販売は，突然一方的に消費者の自宅や職場に電話がかかってきて勧誘を受けるものであり，消費者にとって不意打ちであり，十分な検討をする間もなく契約を締結させられるといった被害が多発したことから，規制の対象とされた。

(2)　電話勧誘販売業者に対する規制の概要

　　電話勧誘販売をする事業者（電話勧誘販売業者）には，次のことが義務付けられている。

　　㈎　勧誘に先立って事業者等の名称，勧誘目的であること等を明らかにすること（特定商取引16条）

（イ）　契約の申込みを受けたとき及び契約を締結したときに一定の事項を記載した書面を交付すること（特定商取引18条・19条）

また，次のこと等が禁止されている。

（a）　契約を締結しない旨意思表示をした者に対し勧誘すること（特定商取引17条）

（b）　勧誘等に際し，商品等について事実と異なることを告げ，又は故意に事実を告げないこと（特定商取引21条1項・2項）

（c）　契約を締結させる等のため，人を威迫して困惑させること（特定商取引21条3項）

これらに違反した場合，消費者庁等により行政処分が行われるほか，刑事罰が科される場合もある。

電話勧誘販売によって商品の購入契約等をした場合は，書面受領の日から8日以内であればクーリングオフができる（特定商取引24条）。また，電話勧誘販売によって通常必要とされる分量を著しく超える商品の売買契約をした場合は，契約の日から1年以内であればクーリングオフができる（特定商取引24条の2）。

また，電話勧誘販売業者が重要事項について事実と異なることを告げ，相手方が事実と誤認して契約を締結したときは，契約締結の意思表示を取り消すことができる（特定商取引24条の3）。

2　勧誘に関する規制

（1）　氏名等の明示

電話勧誘販売業者は，電話勧誘販売をしようとするときは，勧誘に先立って，その相手方に対し，販売業者等の氏名又は名称，勧誘者の氏名，売買契約等の締結について勧誘をする目的である旨及び当該勧誘に係る商品，権利又はサービス（商品等）の種類を明らかにしなければならない（特定商取引16条）。

（2）　契約を締結しない旨意思表示をした者に対する勧誘の禁止

電話勧誘販売業者は，契約を締結しない旨の意思表示をした者に対し，

第4章　特定商取引法

当該契約について勧誘をしてはならない（特定商取引17条）。

3　書面の交付

(1)　書面の交付義務

　　電話勧誘販売業者は，電話による勧誘によって商品の売買契約等の申込みを受けたときは，その申込みを受けた際その売買契約等を締結した場合を除き，遅滞なく，次の事項についてその申込みの内容を記載した書面をその申込みをした者に交付しなければならない（特定商取引18条1項）。

(ア)　商品等の種類
(イ)　販売価格又は対価
(ウ)　代金・対価の支払の時期及び方法
(エ)　商品の引渡し等の時期
(オ)　クーリングオフに関する事項
(カ)　これらのほか，主務省令で定める事項

　　電話勧誘販売業者は，電話による勧誘によって商品の売買契約等を締結したときは，売買契約を締結した際に商品を引渡し，代金の全部を受領したときは直ちに，それ以外の場合は遅滞なく，上記の事項についてその契約の内容を明らかにする書面を購入者に交付しなければならない（特定商取引19条1項・2項）。

　　電話勧誘販売業者は，申込みをした者又は購入者の承諾を得て，書面の交付に代えて，書面に記載すべき事項を電磁的方法により提供することができる（特定商取引18条2項・19条3項）。

(2)　クーリングオフとの関係

　　電話勧誘販売によって商品の購入契約等をした場合は，上記のいずれかの書面を受領した日から8日以内であれば無条件で契約の解除等（クーリングオフ）ができる（特定商取引24条1項）。したがって，電話勧誘販売業者が契約時に上記の要件を満たした書面を交付していない場合は，

電話勧誘販売業者が上記の要件を満たした書面を交付しそれを受領した日から8日が経過するまではいつでもクーリングオフすることができる。

なお，電話勧誘販売でクーリングオフによる契約解除が争われ，認められたケースとして，次の事例がある。

① 高齢者を対象とした電話勧誘販売をしている事業者が電話で商品の購入を勧誘し，契約を締結させて書面を交付し，その後に商品を発送したが，その書面には販売業者の正しい法人名及び代表者名が記載されていないので，特定商取引法18条の要件を満たす書面とはいえず，クーリングオフの期間が進行しておらず，また，クーリングオフ制度趣旨にかんがみれば書面を交付しても同時に販売する商品を送付しなければクーリングオフをすべきかどうかを冷静に考え直す機会が与えられたとはいえないことから，クーリングオフの期間は開始せず，さらに，クーリングオフは書面によってする必要があるが，その趣旨は後日紛争が生じないように明確にしておくためであり，電話による意思表示の存在が証拠上認められれば足りるとして，書面交付後8日以上経過しているが，商品受領の翌日に電話で行ったクーリングオフの効果を認めた（東京簡判平17・5・26裁判所ウェブサイト）。

② 書道作品を美術雑誌に掲載する契約を締結するよう電話で勧誘し契約を締結させ書面を交付したが，その書面には対価の支払時期及び方法等が記載されていないので，特定商取引法18条の要件を満たす書面とはいえず，書面の交付日からクーリングオフに係る権利行使の期間が進行したとはいえないとして，書面交付後約2か月後に行ったクーリングオフによる解除を認めた（東京地判平27・4・28ウエストロー（事件番号：平25(ワ)26265号））。

4 不実告知等の禁止

(1) 不実告知，故意の不告知

電話勧誘販売業者は，売買契約等について勧誘をするに際し，又は売買契約等のクーリングオフを妨げるため，次の事項につき，事実と異な

第4章　特定商取引法

ることを告げてはならない（特定商取引21条1項）。また，売買契約等について勧誘をするに際し，次の事項のうち(ｱ)から(ｵ)につき故意に事実を告げない行為をしてはならない（同条2項）。

> (ｱ)　商品の種類・性能・品質，サービスの種類・内容等
> (ｲ)　販売価格・対価
> (ｳ)　代金・対価の支払の時期及び方法
> (ｴ)　商品の引渡し等の時期
> (ｵ)　当該契約のクーリングオフに関する事項
> (ｶ)　顧客が当該契約の締結を必要とする事情に関する事項
> (ｷ)　上記のほか，当該契約に関する事項であって，顧客等の判断に影響を及ぼすこととなる重要なもの

(2)　誤認してした契約の意思表示の取消し

　　電話勧誘販売業者が上記(1)の行為をし，告げられた内容が事実だと誤認し又は告げられなかった事実が存在しないと誤認して契約の意思表示をしたときは，当該意思表示を取り消すことができる（特定商取引24条の3第1項）。取消権は，誤認していたことを知った時から1年間行使しないでいると時効により消滅する。契約を締結した時から5年を経過したときも同様である（特定商取引24条の3第2項・9条の3第4項）。

(3)　不実告知によるクーリングオフ妨害

　　上記(1)のとおり，電話勧誘販売業者は，売買契約等のクーリングオフを妨げるため，事実と異なることを告げてはならない。告げられた内容が事実だと誤認してクーリングオフをしなかった場合は，改めてクーリングオフができる旨記載した書面を受領した日から8日を経過するまでクーリングオフができる（特定商取引24条1項）。

5　違反行為に対する措置

(1)　行政処分

　　主務大臣は，上記2及び3(1)の行為を行わず又は上記4(1)の禁止行為

を行った事業者に対し，電話勧誘販売に係る取引の公正及び購入者又は役務の提供を受ける者の利益が害されるおそれがあると認めるときは，違反行為を是正するための措置をとること等を指示することができる（特定商取引22条1項）。また，これにより電話勧誘販売に係る取引の公正及び購入者等の利益が著しく害されるおそれがあると認めるとき又は事業者が指示に従わないときは，当該事業者に対し業務停止命令を行い（特定商取引23条1項），その役員等に対し業務禁止命令をすることができる（特定商取引23条の2第1項）。主務大臣は，事業者が事実と異なることを告げる行為をしたかどうかを判断するために必要と認めるときは，当該事業者に対し，期間を定めて告げた事項の裏付けとなる合理的な根拠を示す資料の提出を求めることができる。合理的な根拠を示す資料を提出しないときは，事実と異なることを告げる行為をしたとみなされる（特定商取引21条の2）。

(2) 刑事罰

上記3(1)の書面を交付しなかった者及び上記5(1)の指示に違反した者は，6か月以下の懲役又は100万円以下の罰金に処され又はこれを併科される（特定商取引71条1号）。上記4(1)の禁止行為を行った者及び上記5(1)の業務停止命令又は業務禁止命令に違反した者は3年以下の懲役又は300万円以下の罰金に処され又はこれを併科される（特定商取引70条1号）。

会社等の代表者，従業者等が会社等の業務に関し上記5(1)の業務停止命令又は業務禁止命令に違反したときは，会社等にも3億円以下の罰金が科され（特定商取引74条1項1号），上記4(1)の禁止行為を行ったときは，会社等にも1億円以下の罰金が科され（特定商取引74条1項2号），上記3(1)の書面を交付せず又は上記5(1)の指示に違反したときは，会社等にも100万円以下の罰金が科される（特定商取引74条1項3号）。

(3) 消費者団体訴訟

適格消費者団体は，販売業者等が，電話勧誘販売に関し，不特定かつ多数の者に対し，上記4(1)の禁止行為を現に行い又は行うおそれがある事業者に対し，差止請求をすることができる（特定商取引58条の20）。また，

第4章 特定商取引法

　内閣総理大臣の認定を受けた特定適格消費者団体は，上記の禁止行為を行った事業者に対し，消費者に契約の意思表示の取消しによる代金返還請求権があることを確認する訴訟を行うことができる（消費者裁判3条1項）。

Q91

連鎖販売取引とはどのような取引か。また，連鎖販売取引において，どのような表示が規制されているか。

　　連鎖販売取引とは，商品等の販売組織の会員となって会員を勧誘すればその会員が支払った加入料や商品代金等の一部が報酬として得られるといった説明をして，消費者に組織への加入料や商品の購入代金を支払わせて組織に加入させる取引方法をいう。マルチ商法といわれる取引方法がこれに該当する。

　連鎖販売業者は，連鎖販売契約を締結したときは，契約の相手方に対し，一定事項を記載した書面を交付しなければならない。契約の相手方は，書面を受け取った日から20日以内であればクーリングオフができる。また，連鎖販売業者は，勧誘等の際に，重要事項について事実と異なることを告げ，又は事実を告げないことが禁止されている。これらに違反すると，行政処分を受けるほか，刑事罰が科されることがある。また，契約の相手方が契約締結の意思表示を取り消すことができる場合がある。

解説

1 概説

(1) 連鎖販売取引とは（特定商取引33条）

　連鎖販売取引とは，物品の販売，有償で行うサービスの提供等であって，他の者の取引料の全部又は一部その他の利益（特定利益）を得られ

るといって販売する商品の再販売等をする者を誘引し，その者と商品の販売代金，取引料その他の負担（特定負担）を伴う契約を締結する取引である。連鎖販売業者には，連鎖販売取引を統括する者（統括者），統括者が連鎖販売取引について勧誘を行わせる者（勧誘者）のほか，連鎖販売取引を行う組織の会員となって他の者を連鎖販売取引に勧誘する者（一般連鎖販売業者）も含まれる。

　新たな会員を加入させれば利益が得られるとして勧誘するが，勧誘できる人数には限りがあり無限に会員を増やしていくことはできないので，そのうち行き詰まり，大半の人は損をする。マルチ商法による消費者被害が問題になり，規制の対象とされた。

(2)　連鎖販売業者に対する規制の概要

　連鎖販売業者には，次のことが義務付けられている。

(ア)　勧誘の際に氏名等を明示すること（特定商取引33条の2）

(イ)　広告をする際に一定の事項を表示すること（特定商取引35条）

(ウ)　連鎖販売取引に係る契約を締結しようとするとき及びしたときに，一定の事項を記載した書面を相手方に交付すること（特定商取引37条）

また，次のことが禁止されている。

(a)　勧誘をする際に又はクーリングオフを妨げるために，商品の種類・性能等について故意に事実を告げず，又は事実と異なることを告げること（特定商取引34条1項・2項）

(b)　勧誘をする際に又はクーリングオフを妨げるために，人を威迫して困惑させること（特定商取引34条3項）

(c)　連鎖販売取引の契約の締結の勧誘をするためであることを告げずに路上で呼び止める等の方法によって誘引した者に対し，公衆の出入りしない場所で連鎖販売契約の締結について勧誘すること（特定商取引34条4項）

(d)　広告において，連鎖販売取引に係る商品の性能・品質等について，著しく事実に相違する表示などをすること（特定商取引36条）

(e)　相手方の承諾を得ないで電子メール広告をすること（特定商取

373

第4章　特定商取引法

引36条の３）

2　広告の規制

(1)　広告における表示義務

　　連鎖販売業者は，連鎖販売取引について広告するときは，次の事項を表示しなければならない（特定商取引35条）。

> ㈠　商品又はサービスの種類
> ㈡　連鎖販売取引に伴う特定負担に関する事項
> ㈢　連鎖販売に係る特定利益について広告するときは，その計算の方法
> ㈣　その他主務省令で定める事項

(2)　誇大広告等の禁止

　　連鎖販売業者は，連鎖販売取引について広告するときは，その連鎖販売に係る商品の性能・品質等について，著しく事実に相違する表示をし，又は実際のものよりも著しく優良でありもしくは有利であると人を誤認させるような表示をしてはならない（特定商取引36条）。

(3)　相手方の承諾を得ないで電子メール広告をすることの禁止

　　連鎖販売業者は，連鎖販売取引について，相手方の承諾を得ないで電子メール広告をしてはならない（特定商取引36条の３第１項）。連鎖販売業者は，電子メール広告の相手方から電子メール広告の提供を受けない旨の意思の表示を受けたときは，当該相手方に対し，電子メール広告をしてはならない（特定商取引36条の３第２項）。連鎖販売業者は，電子メール広告をするときは，相手方の承諾を得たこと等の記録を作成し保存しなければならない（特定商取引36条の３第３項）。

3　勧誘に関する制限

(1)　氏名等の明示

　　連鎖販売業者は，連鎖販売取引をしようとするときは，勧誘に先立って，相手方に対し，自己の氏名又は名称，特定負担を伴う取引について

の契約の締結について勧誘をする目的である旨及び勧誘に係る商品又はサービスの種類を明らかにしなければならない（特定商取引33条の2）。

(2) 勧誘目的であることを告げずに誘引した者に対する勧誘の制限

連鎖販売業者は，特定負担を伴う取引についての契約締結について勧誘する目的であることを告げずに営業所，代理店等以外の場所で呼び止めて同行させる等して誘引した者に対し，公衆の出入りする場所以外の場所で連鎖販売契約の勧誘をしてはならない（特定商取引34条4項）。

4 書面の交付

(1) 書面の交付義務

連鎖販売業者は，特定負担についての契約を締結しようとするときは，契約締結までにその連鎖販売業の概要について記載した書面を相手方に交付しなければならない（特定商取引37条1項）。

連鎖販売業者は，連鎖販売取引についての契約を締結した場合において，相手方が連鎖販売に係る商品の販売等を店舗等によらずに行う個人であるときは，遅滞なく次の事項について契約内容を明らかにする書面を相手方に交付しなければならない（特定商取引37条2項）。

(ア) 商品等の種類・性能・品質等に関する事項
(イ) 商品の再販売等についての条件に関する事項
(ウ) 特定負担に関する事項
(エ) クーリングオフ及び途中解約に関する事項
(オ) これらのほか，主務省令で定める事項

連鎖販売業者は，連鎖販売取引の相手方の承諾を得て，書面の交付に代えて，書面に記載すべき事項を電磁的方法により提供することができる（特定商取引37条3項）。

(2) クーリングオフとの関係

連鎖販売業者が連鎖販売契約を締結したときは，契約の相手方は，上記の契約締結時に交付される書面を受領した日から20日以内であれば無

第4章 特定商取引法

条件で契約の解除等（クーリングオフ）ができる（特定商取引40条1項）。したがって，連鎖販売業者が契約時に上記の要件を満たした書面を交付していない場合は，連鎖販売業者が上記の要件を満たした書面を交付しそれを受領した日から20日が経過するまではいつでもクーリングオフすることができる。

なお，書面を受領した日から20日を経過した後でも，中途解約ができる（特定商取引40条の2第1項）。

なお，連鎖販売取引でクーリングオフによる契約解除が争われ，認められたケースとして，連鎖販売取引により美容機器等を販売し書面を交付したが，特定利益の内容として必要な事項が記載されておらず，特定商取引法37条2項の書面と評価することができないとして，書面交付後2年以上経って行ったクーリングオフによる解除を認めた事例（名古屋地判平31・4・16判タ1467号201頁，判時2426号47頁）がある。

5 不実告知等の禁止

（1） 不実告知，故意の不告知

連鎖販売業者は，売買契約等について勧誘をするに際し，又は売買契約等のクーリングオフを妨げるため，次の事項につき故意に事実を告げず，又は事実と異なることを告げる行為をしてはならない（特定商取引34条1項・2項）。

㋐ 商品の種類・性能・品質，サービスの種類・内容等
㋑ 特定負担に関する事項
㋒ 当該契約のクーリングオフ及び途中解約に関する事項
㋓ 特定利益に関する事項
㋔ 上記のほか，当該契約に関する事項であって，連鎖販売取引の相手方の判断に影響を及ぼすこととなる重要なもの

（2） 誤認してした契約の意思表示の取消し

連鎖販売業者が上記(1)の行為をし，告げられた内容が事実だと誤認し

又は告げられなかった事実が存在しないと誤認して契約の意思表示をしたときは，当該意思表示を取り消すことができる（特定商取引40条の3第1項）。取消権は，誤認していたことを知った時から1年間行使しないでいると時効により消滅する。契約を締結した時から5年を経過したときも同様である（特定商取引40条の3第2項・9条の3第4項）。

(3) 不実告知によるクーリングオフ妨害

上記(1)のとおり，連鎖販売業者は，売買契約等のクーリングオフを妨げるため，事実と異なることを告げてはならない。告げられた内容が事実だと誤認してクーリングオフをしなかった場合は，改めてクーリングオフができる旨記載した書面を受領した日から20日を経過するまでクーリングオフができる（特定商取引40条1項）。

6 違反行為に対する措置

(1) 行政処分

主務大臣は，連鎖販売業者が上記2(1)，3(1)又は4(1)の行為を行わず，上記2(2)，2(3)，3(2)若しくは5(1)の禁止行為又は次の行為を行い，連鎖販売取引の公正及び連鎖販売取引の相手方の利益が害されるおそれがあると認めるときは，連鎖販売業者に対し，違反行為を是正するための措置をとること等を指示することができる（特定商取引38条1項～3項）。

(ア) 連鎖販売取引に関し利益を生ずることが確実であると誤認させる断定的判断を提供して連鎖販売契約の締結について勧誘すること
(イ) 連鎖販売契約を締結しない旨の意思表示をしている者に対し，連鎖販売契約の締結について迷惑を覚えさせるような仕方で勧誘をすること
(ウ) これらのほか，連鎖販売取引の公正及び連鎖販売取引の相手方の利益を害するおそれがあるものとして主務省令で定めるもの

また，これにより連鎖販売取引の公正及び連鎖販売取引の相手方の利益が著しく害されるおそれがあると認めるとき又は連鎖販売業者が指示に従わないときは，連鎖販売業者に対し業務停止命令を行い（特定商取

第4章　特定商取引法

引39条1項〜3項），その役員等に対し業務禁止命令をすることができる（特定商取引39条の2第1項〜3項）。主務大臣は，事業者が事実と異なることを告げる行為をしたかどうか又は広告に著しく事実に相違する表示等をしたかどうかを判断するために必要と認めるときは，当該事業者に対し，期間を定めて告げた事項又は表示の裏付けとなる合理的な根拠を示す資料の提出を求めることができる。合理的な根拠を示す資料を提出しないときは，事実と異なることを告げる行為又は著しく事実に相違する表示等をしたとみなされる（特定商取引34条の2・36条の2）。

(2)　刑事罰

　　前記2(2)又は(3)に違反する広告を行った者及び広告に前記2(1)の表示をしなかった者は，100万円以下の罰金に処される（特定商取引72条1号・2号・6号）。前記4(1)の書面を交付しなかった者及び前記6(1)の指示に違反した者は，6か月以下の懲役又は100万円以下の罰金に処され又はこれを併科される（特定商取引71条1号・2号・6号）。前記3(2)又は5(1)の禁止行為を行った者及び前記6(1)の業務停止命令又は業務禁止命令に違反した者は3年以下の懲役又は300万円以下の罰金に処され又はこれを併科される（特定商取引70条1号・3号）。会社等の代表者，従業者等が会社の業務に関し前記6(1)の業務停止命令又は業務禁止命令に違反したときは，会社等にも3億円以下の罰金が科され（特定商取引74条1項），前記5(1)の禁止行為を行ったときは，会社等にも1億円以下の罰金が科され（特定商取引74条1項2号），前記2(2)に違反する広告を行い，前期4(1)の書面を交付せず又は前記6(1)の指示に違反したときは，会社等にも100万円以下の罰金が科される（特定商取引74条1項3号）。

(3)　消費者団体訴訟

　　適格消費者団体は，販売業者等が，連鎖販売取引に関し，不特定かつ多数の者に対し，前記5(1)の禁止行為を現に行い又は行うおそれがある連鎖販売業者に対し，差止請求をすることができる（特定商取引58条の21）。また，内閣総理大臣の認定を受けた特定適格消費者団体は，前記の禁止行為を行った連鎖販売業者に対し，消費者に契約の意思表示の取消しに

378

よる代金返還請求権があることを確認する訴訟を行うことができる（消費者裁判3条1項）。

Q92

特定継続的役務提供契約とはどのような契約か。また，特定継続的役務提供契約において，どのような表示が規制されているか。

特定継続的役務提供契約とは，サービス提供業者が政令で定めるサービス（特定継続的役務）を一定期間以上提供し，サービスを受ける者が一定以上の金額を支払う契約である。語学教室，エステサロン等が政令で定められている。

特定継続的役務提供事業者は，契約を締結しようとするときと契約を締結したときに，契約の相手方に対し，一定事項を記載した書面を交付しなければならない。契約の相手方は，書面を受け取った日から8日以内であればクーリングオフができる。また，特定継続的役務提供事業者は，誇大広告及び勧誘等の際に，重要事項について事実と異なることを告げ，又は事実を告げないことが禁止されている。これらに違反すると，行政処分を受けるほか，刑事罰が科されることがある。また，契約の相手方が契約締結の意思表示を取り消すことができる場合がある。

解　説

1　概　説

(1)　特定継続的役務提供契約とは

特定継続的役務提供契約とは，サービス提供業者が政令で定めるサービス（特定継続的役務）を政令で定める期間を超えて提供し，サービスを受ける者が政令で定める額を超える金額を支払う契約である（特定商取

第4章　特定商取引法

引41条)。具体的には，次の契約が特定継続的役務提供契約に該当する。

〈図表23　特定継続的役務提供契約の分類〉

特定継続的役務	サービス提供期間	支払金額
エステティックサロン	1月を超えるもの	5万円を超えるもの
美容医療		
語学教室	2月を超えるもの	
家庭教師		
学習塾		
パソコン教室		
結婚相手紹介サービス		

　これらのサービスは，一定期間受けてみなければ内容や質の判断が困難であり，またその効果も人によって様々である。しかし，長期間の契約を結ばされ，解約が制限されていたり解約の際に高額な違約金を請求されるといったトラブルが多発したことから，規制の対象とされた。

(2)　特定継続的役務提供事業者に対する規制の概要

　特定継続的役務提供を行う事業者（特定継続的役務提供事業者）には，特定継続的役務提供契約を締結しようとするとき及び締結したときに，相手方に一定の事項を記載した書面を交付することが義務付けられている（特定商取引42条）。

　また，次のことが禁止されている。

㋐　広告をするとき，著しく事実に相違する表示をし，又は実際のものよりも著しく優良・有利であると人を誤認させるような表示をすること（特定商取引43条）

㋑　勧誘等に際し，サービスの種類・内容・効果等について事実と異なることを告げ，又は故意に事実を告げないこと（特定商取引44条）

2 誇大広告の禁止

特定継続的役務提供事業者は，特定継続的役務の提供条件について広告するときは，特定継続的役務の内容又は効果について，著しく事実に相違する表示をし，又は実際のものよりも著しく優良であり若しくは有利であると人を誤認させるような表示をしてはならない（特定商取引43条）。

3 書面の交付

(1) 書面の交付義務

(i) 契約締結前に交付する書面

特定継続的役務提供事業者は，特定継続的役務提供契約を締結しようとするときは，契約締結までに，その特定継続的役務提供契約の概要について記載した書面を相手方に交付しなければならない（特定商取引42条1項）。

(ii) 契約締結時に交付する書面

特定継続的役務提供事業者は，特定継続的役務提供契約を締結したときは，遅滞なく，次の事項について契約の内容を明らかにする書面を相手方に交付しなければならない（特定商取引42条2項）。

(ア) サービスの内容及びサービスの提供を受ける者が購入する商品がある場合にはその商品名
(イ) サービスの対価その他サービスを受ける者が支払わなければならない金銭の額
(ウ) 金銭の支払の時期及び方法
(エ) サービスの提供期間
(オ) クーリングオフに関する事項
(カ) 中途解約に関する事項
(キ) これらのほか，主務省令で定める事項

特定継続的役務提供事業者は，特定継続的役務の提供を受けようとする者又は特定継続的役務契約を受ける者の承諾を得て，書面の交付に代えて，書面に記載すべき事項を電磁的方法により提供することが

第4章　特定商取引法

できる（特定商取引42条4項）。

(2)　クーリングオフとの関係

　特定継続的役務提供契約を締結した場合は，上記の契約締結時に交付される書面を受領した日から8日以内であれば，無条件で契約の解除等（クーリングオフ）ができる（特定商取引48条1項）。したがって，特定継続的役務提供事業者が契約時に前記の要件を満たした書面を交付していない場合は，その事業者が前記の要件を満たした書面を交付しそれを受領した日から8日が経過するまではいつでもクーリングオフすることができる。

　なお，書面を受領した日から8日を経過した後でも，中途解約ができる（特定商取引49条1項）。

4　不実告知等の禁止

(1)　不実告知，故意の不告知

　特定継続的役務提供事業者は，特定継続的役務提供契約の締結について勧誘をするに際し，又は特定継続的役務提供契約のクーリングオフを妨げるため，次の事項につき，事実と異なることを告げてはならない（特定商取引44条1項）。また，売買契約等について勧誘をするに際し，次の事項のうち㋐から㋕につき故意に事実を告げない行為をしてはならない（同条2項）。

　㋐　サービスの種類・内容・効果等
　㋑　サービスの提供を受ける者が購入する商品がある場合には，その商品の種類・性能・品質等
　㋒　サービスの対価その他サービスを受ける者が支払わなければならない金銭の額
　㋓　金銭の支払の時期及び方法
　㋔　サービスの提供期間
　㋕　クーリングオフ及び中途解約に関する事項
　㋖　顧客が当該契約の締結を必要とする事情に関する事項

382

（ク）　上記のほか，当該契約に関する事項であって，サービスの提供を受ける者の判断に影響を及ぼすこととなる重要なもの

(2)　誤認してした契約の意思表示の取消し

サービスの提供を受ける者は，特定継続的役務提供事業者が上記(1)の行為をし，告げられた内容が事実だと誤認し又は告げられなかった事実が存在しないと誤認して契約の意思表示をしたときは，当該意思表示を取り消すことができる（特定商取引49条の2第1項）。取消権は，誤認していたことを知った時から1年間行使しないでいると時効により消滅する。契約を締結した時から5年を経過したときも同様である（特定商取引49条の2第2項，9条の3第4項）。

(3)　不実告知によるクーリングオフ妨害

前記(1)のとおり，特定継続的役務提供事業者は，特定継続的役務提供契約のクーリングオフを妨げるため，事実と異なることを告げてはならない。告げられた内容が事実だと誤認してクーリングオフをしなかった場合は，改めてクーリングオフができる旨記載した書面を受領した日から8日を経過するまでクーリングオフができる（特定商取引48条1項）。

5　違反行為に対する措置

(1)　行政処分

主務大臣は，前記3(1)の行為を行わず又は前記2及び4(1)の禁止行為を行った事業者に対し，特定継続的役務提供に係る取引の公正及び特定継続的役務提供契約を締結して特定継続的役務の提供を受ける者の利益が害されるおそれがあると認めるときは，違反行為を是正するための措置をとること等を指示することができる（特定商取引46条1項）。また，これにより特定継続的役務提供に係る取引の公正及び特定継続的役務提供を受ける者の利益が著しく害されるおそれがあると認めるとき又は事業者が指示に従わないときは，当該事業者に対し業務停止命令を行い（特定商取引47条1項），その役員等に対し業務禁止命令をすることができる

第4章　特定商取引法

（特定商取引47条の2第1項）。主務大臣は，事業者が事業者がした広告が誇
大広告等に該当するかどうか又は事業者が事実と異なることを告げる行
為をしたかどうかを判断するために必要と認めるときは，当該事業者に
対し，期間を定めて表示の裏付けとなる合理的な根拠を示す資料の提出
を求めることができる。合理的な根拠を示す資料を提出しないときは，
事実と異なることを告げる行為をしたとみなされる（特定商取引43条の2・
44条の2）。

(2)　刑事罰

　　前記2の誇大広告等を行った者は100万円以下の罰金に処される（特
定商取引72条1号）。前記3(1)の書面を交付しなかった者及び前記5(1)の
指示に違反した者は，6か月以下の懲役又は100万円以下の罰金に処さ
れ又はこれを併科される（特定商取引71条1号・2号）。前記4(1)の禁止行
為を行った者及び前記5(1)の業務停止命令又は業務禁止命令に違反した
者は3年以下の懲役又は300万円以下の罰金に処され又はこれを併科さ
れる（特定商取引70条1号・3号）。

　　会社等の代表者，従業者等が会社等の業務に関し5(1)の業務停止命令
又は業務禁止命令に違反したときは，会社等にも3億円以下の罰金が科
され（特定商取引74条1項1号），前記4(1)の禁止行為を行い又は5(1)の指
示に違反したときは，会社等にも1億円以下の罰金が科され（特定商取
引74条1項2号），前記2の誇大広告を行い，前期3(1)の書面を交付せず，
又は前記5(1)の指示に違反したときは，会社等にも100万円以下の罰金
が科される（特定商取引74条1項3号）。

(3)　消費者団体訴訟

　　適格消費者団体は，特定役務提供事業者が，特定継続的役務提供に関
し，不特定かつ多数の者に対し，前記2又は4(1)の禁止行為を現に行い
又は行うおそれがある事業者に対し，差止請求をすることができる（特
定商取引58条の22）。また，内閣総理大臣の認定を受けた特定適格消費者
団体は，前記4(1)の禁止行為を行った事業者に対し，消費者に契約の意
思表示の取消しによる代金返還請求権があることを確認する訴訟を行う

ことができる（消費者裁判3条1項）。

第4章　特定商取引法

Q93

業務提供誘引販売取引とはどのような取引か。また，業務提供誘引販売取引において，どのような表示が規制されているか。

業務提供誘引販売取引とは商品の購入等をすれば仕事を提供しそれによって利益を得られるとして商品の購入等を勧誘する取引である。実際にはほとんど利益を得られず商品の購入等による負担だけが残るケースが多発している。

業務提供誘引販売取引を行う事業者（業務提供誘引販売業者）が広告をするときには，一定の事項を表示しなければならない。また，広告において，著しく事実に相違する表示をすることや，実際のものよりも著しく優良又は有利であると誤認させる表示をすることは禁止されている。

業務提供誘引販売業者は，商品の販売等についての契約を締結しようとするときは，相手方に対し，業務提供誘引販売取引の概要を記載した書面を交付しなければならない。さらに，契約を締結したときは，相手方に対し，一定の事項を記載した書面を交付しなければならない。契約の相手方は，書面を受け取った日から20日以内であればクーリングオフができる。また，業務提供誘引販売業者は，勧誘等の際に，重要事項について事実と異なることを告げ，又は事実を告げないことが禁止されている。これらに違反すると，行政処分を受けるほか，刑事罰が科されることがある。また，契約の相手方が契約締結の意思表示を取り消すことができる場合がある。

385

第4章　特定商取引法

 解　説

1　概　説

(1) 業務提供誘引販売取引とは

　　業務提供誘引販売取引とは，物品の販売等の事業であって，その物品を利用するなどして提供又はあっせんする仕事をすれば利益が得られるとしてその商品の販売等をする取引である（特定商取引51条1項）。講座を受講すれば内職をして収入が得られるといって講座を受講させる内職商法や商品を買ってモニターになればモニター料を支払う等といって商品を購入させるモニター商法はこれに該当する。

　　講座を受講したが内職が提供されない，商品を買ったがモニター料を支払ってもらえない等のトラブルが多発したことから，規制の対象とされた。

(2) 業務提供誘引販売業者に対する規制の概要

　　業務提供誘引販売業者には，次のことが義務付けられている。

　　(ア) 勧誘に先立って事業者等の名称，勧誘目的であること等を明らかにすること（特定商取引51条の2）
　　(イ) 業務提供誘引販売取引についての広告をする場合は，一定の事項を表示すること（特定商取引53条）
　　(ウ) 契約を締結しようとするときは，相手方に対し，業務提供誘引販売取引の概要を記載した書面を交付すること（特定商取引55条1項），契約を締結したときに，相手方に対し，一定の事項を記載した書面を交付すること（同条2項）

　　また，次のこと等が禁止されている。

　　(a) 勧誘等に際し，商品等について事実と異なることを告げ，又は故意に事実を告げないこと（特定商取引52条1項）
　　(b) 契約を締結させる等のため，人を威迫して困惑させること（同条2項）
　　(c) 契約締結の勧誘のためであることを告げずに営業所に同行した

者等に，公衆が出入りする場所以外の場所で契約の勧誘をすること（同条3項）

(d) 業務提供誘引販売取引に伴う商品の購入代金等の負担等について著しく事実に相違する表示等をすること（特定商取引54条）

(e) 相手方の請求によるとき等を除き，相手方の承諾を得ないで電子メール広告をすること（特定商取引54条の3）

これらに違反した場合，消費者庁等により行政処分が行われるほか，刑事罰が科される場合もある。

業務提供誘引販売取引によって商品の購入契約等をした場合は，書面受領の日から20日以内であればクーリングオフができる（特定商取引58条）。

また，業務提供誘引販売業者が重要事項について事実と異なることを告げ，相手方が事実と誤認して契約を締結したときは，契約締結の意思表示を取り消すことができる（特定商取引58条の2）。

2 広告に関する規制

(1) 広告の表示義務

業務提供誘引販売業者は，業務提供誘引販売取引について広告をするときは，次の事項を表示しなければならない（特定商取引53条）。

(ア) 商品等の種類
(イ) 当該業務提供誘引販売取引に伴う商品購入代金等の負担
(ウ) 業務提供誘引販売取引に関して提供又はあっせんする業務について広告をするときは，その業務の提供条件
(エ) その他，主務省令で定める事項

---

(2) 誇大広告の禁止

業務提供誘引販売業者が業務提供誘引販売取引をするときは，当該業務提供誘引販売取引に伴う負担等について，著しく事実に相違する表示をし，又は実際のものよりも著しく優良であり，若しくは有利であると人を誤認させるような表示をしてはならない（特定商取引54条）。

387

第4章　特定商取引法

(3) 電子メールによる広告の規制

　　業務提供誘引販売業者は，相手方の請求によるとき等を除き，業務提供誘引販売取引について，相手方の承諾を得ないで電子メールによる広告をしてはならない（特定商取引54条の3第1項）。業務提供誘引販売業者は，相手方から業務提供誘引販売取引に係る電子メール広告の提供を受けない旨の意思の表示を受けたときは，当該相手方に対し，業務提供誘引販売取引に係る電子メール広告をしてはならない（特定商取引54条の3第2項）。業務提供誘引販売業者等から業務提供誘引販売取引に係る電子メール広告の全てを一括して受託した者も同様である（特定商取引54条の4）。

3　勧誘に関する制限

(1) 氏名等の明示

　　業務提供誘引販売業者は，業務提供誘引販売取引をしようとするときは，勧誘に先立って，その相手方に対し，業務提供誘引販売業者の氏名又は名称，商品の購入代金の支払等（特定負担）を伴う取引についての契約の締結について勧誘をする目的である旨及び当該勧誘に係る商品又はサービス（商品等）の種類を明らかにしなければならない（特定商取引51条の2）。

(2) 勧誘目的であることを告げずに誘引した者に対する勧誘の禁止

　　業務提供誘引販売業者は，契約締結について勧誘する目的であることを告げずに路上等で呼び止めて同行させる等して誘引した者に対し，公衆の出入りする場所以外の場所で契約の勧誘をしてはならない（特定商取引52条3項）。

4　書面の交付

(1) 書面の交付義務

　　業務提供誘引販売業者は，業務提供誘引販売契約をしようとするときは，契約を提供するまでに，その相手方にその業務提供誘引販売取引の

概要について記載した書面を交付しなければならない（特定商取引55条1項）。

　また，業務提供誘引販売契約を締結したときにおいて，業務提供誘引販売契約の相手方がその業務提供誘引販売業に関して提供され，又はあっせんされる業務を事業所等によらないで行う個人であるときは，次の事項についてその申込みの内容を記載した書面をその申込みをした者に交付しなければならない（同条2項）。

　(ア)　商品等の種類等
　(イ)　商品等を利用する業務の提供等の条件
　(ウ)　業務提供誘引販売取引に伴う特定負担
　(エ)　クーリングオフに関する事項
　(オ)　これらのほか，主務省令で定める事項

　業務提供誘引販売業者は，業務提供誘引販売契約をしようとする者又は業務提供誘引販売契約の相手方の承諾を得て，書面の交付に代えて，書面に記載すべき事項を電磁的方法により提供することができる（特定商取引55条3項）。

(2)　クーリングオフとの関係

　業務提供誘引販売取引によって商品の購入契約等をした場合は，上記の契約締結時に交付される書面を受領した日から20日以内であれば無条件で契約の解除等（クーリングオフ）ができる（特定商取引58条1項）。したがって，業務提供誘引販売業者が契約時に上記の要件を満たした書面を交付していない場合は，業務提供誘引販売業者が上記の要件を満たした書面を交付しそれを受領した日から20日が経過するまではいつでもクーリングオフすることができる。

　自社のサービスを用いてネットショップを開設すれば利益が得られると勧誘して契約金を支払わせネットショップの運営に係る契約を締結した行為が業務提供誘引販売取引に該当するとし，特定商取引法55条2項の書面を交付していないのでクーリングオフの期間は経過していないと

第4章　特定商取引法

してクーリングオフを認めた事例がある（東京地判平22・11・11ウエスト
ロー（事件番号：平22(ワ)12402号），大阪地判平23・3・23判タ1351号181頁）。

5　不実告知等の禁止

(1)　不実告知，故意の不告知

　　業務提供誘引販売業者は，業務提供誘引販売取引についての契約の締
結について勧誘をするに際し，又は業務提供誘引販売取引についての契
約のクーリングオフを妨げるため，次の事項につき，故意に事実を告げ
ず又は事実と異なることを告げる行為をしてはならない（特定商取引52条
1項）。

　　(ｱ)　商品の種類・性能・品質，サービスの種類・内容等
　　(ｲ)　業務提供誘引販売取引に伴う特定負担
　　(ｳ)　当該契約のクーリングオフに関する事項
　　(ｴ)　販売の目的物である物品等を利用する業務に従事することによって得
　　　　られる利益に関する事項
　　(ｵ)　その他，その業務提供誘引販売取引に関する事項であって，業務提供
　　　　誘引販売取引の相手方の判断に影響を及ぼすこととなる重要なもの

---

(2)　誤認してした契約の意思表示の取消し

　　業務提供誘引販売業者が上記(1)の行為をし，告げられた内容が事実だ
と誤認し又は告げられなかった事実が存在しないと誤認して契約の意思
表示をしたときは，当該意思表示を取り消すことができる（特定商取引58
条の2第1項）。取消権は，誤認していたことを知った時から1年間行使
しないでいると時効により消滅する。契約を締結した時から5年を経過
したときも同様である（同条2項・9条の3第4項）。

(3)　不実告知によるクーリングオフ妨害

　　上記(1)のとおり，業務提供誘引販売業者は，売買契約等のクーリング
オフを妨げるため，事実と異なることを告げてはならない。告げられた
内容が事実だと誤認してクーリングオフをしなかった場合は，改めて

390

クーリングオフができる旨記載した書面を受領した日から20日を経過するまでクーリングオフができる（特定商取引58条1項）。

6 違反行為に対する措置

(1) 行政処分

主務大臣は，前記2(1)，3(1)及び4(1)の行為を行わず又は前記2(2)，2(3)，3(2)又は5(1)の禁止行為を行った事業者に対し，業務提供誘引販売取引の公正及び業務提供誘引販売取引の相手方の利益が害されるおそれがあると認めるときは，違反行為を是正するための措置をとること等を指示することができる（特定商取引56条1項）。また，これにより業務提供誘引販売取引に係る取引の公正及び業務提供誘引販売取引の相手方の利益が著しく害されるおそれがあると認めるとき又は事業者が指示に従わないときは，当該事業者に対し業務停止命令を行い（特定商取引57条1項），その役員等に対し業務禁止命令をすることができる（特定商取引57条の2第1項）。主務大臣は，誇大広告等に該当するかどうかを判断するために必要と認めるときは，当該事業者に対し，期間を定めて表示の裏付けとなる合理的な根拠を示す資料の提出を求めることができる。合理的な根拠を示す資料を提出しないときは，誇大広告等とみなされる（特定商取引54条の2）。

(2) 刑事罰

前記2(2)又は(3)の広告を行った者及び広告に前記2(1)の表示をしなかった者は，100万円以下の罰金に処される（特定商取引72条1項1号・2号・6号）。前記4(1)の書面を交付しなかった者及び前記6(1)の指示に違反した者は，6か月以下の懲役又は100万円以下の罰金に処され又はこれを併科される（特定商取引71条1号・2号）。前記5(1)の禁止行為を行った者及び前記6(1)の業務停止命令又は業務禁止命令に違反した者は，3年以下の懲役又は300万円以下の罰金に処され又はこれを併科される（特定商取引70条1号・3号）。

会社等の代表者，従業者等が会社等の業務に関し前記6(1)の業務停止

第4章 特定商取引法

命令又は業務禁止命令に違反したときは，会社にも３億円以下の罰金が
科され（特定商取引74条１項１号），前記５(1)の禁止行為を行ったときは，
会社にも１億円以下の罰金が科され（特定商取引74条１項２号），広告に前
記２(1)の表示をせず，前記２(2)又は(3)の広告を行い，前記４(1)の書面を
交付せず，又は前記６(1)の指示に違反したときは，会社にも100万円以
下の罰金が科される（特定商取引74条１項３号）。

(3) 消費者団体訴訟

適格消費者団体は，販売業者等が，業務提供誘引販売取引に関し，不
特定かつ多数の者に対し，前記２の誇大広告又は前記５(1)の禁止行為を
現に行い又は行うおそれがある事業者に対し，差止請求をすることがで
きる（特定商取引58条の23）。また，内閣総理大臣の認定を受けた特定適格
消費者団体は，前記５(1)の禁止行為を行った事業者に対し，消費者に契
約の意思表示の取消しによる代金返還請求権があることを確認する訴訟
を行うことができる（消費者裁判３条１項）。

Q94

訪問購入とはどのような取引か。また，訪問購入において，どのよう
な表示が規制されているか。

訪問購入とは，購入業者が消費者の自宅を訪問するなどして，宝
石・貴金属等の購入をする取引である。訪問購入業者は，契約の申
込みを受けたとき又は契約を締結したときは，契約の相手方に対し，一定事
項を記載した書面を交付しなければならない。契約の相手方は，書面を受け
取った日から８日以内であればクーリングオフができる。また，訪問購入業
者は，勧誘等の際に，重要事項について事実と異なることを告げ，又は事実
を告げないことが禁止されている。これらの規定に違反すると，行政処分を
受けるほか，刑事罰が科されることがある。

392

解 説

1 概 説

(1) 訪問購入とは

　訪問購入とは，購入業者が営業所等以外の場所で売買契約の締結等をして行う物品の購入である（特定商取引58条の4）。

　事業者が突然自宅を訪問して消費者が所有する貴金属等を売るように勧誘し，消費者に心構えができないうちに相場より安い値段で強引に買い取るといったトラブルが多発したことから，規制の対象となった。

(2) 訪問購入業者に対する規制の概要

　訪問購入をする事業者（訪問購入業者）には，次のことが義務付けられている。

　　(ア) 勧誘に先立って事業者等の名称，勧誘目的であること等を明らかにすること（特定商取引58条の5）

　　(イ) 勧誘に先立って相手方に勧誘を受ける意思があることを確認すること（特定商取引58条の6第2項）

　　(ウ) 売買契約の申込みを受けたとき又は売買契約を締結したときに一定の事項を記載した書面を交付すること（特定商取引58条の7第1項・58条の8第1項）

　　(エ) 訪問購入に係る物品の引渡しを受ける時は，物品の引渡しを拒むことができる旨を告げること（特定商取引58条の9）

　また，次のこと等が禁止されている。

　　(a) 勧誘の要請をしていない者に対し勧誘すること（特定商取引58条の6第1項）

　　(b) 売買契約を締結しない旨の意思表示した者に対し，当該契約について勧誘すること（特定商取引58条の6第3項）

　　(c) 勧誘等に際し，物品等について事実と異なることを告げ，又は故意に事実を告げないこと（特定商取引58条の10第1項・2項）

　　(d) 契約を締結させる等のため，人を威迫して困惑させること（特

第4章　特定商取引法

定商取引58条の10第3項)

(e)　訪問購入に係る物品の引渡しを受けるため，重要事項について，故意に事実を告げず，又は事実と異なることを告げること（特定商取引58条の10第4項）

(f)　訪問購入に係る物品の引渡しを受けるため，人を威迫して困惑させること（特定商取引58条の10第5項）

これらに違反した場合，消費者庁等により行政処分が行われるほか，刑事罰が科される場合もある。

2　勧誘に関する規制

(1)　氏名等の明示

訪問購入業者は，訪問購入をしようとするときは，勧誘に先立って，その相手方に対し，購入業者の氏名又は名称，売買契約の締結について勧誘をする目的である旨及び当該勧誘に係る物品の種類を明らかにしなければならない（特定商取引58条の5）。

(2)　勧誘の要請をしていない者に対する勧誘等の禁止

訪問購入業者は，訪問購入に係る売買契約の締結についての勧誘の要請をしていない者に対し，営業所等以外の場所において，当該売買契約の締結について勧誘をし，又は勧誘を受ける意思の有無を確認してはならない。訪問購入業者は，訪問購入をしようとするときは，その勧誘に先立って，その相手方に対し，勧誘を受ける意思があることを確認することをしないで勧誘をしてはならない。また，訪問購入業者は，訪問購入に係る売買契約を締結しない旨の意思を表示した者に対し，当該売買契約の締結について勧誘をしてはならない（特定商取引58条の6）。

3　書面の交付

(1)　書面の交付義務

訪問購入業者は，営業所等以外の場所において物品につき売買契約の申込みを受けたときは，申込みを受けた際その売買契約を締結した場合

394

を除き，直ちに，次の事項についてその申込みの内容を記載した書面を
その申込みをした者に交付しなければならない（特定商取引58条の7第1項）。

> ㋐　物品の種類
> ㋑　物品の購入価格
> ㋒　物品の代金の支払の時期及び方法
> ㋓　物品の引渡時期及び引渡しの方法
> ㋔　クーリングオフに関する事項
> ㋕　物品の引渡しの拒絶に関する事項
> ㋖　これらのほか，主務省令で定める事項

　訪問購入業者は，営業所等以外の場所において，物品につき売買契約
を締結したとき又は営業所等以外の場所において物品につき売買契約の
申込みを受け，営業所等においてその売買契約を締結したときは，売買
契約を締結した際に，代金を支払い，かつ，物品の引渡しを受けたとき
は直ちに次の内容を記載した書面をその売買契約の相手方に交付しなけ
ればならない（特定商取引58条の8第1項・2項）。

> ㋐　物品の種類
> ㋑　物品の購入価格
> ㋒　クーリングオフに関する事項
> ㋓　これらのほか，主務省令で定める事項

　訪問購入業者は，申込みをした者又は売買契約の相手方の承諾を得て，
書面の交付に代えて，書面に記載すべき事項を電磁的方法により提供す
ることができる（特定商取引58条の7第2項・58条の8第3項）。

(2)　クーリングオフとの関係

　訪問購入によって物品の販売契約等をした場合は，上記のいずれかの
書面を受領した日から8日以内であれば無条件で契約の解除等（クーリ
ングオフ）ができる（特定商取引58条の14第1項）。また，訪問購入によって
物品の販売契約等をした場合は，上記のいずれかの書面を受領した日か

第4章　特定商取引法

ら8日以内であれば，物品の引渡し期日が来ても引渡しを拒むことができる（特定商取引58条の15）。したがって，訪問購入業者が契約時に上記の要件を満たした書面を交付していない場合は，訪問購入業者が上記の要件を満たした書面を交付しそれを受領した日から8日が経過するまではいつでもクーリングオフや物品の引渡しの拒絶をすることができる。

4　不実告知等の禁止

(1)　不実告知，故意の不告知

　訪問購入業者は，訪問購入に係る売買契約の締結について勧誘をするに際し，又は訪問購入に係る売買契約等のクーリングオフを妨げるため，次の事項につき，事実と異なることを告げる行為をしてはならない（特定商取引58条の10第1項）。

　(ア)　物品の種類，その性能，品質等
　(イ)　物品の購入価格
　(ウ)　物品の代金の支払の時期及び方法
　(エ)　物品の引渡時期及び引渡しの方法
　(オ)　当該売買契約のクーリングオフ関する事項
　(カ)　物品の引渡しの拒絶に関する事項
　(キ)　顧客が当該売買契約の締結を必要とする事情に関する事項
　(ク)　上記のほか，当該売買契約に関する事項であって，顧客等の判断に影響を及ぼすこととなる重要なもの

　また，購入業者は，訪問購入に係る売買契約の締結について勧誘をするに際し，上記(ア)から(カ)までに掲げる事項につき，故意に事実を告げない行為をしてはならない（特定商取引58条の10第2項）。

(2)　**不実告知によるクーリングオフ妨害**

　前記(1)のとおり，訪問購入業者は，訪問購入に係る売買契約等のクーリングオフを妨げるため，事実と異なることを告げてはならない。告げられた内容が事実だと誤認してクーリングオフをしなかった場合は，改

めてクーリングオフができる旨記載した書面を受領した日から8日を経
過するまでクーリングオフができる（特定商取引58条の14第1項）。

5 違反行為に対する措置

(1) 行政処分

主務大臣は，前記2(1)又は3(1)の行為を行わず又は前記2(2)もしくは
前記4(1)の禁止行為を行った事業者に対し，訪問購入に係る取引の公正
及び売買契約の相手方の利益が害されるおそれがあると認めるときは，
違反行為を是正するための措置をとること等を指示することができる
（特定商取引58条の12）。また，これにより訪問購入に係る取引の公正及び
売買契約の相手方の利益が著しく害されるおそれがあると認めるとき又
は事業者が指示に従わないときは，その事業者に対し業務停止命令を行
い（特定商取引58条の13），その役員等に対し業務禁止命令を行うことがで
きる（特定商取引58条の13の2）。

(2) 刑事罰

前記3(1)の書面を交付しなかった者及び前記5(1)の指示に違反した者
は，6か月以下の懲役又は100万円以下の罰金に処され又はこれを併科
される（特定商取引71条1号・2号）。前記4(1)の禁止行為を行った者及び
前記5(1)の業務停止命令又は業務禁止命令に違反した者は3年以下の懲
役又は300万円以下の罰金に処され又はこれを併科される（特定商取引70
条1号）。

会社等の代表者，従業者等が会社等の業務に関し，前記5(1)の業務停
止命令又は業務禁止命令に違反したときは，会社等にも3億円以下の罰
金が科され（特定商取引74条1項1号），前記4(1)の禁止行為を行ったとき
は，会社等にも1億円以下の罰金が科され（特定商取引74条1項2号），前
期3(1)の書面を交付せず，又は前記5(1)の指示に違反したときは，会社
等にも100万円以下の罰金が科される（特定商取引74条1項3号）。

(3) 消費者団体訴訟

適格消費者団体は，購入業者が，訪問購入に関し，不特定かつ多数の

者に対し，上記4の禁止行為を現に行い又は行うおそれがある事業者に対し，差止請求をすることができる（特定商取引58条の24）。また，内閣総理大臣の認定を受けた特定適格消費者団体は，上記の禁止行為を行った事業者に対し，消費者に契約の意思表示の取消しによる代金返還請求権があることを確認する訴訟を行うことができる（消費者裁判3条1項）。

18 特定商取引法と景品表示法

　特定商取引法は，訪問販売業者等に，契約の勧誘をする際に重要事項について事実と異なることを告げることを禁止しており（特定商取引6条等），違反した事業者に対し消費者庁長官等の主務大臣及び都道府県知事が指示（同7条等）及び業務停止命令（同8条等）を行い，また，事業者の役員等に対し業務禁止命令（同8条の2等）を行うことができるとしている。

　また，景品表示法は，事業者に，自己が供給する商品やサービスの内容について実際のものよりも著しく優良であると示す表示であって，不当に顧客を誘引し，一般消費者による自主的かつ合理的な選択を阻害するおそれがあると認められるもの（景表5条1号：優良誤認表示）又は自己が供給する商品やサービスの取引条件について実際のものよりも著しく有利であると誤認される表示であって，不当に顧客を誘引し，一般消費者による自主的かつ合理的な選択を阻害するおそれがあると認められるもの（景表5条2号：有利誤認表示）を禁止しており，そのような表示をしたときは，消費者庁長官又は都道府県知事が行為の差止め等を命じることができる（景表7条1項：措置命令）。表示には，口頭による説明も含まれる。

　したがって，多数の消費者に対し契約の勧誘をする際に，重要事項について実際のものよりも著しく優良又は有利であると告げ，不当に顧客を誘引し，一般消費者による自主的かつ合理的な選択を阻害するおそれがあると認められるときは，特定商取引法と景品表示法の両方に違反することになる。

　一つの事件に特定商取引法と景品表示法の両方が適用された事件として，「電気マッサージ器」の事件（平2・3・18大阪府措置命令）がある。A社は，期間限定の販売会場において，電気マッサージ器を一般消費者に販売するに当たり，身体の不調の原因となる静電気を除去することにより，「癌，認知症に効果がある」と口頭で告げるなど，あたかも疾病等の治療効果があるか

のように表示していたが，表示した効能効果を裏付ける合理的な根拠がなかった。また，セラミック製の板状の機器を一般消費者に販売するに当たり，「テレビの前に置く　電磁波・ブルーライトの悪影響を軽減します　脳神経を守るマイクログリアが守られます」などと記載された書面を配布するなどしていたが，表示した効能効果を裏付ける合理的根拠がなかった。大阪府は，Ａ社が訪問販売による売買契約の締結について勧誘するに際し事実と異なることを告げたこと等が特定商取引法に違反するとして，Ａ社に対し３か月の業務停止命令を行い，違反行為の再発防止策の構築等を指示し，また，Ａ社の代表者に３か月の業務禁止命令を行った。これと併せて消費者庁は，上記の行為が優良誤認表示に該当するとして，Ａ社に対し景品表示法に基づく措置命令を行った。

　また，最近，通信販売業者の広告における十分な裏付けのないNo.１表示や，不当な二重価格表示といった，従来景品表示法によって措置命令等を行ってきたタイプの事件に対し，消費者庁が特定商取引法を適用して事業者に対する業務停止命令や役員に対する業務禁止命令を行ったものがある。消費者庁は，いずれの法も適用できる事件では，景品表示法と特定商取引法のどちらを適用するのが効果的かを判断し法適用をしていくものと思われる。

Q 95

> # 第5章 割賦販売法

Q95

クレジット販売において，どのような表示が規制されているか。

A クレジット販売は割賦販売法の規制対象である。クレジットカード会社は，クレジットカードを交付するときは，取引条件に係る情報をカード会員に提供しなければならない。また，翌月1回払いのときを除き，カード利用時に，カード会社及びカードが利用された加盟店は，一定事項に係る情報を利用者に提供しなければならない。

解 説

1 概 説

(1) クレジット販売とは

クレジット販売は，消費者保護のためクレジット販売には，クレジットカード会社が利用者にカードを発行し，利用者は交付されたカードを利用して加盟店で商品の購入等を行い，カード会社が加盟店に代金相当額を立替払いし，利用者が代金をカード会社に代金を支払うという方法と，クレジットカードを用いずに信販会社が加盟店で会員が商品購入等をした代金を加盟店に立替払いし，事後に会員から代金を受領する方法があり，どちらも消費者を保護するために割賦販売法で規制されている。ここではクレジットカードによるクレジット販売について説明する。

クレジットカードを用いたクレジット販売は，割賦販売法で，包括信用購入あっせんとして規制されている（割賦2条3項）。購入した商品の代金等を分割払いにするなどしてあらかじめ定められた時期までに支払

第5章 割賦販売法

401

第5章　割賦販売法

う方法（割賦2条3項1号）と，購入した商品等の代金の合計額を基礎として あらかじめ定められた方法により算定した額を支払う方法（割賦2条3項2号：リボルビング払い）がある。購入した商品の代金を翌月1回払い（マンスリークリア）で支払うときは，現金払いと実質的に同じなので，割賦販売法が適用されない（割賦2条3項1号括弧書）。カードで翌月1回払いとリボルビング払い等を選択できるときは，カードの交付等について割賦販売法が適用される。

(2)　クレジット会社に対する規制の概要

クレジットカード会社は登録制である（割賦31条）。

クレジットカード会社がカードを発行し又は発行したカードの限度額を増額する際には，主として自己の居住の用に供する住宅その他の経済産業省令・内閣府令で定める資産を譲渡し，又は担保に供することなく，かつ，生活維持費に充てるべき金銭を使用することなく，利用者が包括信用購入あっせんにより購入しようとする商品の代金等に相当する額の支払に充てることができると見込まれる一年間当たりの額（包括支払可能見込額）を算定する調査を行わなければならず（割賦30条の2），また，限度額が包括支払可能見込額に包括信用購入あっせんにより購入される商品の代金等に相当する額の受領に係る平均的な期間を勘案して経済産業大臣及び内閣総理大臣が定める割合を乗じて得た額を超えるときは，カードを交付し又は限度額を増額してはならない（割賦30条の2の2）。

クレジットカード会社は，カード交付時に取引条件に関する一定事項に係る情報をカード利用者に提供しなければならない（割賦30条）。カードが加盟店で利用されたときはクレジット会社及び加盟店は一定の情報を利用者に提供しなければならない（割賦30条の2の3）。

2　広告規制

クレジットカード会社は，クレジット販売をする場合の取引条件について広告をするときは，当該広告に次の事項を表示しなければならない（割賦30条4項）。

(1) 商品等の代金の分割払いの場合

 ㈦ クレジット販売に係る商品の代金等の支払の時期及び回数

 ㈤ 手数料の料率

 ㈥ これらのほか，経済産業省令・内閣府令で定める事項

(2) リボルビング払いの場合

 ㈦ 利用者が弁済をすべき時期及び時期ごとの弁済金の算定方法

 ㈤ 手数料の料率

 ㈥ これらのほか，経済産業省令・内閣府令で定める事項

3 情報提供義務

(1) クレジットカード交付時の情報提供

 クレジットカード会社は，クレジットカードを利用者に交付等するときは，取引条件に関する次の事項に係る情報を利用者に提供しなければならない（割賦30条1項）。また，利用者からこれらの事項を記載した書面の交付を求められたときは，遅滞なく書面を交付しなければならない（同条3項）。

  (i) 商品等の代金の分割払いのクレジットカードの場合（割賦30条1項）

   ㈦ クレジット販売に係る商品の代金等の支払の時期及び回数

   ㈤ 手数料の料率

   ㈥ これらのほか，経済産業省令・内閣府令で定める事項

  (ii) リボルビング払いのクレジットカードの場合（割賦30条2項）

   ㈦ 利用者が弁済をすべき時期及び時期ごとの弁済金の算定方法

   ㈤ 手数料の料率

   ㈥ これらのほか，経済産業省令・内閣府令で定める事項

(2) カード利用時の情報提供

 クレジットカード会社は，カード利用者がカードを用いて商品の購入等をしたときは，遅滞なく，次の事項に係る情報を利用者に提供しなければならない（割賦30条の2の3第1項・第2項）。また，利用者からこれら

の事項を記載した書面の交付を求められたときは，遅滞なく書面を交付しなければならない（同条4項）。

> (i) 商品等の代金の分割払いの場合（割賦30条の2の3第1項）
>   (ア) 購入者等の支払総額
>   (イ) 各回ごとの商品代金の支払分の額並びにその支払の時期及び方法
>   (ウ) これらのほか，経済産業省令・内閣府令で定める事項
> (ii) リボルビング払いの場合（割賦30条の2の3第2項）
>   (ア) 商品等の現金販売価格又はサービスの現金提供価格
>   (イ) 弁済金の支払の方法
>   (ウ) これらのほか，経済産業省令・内閣府令で定める事項

(3) 販売業者による情報提供

　クレジットカード会社と加盟店契約をした販売業者等は，クレジットカードを用いる方法で商品の販売等をしたときは，遅滞なく，次の事項に係る情報を購入者等に提供しなければならない（割賦30条の2の3第5項）。また，購入者等からこれらの事項を記載した書面の交付を求められたときは，遅滞なく書面を交付しなければならない（割賦30条の2の3第6項）。

> (ア) 商品等の現金販売価格又はサービスの現金提供価格
> (イ) 契約締結時に商品の引渡し等をしないときは，商品の引渡時期等
> (ウ) 契約の解除に関する定めがあるときは，その内容
> (エ) これらのほか，経済産業省令・内閣府令で定める事項

(4) 弁済金請求時の情報提供

　クレジットカード会社は，リボルビング払いの弁済金の支払を請求するときは，あらかじめ，次の事項に係る情報を購入者等に提供しなければならない（割賦30条の2の3第3項）。また，購入者等からこれらの事項を記載した書面の交付を求められたときは，遅滞なく書面を交付しなければならない（同条4項）。

> (ア) 弁済金を支払うべき時期

(ｲ) その時期に支払われるべき弁済金の額及びその算定根拠

4 違反行為に対する措置

広告に上記2の表示をしなかった者及び利用者に上記3(1)～(4)の情報を提供しなかった者又は書面を交付しなかった者及び3(3)の情報を提供しなかった者は，50万円以下の罰金に処される（割賦53条2号～4号）。会社の代表者，従業員等が会社の業務に関し上記の行為を行ったときは，クレジットカード会社又は販売会社にも50万円以下の罰金が科される（割賦54条）。

Q96

事実と異なることを告げられて誤認して購入しクレジット契約を締結した場合，消費者はクレジット契約の支払を拒否できるか。

事実と異なることを告げられて誤認して購入したときは，消費者契約法又は特定商取引法によって契約の意思表示を取り消すことができる場合がある。代金の支払についてクレジット契約を締結していた場合，契約の意思表示を取り消せば，クレジット会社に対し，代金の支払を拒否することができる。

解 説

加盟店が商品購入契約の勧誘の際に重要事項について事実と異なることを告げて顧客が告げられたことが事実だと誤認して契約の意思表示をしたときは，購入者は契約の意思表示を取り消すことができる場合がある（消費契約4条，特定商取引9条の3・24条の3・40条の3・49条の2・58条の2）。代金の支払についてクレジット契約を締結していた場合，契約の意思表示を取り消せば，購入者はクレジット会社からの当該商品代金の弁済請求に対し，支払を拒否

第5章　割賦販売法

することができる（割賦30条の4・30条の5等）。

　販売契約とクレジット契約は，形式上は別の当事者間の別個の契約なので，かつては購入者と販売業者との間で結ばれた販売契約を取り消しても，購入者とクレジット会社との間で結ばれたクレジット契約の効力は残り，購入者はクレジット会社に対し代金を支払わなければないとされていた。

　しかし，クレジット契約の実態は，クレジット会社と販売業者の間にあらかじめ加盟店契約が結ばれ，クレジット契約の締結手続はクレジット会社の委託を受けて販売業者が行っていること，クレジット会社は継続的な取引関係にある販売業者の実態を知り監督できる立場にあるのに対し，購入者は販売業者の実態を知ることが困難であることなどから，1984年に，消費者保護の観点から割賦販売法が改正され，購入者が販売業者に対して代金の支払を拒否することができる場合には，クレジット会社にも支払を拒否することができることとされた。

　したがって，事実と異なることを告げられて誤認して購入した場合に限らず，販売業者との間に代金の支払を拒否できる何らかの事由があれば，この規定を用いてクレジット会社に対する支払を拒否することができる。

406

第6章　食品表示法

Q97

食品表示法は，食品の表示についてどのようなことを定めているか。

食品表示法に基づいて定められた食品表示基準は，加工食品，生鮮食品，添加物に分けて，食品に表示しなければならない事項と表示する際に遵守しなければならない事項を定めている。食品の製造業者，加工業者，輸入業者，販売業者その他食品を販売する者は，販売する食品に食品表示基準に従った表示をしなければならない。

解　説

1　概　説

食品表示法は，販売する食品に適正な表示が行われることを目的とした法律であり（食品表示1条），内閣総理大臣に食品を販売する際に表示されるべき事項及びそれらの表示する際に食品関連事業者等が遵守すべき事項を内容とする食品の表示の基準を定めることを義務付けている（食品表示4条1項）。この規定に基づいて，内閣府令で食品表示基準が定められている。食品表示法の規制対象は，食品の製造業者，加工業者，輸入業者及び販売業者（食品関連事業者）並びにその他食品を販売する者である（食品表示2条3項）。

食品表示基準は食品が販売される際の表示の基準を定めているが，外食の表示には食品表示基準が適用されない（食品基準1条）。

2　食品表示基準

食品表示基準は，加工食品，生鮮食品，添加物に分け，さらにそれぞれ業

407

務用と一般用に分けて，食品関連事業者が販売する食品に表示しなければならない事項と表示する際に遵守しなければならない事項を定めている。食品関連事業者等は，食品表示基準に従った表示がされていない食品を販売してはならない（食品表示 5 条）。

3 違反行為に対する措置

消費者庁長官（食品全般），農林水産大臣（酒類以外），財務大臣（酒類），都道府県知事又は指定都市の長（酒類以外）は，食品表示基準を守っていない食品関連事業者に対し，食品表示基準に従った表示をすること等を指示し，指示に従わない場合は，指示した措置をとるよう命令する（食品表示 6 条・15条）。指示又は命令をした場合は，その旨を公表する（食品表示 7 条・15条）。命令に従わない場合は，行為者は 1 年以下の懲役又は100万円以下の罰金に処され（食品表示20条），会社は 1 億円以下の罰金（食品表示22条 1 項 2 号）を科される。食品表示基準において表示することが義務付けられている原産地又は原料原産地について虚偽の表示がされた食品の販売をした場合，行為者は 2 年以下の懲役又は200万円以下の罰金に処され（食品表示19条），会社は 1 億円以下の罰金を科される（食品表示22条 1 項 2 号）。

食品関連事業者等が食品を摂取する際の安全性に重要な影響を及ぼす事項について基準に従った表示がなされていない食品を販売し，又は販売しようとする場合には，消費者庁長官，都道府県知事又は保健所を設置する市の長は，食品の回収その他必要な措置を命じ，又は業務の停止を命じることができる（食品表示 6 条 8 項・15条）。命じた場合は，その旨を公表する（食品表示 7 条・15条）。これらの命令に違反した場合，行為者は 3 年以下の懲役もしくは300万円以下の罰金に処され又はこれを併科され（食品表示17条），会社は 3 億円以下の罰金を科される（食品表示22条 1 項 1 号）。そのような食品を販売した場合，行為者は 2 年以下の懲役もしくは200万円以下の罰金に処され又はこれを併科され（食品表示18条），会社は 1 億円以下の罰金を科される（食品表示22条 1 項 2 号）。

Q98

消費者に販売する生鮮食品にはどのような事項を表示しなければならないか。

消費者に販売する生鮮食品については，食品表示基準で表示しなければならない事項，表示してはならない事項等が定められているので，食品表示基準に適合した表示をしなければならない。

解　説

1　概　説

食品表示法は，販売する食品について，消費者が安全に摂取し，自主的かつ合理的に選択するために必要と認められる事項を内容とする表示の基準を内閣府令で定めなければならないとしている（食品表示4条）。この規定に基づき，食品表示基準（平成27年内閣府令10号）が制定されている。

消費者に販売する生鮮食品（一般用生鮮食品）については，食品表示基準で，次の事項が定められている。

---

①　必ず表示しなければならない事項（食品基準18条・19条）
②　表示するかどうかは自由だが，表示する場合には定められた方法で表示をしなければならない事項（食品基準21条）
③　表示の方式等（食品基準22条）
④　表示してはならない事項（食品基準23条）

2　義務的表示

食品関連事業者が一般用生鮮食品を販売する際には，次の事項を次の方法により表示しなければならない。ただし，設備を設けて飲食させる場合又は容器包装に入れないで，かつ，生産した場所で販売する場合若しくは不特定

第6章　食品表示法

若しくは多数の者に対して譲渡（販売を除く。）する場合は除かれる。

(1) **全ての一般用生鮮食品に適用される義務表示**（食品基準18条1項）

① **名　称**

その内容を示す一般的な名称を表示する。

② **原産地**

1) 農産物

国産品は都道府県名を，輸入品は原産国名を表示する。ただし，国産品の場合は市町村名その他一般に知られている地名で，輸入品の場合は一般に知られている地名で代えることができる。

2) 畜産物

国産品は国産品である旨を，輸入品は原産国名を表示する。国内における飼養期間が外国における飼養期間より短い家畜を国内でと畜して生産したものは，国産品と表示できない。2以上の国において飼養された場合には，飼養期間が最も長い国が原産国となる。国産品の場合は主たる飼養地が属する都道府県名，市町村名その他一般に知られている地名で国産品という表示に代えることができる。

3) 水産物

国産品の場合は水域名又は地域名（主たる養殖場が属する都道府県名）を，輸入品の場合は原産国名を表示する。ただし，水域名の表示が困難な場合は，水揚げした港名又は水揚げした港が属する都道府県名で水域名の表示に代えることができる。なお，国産品の場合は水域名に水揚げした港名又は水揚げした港が属する都道府県名を，輸入品の場合は原産国名に水域名を併記することができる。

4) 同じ種類の生鮮食品であって複数の原産地のものを混合した場合は当該生鮮食品の製品に占める重量の割合の高いものから順に原産地を表示し，異なる種類の生鮮食品で複数の原産地のものを詰め合わせた場合は生鮮食品それぞれの名称に原産地を併記する。

(2) **特定の一般用生鮮食品についての義務表示**（食品基準18条2項）

特定の食品について，例えば次のような表示が義務付けられている。

410

① 放射線を照射した生鮮食品（放射線照射に関する表示）

　放射線を照射した旨及び照射した年月日を表示する。

② 遺伝子組換えに関する事項を表示しなければならない農産物（遺伝子組み換え農産物に関する事項の表示）

　大豆，とうもろこし，ばれいしょ，なたね，綿実，アルファルファ，てん菜，パパイヤ及びからしなの9作物は，遺伝子組換えに関する表示の対象となっており，次のような表示をしなければならない。

(ア)　分別生産流通管理が行われたことを確認した遺伝子組換え農産物の場合は，当該農産物の名称の次に括弧を付して「遺伝子組換えのものを分別」，「遺伝子組換え」等分別生産流通管理が行われた遺伝子組換え農産物である旨を表示する。

(イ)　生産又は流通のいずれかの段階で遺伝子組換え農産物及び非遺伝子組換え農産物が分別されていない場合は，当該農産物の名称の次に括弧を付して「遺伝子組換え不分別」等遺伝子組換え農産物及び非遺伝子組換え農産物が分別されていない旨を表示する。

(ウ)　遺伝子組換え農産物が混入しないように分別生産流通管理が行われたことを確認した農産物の場合は，当該農産物の名称を表示するか，又は，当該農産物の名称の次に括弧を付して，若しくは，容器包装の見やすい箇所に当該農産物の名称に対応させて，遺伝子組換え農産物が混入しないように分別生産流通管理が行われた旨を表示する。その場合，遺伝子組換え農産物の混入がないと認められる場合に限り，「遺伝子組換えでない」，「非遺伝子組換え」等遺伝子組換え農産物の混入がない非遺伝子組換え農産物である旨を示す文言を表示することができる。

(3)　個別の一般用生鮮食品に対する表示義務（食品基準19条）

　生鮮食品の品目によっては，さらに一定の表示が義務付けられているものがある。

　例えば，しいたけの場合は栽培方法を「原木」，「菌床」等と表示し，

第6章　食品表示法

水産物の場合は凍結したものを解凍した場合は「解凍」と，養殖した場合は「養殖」と表示する。

3　任意表示（食品基準21条）

　食品関連事業者が一般用生鮮食品を販売する際，設備を設けて飲食させる場合を除き，次の表示事項が当該食品の容器包装に表示される場合には，次の方法に従い表示されなければならない。

　① 　栄養成分及び熱量

　　たんぱく質，脂質，炭水化物若しくはナトリウム又は熱量を表示しようとするときは，たんぱく質，脂質，炭水化物及びナトリウム（食塩相当量に換算したもの）の量並びに熱量を決められた方法により表示する。

　　たんぱく質，脂質，炭水化物及びナトリウム以外の栄養成分，栄養成分の総称，その構成成分，前駆体並びにその他これらを示唆する表現を表示しようとするときは，当該栄養成分をたんぱく質，脂質，炭水化物及びナトリウム（食塩相当量に換算したもの）の量並びに熱量とともに，決められた方法により表示する。

　② 　ナトリウムの量

　　食塩相当量に加えてナトリウムの量を表示しようとするときは，決められた方法により表示する。

　　食塩相当量に加えてナトリウムの量を表示しようとするときは，たんぱく質，脂質及び炭水化物の量，食塩相当量並びに熱量を，決められた方法により表示する。

4　表示の方式（食品基準22条）

前記の表示は，次のようにされなければならない。

① 　日本語で，当該食品を一般に購入し，又は使用する者が読みやすく，理解しやすいような用語により正確に行う。

② 　容器包装に入れられた生鮮食品の場合は，容器包装（容器包装が小売のために包装されている場合は，当該包装）を開かないでも容易に見ることが

できるように当該容器包装の見やすい箇所に表示する。ただし，次に掲げる事項は，製品に近接した掲示その他の見やすい場所にすることができる。

(ア) 名称（農産物，殻付き鶏卵及び切り身又はむき身にしていない水産物に限る。）
(イ) 原産地
(ウ) 遺伝子組換え農産物に関する一定の事項
(エ) 栽培方法
(オ) 解凍した旨
(カ) 養殖された旨

---

③ 容器包装に入れられていない生鮮食品の場合は，製品に近接した掲示その他の見やすい場所に表示する。

5 表示禁止事項（食品基準23条）

食品関連事業者は，上記1及び2の表示事項に関して，次に掲げる事項等を一般用生鮮食品の容器包装又は製品に近接した掲示その他の見やすい場所に表示してはならない。

① 実際のものより著しく優良又は有利であると誤認させる用語
② 表示が義務付けられている事項の内容と矛盾する用語
③ 遺伝子組換え農産物が混入しないように分別生産流通管理が行われたことを確認した農産物以外の食品の場合は，遺伝子組換え農産物が混入しないように分別生産流通管理が行われた旨（遺伝子組換え農産物の混入がないと認められる農産物である旨を含む。）を示す用語
④ 遺伝子組換え表示の対象となっていない農産物の場合，当該農産物に関し遺伝子組換えでないことを示す用語
⑤ 上記のほか製品の品質を誤認させるような文字，絵，写真その他の表示

第6章 食品表示法

413

19 遺伝子改変食品の表示

　作物の品種改良は昔から行われていたが，科学の発達により，今では作物の遺伝子を改変することにより，栄養価の高い作物や病気に強い作物などが作られるようになっている。遺伝子の改変の方法として，遺伝子組換えとゲノム編集がある。遺伝子組換えは，生物の細胞から有用な性質を持つ遺伝子を取り出し，植物などの細胞の遺伝子に組み込み，新しい性質をもつものを作成する技術である。一方，ゲノム編集とは，生物の遺伝子の特定の部分を切断し人工的に突然変異を起こさせることによって有用な性質を持つ生物を作成する技術である。

○ **遺伝子組換え作物**

　日本で安全性が確認され，販売・流通が認められている遺伝子組換え作物は，大豆，じゃがいも，なたね，とうもろこし，わた，てんさい，アルファルファ，パパイヤ，からしなの9作物である。生鮮食品である遺伝子組換え農産物や，加工食品の原材料である遺伝子組換え農産物については，食品表示基準によって，遺伝子組換えに関する表示が義務付けられている。ただし，製造の過程で組み込まれた遺伝子やその遺伝子が作る新たなたんぱく質が技術的に検出できない食品の場合（油，しょうゆなど）には，表示義務はない。

　遺伝子組換え農産物の表示は次のように行う。遺伝子組換え農産物を分別生産流通管理（遺伝子組換え農産物と遺伝子組換えでない農産物（非遺伝子組換え農産物）を生産・流通・加工の各段階で混入が起こらないように管理し，そのことが書類などによって証明されていること）したものであるときは，「遺伝子組換え」等と表示しなければならない。分別生産流通管理されておらず遺伝子組換え農産物が混入している可能性があるものには，「遺伝子組換え不分別」等と表示しなければならない。遺伝子組換え農産物が混入しないように分別生産流通管理が行われたことを確認したものであるときは，「遺伝子組換えでないものを分別」等と表示するか，遺伝子組換えに関する情報の記載を省略することができる。「遺伝子組換えでない」，「非遺伝子組換え」等遺伝子組換え農産物の混入がない非遺伝子組換え農産物である旨を示す文言を表示することができるのは，遺伝子組換え農産物が混入しないように分別生産流通管理が行われたことを確認し，かつ，遺伝子組換え農産物の混入がないと認められる場合に限られる。また，遺

伝子組換えの対象となっている9作物以外の作物に「遺伝子組換えでない」等の表示をすることも禁止されている。

○　**ゲノム編集技術応用作物**

　ゲノム編集技術応用作物であることについて，表示義務は課されていない。しかし，ゲノム編集技術を応用して作成した作物のうち，他の生物の遺伝子を組み込んだものは，遺伝子組換え作物に該当するので，食品表示法により，遺伝子組換えに関する表示が義務付けられている。

　表示義務が課されていないのは，ゲノム編集技術によって得られた変異と従来の技術により得られた変異とを見分けることが困難であるなどの理由によるものである。しかし，消費者などから，ゲノム編集技術応用作物であることについて表示を求める声も強い。

Q**99**

　消費者に販売する加工食品にはどのような事項を表示しなければならないか。

　消費者に販売する容器包装に入れられた加工食品については，食品表示基準で表示しなければならない事項，表示してはならない事項等が定められているので，食品表示基準に適合した表示をしなければならない。

解　説

1　概　説

　容器包装に入れられた加工食品であって消費者に販売するもの（一般用加工食品）については，食品表示基準で

　①　必ず表示しなければならない事項（食品基準3条・4条）

第6章　食品表示法

② 表示義務はないが表示を積極的に推進するよう努めなければならない
とされている事項（食品基準6条）
③ 表示するかどうかは自由だが，表示する場合には定められた方法で表
示をしなければならない事項（食品基準7条）
④ 表示の方式等（食品基準8条）
⑤ 表示してはならない事項（食品基準9条）
が定められている。

2　義務的表示

食品関連事業者が一般用加工食品を販売する際には，設備を設けて飲食さ
せる場合を除き，次の事項を次の表示の方法に従い表示しなければならない。

(1)　全ての一般用加工食品に適用される義務表示（食品基準3条1項）

①　名　称

その内容を表す一般的な名称を表示する。

②　保存の方法

食品の特性に従って表示する。ただし，食品衛生法により保存の方法
の基準が定められたものは，その基準に従って表示する。

③　消費期限又は賞味期限

品質が急速に劣化しやすい食品の場合は消費期限と記載してその年月
日を，それ以外の食品の場合は賞味期限と記載してその年月日を年月日
の順で表示する。ただし，製造又は加工の日から賞味期限までの期間が
3か月を超える場合は，年月日に変えて年月を表示することができる。

④　原材料名

使用した原材料を次のとおり表示する。

(ア)　原材料に占める重量の割合の高いものから順に，その最も一般的な名
称によって表示する。

(イ)　2種類以上の原材料からなる原材料（複合原材料）を使用する場合は，
当該原材料を次のように表示する。

　(a)　複合原材料の名称の次に括弧を付して，当該複合原材料の原材料を

当該複合原材料の原材料に占める重量の割合の高いものから順に，その最も一般的な名称によって表示する。ただし，当該複合原材料の原材料が3種類以上ある場合は，当該複合原材料の原材料に占める重量の割合の高い順が3位以下であって，かつ，当該割合が5パーセント未満である原材料について，「その他」と表示することができる。

(b) 複合原材料の製品の原材料に占める重量の割合が5パーセント未満である場合又は複合原材料の名称からその原材料が明らかである場合には，当該複合原材料の原材料の表示を省略することができる。

⑤ 添加物

添加物に占める重量の割合の高いものから順に，甘味料，着色料等として使用される添加物を含む食品の場合は当該添加物の物質名及び用途を，それ以外の添加物を含む食品の場合は当該添加物の物質名を表示する。

⑥ 内容量又は固形量及び内容総量

内容重量，内容体積又は内容数量を，内容重量はグラム又はキログラム，内容体積はミリリットル又はリットル，内容数量は個数等の単位で，単位を明記して表示する。

⑦ 栄養成分（たんぱく質，脂質，炭水化物及びナトリウム）の量及び熱量

食品の100グラム若しくは100ミリリットル又は1食分，1包装その他の1単位当たりの量を表示する。1食分当たりの量を表示する場合は，当該1食分の量を併記する。

⑧ 食品関連事業者の氏名又は名称及び住所

食品関連事業者のうち表示内容に責任を有する者の氏名又は名称及び住所を表示する。

⑨ 製造所又は加工所の所在地及び製造者又は加工者の氏名又は名称

製造所又は加工所の所在地及び製造者又は加工者の氏名又は名称を表示する。食品関連事業者の住所又は氏名若しくは名称が製造所若しくは加工所の所在地又は製造者若しくは加工者の氏名若しくは名称と同一である場合は，製造所若しくは加工所の所在地又は製造者若しくは加工者

第6章　食品表示法

の氏名若しくは名称を省略することができる。原則として同一製品を2以上の製造所で製造している場合にあっては，製造者の住所及び氏名又は名称並びに製造者が消費者庁長官に届け出た製造所固有の記号又は販売者の住所，氏名又は名称並びに製造者及び販売者が連名で消費者庁長官に届け出た製造者の製造所固有の記号の表示をもって製造所の所在地及び製造者の氏名又は名称の表示に代えることができる。

(2)　**特定の一般用加工食品についての義務表示**（食品基準3条2項）

　　特定の食品について，例えば次のような表示が義務付けられている。

①　**輸入品**（原産国名の表示）

　　輸入品には原産国名を表示する。

②　**輸入品以外の加工食品**（原料原産地名の表示）

　　輸入品以外の加工食品の場合，使用した原材料に占める重量の割合が最も高い原材料の原産地を原材料名に対応させて表示する。原産地名は，原材料が生鮮食品の場合は，原則として国産品のときは国産品である旨を，輸入品のときは原産国名を表示する。原材料が加工食品の場合は，原則として国産品のときは「国内製造」と，輸入品のときは「○○製造」と表示する（○○は原産国名）。

③　**えび，かに，くるみ，小麦，そば，卵，乳又は落花生を原材料とする加工食品及びこれらの食品に由来する添加物を含む食品**（アレルゲンに関する表示）

　　これらの食品（指定原材料）を原材料として含む旨を，原則，原材料名の直後に括弧を付して表示する。これらの食品に由来する添加物を含む食品の場合は，当該添加物を含む旨及び当該食品に含まれる添加物が当該特定原材料に由来する旨を，原則，添加物の物質名の直後に括弧を付して表示する。

④　**小麦，とうもろこし，ばれいしょ等遺伝子組換えに関する表示の対象となっている作物を原材料とする一部の加工食品**（遺伝子組換え食品に関する事項の表示）

　　加工工程後も組み換えられたDNA又はこれによって生じたたんぱく

418

質が残存する加工食品として別表に掲げるもの（豆腐，納豆，みそ，コーンスナック菓子，ポテトスナック菓子等）には，次のように表示する。

(ｱ) 分別生産流通管理が行われたことを確認した遺伝子組換え農産物を原材料とする場合は，当該原材料名の次に括弧を付して「遺伝子組換えのものを分別」，「遺伝子組換え」等分別生産流通管理が行われた遺伝子組換え農産物である旨を表示する。

(ｲ) 生産，流通又は加工のいずれかの段階で遺伝子組換え農産物及び非遺伝子組換え農産物が分別されていない農産物を原材料とする場合は，当該原材料名の次に括弧を付して「遺伝子組換え不分別」等遺伝子組換え農産物及び非遺伝子組換え農産物が分別されていない旨を表示する。

(ｳ) 遺伝子組換え農産物が混入しないように分別生産流通管理が行われたことを確認した農産物を原料とする場合は，当該原材料名を表示するか，又は，当該原材料名の次に括弧を付して，若しくは，容器包装の見やすい箇所に当該原材料名に対応させて，遺伝子組換え農産物が混入しないように分別生産流通管理が行われた旨を表示する。その場合，遺伝子組換え農産物の混入がないと認められる農産物を原料とする場合に限り，「遺伝子組換えでない」，「非遺伝子組換え」等遺伝子組換え農産物の混入がない非遺伝子組換え農産物である旨を示す文言を表示することができる。

(3) **個別の食品に対する表示義務**（食品基準4条）

加工食品の品目によっては，さらに一定の表示が義務付けられているものがある。

例えば，食肉の場合，鳥獣の種類（「牛」，「豚」，「鶏」等の動物名），内臓の場合は「牛肝臓」等の表示，飲食に供する際にその全体について十分な加熱を要する旨，又は生食用である旨等を表示しなければならない。

3 推奨表示（食品基準6条）

食品関連事業者は，一般用加工食品を販売する際には，次に掲げる表示事項の表示を積極的に推進するよう努めなければならない。

(ｱ) 飽和脂肪酸の量

(ｲ) 食物繊維の量

第6章　食品表示法

4　任意表示（食品基準7条）

　食品関連事業者が一般用加工食品を販売する際に，次の表示事項が当該一般用加工食品の容器包装に表示される場合には，次の方法に従い表示されなければならない。

　　① 　特色のある原材料等に関する事項

　　　特定の原産地のもの，有機農産物，有機畜産物，有機加工食品その他の使用した原材料が特色のあるものである旨を表示する場合又は製品の名称が特色のある原材料を使用した旨を示すものである場合は，原料原産地名を表示する場合を除き，次のいずれかの割合を当該表示に近接した箇所又は原材料名の次に括弧を付して表示する。ただし，その割合が100パーセントである場合は，割合の表示を省略することができる。

　　　　(ア)　特色のある原材料の製品の原材料及び添加物に占める重量の割合

　　　　(イ)　特色のある原材料の特色のある原材料及び特色のある原材料と同一の種類の原材料を合わせたものに占める重量の割合

　　　特定の原材料の使用量が少ない旨を表示する場合は，特定の原材料の製品に占める重量の割合を当該表示に近接した箇所又は原材料名の次に括弧を付して表示する。

　　② 　栄養成分（たんぱく質，脂質，炭水化物及びナトリウムを除く。）

　　　たんぱく質，脂質，炭水化物及びナトリウムの量及び熱量の表示の方法と同様の方法で行う。

　　③ 　栄養成分の補給ができる旨

　　　特定の栄養成分が高い旨の表示又は特定の栄養成分を含む旨の表示は，食品表示基準が定める栄養成分の量が高い旨の表示の基準値又は含む旨の表示の基準値以上である場合にすることができる。

　　　特定の栄養成分が強化された旨の表示は，食品表示基準が定める栄養成分について，他の同種の食品に比べて強化された量が強化された旨の表示の基準値以上である場合にすることができる。

　　④ 　栄養成分又は熱量の適切な摂取ができる旨

　　　特定の栄養成分を含まない旨の表示又は特定の栄養成分又は熱量が低

420

い旨の表示は，食品表示基準が定める栄養成分又は熱量の量が含まない旨の表示の基準値に満たない場合又は低い旨の表示の基準値以下である場合にすることができる。

　特定の栄養成分又は熱量が低減された旨の表示は，食品表示基準が定める栄養成分又は熱量について，他の同種の食品に比べて低減された量が低減された旨の表示の基準値以上であって他の食品と比べて低減された割合が25パーセント以上である場合にすることができる。

⑤　糖類を添加していない旨

　次に掲げる要件の全てに該当する場合には，糖類を添加していない旨の表示をすることができる。

㋐　いかなる糖類も添加されていないこと。

㋑　糖類に代わる原材料又は添加物を使用していないこと。

㋒　酵素分解その他何らかの方法により，当該食品の糖類含有量が原材料及び添加物に含まれていた量を超えていないこと。

㋓　当該食品の100グラム若しくは100ミリリットル又は1食分，1包装その他の1単位当たりの糖類の含有量を表示していること。

⑥　ナトリウム塩を添加していない旨

　次に掲げる要件の全てに該当する場合には，ナトリウム塩を添加していない旨の表示をすることができる。

　㋐　いかなるナトリウム塩も添加されていないこと（ただし，食塩以外のナトリウム塩を技術的目的で添加する場合であって，当該食品に含まれるナトリウムの量が基準値以下であるときは，この限りでない。）。

　㋑　ナトリウム塩に代わる原材料又は添加物を使用していないこと。

5　表示の方式（食品基準8条）

前記の表示は，次のようにされなければならない。

①　日本語で，当該食品を一般に購入し，又は使用する者が読みやすく，理解しやすいような用語により正確に行う。

②　容器包装（容器包装が小売のために包装されている場合は，当該包装）を開か

ないでも容易に見ることができるように当該容器包装の見やすい箇所に
表示する。

③　名称，原材料名，添加物，原料原産地名，内容量，固形量，内容総量，
消費期限，保存の方法，原産国名及び食品関連事業者の表示並びに栄養
成分の量及び熱量の表示は，それぞれ食品表示基準が定める様式によっ
て行う。

④　名称は，商品の主要面に表示することができる。この場合において，
内容量，固形量又は内容総量についても，名称と同じ面に表示すること
ができる。

⑤　製造所又は加工所の所在地及び製造者又は加工者の氏名又は名称は，
食品関連事業者の氏名又は名称及び住所と近接して表示しなければなら
ない。

⑥　製造所の所在地及び製造者の氏名又は名称を製造所固有記号で表示す
る場合には，原則として，食品関連事業者の氏名又は名称の次に表示す
る。

6　表示禁止事項（食品基準9条）

食品関連事業者は，上記2～4の表示事項に関して次に掲げる事項等を一
般用加工食品の容器包装又は製品に近接した掲示その他の見やすい場所に表
示してはならない。

①　実際のものより著しく優良又は有利であると誤認させる用語

②　表示が義務付けられている事項の内容と矛盾する用語

③　遺伝子組換え農産物が混入しないように分別生産流通管理が行われた
ことを確認した農産物を原材料とする食品（当該食品を原材料とするものを
含む。）以外の食品にあっては，当該食品の原材料である作物に関し遺伝
子組換え農産物が混入しないように分別生産流通管理が行われた旨（遺
伝子組換え農産物の混入がないと認められる農産物である旨を含む。）を示す用語

④　遺伝子組み換えに関する表示の対象となっている農産物以外の農産物
を原材料とする食品の場合は，当該農産物に関し遺伝子組換えでないこ

とを示す用語
⑤　産地名を示す表示であって，産地名の意味を誤認させるような用語
⑥　その他内容物を誤認させるような文字，絵，写真その他の表示

7　違反事件

　食品表示基準に違反して消費者庁が措置をとった事件として，食パンの事件がある（令2・3・30消費者庁指示）。この事件は，食パンの製造業者が5種類の食パンについて，①原材料名欄に使用していないものを表示し，使用しているものを表示せず，又は原材料を重量順と異なる順番で表示したこと，②栄養成分の量及び熱量について，使用された原材料等から得られた値又は推定値と異なる値又は推定値を表示したこと等が食品表示基準に違反しており，食品表示法違反とされたものである（コラム21参照）。

20　加工食品の原料原産地の表示方法

　輸入品を除く国内で販売される一般用加工食品には，原料原産地の表示が義務付けられている（食品基準3条2項）。表示が義務付けられているのは，使用した原材料に占める重量の割合が最も高い原材料であり，その原材料名に対応させて原産地を表示する。表示の方法は，次のとおりである。
(1)　表示対象の原材料が生鮮食品のとき
　　当該原材料が国産品のときは国産である旨を，輸入品である場合は原産国名を表示する。
　　例：原材料名　〇〇（国産），…
　　　　原材料名　〇〇（オーストラリア産），…
　　ただし，国産品の場合は国産である旨の表示に代えて，次の地名を表示することができる。
　　ア．農産物の場合，都道府県名その他一般に知られている地名
　　イ．畜産物の場合，主たる飼養地（最も飼養期間が長い場所）が属する都道府県名その他一般に知られている地名

ウ．水産物の場合，生産した水域の名称，水揚げした港名，水揚げした港又は主たる養殖地（最も養殖期間が長い場所）が属する都道府県名その他一般に知られている地名

また，輸入された水産物の場合，原産国名に生産した水域の名称を併記することができる。

(2) 表示対象の原材料が加工食品のとき

当該原材料が国産品のときは，「国内製造」と，輸入品のときは「○○製造」（○○は原産国名）と表示する。ただし，国産品の場合は「国内製造」の表示に代えて「○○製造」（○○は都道府県名その他一般に知られている地名）と表示することができる。

　　例：原材料名　○○（国内製造），…

　　　　原材料名　○○（中国製造），…

また，表示対象原材料である加工食品の原産地の表示に代えて，当該加工食品の原材料に占める重量の割合が最も高い生鮮食品の名称とともにその原産地を表示することができる。

　　例：原材料名　チョコレート，…

　　　　原材料原産地名　ガーナ（カカオ豆）

(3) 表示対象の原材料の原産地が複数ある場合

① 表示対象の原材料として複数の原産地のものを使用している場合は，当該原材料に占める重量の割合の高いものから順に表示する。原産地が3以上ある場合は，当該原材料に占める重量の割合の高いものから順に2以上表示し，その他の原産地を「その他」と表示することができる。

　　　例：原材料名　○○（アメリカ産，国産）

② 表示対象の原材料として複数の原産地のものを使用しており，かつ，当該原材料に占める重量の割合の順序が変動する可能性がある場合は，一定期間における使用割合の高いものから順に，「又は」の文字を用いて表示することができる。

　　　例：原材料名　○○（イタリア産又はフランス産）

③ 表示対象の原材料として3以上の外国が原産地のものを使用しており，かつ，当該原材料に占める重量の割合の順序が変動する可能性がある場合は，当該原材料が生鮮食品である場合には「輸入」等と，当該原材料が加工食品である場合には「外国製造」等と表示することが

できる。

④　表示対象の原材料として国産品及び3以上の外国が原産地のものを使用しており，かつ，当該原材料に占める重量の割合の順序が変動する可能性がある場合は，当該原材料が生鮮食品である場合には「国産又は輸入」等と，当該原材料が加工食品である場合には「国内製造又は外国製造」等と，一定期間における使用割合の高いものから順に表示することができる。

Q100

特別用途食品とは何か。特別用途食品にはどのような事項を表示しなければならないか。

特別用途食品とは，健康増進法の規定に基づき，病者用，妊産婦用，授乳婦用，乳児用，えん下困難者用等の特別の用途に適する旨を表示することについて，消費者庁長官の許可又は承認を受けた食品である。特定保健用食品も特別用途食品の一種である。特別用途食品には一定の事項を表示しなければならない。

解　説

1　概　説

販売する食品に，乳児用，幼児用，妊産婦用，病者用その他内閣府令で定める特別の用途に適する旨の表示（特別用途表示）をしようとする者は，消費者庁長官の許可を受けなければならない（健増43条1項・69条3項）。許可を受けずに特別用途表示をしてはならない。

特別用途食品とは，健康増進法の規定に基づき，病者用，妊産婦用，授乳婦用，乳児用，えん下困難者用等の特別用途表示をすることについて，消費

第6章　食品表示法

者庁長官の許可又は承認を受けた食品である。特定保健用食品も特別用途食品の一種である。

2　特別用途食品の表示許可

消費者庁は，「特別用途食品の表示許可基準」（許可基準）を定めている。その概要は，次のとおりである。

(1)　特別用途食品の表示については，病者用食品，妊産婦，授乳婦用粉乳，乳児用調製乳及びえん下困難者用食品（とろみ調整用食品を含む。）に係るものを許可の対象とする（許可基準第1の1）。

(2)　病者用食品のうち次に掲げる食品群に属する食品については「病者用食品たる表示の許可基準」（許可基準第2の3）により特別用途食品たる表示の許可を行い，その他の病者用食品については個別に評価を行い特別用途食品たる表示の許可を行う（許可基準第1の2）。

---

①　低たんぱく質食品

②　アレルゲン除去食品

③　無乳糖食品

④　総合栄養食品

⑤　糖尿病用組合せ食品

⑥　腎臓病用組合せ食品

⑦　経口補水液

---

(3)　病者用食品について，特別の用途に適する旨の表示とは，次のいずれかに該当するものである（許可基準第1の3）。

---

①　単に病者に適する旨を表示するもの（「病者用」，「病人食」等）

②　特定の疾病に適する旨を表示するもの（「糖尿病者用」，「腎臓病食」，「高血圧患者に適する」等）

③　許可対象食品群名に類似の表示をすることによって，病者用の食品であるとの印象を与えるもの（「低たんぱく食品」，「低アレルゲン食品」等）

426

(4) 乳児用調製乳のうち次に掲げる食品群に属する食品については「乳児用調製乳たる表示の許可基準」（許可基準第4）により特別用途食品たる表示の許可を行う（許可基準第1の4）。

    ① 乳児用調製粉乳

    ② 乳児用調製液状乳

(5) えん下困難者用食品のうち次に掲げる食品群に属する食品については「えん下困難者用食品（とろみ調整用食品を含む。）たる表示の許可基準」（許可基準第5）により特別用途食品たる表示の許可を行う（許可基準第1・5）。

    ① えん下困難者用食品

    ② とろみ調整用食品

許可を受けずに特別用途表示をした者は50万円以下の罰金に処される（健増72条2号）。

3 特別用途食品の表示

「特別用途食品の表示許可基準」により，特別用途食品の種類ごとに，許容される特別用途表示の範囲や表示しなければならない事項が定められている。ここではそれらのうちいくつかを紹介する。

① アレルゲン除去食品の表示（許可基準第2の3，食品群別許可基準(2)）

アレルゲン除去食品には，特定の食品アレルギー（牛乳等）の場合に適する旨を表示することができる。また，次の事項を表示しなければならない。

(ア) 医師に特定のアレルゲンの摂取制限を指示された場合に限り用いる旨

(イ) 食品アレルギーの種類又は除去したアレルゲンの名称（目立つような表示）

(ウ) 除去したアレルゲンの代替物の名称

(エ) ビタミン及びミネラルの含量

(オ) 標準的な使用方法

(カ) 医師，管理栄養士等の相談，指導を得て使用することが適当である旨

第6章　食品表示法

> (キ)　食事療法の素材として適するものであって，多く摂取することによっ
> 　て疾病が治癒するというものではない旨

② 　幼児用調製粉乳の表示（許可基準第4の3(1)）

幼児用調製粉乳には次の事項を表示しなければならない。

> (ア)　「乳児用調製粉乳」の文字
> (イ)　当該食品が母乳の代替食品として使用できるものである旨（ただし，
> 　乳児にとって母乳が最良である旨の記載を行うこと。）
> (ウ)　医師，管理栄養士等の相談指導を得て使用することが適当である旨
> (エ)　標準的な調乳方法
> (オ)　乳児の個人差を考慮して使用する旨

③ 　えん下困難者用食品の表示（許可基準第5の3(1)）

えん下困難者用食品には次の事項を表示しなければならない。

> (ア)　「えん下困難者用食品」の文字
> (イ)　許可基準区分を表す図表
> (ウ)　喫食の目安となる温度
> (エ)　1包装当たりの重量
> (オ)　1包装分が含む熱量，たんぱく質，脂質，炭水化物及びナトリウム
> 　（食塩相当量に換算したもの）の量
> (カ)　医師，歯科医師，管理栄養士，薬剤師，言語聴覚士等の相談指導を得
> 　て使用することが適当である旨

　　許可基準区分を表す図表は，下記図表24から図表26までのいずれかの
とおり，許可証票又は承認証票の近接した場所に表示すること。

許可基準区分	許可基準区分を表す文言
許可基準Ⅰ	そのまま飲み込める性状のもの[注1]
許可基準Ⅱ	口の中で少しつぶして飲み込める性状のもの[注2]
許可基準Ⅲ	少しそしゃくして飲み込める性状のもの[注3]

(注1)　均質なゼリー状

(注2) 均質なゼリー・プリン・ムース状
(注3) 不均質なものを含む，まとまりの良いおかゆ状
　　　ただし，注釈は，容器包装以外に表示しても問題ないこととする。

〈図表24　許可基準Ⅰの表示〉

〈図表25　許可基準Ⅱの表示〉

〈図表26　許可基準Ⅲの表示〉

4　特別用途食品に係る景品表示法違反事件

　消費者庁は，2商品について，あたかも，特別用途食品として消費者庁長官の許可の要件を満たしたものであるかのように表示していたが，実際は，特別用途食品として消費者庁長官の許可の要件を満たしていないものであったことが，景品表示法違反（優良誤認表示）に該当するとして，これらの商品を供給していた事業者に対し，措置命令を行った（平29・10・19消費者庁措置命

第6章　食品表示法

令「キッセイ薬品工業㈱に対する景品表示法に基づく措置命令について」）。うち1商品について，違反行為の概要は，次のとおりである。

　当該事業者は，当該食品について，容器包装において，栄養成分表示のたんぱく質量として，100グラム当たり「2.8g」と記載した上で，「健康増進法に規定する特別用途表示の許可等に関する内閣府令」（特別用途内閣府令）による許可証票を記載するとともに，「消費者庁許可特別用途食品　病者用低たんぱく質食品　腎不全患者用」，「○○は，たんぱく質や電解質の制限を必要とする腎不全患者などに適しています」と記載することにより，あたかも，当該商品が特別用途食品として消費者庁長官の許可の要件を満たしたものであるかのように表示していた。

　しかし，実際には，平成26年7月頃から平成28年11月1日までの間，包装後の製品における栄養成分であるたんぱく質量の規格値（以下「製品規格値」という。）の基準を満たすための品質検査の管理が行われておらず，同期間に製造した37ロット中25ロットの商品において，100グラム当たり 2.2グラムないし2.8グラムとする製品規格値を0.1グラムないし 0.4グラム上回っており，特別用途食品として消費者庁長官の許可の要件を満たしていないものであった。

Q101

　特定保健用食品とは何か。特定保健用食品にはどのような事項を表示しなければならないか。

A　特定保健用食品とは，食生活において特定の保健の目的で摂取をする者に対し，その摂取によりその保健の目的が期待できる旨の表示をするものである。特定の保健の効果が科学的に証明されているものについて消費者庁長官に許可を申請し，有効性や安全性の審査を受けて許可されたものが特定保健用食品になる。食品表示基準によって，特定保健用食品に

430

表示しなければならない事項が定められている。許可を受けた事項を超えた内容を表示し，国民の健康の保持増進，国民に対する正確な情報の伝達に重大な影響を与えるおそれがある場合には，健康増進法違反として措置がとられる。また，特定保健用食品の許可の要件を満たしていない食品に特定保健用食品であるかのような表示をすると，優良誤認表示となり景品表示法に違反する（景表5条1号）。

 解　説

1　特定保健用食品の許可

　特定保健用食品とは，食生活において特定の保健の目的で摂取する者に対し，その摂取によりその保健の目的が期待できる旨の表示をするもので（特別用途内閣府令2条1項5号），包装容器に入れられたものである（食品基準2条1項9号）。体の生理学的機能などに影響を与える成分（関与成分）を含んでいて，血中のコレステロールを正常に保つ，おなかの調子を整えるなどの特定の保健の効果が科学的に証明されているものについて消費者庁長官に許可を申請し，有効性や安全性の審査を受けて許可されたものが特定保健用食品になる。消費者庁長官は，特定保健用食品の表示の許可の申請があったときは，食品安全委員会の意見を聴きその意見を踏まえて許可を行う（特別用途内閣府令4条，健増43条1項）。

　特定保健用食品の審査で要求している有効性の科学的根拠のレベルには届かないものの，一定の有効性が確認される食品は，条件付特定保健用食品として，限定的な科学的根拠である旨の表示をすることを条件に許可される。

2　許可後の取消し

　特定保健用食品に係る許可を受けた者は，許可を受けた特定保健用食品の安全性又は効果についての新たな知見が得られたときは，その旨及びその知見の内容を消費者庁長官に報告しなければならない（特別用途内閣府令5条1項）。消費者庁長官は，報告があったときその他必要と認めるときは，食品

第6章　食品表示法

安全委員会の意見を聴いて再審査を行い，必要に応じ，特定保健用食品の許可を取り消す（特別用途内閣府令5条2項・3項，健増62条3号）。

　消費者庁は，後述のように，平成28年に，商品が特定保健用食品の許可の条件を満たさなくなっているにもかかわらず特定保健用食品のマークを付するなど許可の要件を満たしているかのような表示をして販売し続けていた事業者の商品について許可を取り消した。

3　特定保健用食品の表示

　食品関連事業者（食品の製造，加工又は輸入を業とする者および食品の販売を業とする者）が一般用加工食品又は一般用生鮮食品である特定保健用食品を販売する際には，次の事項を次の方法によって表示しなければならない（食品基準3条2項・18条2項）。

　(1)　特定保健用食品である旨

　　　「特定保健用食品」と表示する。条件付特定保健用食品の場合は「条件付特定保健用食品」と表示する。

　(2)　許可を受けた表示の内容

　　　許可を受けた表示の内容のとおり表示する。

　(3)　関与成分を含む栄養成分の量及び熱量

　　①　栄養成分の量及び熱量については，熱量，たんぱく質，脂質，炭水化物，ナトリウム（食塩相当量に換算したもの）及び関与成分の100グラムもしくは100ミリリットル又は1食分，1包装その他の1単位当たりの含有量を表示する。

　　②　それ以外の栄養成分を表示する場合は，その100グラム若しくは100ミリリットル又は1食分，1包装その他の1単位当たりの含有量をナトリウムと関与成分の間に表示する。

　　③　このほか，一般用加工食品のたんぱく質，脂質，炭水化物及びナトリウムの量並びに熱量の表示について定められた方法と同様の方法で表示する。

432

(4) 1日当たりの摂取目安量

申請書に記載した内容を表示する。

(5) 摂取の方法

申請書に記載した内容を表示する。

(6) 摂取をする上での注意事項

申請書に記載した内容を表示する。

(7) バランスのとれた食生活の普及啓発を図る文言

「食生活は，主食，主菜，副菜を基本に，食事のバランスを。」と表示する。

(8) 関与成分について栄養素等表示基準値が示されるものにあっては，1日当たりの摂取目安量に含まれるその関与成分の栄養素等表示基準値に対する割合

関与成分が栄養素等表示基準値の示されている成分である場合，1日当たりの摂取目安量に基づき，その食品を摂取したときの関与成分摂取量のその栄養素等表示基準値に占める割合を百分率又は割合で表示する。

(9) 調理又は保存の方法に関し特に注意を必要とするものにあっては，その注意事項

申請書に記載した内容を表示する。

また，特定保健用食品及び条件付特定保健用食品には，次のマークが付される（特別用途内閣府令8条1項6号，様式第3号・第4号）。

〈図表27　特定保健用食品の表示〉〈図表28　条件付特定保健用食品の表示〉

4　特定保健用食品に表示できる保健の効果

　特定保健用食品に表示できる保健の効果は消費者庁長官の許可を受けたものだけであり，それを超えた健康の保持増進効果を表示すると健康増進法に違反するおそれがある。また，表示した効果について合理的な根拠を持っていなければ，景品表示法に違反する不当表示（優良誤認表示）とみなされるおそれがある。

　また，消費者庁長官の許可を受けて特定保健用食品であることを表示して食品を販売する者は，品質検査をするなどして，販売する商品が許可の基準を満たすようにしておかなければならない。許可の基準を満たさない商品にあたかも特定保健用食品として消費者庁長官の許可の要件を満たしたものであるかのように表示すると，健康増進法に違反するとともに，景品表示法に違反する不当表示（優良誤認表示）になる。

── 参考事例 ──────────────────────────
1　「トマト酢生活トマト酢飲料」と称する特定保健用食品に関し，日刊新聞紙に掲載した広告は，健康の保持増進の効果について，著しく人を誤認させるような表示であり，健康増進法31条1項（現65条1項）の規定に違反するものであるとされた事例（平28・3・1消費者庁勧告）

　　特定保健用食品の販売に当たって，日刊紙新聞の広告において，特定保健用食品の許可証票と「○○は消費者庁許可の特定保健用食品です」と記載し，さらに本件商品についてのヒト試験結果のグラフとともに，「臨床試験で実証済

み！これだけ違う，驚きの『血圧低下作用』」等と記載した。しかし，実際は，当該商品は，「本品は食酢の主成分である酢酸を含んでおり，血圧が高めの方に適した食品です」という表示のみが許可されている特定保健用食品であって，血圧を下げる効果があると表示することについて消費者庁から許可を受けているものではなく，また，高血圧は，医師の診断・治療によらなければ一般に改善が期待できない疾患であり，当該商品を摂取するだけで高血圧を改善する効果を得られるとは認められないものであったことから，消費者庁は，健康増進法に違反し，国民の健康の保持増進，国民に対する正確な情報の伝達に重大な影響を与えるおそれがあるとして，一般消費者への周知徹底，再発防止策の策定等を勧告した。

2 日本サプリメント株式会社に対する景品表示法に基づく課徴金納付命令について（平29・6・7消費者庁課徴金納付命令）

　特定保健用食品について消費者庁の許可を受けた販売業者が錠剤状の食品を販売するに当たり，容器包装に特定保健用食品の許可証票を記載するとともに，「かつお節オリゴペプチド配合」，「消費者庁許可保健機能食品（特定保健用食品）」，「血圧が高めの方に適した食品です。」と記載するなどして，あたかも特定保健用食品として消費者庁長官の許可の要件を満たしたものであるかのように表示していたが，実際には，その商品は品質管理として包装後の製品における関与成分についての試験検査が行われておらず，また既に関与成分の特定ができないことが判明しており，特定保健用食品の許可の要件を満たしていなかった。この事件で，消費者庁は健康増進法に基づく表示許可を取り消し（平成28年9月22日），さらに不当表示（優良誤認表示）に該当するとして景品表示法による措置命令（平成29年2月14日）と課徴金納付命令（同年6月7日）を行った。

第6章　食品表示法

第6章　食品表示法

Q102

　栄養機能食品とは何か。栄養機能食品にはどのような事項を表示しなければならないか。

　栄養機能食品とは，食生活において，食品表示基準に掲げられた栄養成分の補給を目的として摂取をする者に対し，その栄養成分を含むものとして食品表示基準に従ってその栄養成分の機能の表示をする食品をいう。栄養機能食品については，食品表示基準で，栄養成分ごとに，表示できる栄養成分の機能及び1日当たりの摂取目安量に含まれる栄養成分の下限値と上限値が定められており，さらに，摂取をする上での注意事項等，表示しなければならない事項が定められている。

解　説

1　概　説

　栄養機能食品とは，食生活において，食品表示基準に掲げられた栄養成分の補給を目的として摂取をする者に対し，その栄養成分を含むものとして食品表示基準に従ってその栄養成分の機能の表示をする食品をいう（食品基準2条1項11号）。

　対象となる栄養成分は，食品表示基準別表11に掲げられている。これらの栄養成分の機能についてはすでに科学的根拠が確認されているので，これらの栄養成分を一定の基準量含む食品であれば，特に届出などをしなくても，国が定めた表現によって機能性を表示することができる。

2　栄養機能食品の表示

　食品関連事業者が一般用加工食品を販売する際に，栄養機能食品に係る栄養成分の機能を容器包装に表示する場合には，次の方法に従って表示しなければならない（食品基準7条）。

436

(1) 栄養機能食品である旨及びその栄養成分の名称

　栄養機能食品（○○）と表示する。○○は，「亜鉛」，「ビタミンＡ」等の栄養成分の名称である。

(2) 栄養成分の機能

　その食品の１日当たりの摂取目安量に含まれている食品表示基準に記載されている栄養成分の量が，食品表示基準に記載されている量以上であるものについて，食品表示基準に記載されている事項を記載して行う。たとえば，ある食品の１日当たりの摂取目安量に含まれているカルシウムの量が204ミリグラム以上である場合には，「カルシウムは，骨や歯の形成に必要な栄養素です。」と表示する。

(3) １日当たりの摂取目安量

　１日当たりの摂取目安量に含まれる栄養成分の量は，食品表示基準に記載されている量を超えるものであってはならない。例えば，カルシウムの場合，１日当たりの摂取目安量に含まれるカルシウムの量は，600ミリグラムを超えるものであってはならない。

(4) 摂取の方法

(5) 摂取をする上での注意事項

　栄養成分ごとに食品表示基準に掲げる事項を記載して行わなければならない。例えば，カルシウムの場合，「本品は，多量摂取により疾病が治癒したり，より健康が増進するものではありません。１日の摂取目安量を守ってください。」と表示する。

(6) バランスのとれた食生活の普及啓発を図る文言

　「食生活は，主食，主菜，副菜を基本に，食事のバランスを。」と表示する。

(7) 消費者庁長官の個別の審査を受けたものではない旨

　「本品は，特定保健用食品と異なり，消費者庁長官による個別審査を受けたものではありません。」と表示する。

(8) １日当たりの摂取目安量に含まれる機能に関する表示を行っている栄養成分の量が栄養素等表示基準値に占める割合

(9) 栄養素等表示基準値の対象年齢及び基準熱量に関する文言
(10) 調理又は保存の方法に関し特に注意を必要とするものにあっては，その注意事項
(11) 特定の対象者に対し注意を必要とするものにあっては，その注意事項

Q103

機能性表示食品とは何か。機能性表示食品にはどのような事項を表示しなければならないか。

　機能性表示食品とは，事業者が，食品の安全性と機能性に関する科学的根拠などの必要な資料を販売前に消費者庁に届け出て，機能性を表示して販売する食品である。特定保健用食品や栄養機能食品と異なり，当該食品や成分の有効性や安全性について国は事前に審査せず，事業者の自己責任に任されている。機能性について，一般消費者に対し，実際のものよりも著しく優良であると示す表示を行うと，景品表示法違反となる。

令和6年に機能性表示食品による重大な健康被害が生じたことから，同年，食品表示基準の機能性表示食品に関する規定が改正され，一部を除き同年9月1日に施行された。

解説

1 概説

機能性表示食品とは，疾病に罹患していない者（未成年者，妊産婦（妊娠を計画している者を含む。）及び授乳婦を除く。）に対し，機能性関与成分によって健康の維持及び増進に資する特定の保健の目的（疾病リスクの低減に係るものを除く。）が期待できる旨を科学的根拠に基づいて容器包装に表示をする食品であって，次の要件を全て満たすものをいう（食品基準2条1項10号）。

① 当該食品に関する表示の内容，食品関連事業者名及び連絡先等の食品関連事業者に関する基本情報，安全性及び機能性の根拠に関する情報，生産・製造及び品質の管理に関する情報，健康被害の情報収集体制その他必要な事項を食品表示基準が定める方法により販売日の60日前までに（届出に係る資料の確認に特に時間を要すると消費者庁長官が認める場合は120日前までに）消費者庁長官に届け出たものであること（健康被害の情報収集体制以外の事項は令和7年4月1日施行）
② 届出者が，届出の日以後において，食品表示基準が定める遵守事項を遵守しているものであること
③ 次に掲げる食品でないこと
　(ア) 特別用途食品
　(イ) 栄養機能食品
　(ウ) アルコールを含有する食品
　(エ) 国民の栄養摂取の状況からみてその過剰な摂取が国民の健康の保持増進に影響を与えているものとして健康増進法施行規則で定める栄養素の過剰な摂取につながる食品
　(オ) 届出の日以降における科学的知見の充実により機能性関与成分について健康の維持および増進に資する特定の保健の目的が期待できる旨の表示をすることが適切でないと消費者庁長官が認める食品

　特定保健用食品と異なり有効性や安全性について国の審査を受けておらず，事業者の責任において機能性を表示するものである。

2 機能性表示食品（加工食品）の表示事項

　食品関連事業者が一般用加工食品である機能性表示食品を販売する際には，次の事項を次の方法によって表示しなければならない（食品基準3条2項）。令和6年の食品表示基準改正により一部の表示事項の表示方法が改正されたが，令和8年8月31日までに製造，加工又は輸入された加工食品の表示は改正前の例によって行うことができる。

　　① 機能性表示食品である旨
　　　「機能性表示食品」と表示する。

第6章　食品表示法

② 科学的根拠を有する機能性関与成分及び当該成分又は当該成分を含有する食品が有する機能性

「機能性表示」の文字を冠して，

(ア) 機能性関与成分が有する機能性を表示する場合は，機能性関与成分の名称及び当該機能性関与成分が有する機能性を科学的根拠に基づき表示する。

(イ) 機能性関与成分を含有する食品が有する機能性を表示する場合は，機能性関与成分の名称及び当該機能性関与成分を含有する食品が有する機能性を科学的根拠に基づき表示する。

③ 栄養成分の量及び熱量

(ア) 栄養成分の量及び熱量については，熱量，たんぱく質，脂質，炭水化物及びナトリウム（食塩相当量に換算したもの）の1日当たりの摂取目安量当たりの量を表示する。

(イ) それ以外の栄養成分を表示する場合は，1日当たりの摂取目安量当たりの当該栄養成分の量をナトリウムの量の次に表示する。

(ウ) このほか，一般用加工食品のたんぱく質，脂質，炭水化物及びナトリウムの量並びに熱量の表示について定められた方法と同様の方法で表示する。この場合において，「当該食品の100グラム若しくは100ミリリットル又は1食分，1包装その他の1単位当たりの量」とあるのは「1日当たりの摂取目安量当たりの量」と読み替えるものとする。

④ 1日当たりの摂取目安量当たりの機能性関与成分の含有量

消費者庁長官に届け出た内容を表示する。

⑤ 1日当たりの摂取目安量

消費者庁長官に届け出た内容を表示する。

⑥ 届出番号

消費者庁長官への届出により付与された届出番号を表示する。

⑦ 食品関連事業者の連絡先

食品関連事業者のうち表示内容に責任を有する者の電話番号を表示

440

する。

⑧　機能性及び安全性について国による評価を受けたものではない旨

　　「本品は，特定保健用食品と異なり，機能性及び安全性について国による評価を受けたものではありません。届け出られた科学的根拠等の情報は消費者庁のウェブサイトで確認できます。」と表示する。

⑨　摂取の方法

　　消費者庁長官に届け出た内容を表示する。

⑩　摂取をする上での注意事項

　　医薬品や他の機能性関与成分との相互作用，過剰摂取等に係る注意喚起等について，当該機能性関与成分の安全性に関する科学的根拠を踏まえて具体的に表示する。

⑪　バランスのとれた食生活の普及啓発を図る文言

　　「食生活は，主食，主菜，副菜を基本に，食事のバランスを。」と表示する。

⑫　調理又は保存の方法に関し特に注意を必要とするものにあっては当該注意事項

　　消費者庁長官に届け出た内容を表示する。

⑬　疾病の診断，治療，予防を目的としたものではない旨

　　医薬品と異なり，疾病の診断，治療，予防を目的としたものではない旨又は医薬品ではない旨を表示する。

⑭　疾病に罹患している者，未成年者，妊産婦（妊娠を計画している者を含む。）及び授乳婦に対し訴求したものではない旨

　　「本品は，疾病に罹患している者，未成年者，妊産婦（妊娠を計画している者を含む。）及び授乳婦を対象に開発された食品ではありません。」と表示する。

⑮　疾病に罹患している者は医師，医薬品を服用している者は医師，薬剤師に相談した上で摂取すべき旨

　　疾病に罹患している場合は医師に，医薬品を服用している場合は医師，薬剤師に摂取について相談すべき旨を表示する。

第6章　食品表示法

⑯　体調に異変を感じた際は速やかに摂取を中止し医師に相談すべき旨
　　「体調に異変を感じた際は，速やかに摂取を中止し，医師に相談してください。」と表示する。

3　機能性表示食品（生鮮食品）の表示事項

　また，食品関連事業者が一般用生鮮食品である機能性表示食品を販売する際には，次の事項を次の方法によって表示しなければならない（食品基準18条2項）。令和6年の食品表示基準改正により一部の表示事項の表示方法が改正されたが，令和8年8月31日までに製造，加工又は輸入された生鮮食品の表示は改正前の例によって行うことができる。

①　保存の方法
　　常温で保存すること以外にその保存方法に関し留意すべき事項がないものにあっては，保存の方法の表示を省略することができる。

②　機能性表示食品である旨
　　「機能性表示」の文字を冠して，
　㋐　機能性関与成分が有する機能性を表示する場合は,機能性関与成分の名称及び当該機能性関与成分が有する機能性を科学的根拠に基づき表示する。
　㋑　機能性関与成分を含有する食品が有する機能性を表示する場合は,機能性関与成分の名称及び当該機能性関与成分を含有する食品が有する機能性を科学的根拠に基づき表示する。

③　科学的根拠を有する機能性関与成分及び当該成分又は当該成分を含有する食品が有する機能性
　　「機能性表示」の文字を冠して，
　㋐　機能性関与成分が有する機能性を表示する場合は，機能性関与成分の名称及び当該機能性関与成分が有する機能性を科学的根拠に基づき表示する。
　㋑　機能性関与成分を含有する食品が有する機能性を表示する場合は，機能性関与成分の名称及び当該機能性関与成分を含有する食品が有

442

Q 103

する機能性を科学的根拠に基づき表示する。

④ 栄養成分の量及び熱量

　㋐ 栄養成分の量及び熱量については，熱量，たんぱく質，脂質，炭水化物，ナトリウム（食塩相当量に換算したもの）の１日当たりの摂取目安量当たりの量を表示する。

　㋑ それ以外の栄養成分を表示する場合は，１日当たりの摂取目安量当たりの当該栄養成分の量をナトリウムの量の次に表示する。

　㋒ このほか，一般用加工食品のたんぱく質，脂質，炭水化物及びナトリウムの量並びに熱量の表示について定められた方法と同様の方法で表示する。なお，「当該食品の100グラム若しくは100ミリリットル又は１食分，１包装その他の１単位当たりの量」とあるのは「１日当たりの摂取目安量当たりの量」と読み替えるものとする。

⑤ １日当たりの摂取目安量当たりの機能性関与成分の含有量
　　消費者庁長官に届け出た内容を表示する。

⑥ １日当たりの摂取目安量
　　消費者庁長官に届け出た内容を表示する。

⑦ 届出番号
　　消費者庁長官への届出により付与された届出番号を表示する。

⑧ 食品関連事業者の氏名又は名称，住所及び連絡先
　　食品関連事業者のうち表示内容に責任を有する者の氏名又は名称，住所及び電話番号を表示する。

⑨ 機能性及び安全性について国による評価を受けたものではない旨
　　「本品は，特定保健用食品と異なり，機能性及び安全性について国による評価を受けたものではありません。届け出られた科学的根拠等の情報は消費者庁のウェブサイトで確認できます。」と表示する。

⑩ 摂取の方法
　　消費者庁長官に届け出た内容を表示する。

⑪ 摂取をする上での注意事項
　　医薬品や他の機能性関与成分との相互作用，過剰摂取等に係る注意

第６章　食品表示法

443

喚起等について，当該機能性関与成分の安全性に関する科学的根拠を
踏まえて具体的に表示する。

⑫　バランスのとれた食生活の普及啓発を図る文言

「食生活は，主食，主菜，副菜を基本に，食事のバランスを。」と表
示する。

⑬　調理又は保存の方法に関し特に注意を必要とするものにあっては当
該注意事項

消費者庁長官に届け出た内容を表示する。

⑭　疾病の診断，治療，予防を目的としたものではない旨

医薬品と異なり，疾病の診断，治療，予防を目的としたものではな
い旨又は医薬品ではない旨を表示する。

⑮　疾病に罹患している者は医師，医薬品を服用している者は医師，薬
剤師に相談した上で摂取すべき旨

疾病に罹患している場合は医師に，医薬品を服用している場合は医
師，薬剤師に摂取について相談すべき旨を表示する。

⑯　体調に異変を感じた際は速やかに摂取を中止し医師に相談すべき旨

「体調に異変を感じた際は，速やかに摂取を中止し，医師に相談し
てください。」と表示する。

4　機能性表示食品と景品表示法

消費者庁が令和2年に策定した「機能性表示食品に対する食品表示等関係
法令に基づく事後的規制（事後チェック）の透明性の確保等に関する指針」
（令2・3・24消費者庁）は，景品表示法上問題となるおそれのある主な表示の
類型として，次の四つを挙げている。

(1)　届出された機能性の範囲を逸脱した表示

機能性表示食品について，届出された機能性の範囲を逸脱する表示を
する場合には，その表示は景品表示法上問題となるおそれがある。

(2)　特定保健用食品と誤認される表示

機能性表示食品は，特定保健用食品（特別用途内閣府令2条1項5号に規

定する食品（容器包装に入れられたものに限る。）をいう。以下同じ。）とは異なり，表示される機能性や安全性について国が審査を行った上で消費者庁長官が個別に許可をしたものではない。そのため，機能性表示食品を特定保健用食品と誤認させる蓋然性がある表示は，景品表示法上問題となるおそれがある。

(3) 国の評価，許可等を受けたものと誤認される表示

　　機能性表示食品は，表示される機能性について国が審査を行った上で許可等を与えたものではない。したがって，国による評価，許可等を受けたものと誤認される蓋然性がある表示は，景品表示法上問題となるおそれがある。

(4) 表示の裏付けとなる科学的根拠が合理性を欠いている場合

　　機能性表示食品は，表示される機能性について国が審査を行った上で消費者庁長官が個別に許可をしたものではない。したがって，表示の裏付けとなる科学的根拠が合理性を欠くと認められる場合には，その表示は景品表示法上問題となるおそれがある。

――― 参考事例 ―――

1 届け出た機能性の範囲を逸脱する表示について合理的根拠を提出しなかった事件（平29・11・7消費者庁措置命令，平30・1・19消費者庁課徴金納付命令）

　　16社は，葛の花イソフラボンを機能性関与成分とする機能性食品（本件各商品）の販売に当たり，自社ウェブサイト，テレビ放送，新聞広告等において，あたかも，本件各商品を摂取するだけで，誰でも容易に，内臓脂肪（及び皮下脂肪）の減少による，外見上，身体の変化を認識できるまでの腹部の痩身効果が得られるかのような表示をしていた。消費者庁が景品表示法7条2項の規定の基づき，16社に対し，それぞれ表示の裏付けとなる合理的な根拠を示す資料の提出を求めたところ，16社から資料が提出されたが，いずれも表示の裏付けとなる合理的な根拠を示すものとは認められなかったことから，消費者庁は16社に対し措置命令を行い（平29・11・7消費者庁措置命令），うち9社に対し

445

第6章　食品表示法

課徴金納付命令を行った（平30・1・19消費者庁課徴金納付命令）。

　本件各商品について機能性表示として消費者庁に届出が行われていたのは，例えば「本品には，葛の花由来イソフラボンが含まれます。葛の花由来イソフラボンには，肥満気味な方の，体重やお腹の脂肪（内臓脂肪と皮下脂肪）やウエスト周囲径を減らすのを助ける機能があることが報告されています。肥満気味な方，BMIが高めの方，お腹の脂肪が気になる方，ウエスト周囲径が気になる方に適した食品です」といった表示であった。本件措置命令等は，これらの届出が行われた機能性の表示自体について裏付けとなる合理的根拠を示す資料がないとしたものではなく，16社が行った，届出を行った機能性の表示を超えた，あたかも，本件各商品を摂取するだけで，誰でも容易に，内臓脂肪（および皮下脂肪）の減少による，外見上，身体の変化を認識できるまでの腹部の痩身効果が得られるかのような表示について，裏付けとなる合理的根拠を示す資料がないとしたものである。すなわち，上記4⑴に該当するものである。

② **消費者庁が効果を認めているかのような表示をした事件（令5・11・27消費者庁措置命令）**

　機能性表示食品を販売するに当たり，ウェブサイトにおいて，「国が痩せる効果を認めた機能性表示食品」と表示するなど，あたかも，本件商品を摂取すれば，本件商品に含まれる成分の作用により，誰でも，容易に，外見上，身体の変化を認識できるまでの痩身効果を得られることについて，消費者庁又は国が認めているかのように示す表示をしていたが，実際には，消費者庁又は国が本件商品に表示どおりの効果が得られることについて，認めた事実はなかった。本件は，上記4⑶に該当するものである。

③ **機能性について，表示の裏付けとなる合理的根拠を提出しなかった事件（令5・6・30消費者庁措置命令）**

　機能性表示食品を販売するに当たり，自社ウェブサイト等に，「酸化LDLコレステロールを減少させる機能性取得　○」，「血圧を下げる機能性取得　○」，「中性脂肪を低下させる機能性取得　○」と記載のある表等を表示するなど，あたかも，当該商品を摂取すれば，商品に含まれている各成分の作用により，記載のとおりの効果が得られるかのように示す表示をしていた。消費者庁は，景品表示法7条2項の規定に基づき，期間を定めて，当該表示の裏付けとなる

446

合理的な根拠を示す資料の提出を求めたところ，資料が提出されたが，表示の裏付けとなる合理的な根拠を示すものであるとは認められないものであった。本件は，消費者庁に届け出た機能性の表示について合理的根拠が認められなかったものであり，上記4(4)に該当するものである。

　本件表示をしていた事業者は，当該商品の機能性表示食品の届出を撤回した。また，消費者庁は，措置命令の対象となった当該商品と同一の機能性関与成分であって，科学的根拠が同一である他の届出88件について，届出をした事業者に科学的根拠として疑義がある点を指摘したところ，全ての届出が撤回された。

21　食品表示法と景品表示法

　食品製造業者，食品販売業者等は，販売する食品に，食品表示基準が表示を義務付ける事項を同基準が定める方法で表示しなければならない（食品基準3条・18条等）。また，それらの事項等について，実際のものより著しく優良又は有利であると誤認させる用語を容器包装等に表示してはならない（食品基準9条・23条）。食品表示基準に従った表示がされていない食品を販売してはならず（食品表示5条），食品表示基準に従った表示がなされていない食品を販売するなどしたときは，消費者庁長官又は農林水産大臣が食品表示基準に従った表示をするように指示することができる（食品表示6条）。

　また，事業者は自己が供給する商品の内容について実際のものよりも著しく優良であると示す表示であって，不当に顧客を誘引し，一般消費者による自主的かつ合理的な選択を阻害するおそれがあると認められるものをしてはならず（優良誤認表示：景表5条1号），そのような表示をしたときは消費者庁長官が行為の差止め等を命じることができる（措置命令：景表7条1項）。したがって，例えば加工食品の原材料について実際のものよりも著しく優良であると示す表示をすると，食品表示法及び景品表示法違反となる。

　食品について事実と異なる表示をした場合，食品表示法と景品表示法の両方に違反する場合も，一方だけに違反する場合もある。

　食パンの原材料の表示について，食品表示法6条による指示と景品表示法7条1項による措置命令が行われた事件がある。本件で，消費者庁は，1種類の商品で，原材料にもち米，バター，植物油脂及び醸造酢を使用していな

447

第6章　食品表示法

いにもかかわらず，原材料名欄に当該各原材料名を表示するとともに，容器
包装に「バター香る」と表示することにより，あたかも原材料にバターを使
用しているかのように示す表示をしていたことが食品表示基準9条に違反し，
また当該商品を含む5種類の商品で，栄養成分の量及び熱量等について食品
表示基準に従った表示をしていなかったことが食品表示基準3条に違反する
として食品表示法6条による指示を行った（令2・3・30消費者庁指示「山崎
製パン㈱に対する件」）。さらに，容器包装に「バター香るもっちりとした食
パン」と表示するとともに，原材料名欄に「バター」及び「もち米粉」と表
示していた商品については，あたかも原材料にバター及びもち米粉を使用し
ているかのように示す表示をしていたが，実際には原材料にバター及びもち
米粉を使用していなかったことが優良誤認表示に該当し景品表示法5条1号
の優良誤認表示に該当するとして，景品表示法7条1項による措置命令を
行った（令2・3・30消費者庁措置命令「㈱ファミリーマート及び山崎製パン㈱
に対する件」）。本件では，あたかも原材料にバター及びもち米粉を使用して
いるかのように示す表示をしていたが，実際には原材料にバター及びもち米
粉を使用していなかったことが食品表示法と景品表示法の両方に違反すると
して措置がとられた。一方，他の4種類の商品では，食品表示基準に従った
表示をしていなかったこと等が食品表示法違反とされたが，当該表示は景品
表示法違反とはされなかった。

　そのほか，原材料欄に食品表示法を遵守した表示をしていたが景品表示法
に違反する優良誤認表示として措置命令を受けた事件として，果汁飲料の事
件がある。この事件で問題となった商品の容器の原材料欄には「果実（ぶど
う（アルゼンチン），りんご，バナナ，メロン）」と記載されており，原材料に
占めるメロンの割合がぶどう，りんご及びバナナより少ないことが表示され
ていた。しかし，消費者庁は，容器に「厳選マスクメロン」，「Tropicana®
REAL FRUIT EXPERIENCE まるごと果実感」，「100%MELON TASTE」
等と表示していたことから，原材料の98パーセント程度はぶどう，りんご
及びバナナの果汁を用いており，メロンの果汁は2パーセント程度しか用い
ていないものであるにもかかわらず，あたかも本件商品の原材料の大部分が
メロンの果汁であるかのように示す表示をしていたとして措置命令を行った
（令4・9・6消費者庁措置命令「キリンビバレッジ㈱に対する件」）。

448

第7章　その他の法律

Q104

健康増進法ではどのような表示が規制されているか。

A 　健康増進法は，食品として販売されるものについて広告その他の表示をするときに，健康の保持増進の効果等について，著しく事実に相違する表示をし，又は著しく人を誤認させる表示をすることを禁止している。規制の対象となる者は製造業者や販売業者に限られず，広告その他の表示をする者であれば規制対象となりうる。

解　説

1　健康増進法の規定

　健康増進法は，何人も，食品として販売に供する物に関して広告その他の表示をするときは，健康の保持増進の効果その他内閣府令で定める事項（健康保持増進効果等）について，著しく事実に相違する表示をし，又は著しく人を誤認させるような表示をしてはならないと規定している（健増65条1項）。「何人も」と規定しているので，規制の対象となる者は製造業者や販売業者に限られない。「広告その他の表示」をする者であれば，新聞，雑誌，テレビ，インターネットサイト等の広告媒体事業者も，またこれらに対して広告の仲介・取次ぎをする広告代理店も，規制の対象となりうる。消費者庁は，平成28年6月30日に「健康食品に関する景品表示法及び健康増進法上の留意事項について」（健康食品ガイドライン）を制定・公表して，どのような表示が禁止の対象となるかを明らかにしている。ガイドラインは，虚偽誇大表示について第一義的に規制の対象となるのは健康食品の製造業者，販売業者であ

449

第7章　その他の法律

るから，直ちに，広告媒体事業者等に対して健康増進法に基づく措置をとることはないが，表示の内容が虚偽誇大なものであることを予見し，又は容易に予見し得た場合等特別な事情がある場合には，健康増進法に基づく措置をとることがあるとしている（健康食品ガイドライン第3・3(2)）。

2　健康増進法による表示規制の対象

健康増進法による表示規制の対象とされている事項は次のとおりである（健康食品ガイドライン第2・2）。

(1)　健康の保持増進の効果

健康の保持増進の効果とは，健康状態の改善又は健康状態の維持の効果であり，例えば次に掲げるものである。

①　疾病の治療又は予防を目的とする効果

例　「末期ガンが治る」，「虫歯にならない」

②　身体の組織機能の一般的増強，増進を主たる目的とする効果

例　「疲労回復」，「老化防止」

③　特定の保健の用途に適する旨の効果

例　「おなかの調子を整えます」，「血圧が高めの方に適する」

④　栄養成分の効果

例　「カルシウムは，骨や歯の形成に必要な栄養素です」

(2)　内閣府令で定める事項

内閣府令で定める事項は，次に掲げるものである。

①　含有する食品又は成分の量

例　「カルシウム○○mg配合」

②　特定の食品又は成分を含有する旨

例　「○○抽出エキスを使用しています」

③　熱　量

例　「カロリー○％オフ」

450

④　人の身体を美化し，魅力を増し，容ぼうを変え，又は皮膚若しくは毛髪を健やかに保つことに資する効果

　　例　「美肌，美白効果が得られます」，「美しい理想の体型に」

(3)　次のように，健康保持増進効果等を暗示的又は間接的に表現するものも健康保持増進効果等についての表示に当たる。

①　名称又はキャッチフレーズにより表示するもの

　　例　「ほね元気」，「血液サラサラ」

②　含有成分の表示及び説明により表示するもの

　　例　「○○は，不飽和脂肪酸の一種で，血液をサラサラにします」

③　起源，由来等の説明により表示するもの

　　例　「×× (国名) では医薬品として販売されています」

④　身体の組織機能等に係る不安や悩みなどの問題事項を例示して表示するもの

　　例　「「こんなお悩みありませんか？疲れが取れない。健康診断で○○の指摘を受けた。運動や食事制限が苦手。いつもリバウンドしてしまう。メタボが気になる。」，「年齢とともに，低下する○○成分」

⑤　新聞，雑誌等の記事，医師，学者等の談話やアンケート結果，学説，体験談などを引用又は掲載することにより表示するもの

　　例　○○　○○（××県，△△歳）
　　　　「×××を３か月間毎朝続けて食べたら，９kg痩せました。」

⑥　医療・薬事・栄養等，国民の健康の増進に関連する事務を所掌する行政機関（外国政府機関を含む。）や研究機関等により，効果等に関して認められている旨を表示するもの

　　例　「××国政府認可○○食品」

3　医薬品的な効果効能を標榜する表示

　なお，前記2(1)①及び②のような医薬品的な効果効能を標榜する表示は，医薬品としての承認を受けない限り表示できない（薬機68条）。

第7章　その他の法律

　また，前記2(1)③の特定の保健の用途に適する旨の表示は，特別用途食品
として消費者庁長官の許可を受けなければ表示できない（健増43条1項）。
　さらに，前記2(1)④の栄養成分の効果の表示をする場合は，食品表示基準
に従った表示をしなければならない。

4　健康増進法により禁止される表示

　上記の健康保持増進効果等について，著しく事実に相違する表示をし，ま
たは著しく人を誤認させる表示をすることが禁止されている（健増65条1項）。
禁止されている表示は，次のとおりである（健康食品ガイドライン第3・4(2)）。

(1)　事実に相違する表示

　　「事実に相違する」とは，広告等に表示されている健康保持増進効果
　　等と実際の健康保持増進効果等が異なることを指す。例えば，十分な実
　　験結果等の根拠が存在しないにもかかわらず，「3か月間で○キログラ
　　ムやせることが実証されています。」と表示する場合や，体験談をねつ
　　造した場合，ねつ造された資料を表示した場合などはこれに該当する。

(2)　人を誤認させる表示

　　「人を誤認させる」とは，広告等から一般消費者が認識することとな
　　る健康保持増進効果等の印象や期待感と実際の健康保持増進効果等に相
　　違があることを指す。例えば，健康保持増進効果等に関し，メリットと
　　なる情報を断定的に表示しているにもかかわらず，デメリットとなる情
　　報（効果が現れない者がいること，一定の条件下でなければ効果が得られにくいこ
　　と等）が表示されておらず，又は著しく一般消費者が認識しがたい方法
　　で表示されている場合などはこれに該当する。

(3)　「著しく」

　　広告は，通常，ある程度の誇張を含むものであり，一般消費者もある
　　程度の誇張が行われることを通常想定しているため，社会一般に許容さ
　　れる程度の誇張であれば取り締まりの対象とせず，「著しく」人を誤認
　　させるような表示を禁止している。例えば，広告された食品を摂取した
　　場合に実際に得られる効果が広告に表示されたとおりではないことを

452

知っていればその食品に誘引されることは通常ないと判断される場合は，「著しく」に該当する。

5 違反行為に対する措置

消費者庁長官又は都道府県知事は，健康増進法65条1項の規定に違反した表示をした者がある場合において，国民の健康の保持増進及び国民に対する正確な情報の伝達に重大な影響を与えるおそれがあると認めるときは，その者に対し，必要な措置をとるべき旨の勧告をすることができ（健増66条1項・69条3項），勧告を受けた者が正当な理由なくその勧告に係る措置をとらなかったときは，その者に対し，その勧告に係る措置をとるべきことを命ずることができる（健増66条2項・69条3項）。

健康増進法違反として勧告が行われた事件として平28・3・1消費者庁勧告（Q101参考事例1）がある。

Q105

　健康食品の販売業者がアフィリエイトによって広告を行っている場合，アフィリエイターが虚偽誇大表示等を行ったときは，アフィリエイターと広告主のどちらに対して措置がとられるか。

A　広告主がアフィリエイターの表示内容に関与している場合（アフィリエイターに表示内容を任せた場合を含む。）には，広告主が景品表示法及び健康増進法の適用を受ける。また，自分では健康食品を販売していないアフィリエイターは景品表示法の適用を受けないが，健康増進法の適用対象になる。

第7章　その他の法律

解　説

　アフィリエイトとは，ブログ等のウェブサイトを運営している者（アフィリエイター）が，広告主の依頼によって広告主が供給する商品の紹介，バナー広告等を自己のウェブサイトに掲載し，そのウェブサイトを通じて広告主の商品が購入された等の場合に広告主からアフィリエイターに成功報酬が支払われる仕組みである（コラム10参照）。

　景品表示法は，事業者が自己の供給する商品又は役務の取引について不当な表示をすることを禁止しているので（景表5条），商品や役務を供給していないアフィリエイターは，たとえ広告主が供給する商品や役務について消費者に著しく優良又は有利と誤認される表示を行っても景品表示法違反にはならない。しかし，健康増進法は，何人も健康増進効果等について虚偽誇大表示をしてはならないと定めているので（健増65条1項），健康食品の健康増進効果等について虚偽誇大表示をしたアフィリエイターは，健康増進法に違反することになる。

　また，不当表示を行った者とは表示内容の決定に関与した事業者であり，これには①自ら若しくは他の事業者と共同して積極的に表示の内容を決定した事業者のみならず，②他の者の表示内容に関する説明に基づきその内容を定めた事業者や，③他の事業者にその決定を委ねた事業者も含まれる。そして，②の他の者の表示内容に関する説明に基づきその内容を定めた事業者とは，他の事業者が決定したあるいは決定する表示内容についてその事業者から表示内容について説明を受けてこれを了承しその表示を自己の表示とすることを了承した事業者をいい，また，③の他の事業者にその決定を委ねた事業者とは，自己が表示内容を決定することができるにもかかわらず他の事業者に表示内容の決定を任せた事業者をいう（東京高判平20・5・23裁判所ウェブサイト「ベイクルーズ事件」。Q17参照）。したがって，アフィリエイターがアフィリエイトサイトにおいて広告主の販売する健康食品について虚偽誇大表示に当たる内容を掲載した場合，広告主がその表示内容の決定に関与している場合には，広告主は景品表示法及び健康増進法に違反することになる（健康食

品ガイドライン第 3 の 3(3))。

　このように，広告主がアフィリエイターに虚偽誇大表示等に該当する内容を伝達・指示していた場合はもちろん，アフィリエイターが自己の判断で虚偽誇大表示等に該当する表示を行った場合であっても，広告主がアフィリエイターに表示内容の決定を委ねたといえる場合には，広告主は虚偽誇大表示等を行った者になり，景品表示法や健康増進法による措置を受けることになる。したがって，アフィリエイトによって広告する場合には，自己の商品・役務についてアフィリエイターが行う表示についても管理することが必要である（管理措置指針第 4 の 3(2)。Q81 参照）。

　アフィリエイターが行った不当な表示について広告主に対して景品表示法による措置命令が行われた事件として，ダイエットサプリメントについて，アフィリエイトサイトで「3ヶ月で7kg落ちた方法を紹介！」等と記載するなどあたかもその商品を摂取することにより容易に痩身効果が得られるかのような表示をしていたが，実際には痩身効果を得るためには食事制限及び運動を条件としており，その商品を摂取するだけでは痩身効果を得られるものではなかった事件等がある（令2・3・31埼玉県措置命令「㈱ニコリオに対する件」）。

　また，健康食品について景品表示法に違反する不当表示を行い，アフィリエイトを利用して広告し販売した事業者に対し，表示が景品表示法に違反するものであった旨の消費者に対する周知徹底文書を自社サイトに掲載し，アフィリエイトサイトからのハイパーリンクによっても見られるようにすることが命じられた事件がある（平30・6・15消費者庁措置命令「㈱ブレインハーツに対する件」）。

22　健康増進法と景品表示法

　健康増進法65条1項は，「何人も，食品として販売に供する物に関して広告その他の表示をするときは，健康の保持増進の効果…について，著しく事

第7章　その他の法律

実に相違する表示をし，又は著しく人を誤認させるような表示をしてはならない。」としている。また，景品表示法5条1号は，事業者は，自己の供給する商品又は役務の取引について，「商品又は役務の品質，規格その他の内容について，一般消費者に対し，実際のものよりも著しく優良であると示し，又は事実に相違して当該事業者と同種若しくは類似の商品若しくは役務を供給している他の事業者に係るものよりも著しく優良であると示す表示であつて，不当に顧客を誘引し，一般消費者による自主的かつ合理的な選択を阻害するおそれがあると認められる」表示を禁止している。したがって，事業者が，自己の販売する健康食品の健康の保持増進効果について，著しく優良であると消費者を誤認させる表示をすると，健康増進法と景品表示法の両方に違反することになる。

　健康食品ガイドラインは，健康増進法に違反する虚偽誇大表示と景品表示法に違反する不当表示とを合わせて「虚偽誇大表示等」と呼び，第4で「虚偽誇大表示等」に該当するおそれのある表示例を示している。

　なお，景品表示法は，事業者が自己の供給する商品又は役務の取引について不当な表示をすることを禁止しているのに対し，健康増進法65条1項は何人も健康保持増進効果について虚偽誇大表示をしてはならないとしている。したがって，健康食品について問題となる表示が行われたとき，景品表示法で規制対象となるのは当該健康食品を製造又は販売する事業者に限られるのに対し，健康増進法では，「食品として販売に供する物に関して広告その他の表示をする」者であれば規制の対象となるので，当該健康食品の製造業者，販売業者等のほか，広告媒体事業者や広告代理店等も規制の対象となり得る（健康食品ガイドライン第3の3）。

Q106

医薬品医療機器等法ではどのような表示が規制されているか。

Ⓐ　　医薬品，医薬部外品，化粧品，医療機器及び再生医療等製品については，医薬品，医療機器等の品質，有効性及び安全性の確保等に

関する法律（以下，「薬機法」という。）によって，広告規制が行われている。

　健康食品も，広告に病気の治療・予防効果等を表示すると，未承認医薬品の広告を禁止する規定に違反し，薬機法違反となる。

1 概説

　薬機法は，何人も，医薬品，医薬部外品，化粧品，医療機器又は再生医療等製品の効能，効果，性能等に関して，虚偽又は誇大な記事を広告し，記述し又は流布することを禁止している。

　また，がん等に使用されることが目的とされている医薬品又は再生医療等製品であって，医師又は歯科医師の指導の下に使用されるのでなければ危害を生ずるおそれが特に大きいものについては，医薬関係者以外の一般人を対象とする広告方法を制限する等適切な使用の確保のために必要な措置を定めることができるとしている。

　さらに，医薬品又は再生医療等製品であって，同法に基づく承認又は認証を受けていないものについて，その名称，製造方法，効能，効果又は性能に関する広告をしてはならないとしている。

　薬機法による規制の対象となる「広告」とは，次の3要件を満たすものである（「薬事法における医薬品等の広告の該当性について」（平10・9・29医薬監148号厚生省医薬安全局監視指導課長通知））。

---

① 顧客を誘引する（顧客の購入意欲を昂進させる）意図が明確であること
② 特定医薬品等の商品名が明らかにされていること
③ 一般人が認知できる状態であること

　詳細については，『健康広告』2頁及び25頁～27頁参照。

第7章　その他の法律

2　虚偽・誇大広告の禁止

(1)　禁止の内容

　　何人も，医薬品，医薬部外品，化粧品，医療機器又は再生医療等製品の名称，製造方法，効能，効果又は性能に関して，明示的であると暗示的であるとを問わず，虚偽又は誇大な記事を広告し，記述し又は流布してはならない（薬機66条1項）。

　　この条項に違反した者は，2年以下の懲役若しくは200万円以下の罰金に処され，又はこれを併科される（薬機85条4号）。法人等の代表者，従業者等が法人等の業務に関して違反行為をしたときは，法人等にも200万円以下の罰金刑が科される（薬機90条2号）。

　　医薬品，医薬部外品，化粧品，医療機器又は再生医療等製品の効能，効果又は性能について，医師その他の者が保証したものと誤解されるおそれがある記事を広告し，記述し又は流布することは，上記に該当するものとする（薬機66条2項）。「医師その他の者」とは，医師，歯科医師，薬剤師その他医薬品等の効能，効果又は性能に関し世人の認識に相当の影響を与える者をいう。化粧品については，これらの者のほか，美容師，理容師等も含まれる。

(2)　適用対象となる者

　　薬機法66条は，「何人」に対しても適用される。医薬品の製造販売業者や販売業者だけではなく，広告を行った新聞社，雑誌社等にも適用される。

(3)　虚偽・誇大広告の判断基準

　　虚偽又は誇大広告であるかどうかの判断は個別事例ごとに行われるが，広告する者の判断や行政による指導の基準として，「医薬品等適正広告基準」（昭55・10・9薬発第1339号厚生省薬務局長通知，最終改正：平29・9・29薬生発0929第4号厚生労働省医薬・生活衛生局長通知）が定められている。この基準は，新聞，雑誌，テレビ，ウェブサイト，SNS等，全ての媒体における広告を対象としており，次のこと等を規定している。

458

① 効能効果等の表現の範囲

承認等を要する医薬品等の効能効果等についての表現は，明示的又は暗示的であるか否かにかかわらず，承認等を受けた効能効果等の範囲を超えてはならない（医薬品等適正広告基準第4の3(1)）。承認等を要しない医薬品等（化粧品を除く。）の効能効果等についての表現は，医学，薬学上認められている範囲を超えてはならない（同(2)）。

② 医療用医薬品等の広告の制限

医師若しくは歯科医師が自ら使用し，又はこれらの者の処方せん若しくは指示によって使用することを目的として供給される医薬品及び再生医療等製品については，医薬関係者以外の一般人を対象とする広告を行ってはならない（医薬品等適正広告基準第4の5(1)）。

③ 一般向け広告における効能効果についての表現の制限

医師又は歯科医師の診断若しくは治療によらなければ一般的に治癒が期待できない疾患について，医師又は歯科医師の診断若しくは治療によることなく治癒ができるかのような表現は，医療関係者以外の一般人を対象とする広告に使用してはならない（医薬品等適正広告基準第4の6）。

(4) 誇大広告に関する事件

医薬品会社の社員が自社の医薬品の臨床研究に際し改ざんした資料を医師らに提供し，当該医薬品の有効性に関する虚偽の内容を含む論文を学術雑誌に掲載させた事件で社員が薬事法（現薬機法）違反（誇大広告）として起訴されたが，東京地裁は，学術雑誌への論文掲載は広告に当たらないとして無罪とし（東京地判平29・3・16裁判所ウェブサイト），東京高裁も控訴を退け（東京高判平30・11・19東高刑時報69巻117頁，裁判所ウェブサイト），最高裁も上告を棄却した（最一小決令3・6・28裁判所ウェブサイト）。

3 特定疾病用の医薬品及び再生医療等製品の広告の制限

がん，肉腫及び白血病に使用されることが目的とされている医薬品又は再生医療等製品であって，医師又は歯科医師の指導の下に使用されるのでなければ危害を生ずるおそれが特に大きいものについては，厚生労働省令で，医

第7章　その他の法律

薬品又は再生医療等製品を指定し，その医薬品又は再生医療等製品に関する広告につき，医薬関係者以外の一般人を対象とする広告方法を制限する等当該医薬品又は再生医療等製品の適正な使用の確保のために必要な措置を定めることができる（薬機67条，薬機令64条）。

がん等の疾病に使用される医薬品及び再生医療等製品は，副作用等が強いものが多く，使用に当たっては，高度な専門知識が要求されることから，広告を制限しているものであり，厚生労働省令は，これらの医薬品等に関する広告は，医事又は薬事に関する記事を掲載する医薬関係者向けの新聞又は雑誌による場合その他主として医療関係者を対象として行う場合のほかは，行ってはならないとしている（薬機規228条の10第2項）。

この条項に違反した者は，1年以下の懲役若しくは100万円以下の罰金に処され，又はこれを併科される（薬機86条1項17号）。法人等の代表者，従業者等が法人等の業務に関して違反行為をしたときは，法人等にも100万円以下の罰金刑が科される（薬機90条2号）。

4　承認前の医薬品，医療機器及び再生医療等製品の広告の禁止

何人も，医薬品又は再生医療等製品であって，承認又は認証を受けていないものについて，その名称，製造方法，効能，効果又は性能に関する広告をしてはならない（薬機68条）。

薬機法は，人又は動物の疾病の診断，治療又は予防に使用されることが目的とされている物であって，機械器具等でないもの（医薬部外品及び再生医療等製品を除く。）は医薬品に該当するとしている（薬機2条1項2号）。したがって，医薬品として承認又は認証を受けていない健康食品等の広告に病気の治療・予防効果を記載すれば，この条項に違反することになる。

厚生労働大臣又は都道府県知事は，この条項に違反した者に対して，その行為の中止その他公衆衛生上の危険の発生を防止するに足りる措置をとるべきことを命ずることができる（薬機72条の5第1項）。

また，この条項に違反した者は，2年以下の懲役若しくは200万円以下の罰金に処され，又はこれを併科される（薬機85条5号）。法人等の代表者，従

460

Q 106

業者等が法人等の業務に関して違反行為をしたときは，法人等にも200万円以下の罰金刑が科される（薬機90条2号）。

5 措置命令，課徴金納付命令

(1) 措置命令

　　厚生労働大臣又は都道府県知事は，前記2又は4に記載した禁止行為をした者に対し，行為の中止，再発防止措置等の措置をとるよう命ずることができる（薬機72条の5第1項）。この命令に違反した者は，2年以下の懲役若しくは200万円以下の罰金に処され，又はこれを併科される（薬機85条4号）。法人等の代表者，従業員等が法人等の業務に関して違反行為をしたときは，法人等にも200万円以下の罰金刑が科される（薬機90条2号）。

(2) 課徴金納付命令

　　厚生労働大臣は，前記2に記載した禁止行為をした者に対し，虚偽・誇大広告をした医薬品の違反行為をした期間等（最長3年間）の売上げの4.5パーセントに相当する額の課徴金の納付を命じなければならない（薬機75条の5の2第1項）。ただし，業務改善命令等の処分をする場合で保健衛生上の危害の発生・拡大への影響が軽微である等の場合は，課徴金納付命令をしないことができる（薬機75条の5の2第3項）。

　　同一事案に対して景品表示法の課徴金納付命令がある場合は，売上げの3パーセントの額を課徴金の額から減額する（薬機75条の5の3）。また，課徴金対象となる事実を発覚前に自主的に報告したときは，課徴金を50パーセント減額する（薬機75条の5の4）。

第7章　その他の法律

461

第7章　その他の法律

Q107

有機食品とは何か。有機食品にはどのような事項を表示しなければならないか。

A 化学肥料，農薬等の健康への影響を心配し，それらを使用せずに生産した有機食品を好む消費者に向けて，有機食品が生産・販売されている。有機食品には，有機農産物，有機畜産物，有機藻類及び有機加工食品がある。化学肥料及び農薬を使用しない等の「有機農産物の日本農林規格」に定める要件に適合して認証を受けた農産物は，「有機農産物」等と表示し有機JASマークを付することができる。主に有機飼料を与え野外への放牧などストレスを与えずに飼育する等の「有機畜産物の日本農林規格」に定める要件に適合して認証を受けた畜産物は，「有機畜産物」等と表示し有機JASマークを付することができる。養殖場において，使用禁止資材の使用を避けることを基本として，生産に由来する環境への負荷をできる限り低減した管理方法によって生産し，採取場において，採取場の生態系の維持に支障を生じない方法によって採取する等の「有機藻類の日本農林規格」に定める要件に適合して認証を受けた藻類は，「有機藻類」等と表示し有機JASマークを付することができる。食塩と水を除く原材料及び加工助剤を除く添加物の重量に占める有機農産物を除く農産物，有機畜産物を除く畜産物，水産物及びこれらの加工品並びに有機加工食品として格付された一般飲食物添加物及び加工助剤を除く添加物の重量の割合が5パーセント以下で，「有機加工食品の日本農林規格」に定める要件に適合して認証を受けた加工食品（酒類を含む。）は，「有機加工食品」等と表示し有機JASマークを付することができる。

462

解 説

1 有機食品に関するJAS規格

有機食品については,「日本農林規格等に関する法律」(JAS法) に基づいて,「有機農産物の日本農林規格」(有機農産物JAS規格),「有機畜産物の日本農林規格」(有機畜産物JAS規格),「有機藻類の日本農林規格」(有機藻類JAS規格) 及び「有機加工食品の日本農林規格」(有機加工食品JAS規格) の四つの日本農林規格 (JAS規格) が定められている。これらのうち,前の二つは,国際的な基準に準拠して定められたものである。これらのJAS規格に適合するとして登録認証機関の認証を受けたものは,「有機農産物」,「有機畜産物」,「有機藻類」,「有機加工食品」等の表示をし,次の有機JASマークを付することができる。

〈図表29 有機JASマーク〉

これらの有機JAS規格に適合するとして登録認証機関の認証を受けたもの以外の食品に「有機農産物」,「有機畜産物」,「有機藻類」,「有機加工食品」等の表示又はこれに紛らわしい表示をすることは禁止されている (JAS法37条1項・4項)。

2 有機農産物

(1) 有機農産物の生産方法

有機農産物JAS規格は,有機農産物の生産の原則について,次のように定めている (有機農産物JAS規格4)。

> 有機農産物は,次のいずれかに従い生産する。
> a) 農業の自然循環機能の維持増進を図るため,化学的に合成された肥料及び農薬の使用を避けることを基本として,土壌の性質に由来する農

第7章　その他の法律

地の生産力（きのこ類の生産にあっては農林産物に由来する生産力，ス
プラウト類の生産にあっては種子に由来する生産力を含む。）を発揮さ
せるとともに，農業生産に由来する環境への負荷をできる限り低減した
栽培管理方法を採用したほ場において生産すること。
ｂ）　採取場において，採取場の生態系の維持に支障を生じない方法に
よって採取すること。

　そして，具体的な生産の方法を例えば次のように定めている（有機農
産物JAS規格5）。

①　一定期間化学肥料，農薬等を使用しないなど決められた方法で農産
物の生産を行っているほ場で生産すること
②　周辺から化学肥料，農薬等が飛来し又は流入しないように必要な措
置を講じていること
③　化学肥料，農薬等を使用しないなど決められた方法で生産された種
子や苗を使用すること
④　種子は遺伝子組換えDNA技術を用いて生産されたものでないこと

(2)　有機農産物の表示
　有機農産物の名称の表示は次のいずれかによる（有機農産物JAS規格6）。

①　「有機農産物」
②　「有機栽培農産物」
③　「有機農産物○○」又は「○○（有機農産物)」
④　「有機栽培農産物○○」又は「○○（有機栽培農産物)」
⑤　「有機栽培○○」又は「○○（有機栽培)」
⑥　「有機○○」又は「○○（有機)」
⑦　「オーガニック○○」又は「○○（オーガニック)」

　「○○」には，当該農産物の一般的な名称を記載しなければならない。
また，①又は②の表示を行う場合には，食品表示基準の規定に従って当
該農産物の名称の表示を別途行わなければならない。

3 有機畜産物

(1) 有機畜産物の生産方法

有機畜産物JAS規格は，有機畜産物の生産の原則について，次のように定めている（有機畜産物JAS規格4）。

> 有機畜産物は，農業の自然循環機能の維持増進を図るため，環境への負荷をできる限り低減して生産された飼料を給与すること及び動物用医薬品の使用を避けることを基本として，動物の生理学的及び行動学的要求に配慮して飼養し，又はこれらの家畜若しくは家きんから生産する。

そして，具体的な飼育及び生産の方法を例えば次のように定めている（有機畜産物JAS規格5）。

> ① 畜舎は，家畜が飼料及び新鮮な水を自由に摂取できるなどの基準に適合するものであること
> ② 野外の飼育場は，周辺から使用禁止の資材が飛来し，又は流入しないように，必要な措置を講じている等の基準に適合するものであること
> ③ 家畜は，出産前に6か月以上有機飼養された母親の子供である等の基準に適合するものであること
> ④ 有機畜産用飼料等定められた飼料以外の飼料を給与しないこと

(2) 有機畜産物の表示

有機畜産物の名称の表示は次のいずれかによる（有機畜産物JAS規格6）。

> ① 「有機畜産物」
> ② 「有機畜産物○○」又は「○○（有機畜産物）」
> ③ 「有機畜産○○」又は「○○（有機畜産）」
> ④ 「有機○○」又は「○○（有機)」
> ⑤ 「オーガニック○○」又は「○○（オーガニック)」

「○○」には，当該畜産物の一般的な名称を記載しなければならない。また，①の表示を行う場合には，食品表示基準の規定に従って当該畜産物の名称の表示を別途行わなければならない。

第7章　その他の法律

4　有機藻類

(1)　有機藻類の生産方法

　　有機藻類JAS規格は，有機藻類の生産の原則について，次のように定めている（有機藻類JAS規格4）。

　　有機藻類は，水環境の維持増進を図るため，次のいずれかに従い生産する。
　a）　養殖場において，使用禁止資材の使用を避けることを基本として，生産に由来する環境への負荷をできる限り低減した管理方法によって生産する。
　b）　採取場において，採取場の生態系の維持に支障を生じない方法によって採取する。

　　そして，具体的な生産基準を例えば次のように定めている（有機藻類JAS規格5条）。

---

　①　使用禁止資材に汚染されないよう管理されなければならない
　②　養殖場は，使用禁止資材による汚染を防止するために必要な措置を講じているものであり，この規格に適合しない養殖場及び採取場と明確に分離されていなければならず，かつ，次の期間においてこの規格に従って管理されていなければならない
　③　採取場は，使用禁止資材による汚染のおそれがない水域であり，この規格に適合しない養殖場及び採取場と明確に分離されていなければならず，かつ，採取前6か月以上の間，使用禁止資材が使用されていてはならない
　④　この規格に適合しない藻類が混入しないように管理を行わなければならない

---

(2)　有機藻類の表示

　　有機藻類の表示は，次のいずれかによる（有機藻類JAS規格6）。

　ア　生鮮食品の場合

---

　①　「有機藻類」

466

② 「有機藻類○○」又は「○○（有機藻類)」

③ 「有機○○」又は「○○（有機)」

④ 「オーガニック○○」又は「○○（オーガニック)」

「○○」には，藻類の一般的な名称を記載しなければならない。また，
①の表示を行う場合，名称の表示については，食品表示基準の規定に従
わなければならない。

イ　加工食品の場合

① 「有機○○」又は「○○（有機)」

② 「オーガニック○○」又は「○○（オーガニック)」

「○○」には，藻類の一般的な名称を記載しなければならない。

5　有機加工食品

(1)　有機加工食品の生産方法

有機加工食品JAS規格は，有機加工食品の生産の原則について，次の
ように定めている（有機加工食品JAS規格4）。

有機加工食品は，原材料である有機農産物，有機畜産物及び有機藻類の
有する特性を製造又は加工の過程において保持することを旨とし，物理的
又は生物の機能を利用した加工方法を用い，化学的に合成された添加物及
び薬剤の使用を避けることを基本として，生産する。

そして，具体的な生産の方法を例えば次のように定めている（有機加
工食品JAS規格5）。

① 原材料として，次に掲げるものに限り使用することができる。

a　有機農産物，有機畜産物，有機加工食品

b　有機農産物，有機畜産物又は有機加工食品の入手が困難な場合，そ
れと同一種類の農畜産物，農畜水産物の加工品

c　水産物

第7章　その他の法律

　　　d　食塩，水
　②　食塩と水を除く原材料及び加工助剤を除く添加物の重量に占める有機
　　　農産物を除く農産物，有機畜産物を除く畜産物，水産物及びこれらの加
　　　工品並びに有機加工食品として格付された一般飲食物添加物及び加工助
　　　剤を除く添加物の重量の割合が5％以下であること
　③　製造又は加工は，物理的又は生物の機能を利用した方法によることと
　　　し，添加物を使用する場合は，必要最小限度とすること

(2)　有機加工食品の表示

　有機加工食品の名称の表示は次のいずれかによる（有機加工食品JAS規格6）。

　①　「有機○○」又は「○○（有機)」
　②　「オーガニック○○」又は「○○（オーガニック)」

　「○○」には，当該畜産物の一般的な名称を記載しなければならない。

6　違反行為に対する措置

　有機JAS規格に適合するとして登録認証機関の認証を受けたもの以外の食品に「有機農産物」，「有機畜産物」，「有機加工食品」等の表示又はこれに紛らわしい表示をした者は，1年以下の懲役又は100万円以下の罰金に処される（JAS法78条6号）。

　有機食品でない食品に名称として「有機農産物」，「有機○○」等と表示すると，食品表示法に違反し（食品表示5条，食品基準7条・9条・12条・14条），消費者庁長官（食品全般），農林水産大臣（酒類以外），財務大臣（酒類）又は都道府県知事若しくは指定都市の市長（酒類以外）による指示を受ける（食品表示6条・15条)。

　また，有機食品でない食品に有機食品と誤認される表示をすると，景品表示法に違反する優良誤認表示として，消費者庁長官又は都道府県知事による措置命令や消費者庁長官による課徴金納付命令を受ける可能性がある。

第8章 不正競争防止法による広告表示の規制

Q108

混同惹起行為とはどのような行為をいうか。

他人の商品等表示として需要者の間に広く認識されているものと同一・類似のものを使用等することは，他人の商品・役務と混同を生じさせる混同惹起行為として禁止されている。

解 説

不正競争防止法2条1項1号の「混同惹起行為」とは，他人の商品等表示（人の業務に係る氏名，商号，商標，標章，商品の容器・包装，その他の商品・営業を示すもの）として需要者の間に広く認識されているものと同一・類似の商品等表示を使用し，又はその商品等表示を使用した商品を譲渡・引渡し，それらのために展示又は輸出入し，インターネットで提供することによって，他人の商品・営業と混同を生じさせる行為をいい，これを不正競争として禁止している。

これは，他人の商品等表示を使用することにより，商品の出所機能又は自他識別機能を害するとともに，他人の商品等表示の顧客吸引力を利用することになるからである。

「需要者の間に広く認識されている」程度は，必ずしも高度な程度が要求されているものではないが，他人の商品等表示と同一・類似の商品等表示を使用し，他人の商品・営業と混同させる行為の防止が目的であるので，その目的から弾力的に判断される。この場合，商品・役務の性質，種類，需要者層，表示内容等諸般の事情から総合的に判断される。認識されている地域は，

469

第8章　不正競争防止法による広告表示の規制

商品等により広狭があり，当該商品等表示が使用される営業地域において広く認識されているだけでなく，使用する相手方の営業地域においても広く認識されていることが必要である。

「混同を生じさせる行為」には，使用される者と使用する者との間に競争関係が存在することを前提として直接の営業主体の混同を生じさせる意味の「狭義の混同惹起行為」のみならず，企業の多角化や系列化等による営業上の緊密な関係がある場合や同一の表示を利用した事業を営むグループに属する者であると誤信させるような「広義の混同惹起行為」をも含むと解されている（経産省知的財産政策室『逐条解説　不正競争防止法［第3版］』81頁（商事法務，2024年））。

「混同を生じさせる」とは，現に混同が発生している必要はなく，混同が生ずるおそれがあれば足りると解されている。

◎不正競争防止法違反に対する救済措置

(1)　差止請求（不正競争3条）

不正競争行為によって営業上の利益を侵害され，又は侵害されるおそれのある者は，その侵害する者又は侵害のおそれのある者に対し，その侵害の停止又は予防を請求することができる。また，併せて，侵害行為を組成した物の廃棄，侵害行為に供した設備の除去その他必要な行為を請求することができる。

(2)　損害賠償請求（同法4条）

相手方の故意又は過失によって不正競争行為により自己の利益を侵害された者は，相手方に対し，損害賠償請求することができる。なお，不正競争防止法5条には，損害額の推定等に関する規定が設けられている。

(3)　信用回復措置請求（同法14条）

相手方の故意又は過失によって不正競争行為により自己の営業上の信用を害された者は，相手方に対し，損害賠償に代え，又は損害賠償とともに営業上の信用を回復するために必要な措置を求めることができる。

Q 108

━ 参考事例 ━

1　料理店の営業において，横浜市内では周知性があるが静岡では周知性がないとされた事例（横浜地判昭58・12・9判タ514号259頁，LLI/DB判秘）

事　実

　原告は，昭和32年，「有限会社勝烈庵」の商号により設立され，「勝烈庵」の表示を使用してとんかつ料理店の営業を行っている。原告の店舗は，横浜市及びその周辺地域に多数存在し，その営業は，新聞広告，新聞折り込みチラシ，電車内の中吊り広告等により宣伝されている。

　被告株式会社孔雀苑は，昭和56年6月，鎌倉市大船において「かつれつ庵」の表示を使用してとんかつ料理店の営業を開始し，また，その後，静岡県富士市において「かつれつあん」の表示を使用してとんかつ料理店の営業を開始した。

　原告は，その「勝烈庵」の表示と被告の「かつれつ庵」及び「かつれつあん」の表示とは類似しており，原告の表示は，鎌倉市大船及び静岡県富士市においても周知されているから，被告の営業表示は不正競争防止法の混同惹起行為に該当するとして，その差止め及び損害賠償請求を行った。

判　決

　原被告の営業表示の類似性は認められるとした。

　しかし，原告表示の周知性については，「距離的近接性・生活圏として『勝烈庵』の横浜市中区及びその周辺地域における密接性・一体性を考慮すると，鎌倉市大船周辺においても周知であると認めることはできる。しかし，静岡県富士市においては，『くちコミによる方法』及び『マスメディアによる方法』についても検討した結果，原告の営業表示が当然に一般人に周知されたとは言えない。」とした。

　そして，被告に対し，看板・パンフレット，広告物その他の営業表示物件から「かつれつ庵」の表示を抹消すべきことを命じたが，原告の損害賠償請求については，「損害を被ったことを認めるに足りる証拠は存しない。」とした。

　なお，「被告孔雀苑の使用する『かつれつ庵』という表示は，カツレツという料理を提供する料理店を一般的に意味するにすぎない言葉とは解されないし，そのような普通名称として慣用されていると認むべき証拠も存しない。」と述

471

第8章　不正競争防止法による広告表示の規制

べた。(注)

> **(注)**　不正競争防止法では，商品・営業に用いる普通名称・慣用されている表示は，保護の対象とされない（不正競争19条1項1号）。

2 **原産地誤認惹起行為には該当しないが商品等表示の混同に該当するとされた事例（知財高判平24・9・27裁判所ウェブサイト，LLI/DB判秘）**

事　実

　一審原告は，東京都中央区日本橋に所在し，「東京べったら漬」・「東京ゆずべったら漬」の表示を原告商品の包装に使用して，大根を麹で漬けた漬物である「べったら漬け」を製造販売している老舗である。

　一審被告らは埼玉県所在の会社であり，平成21年9月頃から，「東京べったら」・「東京ゆずべったら」の表示を被告包装を使用して，べったら漬けを販売していた。

　原告は，一審被告らの行為は，①不正競争防止法旧2条1項13号（現20号）の原産地等誤認惹起行為及び品質等誤認惹起行為に該当する，②同法2条1項1号の商品等誤認表示にも該当する等と主張して，同法3条に基づく被告らの行為の差止め及び被告包装等の廃棄を求めるとともに，同法4条及び民法709条に基づく損害賠償を請求した。

判　決

　一審・高裁とも，被告らの行為は，不正競争防止法旧2条1項13号（現20号）の原産地等誤認惹起行為にも品質等誤認惹起行為にも，民法709条の不法行為にも該当しないが，被告商品表示は原告商品表示と同一又は類似であるので，不正競争防止法2条1項1号の不正競争に該当するとして差止め及び包装等の廃棄を認め，並びに一定の損害賠償を容認した。

　原告表示の周知性については，原告表示は，被告商品の販売が開始された平成21年9月頃には，需要者（全国の卸売業者・小売業者・一般消費者）の間に広く認識されており，現時点においても継続していると認定された。

3 **営業表示である被告の「株式会社アール・エフ・ラジオ日本」・「ラジオ日本」と原告の「株式会社ニッポン放送」・「ニッポン放送」とは，被告の新商号への変更の際のマスコミの報道，自らの広告宣伝，郵政大臣からの指定された周波数・呼出符号・呼出名称等により識別できるものであるから，営業上の活**

472

動において混同のおそれはないとされた事例（東京地判平2・8・31判タ743号222頁，判時1358号3頁）

事　実

　ラジオ放送の営業表示として，原告は，「株式会社ニッポン放送」（原告商号）及び「ニッポン放送」（原告略称）と表示しているところ，被告は，「株式会社ラジオ関東」（旧商号）を昭和56・8・25，「株式会社アール・エフ・ラジオ日本」及び「ラジオ日本」の表示に変更した。

　原告は，被告の営業表示は原告のものと類似しているから，営業活動において混同のおそれがあり，原告の営業上の利益が害されるとして，被告表示の差止め及び損害賠償の請求を行った。

判　決

　「被告は，新商号の公募広告をしたこと，そのことが新聞紙，週刊誌などに報道されたこと，被告は，本件商号変更をし，そのことを記者会見，挨拶状，自社の番組などで告知したこと，被告が本件商号変更することは，各新聞において報道されたこと，被告は，新聞，駅貼りポスター，車両の中吊り広告，テレビ，他のラジオ局，自社の特別番組において，本件商号変更の宣伝広告をしたことが認められ，右認定の事実によれば，被告の新商号は，本件商号変更後，右の報道，広告などに接したであろう多くの人達の知るところとなったものと認められる。」

　「東京地区における中波放送の民間事業者は，わずか4社であり，これら4社は，指定放送区域について各自異なる周波数，呼出符号，呼出名称を郵政大臣から指定されて，この指定に基づいて放送事業を行っていること……」などによって，原告被告は識別することができる。

　「被告が被告商号及び被告略称を使用することにより，被告の営業上の施設又は活動を原告のそれと混同するおそれがあるとは認められない。」

　以上の理由により，原告の請求は棄却された。

第8章　不正競争防止法による広告表示の規制

Q109

著名表示冒用行為とはどのような行為をいうか。

　日本国内・世界的にも著名な表示を自己の商品等表示として使用することは，顧客誘引力にただ乗りする著名表示冒用行為として禁止されている。

解説

　不正競争防止法2条1項2号の「著名表示冒用行為」とは，自己の商品等表示として他人の著名な商品等表示と同一・類似のものを使用し，又はその商品等表示を使用した商品を譲渡・引渡し，それらのために展示又は輸出入し，インターネットで提供する行為をいう。

　同法2条1項1号の他人の周知性のある商品等表示の使用に対する規制は，「他人の商品等表示との混同」を要件としている。これは，使用する者と使用される者との間に競業関係が存在する（狭義の混同）か，競争関係にある者が著名表示のグループに属する等緊密な関係にあると誤信させる（広義の混同）かの場合である。しかし，著名表示冒用行為は，自己の営業の本来の需要者や営業地域の枠を超えて自己を表示するものとして広く知られ，かつ，一定の高い信用・名声・評判が確立された商品表示・営業表示を保護するものである。

　同法2条1項2号は，平成5年の法改正により新設されたものであり，同号は他人の商品等表示との混同を要件としてない。混同が生じない場合であっても，使用する者が本来は自らが行うべき努力を行わないで著名表示の有する顧客誘引力に「ただ乗り」することを防止しようとするものである。永年の営業上の努力により，信用等を有するに至った著名表示は一定のイメージが形成され，それによって顧客誘引力が形成されているような場合には，他社の使用によってそれを本来使用してきた者との結びつきが薄められ，

価値が毀損（希釈化，ダイリューション）することになり，また，特に高級イメージを確立していると思われるような商品や営業表示がそのイメージを積極的に害すると思われる商品や営業表示に使用されることになれば，イメージ汚染（ポルーション）が起こる（経産省知的財産政策室『逐条解説 不正競争防止法［第3版］』85頁注1（商事法務，2024年），小野昌延ほか『不正競争の法律相談Ⅰ』282頁～284頁（青林書院，2016年））とされている。

「著名表示」に該当するか否かは，競業の混同がなくても問題とするものであるから，当該表示が全国的ないし世界的に著名であることを要するものと解されている。

─ 参考事例 ─

1 スナックシャネルの表示は，世界的に有名な高級服飾のシャネル・グループの企業と緊密な営業上の関係があると誤信されるため，不正競争防止法上問題となるとされた事例（最一小判平10・9・10裁判集民189号857頁，判タ986号181頁）

事 実

X（原告・控訴人＝附帯被控訴人・上告人）は世界的に有名な高級服飾グループの「シャネル・グループ」に属し「シャネル」の表示について商標権を有し，その管理を行っているスイス法人である。

Y（被告・被控訴人＝附帯控訴人・被上告人）は千葉県松戸市内の賃借店舗において「スナックシャネル」の営業表示を使用し，サインボードにこれを表示して飲食店を開店した者である。

Xは，Yはその営業上の施設又は活動に「シャネル」又は「シャレル」その他「シャネル」に類似する表示を使用してはならないとする不正競争防止法に基づく差止め及び損害賠償を請求した。一審の千葉地裁松戸支部ではそれらの請求の一部のみを認めたため，Xが控訴，Yが附帯控訴した。二審の東京高裁では，Yの営業の種類，内容及び規模等に照らすとYが本件営業表示を使用してもシャネル社の営業上の施設等と混同を生じるおそれはないとしてXの請求を棄却し，Yの附帯控訴を容れたため，Xが上告した。

判 決

最高裁は，「被上告人の営業の内容は，その種類，規模において現にシャネ

第8章　不正競争防止法による広告表示の規制

ル・グループの営む営業とは異なるものの,「シャネル」の表示の周知性が極
めて高いこと,シャネル・グループの属するファッション関連業界の企業にお
いてもその経営が多角化する傾向にあること等,本件事実関係の下においては,
被上告営業表示の使用により,一般消費者が,被上告人とシャネル・グループ
の企業との間に緊密な営業上の関係又は同一の商品化事業を営むグループに属
する関係が存すると誤信するおそれがあるということができる。したがって,
被上告人が上告人の営業表示である「シャネル」と類似する被上告人の営業表
示を使用する行為は,法2条1項1号に規定する「混同を生じさせる行為」に
当たり,上告人の営業上の利益を侵害するものというべきである。」として破
棄差戻しとした。

(注)　当時は,不正競争2条1項1号の規定はあったが,2号の規定がなかったので,1号該
　　　当性が争われた。現行法の下では2条1項2号が適用される。

2 　原告の著名な標章を使用することは,原告が被告のそれを使用する分野の
　事業を行っていなくても,需要者等に原告と何らかの関係があるとの誤認混同
　を生じるおそれがあるとされた事例（大阪地判平元・9・11判時1336号118頁）

事　実

　　原告は,ファッション雑誌,「VOGUE」を発行しているアメリカ法人であり,
1909年から現在に至るまで世界各国（アメリカ,フランス,イタリア,イギリ
ス,オーストラリア,ドイツ等）において,その発行する高級ファッション雑
誌「VOGUE」にこの文字を標章に継続して使用してきている。同誌は,日本
でも,昭和28年頃から右各国版が全国の一流書店において販売されてきた。

　　被告は,各種ベルト,財布,定期入れ,名刺入れ等を製造・販売している会
社である。

　　被告は,その製造する商品及びカタログ,包装,宣伝用チラシ・ポスター等
に「VOGUE」を使用した類似の標章（被告標章）として使用しているため,
原告は,被告の行為は不正競争防止法旧1条1項1号（現2条1項2号）に該
当するとして,その差止めを求めた。

判　決

　　原告の同誌は,洗練されたフランスやアメリカの最新のファッションを知る
ことができる高級ファッション雑誌として,デザイナーはもとより,一般女性

476

その他ファッション関連商品の需要者の間でも広く知られるに至っており，その営業表示として日本国内及び世界的にも周知性を確立していると認められるとされた。

また，被告標章は，いずれも「VOGUE」標章と構成において同一であり，類似すると認定された。

「以上の認定，判断によれば，被告がその製造，販売する前記商品に被告標章を使用すれば，これらの商品は，原告又は原告から許諾を受けて商品化事業を行っている者の商品であり，あるいは被告がそのような商品化事業を営んでいるグループに属するとの誤認混同をこれらの商品の需要者等に与えるおそれがあると認めるのが相当である。そして，そのような事態になれば，原告の営業上の利益が害されるおそれがあるものといわざるを得ない。」

「原告が現在日本国内において，「VOGUE」誌の発行以外に何らかのファッション関連事業を行っているとか，近くそのような事業を開始する具体的な計画があるかのような事実を認めるに足りる証拠はない。しかし，前記認定の事実に照らすと，そうであるからといって，被告が前記商品に被告標章を使用した場合に先に述べたような誤認混同が生じるおそれがあることを否定することはできない。すなわち，現在多くの企業が多角経営を行っているし，ファッション関連商品の分野でも著名商標・表示による商品化事業は広く行われているところであるから，日本国内はもとより世界的にも著名な原告のファッション雑誌「VOGUE」誌の表示である「VOGUE」標章がファッション関連商品の分野で使用された場合には，たとえ原告自身はその分野での事業に進出していないにしても，需要者等の間に原告と何らかの関係があるのではないかとの観念を抱かせ，いわゆる広義の混同を生じさせるおそれがあるものというべきである。」とした。

(注)　不正競争防止法における「不正競争」の定義は，当初は1条でなされていたが，平成5年の改正で，定義規定は2条とされ，同条1項1号の「混同惹起行為」の後に，2号として「著名表示冒用行為」が新設された。

3　不正競争防止法2条1項2号は，他人の商品又は営業と混同を生じさせる行為であることを要件とせず，著名な商品等表示について，その顧客吸引力を利用するただ乗りを防止すると共に，その出所表示機能及び品質表示機能が希

第8章　不正競争防止法による広告表示の規制

釈化により害されることを防止するところにあるものであるとした事例

　また，損害賠償額の算定について，不正競争防止法5条2項に基づく損害額の算定方法は，侵害者の売上額から原材料の仕入価格その他の変動経費を控除した限界利益と解すべきであって，売上高の多寡にかかわらず発生し得る販売費及び一般管理費等は原則として控除されないとした事例（知財高判平30・10・23知財管理69巻10号1451頁，LLI/DB判秘）

事　実

　原告・被控訴人ルイ・ビィトン・マルチェは，被告・控訴人が原告・被控訴人と類似の商標を使用していることは商標法25条・37条1号に違反し，及び類似の商品表示をしていることは不正競争防止法2条1項1号・2号に該当する不正競争を行っているとして，民法709条又は不正競争防止法4条に基づき，損害賠償請求した。

　被告・控訴人は，「JUNKMANIA」の標章のもとに，被告商品はいずれもインターネットのWEB上でリメイク品を販売する事業者であり，被告各商品は，原告モノグラム標章の一部を付することで，被告各商品の外観を全体的に見た場合，元来チープな商品に原告モノグラム標章が有する高級感というイメージを付加することによるミスマッチ感及び遊び心感を醸し出し，「ナウな感じ」，「カッコ良い感じ」，「面白い感じ」を醸し出すストリート系ファッションとして仕上げるためのデザインとして利用されていた。

判　決

　商標法違反を認定するとともに，不正競争防止法2条1項2号に違反すると述べ，同規定について次のように判示した。

　「不正競争防止法2条1項2号は，同項1号と異なり，「他人の商品又は営業と混同を生じさせる行為」であることを要件としていない。これは，同項2号の趣旨が，著名な商品等表示について，その顧客吸引力を利用するただ乗りを防止すると共に，その出所表示機能及び品質表示機能が希釈化により害されることを防止するするところにあることによるものである。このため，他人の著名な商品等表示と同一又は類似の表示が，商品の出所を表示し，自他商品を識別する機能を果たす態様で用いられている場合には，商品等表示としての使用であると認められるのであって，需要者が当該表示により示される出所の混同を生じるか否かが直ちにこの点を左右するものではない。」，「被告各標章は，

いずれも，これを見た者の認識において，容易に著名表示である原告標章を想起させるものであることは明らかである。このことは，控訴人が取引の実情として指摘する「REMAKE」……「CUSTOM」……という屋号の表示の存在等を考慮しても異ならない。」

また，損害賠償額の算定について次のように判示した。

「不正競争防止法5条2項に基づく損害額は，侵害者の売上額から原材料の仕入価格その他の変動経費を控除した限界利益と解すべきであって，売上高の多寡にかかわらず発生し得る販売費及び一般管理費等は原則として控除されないと解される。」

Q110

誤認惹起行為とはどのような行為をいうか。

A 　商品・役務の広告・取引に用いる書類・通信等にそれらの原産地・品質・内容・製造方法・用途・数量等を誤認させるような表示等をする行為は　誤認惹起行為として禁止されている。

解　説

不正競争防止法2条1項20号（旧2条1項14号）は，「誤認惹起行為」を不正競争と規定している。

誤認惹起行為とは，商品・役務，それらの広告，取引に用いる書類，通信に，その商品の原産地・品質・内容・製造方法・用途・数量，又は役務の質・内容・用途・数量について誤認させるような表示をし，若しくはその表示をした商品を譲渡し，引き渡し，それらのために展示し，輸入入し，若しくは電気通信回線を通じて提供し，又は表示をして役務を提供する行為である。

479

第8章　不正競争防止法による広告表示の規制

「取引に用いる書類」には，注文書，見積書，送付状，納品書，計算書，請求書，領収書等が含まれる。

「原産地」とは，最も大きな付加価値が付与された地と解されている。東京高裁判決では，「天然の産物であってもダイヤモンドのように加工のいかんによって商品価値が大きく左右されるものについては，その加工地が一般に『原産地』と言われているのであって……」と述べている（東京高判昭53・5・23高検速報 2299号，刑月10巻4・5号857頁，東高刑時報 29巻5号84頁）。

誤認惹起行為の一部は，景品表示法においても優良誤認表示（5条1号）として規制されており，規制は不正競争防止法と一部重複している。もっとも，景品表示法5条3号に基づく「商品の原産国に関する不当な表示」では，原産国は，「実質的な変更をもたらす行為」が行われた国とされている。景品表示法は「実質的変更基準」であり，不正競争防止法の「付加価値基準」とは異なっている。

── 参考事例 ──

1 「琉球ガラス」の表示に産地表示性があるとして原産地誤認惹起行為に該当するとされた事例（那覇地判平25・2・13LLI/DB判秘）

事　実

原告らは，沖縄地方で，昭和27年1月から「琉球ガラス」の名称・表示を使用して，ガラス製品の製造販売をしている。

被告らは，沖縄地方で，昭和58年頃から，「琉球ガラス△△」等という名称・表示を使用して，ガラス製品（被告沖縄ガラス製品）の製造販売を行うとともに，平成7年から，ベトナムに現地法人を設立し，ベトナムにおいて製造したガラス製品（被告ベトナムガラス製品）を輸入して販売しており，被告ベトナムガラス製品は，被告ガラス製品の約7割を占めていた。被告は，被告ガラス製品の製造販売に際し，製品，容器・包装，宣伝用カタログ，広告，価格表等に，「琉球ガラス△△」等という名称・表示を使用していた。

原告らは，被告らに対し，被告ベトナムガラス製品に「琉球ガラス」という表示を用いることは，原産地が沖縄であると一般の購買者に誤認されるような

480

行為であるので，不正競争防止法旧2条1項14号（現20号）に該当するとして，同法3条に基づく不正競争行為の差止めを求めるとともに，同法4条に基づく損害賠償請求をした。

判　決

「琉球ガラス」という表示には，沖縄で加工・製造された旨を示す産地表示性があり，不正競争防止法にいう原産地を誤認させるような表示に当たる。被告沖縄ガラス製品と被告ベトナムガラス製品が同一の店舗において販売され，販売の態様において明確な差異が見いだし難い現状においては，原告らの被告らに対する差止請求は認められるべきものとした。しかし，損害賠償請求については，「琉球ガラス」として販売されている製品は，沖縄で加工・製造されたことが一種のブランド価値として顧客吸引力を有するにとどまり，被告らの原産地誤認惹起行為により，原告らが何らかの営業上の影響を受けていたとしても，具体的に損害を被ったと認めることはできないとした。

(注)　被告らは，平成19年6月18日，公取委から，被告らが被告沖縄ガラス製品と被告ベトナムガラス製品を販売する際に，共同で作成した通信販売用カタログ等において，被告ベトナムガラス製品についてベトナム製であることを明瞭に表示することなく，掲載等している製品の全てが沖縄県で製造されたものであるかのようにしていることは，約3割ないし約8割はベトナムガラス製であったことから，景品表示法旧4条1項3号（現5条3号）に基づく「商品の原産国に関する不当な表示」告示（原産国告示）に該当するとして，排除命令を受けている（公取685号77頁）。

2　医療関係器具の販売業者がウェブサイト・商品カタログにおいて真実と異なる表示を行ったことに対し，競争関係にある事業者の請求により，当該表示の差止め・損害賠償の支払が命じられた事例（知財高判令3・3・30裁判所ウェブサイト）

事　実

控訴人は，卵子等のガラス化凍結保存・加温融解に用いる医療関連器具を販売する事業者である。

被控訴人も同種の医療関連器具を販売する事業者であるところ，被控訴人が，自己のウェブサイト及び商品カタログにおいて，「解凍後100％生存」，「生存率100％」，「100％の高い生存率」等の表示（本件各表示）を行ったことに対し，控訴人は，被控訴人の行った本件各表示は，真実ではなく誤認惹起行為である

第8章　不正競争防止法による広告表示の規制

481

第8章　不正競争防止法による広告表示の規制

と主張した。

判　決

　判決は，被控訴人の行為が不正競争防止法2条1項20号に規定する「不正競争」に該当するか否かについて検討した結果，次のように述べてこれを肯定した。

　「取引者，需要者である医療関係者は，被告広告に記載された本件各表示は，医療関係者が，クライオテック法のプロトコールを遵守して，被告製品を使用して正常な卵子等の凍結保存をした場合，融解後の生存率は100％となるという意味であると認識するところ，実際には，医療関係者が，クライオテック法のプロトコールを遵守して，被告製品を使用して正常な卵子等の凍結保存をした場合，融解後の生存率は100％とは限らないのであるから，本件各表示の本件記載部分は，被告製品の品質等を誤認させる表示であると認められ，被告広告に本件記載部分を含む本件各表示を表示する行為は，法2条1項20号の不正競争に当たるというべきである。」

　控訴人が営業上の利益を侵害され，又は侵害されるおそれがあるかについては，次にように述べてこれを肯定した。

　「被告製品と原告製品とは同種の商品であるから競合関係に立つといえる。このように，控訴人は，被告製品の競合品である原告製品を販売しているから，被告製品の販売数が増えれば，営業上の利益が侵害される関係に立つところ，……本件記載部分を含む本件各表示を被告広告に表示することは，被告製品の品質等を誤認させる不正競争に当り，同不正競争によって被告製品の販売数が増大することになると推認されるから，控訴人は，被控訴人の上記不正競争によって営業上の利益が侵害されると認められる。」

　以上の結果，被控訴人は，本件各表示につき，一部差止め又は抹消が命じられ，また，控訴人に対する損害賠償の支払が命じられた。

482

Q111

信用毀損行為とはどのような行為をいうか。

競争関係にある他人の営業上の信用を害する虚偽の事実を告知・流布することは他人の営業上の信用を害する信用毀損行為として禁止されている。

解 説

不正競争防止法2条1項21号は，「信用毀損行為」を不正競争として禁止している。

信用毀損行為とは，競争関係にある他人の営業上の信用を害する「虚偽の事実」を告知し，又は流布する行為である。本号は，競争関係にある他人の営業上の信用を害する行為とされているので，競争関係にない他人の営業上の信用毀損行為については，民法上の不法行為（709条）として処理される。

競争関係にある事業者による取引妨害行為は，独占禁止法上の不公正な取引方法一般指定14項でも規制されており，同項に該当する場合は，同法により規制されることもある。

「虚偽の事実」とは，客観的に事実でない事実をいう。

―― 参考事例 ――

1 冒用出願とされた特許の出願者である被告が，原告製品の輸入販売業者に対し特許法違反であると警告告知したことについて，「虚偽事実の告知」として信用毀損行為とされた事例（東京地判平29・2・17LLI/DB判秘）

事 実

被告は，原告がアメリカで製造しA社が日本国内に輸入販売している歯列矯正用品（バイオデント）に関する原告製品は，被告が有する特許権を侵害する旨の警告告知をA社に発したため，A社は原告製品の輸入販売を中止した。原

第8章　不正競争防止法による広告表示の規制

告は，被告の主張する特許権は無効であるから，上記警告告知は虚偽の事実の告知に該当するため，不正競争防止法旧2条1項15号（現21号）に当たるとして，同法4条（予備的に民法709条）に基づく損賠賠償を請求した。

判　決

被告の主張する特許権（本件特許）は，二人の共同発明であるところ，被告が一方の発明者の同意を得ることなく出願したものであるから冒認出願（筆者注：権利のない者による出願）であるとして無効とすべき旨の審決が確定していた。判決は，原告被告は競業関係にあるとして，次の様に述べた。

「被告は本件特許について冒認出願の無効理由があることを知り得たといえること及び本件各告知行為が，バイオデントによる原告製品……の日本国内での販売を中止させるという重大な結果を生じさせるものである。」

「被告のバイオデントに対する本件各告知行為には，本件特許権に基づく権利行使の範囲を逸脱する違法があり，被告には，バイオデントに対し本件各告知行為による虚偽の事実の告知をしたことについて，少なくとも過失があるといわざるを得ない。」として，不正競争防止法に基づき一定の損害賠償を命じた。

2　被告の著作物であるデザインを原告が無断で改変した旨を原告の顧客に流布した行為について，原告はデザインの改変について事前に包括的に承諾を得ているから被告の述べた事実は虚偽であるとされた事例（東京地判平31・3・1裁判所ウェブサイト，LLI/DB判秘）

事　実

原告は，紙・セロファン・ポリエチレン・ビニール印刷等を業とし，食品メーカーからデザインを含めた包装フィルムの製造を受託している。

被告は，デザイン作成を請け負う個人事業者である。

原告は，平成24年7月頃から平成28年までの間，食品のパッケージデザインの作成業務を被告に委託していたが，同年8月頃取引は終了した。

被告は，平成30年3月，原告の顧客に対し次のように記載した書面をファックス送信した。

(ア)　貴社は，H社（原告）を通じ，平成25年頃，Style ONE「どら焼」，「粟どら焼」を印刷されたが，これらの原画はA（被告）の著作物であり，H社が無断で改変・改ざん等をして顧客に売り渡したものであり，本件につ

Q 111

いては現在訴訟中である。

　(イ)　貴社は，知らずにH社の高額な印刷代金・修理代金を支払い被害を受けた可能性が高いと思われるが，H社はそのことを隠している。

　これに対し，原告は，被告の信用毀損行為により社会的信用が毀損され，営業上の利益の侵害されたとして，不正競争防止法旧2条1項15号（現21号）該当を理由として，それによる損害賠償請求を行った。

判　決

　原告は，食品メーカーからデザインを含めた包装フィルムの製造の委託を受けそのデザイン作成業務を，社内のデザイナーにより，又は社外のデザイナーに委託することにより行っており，被告はデザイン業務全般を請け負う個人事業者であるから，両者は競争関係にある。

　被告の本件書面の記載は，①原告が顧客に納入した製品のデザインは被告の著作物を原告が無断で改変等したものであること，②原告の顧客は①の事実を知らないまま高額な印刷代等を支払う等の被害が生じている可能性が高い等を述べるものである。

　しかしながら，原告は，被告を含めた社外のデザイナーに共通して，原告からの依頼に基づいて作成された社外デザイナーによるデザインにつき，原告で使用・修正を加えることを説明し，これを取引の当初から包括的に承諾されており，被告は「原告との取引が継続している間においても特に異議を述べていない。」そうすると，上記①②の「事実は虚偽であるというべきである。」

　そして，本件記載は，「被告の著作物である被告デザインを無断で改変するなどの違法行為を行い，顧客に生じた被害についても伝えないなど無責任な対応をする会社であるとの印象を与えるものであるから，原告の社会的信頼等の外部的信用……を害するものである。」とし，「不正競争行為を行ったことにつき，少なくとも過失がある。」と認定し，一定額の損害賠償を認めた。

3　競争業者が「コピー機」を製造しているとウェブサイトに掲載したことが相手方の営業上の信用を害する虚偽の事実に当たるとされた事例（大阪地判平31・1・31裁判所ウェブサイト，LLI/DB判秘）

事　実

　原告は，油圧式杭圧入引抜機の設計開発・製作・販売，リース等を行う会社

第8章　不正競争防止法による広告表示の規制

485

第8章　不正競争防止法による広告表示の規制

である。

　被告も，原告と同様の事業を，無振動・無騒音で行うことをうたった競争事業者である。

　被告は，平成29年1月から，被告ウェブサイトにおいて，被告50周年記念特設ページを掲載し，その中で原告の事業について，「この会社は平然とコピー機を製造している」，「件の会社に引き抜かれた」等の記載をした。このため，原告は，これらの記載事実は虚偽であり，これにより営業上の信用を著しく毀損されたとして，不正競争防止法旧2条1項15号（現21号）・3条に基づく被告ウェブサイトの表示の差止め及び謝罪広告の掲載並びに同法4条に基づく損害賠償の請求を行った。

判　決

　「原告が自らの杭打込引抜機を製作販売することが，特許権を含む被告の何らかの排他的権利を侵害すると認められるに足りる事実の主張，立証はなされていない」から，被告は，原告の製品が被告の製品をコピーしたものであるとし得るものではないので，「コピー機」との記載は，虚偽の事実に当たり，原告の営業上の信用を害する行為に当たるとした。

　「引き抜かれた」との表記については，被告代表者の人事の取扱いについて不満を持つ営業担当者の多くが退職したことを指すものであり，「引き抜かれた」という表現を見た場合は，「原告が，違法，不当な手段を用いて，被告の従業員を転籍させたとの印象を抱くものと解される」。しかし，「原告が被告の従業員に対して違法・不当なはたらきかけをしたという事実も認められない」から，被告が「件の会社に引き抜かれた」と記載したことは，原告の営業上の信用を害する虚偽の事実に当たるとした。

　そして，上記虚偽の事実の記載を含む掲載文の差止めを認めた。しかし，謝罪広告については，これを掲載する必要性まであるとは認められず，また，原告の損害については，具体的な主張，立証がないとした。

付　録

■ 索　引

事 項 索 引

【あ】

アドオン方式・・・・・・・・・・・・・・・・・・・・・82, 83

アフィリエイト ・・・・ 210, 211, 320, 453〜455

アレルゲン除去食品・・・・・・・・・・・・・・・426, 427

【い】

一般懸賞・・・・・・・・・・・・・・・・・・・・221, 226, 245

遺伝子改変食品 ・・・・・・・・・・・・・・・・・・・・・・414

遺伝子組換え・・・411, 413〜415, 418, 419, 464

遺伝子組換え食品に関する事項 ・・・ 411, 418

医療用医薬品等の広告 ・・・・・・・・・・・・・・・459

インターネット小売業者 ・・・・・・・・・・・・・・113

【う】

打消し表示・・・・・・・・54〜59, 61, 194, 195, 319

【え】

栄養機能食品 ・・・・・・・・・・・・・・・・・・・・436〜439

エキストラバージンオリーブオイルの表示
に関する公正競争規約→公正競争規約

えん下困難者用食品・・・・・・・・・・・・・・426〜428

【お】

オープン懸賞企画・・・・・・・・・・・・・・・・・・・・・230

お試し価格・・・・・・・・・・・・・・・・・・・・・・175〜177

おとり広告・・・ 106, 113, 201〜203, 205〜207

　不動産の――・・・・・・・・・・・・・・・・・・・81, 207

【か】

カード合わせ ・・・・・・・・・・・・・・・ 233, 239〜241

学生就職活動に関する情報提供 ・・・・・・・・ 43

確約手続・・・・・・・・・・・・・・・・・・・・・・・・285〜289

加工食品・・・・・・・・407, 414〜416, 418〜420,

422〜425, 432, 439, 440, 443, 447, 462, 467

果汁飲料等の表示に関する公正競争規約
　→公正競争規約

課徴金制度・・・・・・・・・・・・・・・ 286, 290, 297, 302

課徴金納付命令 ・・・ 3, 72, 80, 117〜119, 121,
　154, 274, 285, 286, 288, 290, 291, 294〜306,
　309, 314, 316, 461

課徴金の減額 ・・・・・・・・294, 295, 300, 301, 304

家庭電気製品製造業における表示に関する
　公正競争規約→公正競争規約

川上の事業者 ・・・・・・・・・・・・・・・・・・107, 117, 120

簡易確定手続 ・・・・・・・・・・・・・ 340, 344〜347

勧誘・・・・・・・・331〜337, 339〜341, 344,
　347〜349, 354〜357, 366〜370, 373〜377,
　388〜390, 392〜394, 396, 398, 405

【き】

機能性表示食品 ・・・・ 438, 439, 442, 444〜447

希望小売価格 ・・・・・・・・・・・・・・・・・・・・ 170, 171

ぎまん的顧客誘引・・・・・・・・・・・・・・ 64〜67, 95

求人情報・・・・・・・・・・・・・・・・・・・・・・・・・・・・ 63

強調表示・・・・・・・・・・・・・・・・・・・ 48, 54〜56

共通義務確認訴訟・・・・・・・・・・・・・・・343〜346

共同懸賞景品提供企画 ・・・・・・・・・・・・・・・・245

業務提供誘引販売取引
　・・・・・・・・・・・・・・・・・・・ 351, 352, 385〜392

虚偽の事実・・・・・・・・・・・・・・・・・・・・・483〜486

銀行業における景品類の提供に関する事項
　の制限に関する公正競争規約→公正競
　規約

【く】

クーリングオフ ・・・・・・・・ 351〜353, 355, 357,
　358, 361, 366〜370, 372, 373, 375, 376, 392,

395〜397
口コミ ………… 189, 208〜211, 216〜218
クレジット販売 ………………… 401〜403
クロレラチラシ事件 …………… 347, 348

【け】

景品類の提供企画 ……………… 223, 225
化粧品 ………………… 263, 456〜458
ゲノム編集 ……………………… 414, 415
原材料供給業者 ……… 100, 102, 104, 115
原材料名 …… 152, 416, 418〜420, 422〜424,
447, 448
原産国表示 ……… 110, 192, 193, 195〜197
原産国表示義務 ………………… 195, 197
原産地 …… 2, 198〜200, 408, 410, 413, 418,
420, 423〜425, 472, 479〜481
建築制限区域 …………………………… 60
原野 …………………………… 26, 27

【こ】

広告 ……………………… 4, 5, 54, 89, 457
広告代理店 … 6〜9, 22〜24, 28〜32, 41, 88,
215, 315, 449, 456
広告媒体者 …… 4, 6〜9, 24, 28, 36, 46, 315,
449, 450, 456
公正競争規約 …… 3, 48, 68, 69, 90, 148, 149,
259〜267
エキストラバージンオリーブオイ
ルの表示に関する —— …………… 263
果汁飲料等の表示に関する ——
…………………………… 265, 266
家庭電気製品製造業における表示
に関する —— …………………… 50
銀行業における景品類の提供に関
する事項の制限に関する —— …… 268
コーヒー飲料等の表示に関する
—— …………………………… 51

自動車業における表示に関する
—— …………………………… 50, 96
食肉の表示に関する —— …………… 146
特定保健用食品の表示に関する
—— …………………………… 263
生めん類の表示に関する —— ……… 147
ハム・ソーセージ類の表示に関す
る—— …………………………… 51
仏壇の表示に関する —— …………… 263
不動産の表示に関する —— …… 207, 267
合理的根拠資料 ……… 158〜160, 162〜167
コーヒー飲料等の表示に関する公正競争規
約→公正競争規約
個人情報 …………………………… 40〜45
個人情報取扱事業者 ……………… 40〜42
誇大広告 ……… 306, 361, 362, 364, 365, 374,
379, 381, 384, 387, 391, 392, 458, 459, 461
誤認惹起行為 ………… 308, 407, 479〜481
混同惹起行為 ……………… 469〜471, 477

【さ】

最近相当期間価格 ………… 170, 173〜175
差止請求 ……… 38, 340〜342, 353, 359, 360,
365, 370, 378, 384, 392, 398, 470

【し】

市価 ……………………………… 171, 238
事業者間取引における表示 …………… 94
実証試験 ……………………… 158, 159
実態調査報告書 … 54, 55, 187, 191, 192, 328
指定告示 …… 60, 61, 74, 80〜82, 126, 192,
201〜203, 228, 291
指定不当表示 …… 71, 75, 79, 80, 96, 97, 315
自動車業における表示に関する公正競争規
約→公正競争規約
条件付特定保健用食品 ………… 431〜434
肖像権 ……………… 26, 38〜40, 43, 45

事項索引

消費期限‥‥‥‥‥‥‥‥‥‥‥ 2, 416, 422

消費者団体訴訟 ‥‥ 359, 365, 371, 378, 384,
392, 397

消費税 ‥‥‥‥‥‥‥‥‥‥‥52, 53, 73, 74

商品レビュー ‥‥‥‥‥‥‥‥‥ 212, 214

賞味期限‥‥‥‥‥‥‥‥‥‥‥‥‥‥416

将来の販売価格 ‥‥‥‥‥‥ 170, 176〜180

食肉の表示に関する公正競争規約→公正競
争規約

信用回復措置請求‥‥‥‥‥‥‥‥‥‥470

信用毀損行為 ‥‥‥‥‥‥‥‥‥ 483, 485

【す】

水産物 ‥‥‥‥410, 412, 413, 424, 462, 467, 468

ステルスマーケティング（ステマ）
広告 ‥‥‥‥‥ 22, 57, 212, 213, 217, 218

【せ】

成形肉 ‥‥‥‥‥‥‥‥‥‥‥‥ 144, 145

生鮮食品‥‥‥ 407, 409〜414, 418, 423〜425,
432, 442, 466

製造業者‥‥‥‥ 6, 16, 67, 96, 98, 108, 112, 115,
116, 120, 158, 159, 170, 171, 235, 237, 253,
407, 423, 449, 456

【そ】

総付景品企画 ‥‥‥‥‥‥‥‥ 247, 256, 260

総付景品の制限 ‥‥‥‥‥‥‥‥‥‥247

相当の注意‥‥‥‥‥ 118, 119, 121, 291, 294,
296〜299, 339, 343

損害賠償請求 ‥‥ 3, 9, 21〜23, 25, 34, 37, 38,
295, 296, 340, 342, 470, 471, 478, 481, 485

【た】

大規模小売業者 ‥‥‥‥ 100, 104〜107, 109,
110, 114

体験談 ‥‥ 23, 57, 150, 156, 277, 348, 451, 452

断定表示‥‥‥‥‥‥‥‥‥‥‥‥‥‥48

【ち】

畜産物 ‥‥‥‥‥‥‥‥ 410, 423, 462, 468

著作物 ‥‥‥‥‥ 25, 26, 28, 29, 32, 34, 35, 46,
484, 455

著名表示冒用行為‥‥‥‥‥‥‥‥ 474, 477

【つ】

通信販売‥‥‥‥‥‥ 5, 6, 11, 37, 276, 351,
360〜365, 399

【て】

テナント‥‥‥‥‥‥ 100, 104〜106, 109, 110

添加物 ‥‥‥‥ 2, 51, 120, 282, 309, 407, 417, 418,
420〜422, 462, 467, 468

電話勧誘販売 ‥‥‥‥‥‥ 351, 361, 366〜371

【と】

特定継続的役務提供契約 ‥‥‥‥‥379〜383

特定適格消費者団体‥‥ 340, 342〜346, 353,
359, 365, 372, 378, 384, 392, 398

特定保健用食品 ‥‥‥‥ 425, 426, 430〜435,
437〜439, 441, 443〜445

特定保健用食品の表示に関する公正競争規
約→公正競争規約

特別用途食品 ‥‥425〜427, 429, 430, 439, 452

取引の価額 ‥‥‥‥‥ 235〜237, 245, 257, 269

取引付随性 ‥‥‥‥‥ 229, 230, 243, 244, 252

ドロップシッピング‥‥‥‥‥‥‥ 210, 211

【な】

生めん類の表示に関する公正競争規約→公
正競争規約

ナンバーワン（No.1）表示
‥‥‥‥‥ 141〜143, 186, 187, 191, 192, 399

491

【に】

二重価格表示‥106, 108, 113, 117, 118, 129,
131〜135, 140, 168〜178, 180, 283, 399

【の】

農産物‥‥ 107, 410, 411, 413, 414, 419, 420,
422, 423, 462, 464

【は】

ハム・ソーセージ類の表示に関する公正競
争規約→公正競争規約

【ひ】

比較広告‥‥‥‥‥‥‥‥‥‥‥183〜187
比較対照価格‥‥‥169〜172, 174〜180, 182
表示‥‥‥‥4, 73, 74, 85, 86, 89, 90, 181, 213
表示の定義‥‥‥‥‥‥‥ 85, 86, 89〜91, 93

【ふ】

不実告知‥‥‥‥334, 339, 348, 349, 353, 357,
358, 364, 365, 369, 370, 376, 377, 382, 383,
390, 396
不実証広告規制‥‥‥‥ 72, 74, 128, 129, 153,
154, 157, 159, 162, 163, 165, 166, 171, 187,
188, 270, 289, 291, 322
仏壇の表示に関する公正競争規約→公正競
争規約
不動産のおとり広告→おとり広告
不動産の表示に関する公正競争規約→公正
競争規約
不当表示‥‥2, 3, 6, 48, 54, 60, 61, 68, 71, 72,
74〜77, 79, 80, 82, 83, 85, 86, 88〜91,
94〜105, 107〜112, 114〜116, 119, 125,
131〜133, 144
不表示‥‥‥‥ 145, 168〜172, 175, 181〜185,
187, 191, 193, 199, 201, 210, 213, 261, 270,

273, 276〜282, 286, 290〜300, 302, 304,
306〜311, 317〜321, 323, 324, 434, 435,
454〜456
部品製造業者‥‥‥‥‥‥‥‥‥‥‥ 115, 317
プライベートブランド商品‥‥‥‥ 108, 116
フリー素材‥‥‥‥‥‥‥‥‥‥‥‥‥‥ 45
フレッシュジュース‥‥‥‥‥‥‥ 144, 148

【へ】

ベイクルーズ事件‥ 110〜112, 116, 117, 454

【ほ】

訪問購入‥‥‥‥‥‥‥‥‥‥ 351, 392〜397
訪問販売‥‥‥‥‥‥‥ 6, 351, 353〜360, 399

【む】

村田園事件‥‥‥‥‥‥‥‥‥ 127, 151, 197

【め】

メニュー・料理等の食品表示‥‥‥‥‥144
免税事業者‥‥‥‥‥‥‥‥‥‥‥‥‥‥ 52

【ゆ】

有機食品‥‥‥‥‥‥‥‥‥‥‥‥462, 463, 468
有機畜産物‥‥‥‥‥‥ 420, 462, 463, 465, 467
有機農産物‥‥147, 420, 462〜464, 467, 468
有利誤認表示‥‥‥48, 60, 62, 71〜75, 79, 82,
97, 108, 121, 124〜126, 168, 171, 176,
178〜182, 315, 398
優良誤認表示‥‥‥48, 60, 62, 71〜75, 79, 82,
97, 121〜126, 145, 149, 153, 154, 160, 187,
196〜199, 282, 290, 291, 348, 398, 399, 429,
431, 434, 448, 480

【れ】

連鎖販売取引‥‥‥‥‥‥‥6, 351, 372〜378

条 文 索 引

●景品表示法

2条 … 4, 85, 86, 89〜93, 96, 103, 220, 227
3条 …………………………………………220
4条 …………………………………………220
5条 …… 6, 60, 71, 72, 74, 79, 86, 89, 90,
　　　93, 95, 97, 100〜103, 110, 111, 115, 125,
　　　126, 153, 183, 200, 348
　── 1号 …… 58, 62, 73〜75, 108, 153,
　　　154, 157, 291, 348, 398, 431, 447,
　　　456, 480
　── 2号 ……… 62, 73〜75, 291, 398
　── 3号 …… 61, 79, 80, 192, 195, 202,
　　　213, 265, 306, 480, 481
6条 ………………………… 80, 220, 227
7条 …… 6, 58, 106, 128, 154, 157〜159,
　　　165, 166, 277, 283, 398, 445〜448
8条 …… 59, 154, 292, 294, 295, 290, 297
9条 ………………………………… 299, 300
10条 ……………………………… 302, 303
11条 ……………………………………303
22条 ………… 98, 281, 313〜317, 320
23条 ……………………………… 316, 317
24条 ……………………………………316
25条 ……………………………………316
26条 ……………………………… 98, 288
30条 ……………………………………288
36条 ………………… 3, 48, 90, 96, 259
38条 ………………… 81, 272, 274, 289
46条 ……………………………… 279, 310
48条 ……………………………………307
49条 ……………………………… 279, 310

●景品表示法施行令

14条 ………………………………………81
23条 ……………………………………274

●景品表示法施行規則

8条 ………………………………………278
10条の2 ………………………………302
13条 ……………………………………303

●民法

121条 …………………………………338
166条 ……………………………………3
703条 …………………………………338
709条 ……………… 3, 37, 38, 472, 478, 483
724条 ……………………………………3

●割賦販売法

2条 ………………………………… 401, 402
30条 …………………………………403
30条の2 ……………………………402
30条の2の2 ………………………402
30条の2の3 ………………… 402〜404
31条 …………………………………402
53条 …………………………………405
54条 …………………………………405

●行政手続法

13条 …………………………………272
14条 ……………………………… 162, 167

●行政不服審査法

9条 …………………………………279
18条 …………………………………279

条文索引

42条 ………………………… 279
43条 ………………………… 279
44条 ………………………… 279
46条 ………………………… 279

●刑事訴訟法
218条 ………………………… 40

●刑法
230条の2 …………………… 39
246条 ………………………… 308

●健康増進法
43条 ………………… 425, 431
62条 ………………………… 432
65条 …………… 449, 452〜455
66条 ………………………… 453
69条 ………………… 425, 453
72条 ………………………… 427

●日本国憲法
13条 ………………… 38〜40, 43
21条 ………………………… 166
22条 ………………………… 166
35条 ………………………… 40

●個人情報保護法
2条 …………………………… 40
17条 ………………………… 41
18条 ………………………… 41
20条 ………………………… 41
21条 ………………………… 41
23条 ………………………… 43
27条 ………………………… 43
40条 ………………………… 41
147条 ………………………… 41
148条 ………………………… 41

176条 ………………………… 41

●独占禁止法（私的独占の禁止及び公正取引の確保に関する法律）
2条 ………………… 251, 286
27条 ………………………… 284
28条 ………………………… 284
48条の2 …………………… 286
89条 ………………………… 307
95条 ………………………… 307

●下請法（下請代金支払遅延等防止法）
3条 ………………………… 311

●商店街振興組合法
6条 ………………………… 246

●消費者基本法
15条 …………………………… 2

●消費者契約法
4条 ………… 332〜337, 344, 348, 405
7条 ………………………… 338
11条 ………………………… 338
12条 ………… 340, 342, 348, 349
13条 ………………………… 341
41条 ………………………… 342
71条 ………………………… 342

●商標法
2条 …………………………… 35
4条 …………………………… 36
25条 ………………………… 478
32条 …………………………… 36
36条 …………………………… 37
37条 ………………………… 478

条文索引

●宅地建物取引業法
　65条 ·····································280

●地方自治法
　252条の17の2 ·····················275

●著作権法
　2条 ··28
　10条 ·······································28
　18条 ·······································29
　19条 ··································26, 29
　20条 ·······································29
　59条 ·······································29

●特定商取引法
　2条 ························354, 361, 366
　3条 ·····························355, 356
　3条の2 ·······················355, 356
　4条 ·····························355〜357
　5条 ·····························355, 357
　6条 ·····························355〜357
　6条の2 ···························359
　7条 ·····························352, 359
　8条 ·····························352, 359
　8条の2 ·······················352, 359
　9条 ·····················355, 357, 358
　9条の3 ···········358, 370, 383, 405
　11条 ····························361, 362
　12条 ····························361, 362
　12条の2 ···························364
　12条の3 ·······················361, 362
　12条の4 ···························362
　12条の5 ·······················361, 363
　12条の6 ·······················361, 363
　13条の2 ···························364
　14条 ·······························364
　15条 ·······························364

　15条の2 ···························364
　15条の4 ···························363
　16条 ····························366, 367
　17条 ····························367, 368
　18条 ····························367〜369
　19条 ····························367, 368
　21条 ····························367, 370
　21条の2 ···························371
　22条 ·······························371
　23条 ·······························371
　23条の2 ···························371
　24条 ·····················367, 368, 370
　24条の2 ···························367
　24条の3 ···············367, 370, 405
　33条 ·······························372
　33条の2 ·······················373, 375
　34条 ·····················373, 375, 376
　34条の2 ···························378
　35条 ····························373, 374
　36条 ····························373, 374
　36条の2 ···························378
　37条 ·····················373, 375, 376
　38条 ·······························377
　39条 ·······························377
　39条の2 ···························378
　40条 ····························376, 377
　40条の2 ···························376
　40条の3 ·······················377, 405
　42条 ····························380〜382
　43条 ····························380, 381
　43条の2 ···························384
　44条 ····························380, 382
　46条 ·······························383
　47条 ·······························383
　47条の2 ···························384
　48条 ····························382, 383
　49条 ·······························382

索引

495

49条の2 ······················383
51条 ···························386
51条の2 ····················386, 388
52条 ······················386, 388, 390
53条 ···························386
54条 ···························387
54条の2 ························391
54条の3 ····················387, 388
54条の4 ························388
55条 ······················386, 389
56条 ···························391
57条 ···························391
57条の2 ························391
58条 ······················387, 388, 391
58条の2 ····················387, 390
58条の4 ························393
58条の5 ····················393, 394
58条の6 ····················393, 394
58条の7 ····················393～395
58条の8 ····················394, 395
58条の9 ························393
58条の10 ···············393, 394, 396
58条の12 ························397
58条の13 ························397
58条の13の2 ···················397
58条の14 ························395
58条の18 ····················353, 359
58条の19 ························365
58条の20 ························371
58条の21 ························378
58条の22 ························384
58条の23 ························392
58条の24 ····················353, 398
67条 ···························353
68条 ···························353
70条 ·········353, 359, 364, 371, 378, 384,
                                391, 396

71条 ············365, 371, 378, 384, 391
72条 ·······················378, 384
74条 ·······353, 359, 365, 371, 378, 384,
                                392, 396
42条 ···························276

●特定商取引法施行令
42条 ···························276

●JAS法（日本農林規格等に関する法律）
37条 ···························463
78条 ···························468

●不正競争防止法
2条 ·············36, 37, 308, 469, 472, 474,
          476～479, 481, 483, 485, 486
3条 ·······················37, 470, 486
4条 ·························37, 470
5条 ·····················470, 478, 479
14条 ··························470
19条 ··························472

●独占禁止法（私的独占の禁止及び公
正取引の確保に関する法律）
2条 ·······················251, 286
27条 ··························284
28条 ··························284
48条の2 ························286
89条 ··························307
95条 ··························307

●プロバイダ責任制限法（特定電気通
信役務提供者の損害賠償責任の制限
及び発信者情報の開示に関する法律）
3条 ···························8, 9
5条 ····························9

条文索引

●消費者裁判消費者の財産的被害等の
集団的な回復のための民事の裁判手
続の特例に関する法律
3 条 ········ 340, 341, 343, 346, 353, 360,
　　　　　　 365, 372, 379, 385, 392, 398
15条 ································· 341, 344
20条 ··344
23条 ··344
26条 ································· 341, 344
27条 ··344
29条 ··345
31条 ··345
33条 ··345
34条 ··345
45条 ································· 341, 345
46条 ··345
47条 ································· 341, 346
49条 ··346
50条 ··346
71条 ··342

●薬機法（医薬品，医療機器等の品質，
有効性及び安全性の確保等に関する
法律）
2 条 ··460
66条 ··458
67条 ··460
68条 ································· 451, 460
72条の 5 ··························· 460, 461
75条の 5 の 2 ····················· 461
75条の 5 の 3 ····················· 461
75条の 5 の 4 ····················· 461
85条 ··························· 458, 460, 461
86条 ··460
90条 ································· 458, 461

●薬機法施行令（医薬品，医療機器等
の品質，有効性及び安全性の確保等
に関する法律施行令）
64条 ··460

●薬機法施行規則（医薬品，医療機器
等の品質，有効性及び安全性の確保
等に関する法律施行規則）
228条の10 ······························460

●一般指定
8 項 ····························· 64, 66, 67
9 項 ····················· 64, 67, 68, 219
14項 ··483

●食品表示基準
1 条 ··407
2 条 ························· 431, 436, 438
3 条 ········ 415, 416, 418, 422, 432, 439,
　　　　　　　　　　　　 447, 448
4 条 ································· 415, 419
6 条 ································· 416, 419
7 条 ····················· 416, 420, 436, 468
8 条 ································· 416, 421
9 条 ············· 416, 422, 447, 448, 468
12条 ··468
14条 ··468
18条 ··········· 409, 410, 432, 442, 447
19条 ································· 409, 411
21条 ································· 409, 412
22条 ································· 409, 412
23条 ························· 409, 413, 447

●特別用途内閣府令
2 条 ································· 431, 444
4 条 ··431
5 条 ································· 431, 432
8 条 ··433

索引

497

判 例 等 索 引

＊　平成30（2018）年から令和5（2023）年度までの措置命令はQ21も参照

東京地判昭39・9・28‥‥‥‥‥‥‥‥42

昭44・1・17公取委排除命令‥‥‥‥‥280

最大判昭44・12・24‥‥‥‥‥‥‥‥‥39

昭45・4・21公取委排除命令（㈱三
　愛土地事件）‥‥‥‥‥‥‥109, 280, 311

東京高判昭46・1・29（㈱三愛土地
　事件）‥‥‥‥‥‥‥‥‥‥‥279, 310

昭48・3・14審決‥‥‥‥‥‥‥‥‥265

昭50・6・13勧告審決‥‥‥‥‥‥‥‥67

最三小判昭53・3・14‥‥‥‥‥‥81, 265

東京高判昭53・5・23‥‥‥‥‥‥‥480

昭58・3・31公取委排除命令‥‥‥‥‥243

横浜地判昭58・12・9‥‥‥‥‥‥‥471

最二小判昭59・2・24‥‥‥‥‥‥‥307

大阪地判昭62・3・30‥‥‥‥‥‥‥‥26

平元・3・1公取委排除命令‥‥‥‥‥106

大阪地判平元・9・11‥‥‥‥‥‥‥476

最三小判平元・9・19‥‥‥‥‥‥7, 20

平2・3・12公取委排除命令‥‥‥‥‥255

平2・3・18大阪府措置命令‥‥‥‥‥398

東京地判平2・8・31‥‥‥‥‥‥‥473

平3・12・2勧告審決‥‥‥‥‥‥‥‥68

平5・3・15公取委排除命令‥‥‥‥‥109

東京高判平5・3・29‥‥‥‥‥‥‥‥66

平5・6・18公取委排除命令‥‥‥248, 256

平5・11・19公取委排除命令‥‥‥‥‥283

福岡高判平6・8・31‥‥‥‥‥‥‥355

大阪高判平6・9・30‥‥‥‥‥‥‥‥21

最一小判平10・9・10‥‥‥‥‥‥‥475

東京地判平10・10・26‥‥‥‥‥‥‥34

平11・3・30公取委排除命令‥‥‥‥‥255

平14・3・8公取委排除命令‥‥‥‥‥107

平14・4・24公取委排除命令‥97, 107, 117

東京高判平14・6・7‥‥‥‥‥‥‥124

平14・10・25公取委排除命令‥‥‥106, 114

大阪高判平16・4・22‥‥‥‥‥‥‥336

平16・6・30公取委排除命令‥‥‥‥‥123

東京地判平16・7・26‥‥‥‥‥‥‥16

平16・7・29公取委排除命令‥‥‥‥‥123

大阪地判平17・1・17‥‥‥‥‥‥‥24

東京地判平17・3・17‥‥‥‥‥‥‥9

東京簡判平17・5・26‥‥‥‥‥‥‥369

大阪地判平17・12・8‥‥‥‥‥‥‥32

平18・3・23公取委排除命令‥‥‥‥‥117

平20・3・13公取委排除命令‥‥‥‥‥61

東京地判平20・4・18‥‥‥‥‥‥‥29

平20・4・25公取委排除命令‥‥‥95, 122

東京高判平20・5・23（ベイクルー
　ズ判決）‥‥‥‥‥‥‥110, 117, 454

平20・12・16公取委排除命令‥‥‥‥‥283

平21・10・28審決・審決集56巻第1
　分冊316頁‥‥‥‥‥‥‥‥‥‥167

平21・10・28審決・審決集56巻第1
　分冊285頁‥‥‥‥‥‥‥‥‥‥167

平21・11・10消費者庁措置命令‥105, 196

東京地判平22・2・17‥‥‥‥‥‥‥19

大阪地判平22・5・12‥‥‥‥‥‥‥23

東京高判平22・7・16‥‥‥‥‥‥‥167

東京高判平22・10・29‥‥‥‥‥‥‥167

東京地判平22・11・11‥‥‥‥‥‥‥390

東京高判平22・11・26‥‥‥‥‥‥‥167

東京高判平22・12・1‥‥‥‥‥‥‥19

大阪地判平23・3・23‥‥‥‥‥‥‥390

名古屋地判平23・5・19‥‥‥‥‥‥337

知財高判平24・2・14 ··············· 36
知財高判平24・9・27 ·············· 472
平25・2・8消費者庁措置命令 ········ 113
那覇地判平25・2・13 ············· 480
平25・12・19消費者庁措置命令（消
　表対591号） ····················· 105
平25・12・19消費者庁措置命令（消
　表対594号） ················· 105, 284
京都地判平27・1・21 ············· 348
平27・2・4消費者庁措置命令 ········ 105
平27・3・20消費者庁措置命令 ······· 180
東京地判平27・4・28 ············· 369
平27・11・10消費者庁措置命令 ······ 113
平28・2・3岐阜県措置命令 ·········· 200
大阪高判平28・2・25 ············· 349
平28・3・1消費者庁勧告 ······ 434, 453
平28・3・10消費者庁措置命令 ··· 152, 196
平28・3・30消費者庁措置命令 ······· 150
平28・12・21消費者庁措置命令 ··· 106, 114
最三小判平29・1・24（クロレラチ
　ラシ事件） ················· 335, 348, 349
平29・1・27消費者庁措置命令・課
　徴金納付命令 ············· 118, 119, 296
東京地判平29・2・17 ············· 483
平29・3・9消費者庁措置命令 ········ 162
東京地判平29・3・16 ············· 459
平29・3・30静岡県措置命令 ········· 200
平29・4・21消費者庁措置命令 ··· 157, 187
平29・6・7消費者庁課徴金納付命
　令 ····························· 435
東京地判平29・6・27 ········· 128, 151
平29・7・11消費者庁措置命令
　····················· 108, 113, 206
平29・7・19消費者庁措置命令 ······· 305
平29・7・27消費者庁措置命令 ······· 206
平29・10・19消費者庁措置命 ······· 429
平29・11・2消費者庁措置命令 ········ 188

平29・11・7消費者庁措置命令 ········ 445
平29・12・1消費者庁措置命令 ········ 108
平29・12・8消費者庁措置命令 ········· 62
平29・12・22兵庫県措置命令 ········· 103
平29・12・27消費者庁措置命令 ··· 113, 173
平30・1・19消費者庁課徴金納付命
　令 ····························· 446
平30・3・27消費者庁措置命令 ··· 120, 282
平30・5・15消費者庁措置命令 ··· 196, 200
平30・5・30消費者庁措置命令 ··· 105, 131
平30・6・15消費者庁措置命令・課
　徴金納付命令 ············· 131, 210, 455
平30・7・24消費者庁措置命令 ··· 105, 131
平30・10・5課徴金納付命令 ········· 296
平30・10・22個委指導 ············· 44
知財高判平30・10・23 ············ 478
東京高判平30・11・19 ············ 459
平30・12・21消総総第710号消費者
　庁裁決 ························· 298
大阪地判平31・1・31 ············· 485
東京地判平31・3・1 ············· 484
平31・3・19大阪府措置命令 ········· 311
平31・3・29消費者庁措置命令 ··· 133, 305
名古屋地判平31・4・16 ··········· 376
平31・8・15大阪府措置命令 ········· 157
令元・5・9鹿児島県措置命令 ··· 200, 309
令元・5・22東京都措置命令 ········· 200
令元・7・4消費者庁措置命令 ··· 134, 162
令元・8・7岡山県措置命令 ······ 200, 309
令元・8・26個人情報保護委員会勧
　告・指導 ························· 43
令元・9・20消費者庁措置命令 ····· 58, 134
東京地判令元・11・15 ········· 113, 173
令元・12・17東京都措置命令 ········· 275
東京地判令2・3・4 ············· 167
令2・3・18大阪府措置命令 ········· 276
令2・3・30消費者庁措置命令

……………………135, 282, 448

令2・3・31消費者庁課徴金納付命

　令………………………………59

令2・3・31埼玉県措置命令………455

令2・5・20大阪市措置命令………276

令2・6・11埼玉県措置命令………276

令2・8・12岐阜県措置命令………200

令2・8・28消費者庁措置命令…135, 162

東京高判令2・10・28………………167

大阪地判令3・1・29………336, 339

令3・2・3消費者庁課徴金納付命

　令………………………………162

令3・3・18消費者庁措置命令…136, 162

知財高判令3・3・30………………481

令3・4・9消費者庁措置命令…137, 162

東京地判令3・5・14………………346

令3・6・2消費者庁措置命令………207

最一小決令3・6・28………………459

令3・9・3消費者庁措置命令…138, 195

仙台高判令3・12・16………………360

令3・12・16消費者庁措置命令…138, 162

東京地判令3・12・21………………31

東京高判令3・12・22………………346

令4・2・17埼玉県措置命令…………276

最三小判令4・3・8………………167

令4・4・27消費者庁措置命令………62

東京地判令4・4・28………………167

令4・6・1静岡県措置命令………200

令4・6・9消費者庁措置命令………207

令4・6・15消費者庁措置命令………188

令4・9・6消費者庁措置命令…140, 448

令4・12・21兵庫県措置命令…………200

令5・1・12消費者庁措置命令………188

東京地判令5・2・2………162, 167

令5・6・14消費者庁措置命令………188

令5・6・30消費者庁措置命令…141, 446

令5・11・27消費者庁措置命令…142, 446

令5・12・7消費者庁措置命令………188

令6・2・27消費者庁措置命令………188

令6・2・28消費者庁措置命令………189

令6・2・29消費者庁措置命令………189

令6・3・5消費者庁措置命令………189

令6・3・6消費者庁措置命令………189

最三小判令6・3・12………………347

令6・6・6消費者庁措置命令………217

令6・8・8消費者庁措置命令………217

ガイドライン等索引

一般指定 ……………………………………………………… 64, 66〜68, 219, 251, 483
ステマ告示 ……………………………………………………… 71, 81, 213, 217, 218
ステマ運用基準 ……………………………………………………………… 213〜218
総付景品告示 …………………… 221, 234, 235, 243, 247〜251, 256, 257, 260, 271
総付景品運用基準 …………………………………………………………… 235〜237
インターネット留意事項 …………………………………………………… 208〜211
医療用医薬品業等景品告示 ……………………………………… 67, 248, 222, 253
医療用医薬品告示 …………………………………………………………………… 67
おとり広告告示 ……………………………………… 71, 81, 202, 203, 205, 206, 291
おとり広告運用基準 ………………………………………………………………… 203
定義告示運用基準 ………………… 87, 88, 93, 228, 229, 231, 232, 249, 250, 252
健康食品ガイドライン ……………………… 151, 160, 449, 450, 452, 454, 456
特別用途内閣府令 …………………………………………………… 430〜432, 444
懸賞景品告示
………… 67, 221, 223, 233, 235, 239〜241, 243, 245, 246, 248, 253〜256, 260, 264, 267, 268
懸賞景品運用基準 …………………………………………………………… 235, 241
個人情報ガイドライン …………………………………………………………… 40
管理措置指針 …………………………………… 281, 313〜315, 322〜326, 455
融資費用告示 …………………………………………………………… 71, 81, 82
原産国告示 ………………………………… 71, 81, 192〜196, 198, 199, 291, 481
原産国告示運用基準 …………………………………………………… 192, 193, 195
執行方針 …………………………………………………… 170, 177, 178, 180〜182
食品基準 ……… 407, 409, 410〜413, 415, 416, 418〜423, 431, 432, 436, 438, 439, 442, 447, 468
比較広告ガイドライン ……………………………………………………… 183, 184
許可基準 …………………………………………………………………… 426〜429
不動産おとり広告告示 …………………………………………… 71, 81, 203, 205
無果汁告示 ………………………………………………… 71, 79, 81, 82, 91, 266
不実証広告ガイドライン ………………… 154, 155, 157〜160, 163〜166
定義告示 ………………………………… 89, 91, 92, 227, 228, 248〜250
課徴金ガイドライン …………………………………… 157, 290, 297, 298, 301
価格表示ガイドライン …………………………………… 168〜173, 175〜178
食品表示ガイドライン …………………………………… 144, 145, 148, 149
有機農産物JAS規格 …………………………………………………… 463, 464
有機畜産物JAS規格 …………………………………………………… 463, 465
有機藻類JAS規格 ……………………………………………………… 463, 466
有機加工食品JAS規格 ……………………………………………… 463, 467, 468

ガイドライン等索引

有料老人ホーム告示……………………………………………………………71, 81, 83

昭42・5・20公取委告示第17号
　　「事業者に対する景品類の提供に関する事項の制限」（廃止）………………253
昭46・7・2公取委告示第34号
　　「広告においてくじの方法等による経済上の利益の提供を申し出る場合の不
　　公正な取引方法」（オープン懸賞告示：廃止）……………………………230, 244
昭48・5・9事務局長通達第6号
　　「「無果汁の清涼飲料水等についての表示」に関する運用基準について」（最
　　終改正：平13・2・5事務総長通達第16号）………………………………266
昭48・12・5事務局長通達第14号
　　「『商品の原産国に関する不当な表示』の原産国の定義に関する運用細則」………194
昭53・11・30事務局長通達第9号
　　「景品類の価額算定基準について」……………………………………………237
昭55・10・9薬発第1339号厚生省薬務局長通知
　　「医薬品等適正広告基準」（最終改正：平29・9・29薬生発0929第4号厚生労
　　働省医薬・生活衛生局長通知）……………………………………………458, 459
平4・2・12公取委告示第3号
　　「雑誌業における景品類の提供に関する事項の制限」（最終変更：平8・12・
　　10公取委告示第34号）……………………………………………………221, 234
平9・4・25公取委告示第37号
　　「不動産業における一般消費者に対する景品類の提供に関する事項の制限」
　　………………………………………………………………………………221, 234
平10・4・10公取委告示第5号
　　「新聞業における景品類の提供に関する事項の制限」（最終変更：平12・8・
　　15公取委告示第29号）……………………………………………………221, 234
平10・9・29医薬監148号厚生省医薬安全局監視指導課長通知
　　「薬事法における医薬品等の広告の該当性について」…………………………457
平30・9・26
　　「公正取引委員会「確約手続に関する対応方針」（最終改定：令3・5・19）……286
令2・3・24消費者庁
　　「機能性表示食品に対する食品表示等関係法令に基づく事後的規制（事後
　　チェック）の透明性の確保等に関する指針」…………………………………444
令6・4・18
　　消費者庁長官決定「確約手続に関する運用基準」……………………………287, 288

著 者 略 歴

波 光　巖（はこう　いわお）

元弁護士
　第1章，第8章，コラム1～4を担当。

昭和39年4月　公正取引委員会事務局審査部第一審査
昭和52年12月　審査部第一審査監査室長
　　　　　　　その後，官房審判官室長，取引部景品表示指導課長，名古屋地方
　　　　　　　事務所長，経済部団体課長，審判官
昭和63年4月　香川大学法学部教授
平成7年4月　関東学園大学法学部教授
平成8年10月　卓照法律事務所顧問
平成17年3月　第一東京弁護士会弁護士登録
平成17年4月　神奈川大学法学部教授兼法科大学院非常勤講師
令和5年3月　第一東京弁護士会弁護士登録を申請により登録取消

〔主要著書〕
『Q&A　業務委託・企業間取引における法律と実務』（共著，日本加除出版，2019年）
『書式　告訴告発の実務』（共著，民事法研究会，2017年）
『実務解説景品表示法』（共著，青林書院，2016年）
『解説独占禁止法』（共著，青林書院，2015年）
『テキスト独占禁止法』（共著，青林書院，2010年）
『国際経済法入門』（単著，勁草書房，2004年）

横 田 直 和（よこた　なおかず）

関西大学名誉教授
　第2章第3節～第6節，第8節，コラム11～14を担当。

昭和52年4月　公正取引委員会事務局経済部調整課

著者略歴

平成２年７月　審査部管理企画課監査室長
　　　　　　　その後，取引部景品表示監視課長，企業取引課長，経済部調査課
　　　　　　　長，審査局第二審査長，管理企画課長，審査管理官，近畿中国四
　　　　　　　国事務所長など
平成17年４月　名城大学法学部教授
平成22年４月　関西大学法学部教授
令和３年４月　関西大学名誉教授

〔主要著書〕
『Q&A　業務委託・企業間取引における法律と実務』（共著，日本加除出版，2019
年）
『解説独占禁止法』（共著，青林書院，2015年）
『〔改訂版〕下請の法律実務』（共著，三協法規出版，2012年）
『広告表示規制法』（共著，青林書院，2009年）

小　畑　徳　彦（おばた　とくひこ）

元流通科学大学商学部教授
一般社団法人Ｄ２Ｃエキスパート協会代表理事
伊倉総合法律事務所顧問
　第３章～第７章，コラム15～22を担当。

昭和53年４月　公正取引委員会事務局官房総務課
平成３年６月　官房総務課審決訟務室長
　　　　　　　その後，官房国際課長，審査局特別審査部第二特別審査長，第一
　　　　　　　特別審査長，中部事務所長など
平成18年４月　流通科学大学商学部教授
令和３年４月　亜細亜大学非常勤講師
　　　　　　　伊倉総合法律事務所顧問
令和６年４月　一般社団法人Ｄ２Ｃエキスパート協会代表理事

〔主要著書〕
『TXT経済法』（共著，法律文化社，2016年）
『広告表示規制法』（共著，青林書院，2009年）
『起業・経営Navigation』（共著，第一法規，2008年）

『アジアの競争法と取引法制』（共著，法律文化社，2005年）
『流通・取引慣行に関する独占禁止法ガイドライン』（共著，商事法務研究会，2001年）

高 橋 省 三 （たかはし　しょうぞう）

元名古屋経済大学法学部教授
元一般社団法人自動車公正取引協議会　参与
　　第2章第1節，第2節，第7節，第9節，コラム5〜10を担当。

昭和56年4月　公正取引委員会事務局官房総務課
平成7年7月　官房国際経済調査官
　　　　　　　その後，経済取引局寡占対策室長，取引部企業取引課長，審判官，
　　　　　　　取引部取引企画課長，官房総務課長，首席審判官，審査局審査管
　　　　　　　理官，近畿中国四国事務所長など
平成30年10月　一般社団法人自動車公正取引協議会　参与
令和3年4月　名古屋経済大学法学部教授
令和6年4月　名古屋経済大学大学院法学研究科非常勤講師

〔主要著書〕
『下請法の実務』（共著，公正取引協会，2006年）
『IT革命と競争政策』（共著，東洋経済新報社，2001年）
『日本企業と外国独禁法』（共著，日本経済新聞社，1986年）

改訂 Q&A 広告宣伝・景品表示に関する法律と実務
―景品表示法及び消費者関係法を踏まえた広告表現と
販促活動・キャンペーンに関する実務解説―

2020年10月23日 初版発行
2024年11月8日 改訂版発行

著 者　巖 和彦
　　　　光田 直徳
　　　　波畑 省三
　　　　横小
　　　　高橋

発行者　和田 裕

発行所　日本加除出版株式会社
本　社　〒171-8516
　　　　東京都豊島区南長崎3丁目16番6号

組版 ㈱郁文　印刷 ㈱精興社　製本 牧製本印刷㈱

定価はカバー等に表示してあります。
落丁本・乱丁本は当社にてお取替えいたします。
お問合せの他、ご意見・感想等がございましたら、下記まで
お知らせください。

〒171-8516
東京都豊島区南長崎3丁目16番6号
日本加除出版株式会社　営業企画課
電話　03-3953-5642
FAX　03-3953-2061
e-mail　toiawase@kajo.co.jp
URL　　www.kajo.co.jp

Ⓒ I. Hakou, N. Yokota, T. Obata, S. Takahashi 2024
Printed in Japan
ISBN978-4-8178-4978-6

JCOPY 〈出版者著作権管理機構 委託出版物〉
本書を無断で複写複製（電子化を含む）することは、著作権法上の例外を除
き、禁じられています。複写される場合は、そのつど事前に出版者著作権管理
機構（JCOPY）の許諾を得てください。
また本書を代行業者等の第三者に依頼してスキャンやデジタル化することは、
たとえ個人や家庭内での利用であっても一切認められておりません。

〈JCOPY〉HP：https://www.jcopy.or.jp，e-mail：info@jcopy.or.jp
電話：03-5244-5088，FAX：03-5244-5089

Q&A 業務委託・企業間取引における法律と実務
下請法、独占禁止法、不正競争防止法、役務委託取引、大規模小売業・運送業・建設業・フリーランスにおける委託
波光巖・横田直和 著
2019年5月刊 A5判 336頁 定価3,740円（本体3,400円）

● 公正取引委員会出身の執筆陣が下請法を中心に、「どのような場合に優越的地位の濫用行為に当たるか」「発注書面はどのようにすべきか」等の判断を解説。一般企業のほか、大規模小売業者、運送業者、建設業者、フランチャイズ契約など、様々な取引形態の実務解説をまとめた全105問。

実践編 広告法律相談125問
松尾剛行 著
2023年10月刊 A5判 240頁 定価3,300円（本体3,000円）

● 企業法務の現場で発生した相談を基にした具体的事例と解決方法を解説。
● より具体的で実務に直結する『第2版 広告法律相談125問』の実践編。
● 適法・違法の判断だけでなく、その先のクレーム対応等まで解説。
● 令和5年景表法改正及びステルスマーケティング規制対応。

第2版 広告法律相談125問
松尾剛行 著
2022年7月刊 A5判 296頁 定価3,630円（本体3,300円）

● 広告に関する一般法をはじめ、その他多数の規制や業界の自主ルール、ガイドラインなどを整理し、コンパクトに解説。違法・適法の判断だけでなく、その先のクレームリスク・対応にまで言及。2022年4月1日施行の個人情報保護法やインターネット広告に関する設問を追加した改訂版。

Q&A 健康・医薬品・医療の広告表示に関する法律と実務
健康食品・美容関連などの優良誤認、医薬品該当性、健康増進・誇大表示、医薬品等適正広告基準、医療用医薬品の販売情報提供活動に関するガイドライン、医療広告ガイドライン、打消し表示、自動継続契約、不実証広告規制、差止請求、措置命令、課徴金
赤羽根秀宜・井上惠子 著
2020年9月刊 A5判 336頁 定価3,740円（本体3,400円）

● 健康関連の広告に関連する判断について、法律・ガイドライン・措置命令などの根拠とともに理解できる。
● 医薬品に該当する？景品表示法の優良誤認・有利誤認に当たらない？その他法律に抵触しない？など疑問解決に役立つ114問のQ&Aを収録。

Q&A 医薬品・医療機器・健康食品等に関する法律と実務
医薬品該当性、医薬品・健康食品の広告、製造販売、添付文書、薬局、個人輸入、医薬部外品、医療機器、化粧品、指定薬物
赤羽根秀宜 著
2018年8月刊 A5判 316頁 定価3,300円（本体3,000円）

● 薬機法、健康増進法、景品表示法等規制法の観点、製造物責任・医療過誤等の民事責任や刑事責任等、医薬品・医療機器・健康食品等に関する法律実務を、判例・通達・通知等の根拠を明確にした100問のQ&Aで丁寧に解説。

日本加除出版　〒171-8516　東京都豊島区南長崎3丁目16番6号
営業部　TEL (03) 3953-5642　FAX (03) 3953-2061
www.kajo.co.jp